16. Okt. 1986

12 Tage nach meinem
UDSSR TRIP

Klaus Mehnert

Das zweite Volk meines Lebens

Klaus Mehnert

Das zweite Volk meines Lebens

Berichte aus der Sowjetunion
1925–1983

Herausgegeben von
Alexander Steininger und
Ulrich Frank-Planitz

Deutsche Verlags-Anstalt
Stuttgart

CIP-Kurztitelaufnahme der Deutschen Bibliothek

Mehnert, Klaus:
Das zweite Volk meines Lebens:
Berichte aus der Sowjetunion 1925–1983/
Klaus Mehnert. Hrsg. von Alexander Steininger u.
Ulrich Frank-Planitz. – Stuttgart:
Deutsche Verlags-Anstalt, 1986.
ISBN 3421063265

Lektorat: Margot Adrion
Typographische Gestaltung: Marion Winter
Satz: Setzerei Lihs, Ludwigsburg
Druck und buchbinderische Verarbeitung:
May + Co., Darmstadt
Printed in Germany

Inhalt

Vorwort 7

»Ich liebe den russischen Menschen« 13

1971 Tatjana 14
1925 ... ein Stückchen Heimat: 1925 im alten Rußland 25

Sowjetrußland 1929–1936

Reisen um 1930 33

1929 Die Fahrt hinten 'rum: Sibirien-Reise 1929 . . . 34
1930 Rußlandfahrt, Herbst 1930 61
1931 Rußlandfahrt, Herbst 1931 (Persönlicher Bericht) 74
1931 Rußlandfahrt, Herbst 1931 (Eindrücke und Beobachtungen) 93

Sowjetische Literatur als Spiegelbild der Entwicklung 109

1931 Der Jugendroman 110
1935 Die Leiden des jungen Werther in Rußland . . . 123

Tendenzen Mitte der dreißiger Jahre 129

1934 Eine vielsagende Parole: Wohlhabenheit 130
1934 Empfang der Tscheljuskin-Leute in Moskau: Die Sowjetunion entdeckt die russische Heimat 136
1935 »Karmen vom Twerskoj Boulevard« 140
1935 Die GPU baut Kanäle 143
1936 Ein Baum wird amnestiert 147

Ereignisse, die Geschichte machten 155

1934 Das Wort in der Welt. Vom ersten Sowjet-Schriftsteller-Kongreß 156
1935 Vierzig Tage nach dem Kirow-Mord 160
1935 Der rote Zar 169

Nach dem Zweiten Weltkrieg

Als Augenschein nicht möglich war – die Jahre bis 1955 . . . 177

1949 »Shdi menja«. Ein Lied der wunden Herzen . . 178
1950 Ein neuer Gott 180
1951 Der Sowjetautor und sein Held 184
1951 Scharonow oder der neue Mensch 191
1952 Der Fall Tschakowskij 199

Sowjetunion 1955–1970. Von der Adenauer-Reise bis zum Moskauer Vertrag 209

1955 Wiedersehen mit Rußland 210
1955 Die Russen sind nette Leute, aber 218
1955 Die neue Oberschicht 227
1956 Stalins posthumer Sturz: Der XX. Kongreß der KPdSU 235
1959 Die Sowjetjugend macht sich Gedanken 248
1959 Licht und Schatten über Moskau 257
1967 Die Deutschen und die Sowjetmenschen 266
1970 Der Moskauer Vertrag 285

Sowjetunion 1970–1983 319

1974 Der begehrte Wohnungsschlüssel 320
1974 Die Erziehung des Russen zur Disziplin 325
1974 Der Appetit auf den Wohlstand 330
1976 Moskau 1976: Beobachtungen und Gespräche . 337
1981 Moskauer Theaterabende in der Saison 1980/81 366
1983 Moskau, Juli 1983 (Eindrücke anläßlich einer Reise von Bundeskanzler Helmut Kohl in die UdSSR) 387

Aus Mehnerts Abschiedsbrief 398
Nachweis der Erstveröffentlichung 399

Vorwort

Klaus Mehnert starb nach längerer schwerer Krankheit am 2. Januar 1984 in Freudenstadt. Ende 1983, im Angesicht des nahenden Todes, schrieb er an seine Freunde einen Abschiedsbrief, in dem er unter anderem dem deutschen Volk eine »allmähliche Aussöhnung mit dem zweiten Volk meines Lebens, den Russen« wünschte.

Klaus Mehnert hat stets betont, daß er ein Deutscher ist – ein Deutscher aus Überzeugung gleichsam und mit Eigenschaften, die den Deutschen landläufig zugesprochen werden: scharfer Verstand, Fleiß, Tüchtigkeit, Schaffensfreude, Treue, eine Prise schwäbischer Sparsamkeit.

Klaus Mehnert war aber auch ein alter Moskauer – mit aller Großzügigkeit und Warmherzigkeit, bis hin zur Sentimentalität. »Die Russen« waren für ihn keine statistische Einheit, kein »Gegner«; stets hat er einen klaren Unterschied gemacht zwischen dem russischen Volk und denen, die es regieren. Mehnert – ein Deutscher – verstand die Russen, er konnte sich in sie hineinversetzen wie einer von ihnen, ja fast schon zum Russen werden, und auch darauf war er stolz. Man müsse »nicht Rußland studieren, sondern es leben«, sagte er einmal, und er »lebte« es, immer wenn es irgend möglich war. Mehnert vermochte jedoch, so seltsam es klingt, beides in sich zu vereinen, problemlos aus der einen Welt in die andere überzuwechseln, auch wenn dies die politischen Verhältnisse häufig erschwerten, ja unmöglich machten.

Am 10. Oktober 1986 wäre Klaus Mehnert achtzig Jahre alt geworden. Für die Deutsche Verlags-Anstalt, die bis auf einen Titel alle Bücher Mehnerts verlegt hat (die meisten sind noch greifbar), lag es daher nahe, aus diesem Anlaß einen Band herauszugeben, der diesen Doppelaspekt aufgreift und eine Auswahl jener Aufsätze Mehnerts zusammenfaßt, die dem zweiten Volk seines Lebens, eben den Russen, gewidmet sind. Die Auswahl war nicht leicht, denn allein die Bibliographie der Schriften Mehnerts verzeichnet weit über tausend Arbeiten aller Art, zwanzig Bücher nicht mitgerechnet, nicht mitgerechnet auch die zahllosen regelmäßigen schriftlichen und mündlichen weltpolitischen Kommentare. Gewiß, bei weitem nicht alle seine Arbeiten haben mit Rußland und den Russen zu tun; auch die Chinesen, in deren Land er mehrere Jahre lebte, und die Amerikaner – seine Frau Enid war Amerikanerin – nehmen einen großen Raum in Mehnerts Werk ein, ebenso etliche weitere Länder, Völker und Probleme. Doch selbst wenn man nur die Rußland gewidmeten Aufsätze zusammensucht, ergeben sich, vorsichtig geschätzt, mehr als tausend Druckseiten.

Die vorliegende Auswahl berücksichtigt vor allem Aufsätze, die einerseits Mehnerts Verhältnis zu den Russen und andererseits sein Bild von den Russen, von Rußland, von der Sowjetunion im Verlauf von fast sechs Jahrzehnten in dieser oder jener Weise beleuchten. Im Vordergrund steht der russische Mensch, sein Alltag, seine Ansichten, seine Probleme. Immer wieder fragt sich Mehnert: Was ist neu? Was hat sich verändert? Welche Entwicklungen zeichnen sich ab? Berichte und Analysen über politische Ereignisse wurden dagegen, von wenigen Ausnahmen abgesehen, ausgeklammert.

Gewiß, und auch das zeigt dieser Band, haben sich Mehnerts Ansichten, hat sich seine Einstellung zu dieser oder jener Frage im Verlauf der rund sechzig Jahre seines Lebens, die er publizistisch tätig war, verändert. Dies betrifft zwar nicht seine Haltung zu den Russen, wohl aber gegenüber bestimmten Entwicklungen und Sachproblemen: Im Alter von 24 Jahren (damals unternahm er seine erste Sowjetunion-Reise) sieht man die Dinge natürlich oft etwas anders als, zum Beispiel, als Siebzigjähriger. Daher ist das Erscheinungsjahr eines jeden Aufsatzes von Bedeutung; es ist stets – fett gedruckt – zu Beginn eines Beitrags zu finden. Zwar sind die Texte im wesentlichen chronologisch angeordnet, doch wurde gelegentlich davon abgesehen, um bestimmte Themen zusammenzufassen.

Fast alle Aufsätze erscheinen ungekürzt; nur da und dort wurden kleine Straffungen vorgenommen. Die ursprünglichen Aufsatz-

titel wurden in der Regel beibehalten. Die Texte sprechen für sich; die wenigen Erläuterungen, die nötig schienen, stehen in eckigen Klammern. Die Schreibweise russischer Eigennamen, Begriffe usw. wurde vereinheitlicht.
Schon bei einer flüchtigen Durchsicht des Verzeichnisses von Mehnerts Schriften fällt auf, daß seine Aufsätze über die Sowjetunion, zeitlich gesehen, in zwei mehr oder weniger scharf getrennte Perioden zerfallen: Der erste Abschnitt umfaßt die Jahre 1929 bis 1936, der zweite die Zeit nach dem Zweiten Weltkrieg. Dies erklärt sich sowohl aus der politischen Geschichte unseres Jahrhunderts, dessen Ereignisse und Entwicklungen vor allem das Gesicht des östlichen Teils der Welt grundlegend verändert haben, als auch aus Mehnerts persönlichem Schicksal, das mit diesen Ereignissen eng verknüpft ist. Beides hat seine Beziehung zu Rußland geformt und bestimmt.
Klaus Mehnert stammt aus einer alteingesessenen Moskauer Familie. Schon seine Eltern und zwei seiner Großeltern wurden in Moskau geboren, drei Urgroßeltern sowie ein Großvater sind dort gestorben. Sein Vater war, zusammen mit seinem Bruder Wilhelm, Besitzer der »Typo-Lithographie Gebrüder Mehnert«, seine Mutter Luise Tochter von Julius Heuss, Besitzer der »mit Dampf betriebenen Schokoladen- und Konfektfabrik Einem«, die heute »Roter Oktober« heißt und deren Erzeugnisse Mehnert stets bevorzugte, wenn er in der Sowjetunion weilte: »Es sind immer noch die besten«, pflegte er zu sagen. Im Frühjahr 1983 hatte er die Fabrik besucht, das Chefzimmer, in dem einst sein Großvater residierte, war nahezu unverändert ... Mehnerts Eltern und vor allem seine Mutter vermittelten ihm jene Mischung aus deutscher Tüchtigkeit und russischer Kultur, die sein späteres Leben bestimmte.
So war Klaus Mehnert »ein waschechter Vertreter des Moskau-Deutschtums«, wie er sich selber in seinen Erinnerungen »Ein Deutscher in der Welt« charakterisiert, und das hat ihn und sein Verhältnis zu Rußland »entscheidend geprägt«. Ebenso prägend war die Tatsache, daß seine Familie nach Ausbruch des Ersten Weltkriegs von Moskau nach Stuttgart übersiedeln mußte, denn seine Eltern waren, obwohl schon lange in Rußland ansässig, deutsche Staatsbürger. Mehnerts Vater fiel 1917 als Offizier in

Flandern. Dadurch ergaben sich für die Familie Veränderungen, die das Leben des jungen Mehnert erheblich belasteten.

Nach dem Abitur am Stuttgarter Eberhard-Ludwigs-Gymnasium im Frühjahr 1925 entschloß sich Mehnert schon bald, in Berlin zu studieren, denn dort bestand das damals einzige »Seminar für osteuropäische Geschichte und Landeskunde«, geleitet von Professor Otto Hoetzsch, bei dem er auch 1928 mit einer Arbeit über den »Einfluß des russisch-japanischen Krieges auf die große Politik« promovierte. Hoetzsch, der 1925 die Zeitschrift »Osteuropa« ins Leben gerufen hatte, machte seinem ehemaligen Doktoranden im Frühjahr 1931 den Vorschlag, Generalsekretär der »Deutschen Gesellschaft zum Studium Osteuropas« – sie heißt heute »Deutsche Gesellschaft für Osteuropakunde« – und Redakteur der Zeitschrift »Osteuropa« zu werden. Mehnert war »Feuer und Flamme«, denn es gab, wie er schreibt, »in Deutschland nichts, das mich mehr reizen konnte als die Aussicht, mit dem von mir so verehrten Hoetzsch auf dem Gebiet zu arbeiten, das mir am meisten lag« – Rußland. »Ich war glücklich«, fügt er hinzu.

Das Deutschland Anfang der dreißiger Jahre war jedoch für jene, die sich mit der Sowjetunion befaßten, ein heißes Pflaster. Je mehr sich Hitlers Stellung festigte und damit Einschränkungen der publizistischen und wissenschaftlichen Arbeit um sich griffen, desto mehr wuchs auch Mehnerts Überzeugung, »daß es Zeit wurde, die Koffer zu packen«. Zum 1. April 1934 kündigte er seine Stellung als Generalsekretär der Osteuropa-Gesellschaft und als Redakteur der Zeitschrift »Osteuropa«, um als Korrespondent dreier deutscher Zeitungen nach Moskau zu gehen. Ende 1935 erging an die drei Zeitungen die Weisung des Propagandaministeriums von Goebbels, nichts mehr aus Mehnerts Feder zu drucken; der beanstandete Aufsatz ist in diesem Buch nachzulesen. Damit war Mehnerts erste Rußlandzeit zu Ende. Im Januar 1936 verließ er Moskau und ging zunächst nach Amerika.

Abgesehen von zahlreichen Beiträgen für »Osteuropa«, kabelte Mehnert als Korrespondent aus Moskau rund 200 kürzere Pressetelegramme und schrieb, zum Teil auf Reisen, 86 Aufsätze. Im Zusammenhang mit einem Verfahren gegen ihn vor dem NS-

Pressegericht 1936/37 – er schildert dies ausführlich in seinen Erinnerungen »Ein Deutscher in der Welt« – mußte er seine sämtlichen die Sowjetunion betreffenden Aufsätze vorlegen. Seine Frau sammelte daher seine Aufsätze in einem Ordner, und dieser hat sich, wenn auch in einem völlig zerfledderten Zustand, über Jahrzehnte hinweg erhalten. Die nachstehende Auswahl enthält aber auch einige persönliche Rußland-Berichte, die ursprünglich nicht zur Veröffentlichung bestimmt waren und die Mehnert nur für Freunde und Verwandte verfaßt hatte.

Das Interesse Mehnerts an der Entwicklung der Sowjetunion ist nach dem Ende seiner Korrespondententätigkeit in Moskau zwar keineswegs erloschen, ist aber doch, schon durch die Lebensumstände bedingt, in den Jahren vor und während des Zweiten Weltkriegs – er verbrachte sie in Kalifornien, in Hawaii und in Schanghai als Publizist und Hochschullehrer – in den Hintergrund getreten.

1946 ins zerstörte und geteilte Deutschland zurückgekehrt, entfaltete Mehnert bald wieder eine mit großer Energie und Verve betriebene Tätigkeit als Publizist, als Rundfunk- und Fernsehkommentator, als Autor zahlreicher Bücher sowie als Wissenschaftler und Hochschullehrer, so von 1961 bis 1972 als Professor für Politische Wissenschaft an der Rheinisch-Westfälischen Technischen Hochschule Aachen. Ein sehr bedeutender Teil dieser Aktivitäten bezog sich wiederum auf die Sowjetunion, was etwa an den Aufsätzen in der Wochenzeitung »Christ und Welt« abzulesen ist, deren Chefredakteur er von 1949 bis 1954 war. Gerade im Blick auf Rußland setzte er seine Arbeit dort fort, wo er vor dem Kriege aufhören mußte. 1949 gehörte er zu jenen, die die Deutsche Gesellschaft für Osteuropakunde aufs neue begründeten, und 1951 gelang es ihm, die Zeitschrift »Osteuropa« wieder ins Leben zu rufen; er hat sie bis 1975 geleitet und viel für sie geschrieben.

Als Adenauer 1955 zu seiner denkwürdigen Reise nach Moskau aufbrach, war es Mehnert, der darüber aus Moskau berichtete. Von da an nahm er buchstäblich jede Möglichkeit wahr, um immer wieder in die Sowjetunion zu reisen, wieder »Rußland zu leben«. Sein erstes Rußland-Buch – »Die Jugend in Sowjetrußland« (neu aufgelegt 1973) – schrieb er 1932, 1958 erschien sein

Weltbestseller »Der Sowjetmensch«, und auch sein letztes, 1983 veröffentlichtes Buch war einem russischen Thema gewidmet: »Über die Russen heute – Was sie lesen, wie sie sind«.
Und dennoch: Vieles, was Klaus Mehnert über das zweite Volk – und über das zweite Land – seines Lebens gesagt und geschrieben hat, blüht gleichsam im Verborgenen, versteckt in vorerst unzugänglichen Archiven oder verstreut in Zeitungen und Zeitschriften. Mögen die hier gebotenen Streiflichter aus Mehnerts Werk dem Leser ein wenig mehr mitteilen von dem russischen Menschen, den er liebte, und von seinem Wunsch nach Versöhnung mit dem zweiten Volk seines Lebens.

Aachen und Stuttgart,
im August 1986

Alexander Steininger
Ulrich Frank-Planitz

»Ich liebe den russischen Menschen«

»Dem Andenken meiner Mutter, geboren 1882 in Moskau, gestorben 1946 in Holstein, die mich als Deutsche das Russische sprechen und die Russen lieben lehrte.« So heißt die Widmung, die Klaus Mehnert seinem Buch »Der Sowjetmensch« voranstellte. Seine Mutter war es, die ihm ihre eigene Liebe zu Rußland mit seinen Menschen und seiner Kultur, mit seinen Eigenarten und seiner Weite mit auf den Lebensweg gab. Seine Mutter war es aber auch, die ihm ihre Begeisterung für Tatjana nahebrachte – für Puschkins Tatjana aus dessen Roman »Jewgenij Onegin«. Die Begeisterung blieb. Tatjana hat Mehnert sein Leben lang begleitet, und sie war für ihn stets mehr als eine Romanfigur – ein Ideal, ein ferner Wunschtraum, die weibliche Verkörperung Rußlands und jener Stadt, in der er geboren wurde – Moskau. (Den Essay »Tatjana« schrieb Mehnert 1971.)

Von ganz anderer Art, doch nicht minder bezeichnend für Mehnerts inniges Verhältnis zu Rußland und zu den Russen ist die zweite kleine Skizze dieses Abschnitts, sein erster gedruckter Aufsatz überhaupt. Mehnert selber bemerkt dazu: »Dieser Aufsatz wurde auf russischem, aber nicht auf sowjetischem Boden geschrieben – auf der Insel Walaam (Valamo) im Ladogasee, die einst zum Russischen Reich gehört hatte, aber nach dem Ersten Weltkrieg mitsamt dem auf ihr gelegenen russischen Kloster an Finnland gefallen war (und seit 1940 wieder innerhalb der Sowjetgrenzen liegt). Während in der UdSSR der Atheismus die Klöster zweckentfremdet hatte, war das Leben auf Walaam weitergegangen wie in den Jahrhunderten zuvor.« Als Mehnert diese kleine Skizze schrieb, war er achtzehn Jahre alt.

Tatjana

1971 Old Shatterhand verlor seine Macht über mich, als ich fünfzehn Jahre alt war, Sherlock Holmes zwei oder drei Jahre später; den Grünen Heinrich mochte ich nie, und Marco Polo, Held vieler Jahrzehnte meines Lebens, entfällt, da er ein Geschöpf der Wirklichkeit war und nicht der Dichtung. Die Romanfigur, die mich von Jugend an begleitete und stets aufs neue entzückte, ist Puschkins Tatjana.

Die Autoren dieses Bandes [gemeint ist »Romanfiguren«, hrsg. von W. H. Fritz, Mainz 1971] hatten nicht den Auftrag, die von ihnen gewählte Gestalt literarisch zu werten. Das ist gut. Tatjana ist so sehr ein Bestandteil meines Lebens, daß mir die Distanz für eine kritische Beurteilung fehlt. Daß ich Tatjana seit meiner Kindheit liebe, ist wohl entscheidend für mein Verhältnis zu ihr: Jugenderlebnisse, vor allem wenn mit der eigenen Mutter verbunden, sind stärker und dauerhafter als spätere Eindrücke.

Ich war sechs, höchstens sieben Jahre alt, als ich von meiner Mutter zum ersten Mal von Tatjana hörte. Obgleich Deutsche nach Paß und Abstammung (ihre Eltern waren aus Schwaben nach Moskau gekommen), war meine Mutter, in Moskau geboren, in zwei Kulturen aufgewachsen – mit Schiller *und* Puschkin. Aber da sie – bis zu unserer Flucht nach Deutschland im Herbst 1914 – fast ausschließlich in Rußland gelebt hatte, bedeutete ihr die russische doch wohl mehr als die deutsche, stand ihr Puschkins Tatjana näher als Schillers Luise (deren Namen sie trug).

Seit dem Erscheinen des Jewgenij Onegin in den zwanziger Jahren des vorigen Jahrhunderts und bis auf den heutigen Tag haben die meisten jungen Mädchen in Rußland für Tatjana geschwärmt; nicht anders meine Mutter, und da sie, als ich als Zuhörer in Betracht zu kommen begann, noch jung war (ich war ihr Ältester), war ihre Begeisterung noch frisch. Diese übertrug sie nun auf mich. Viele Abschnitte dieses »Romans in Versen« kannte sie auswendig, sie alle bezogen sich auf Tatjana.

Die Literaturhistoriker reihen den Puschkin des Onegin unter die Klassiker ein, und ich will mich mit ihnen nicht streiten. Für mich freilich ist Tatjana eine tief romantische Figur, und eben als solche hat sie von jeher die Phantasie der russischen Jugend bewegt. Der junge Mensch, das junge Mädchen zumal, betrachtet das Leben der Erwachsenen anfangs mit Scheu, wenn nicht mit Ablehnung – wie Tatjana:

> Schwermütig, wortkarg, ernst und eigen,
> Scheu wie ein Reh im Waldesschweigen,
> Erschien sie im Familienkreis
> Wie ein verpflanztes, fremdes Reis …
> Und hockte lieber ganz allein
> Am Fenster, um für sich zu sein …
> Vor Tagesanbruch stand sie gerne
> Schon am Balkon, vom Schlaf erfrischt,
> Wenn nach und nach der Chor der Sterne
> Am bleichen Horizont verlischt,
> Die fernen Hügel rot zerfließen,
> Frühwinde sanft den Morgen grüßen,
> Und dann im Glanz der Tag erwacht.*

In Tatjanas behütetes Leben, in das weltabgewandte Dorf, wo die Familie Larin wohnt, tritt nun, vom Glanz der Hauptstadt umstrahlt, Onegin, der das Gut eines Nachbarn geerbt hat und daher – ungern – aufs Land zog. Sie verliebt sich in ihn mit der aufgestauten Inbrunst ihres Herzens. Er aber, blasierter junger Lebemann, hat für das Landkind keine Augen. Im Grunde ist es auch nicht Onegin, den die romantische Tatjana liebt, sondern ein Idealbild, das sie sich selbst zusammengeträumt hat. Denn

> Dem stillen jungen Mädchen galten
> Romane längst als höchste Lust,
> Rousseaus und Richardsons** Gestalten
> Belebten ihre Schwärmerbrust.
> Ihr Vater, der als komisch trister
> Beschränkter Kauz und Hausphilister

* Die hier verwendeten Übersetzungen stammen zum einen Teil von Th. Commichau, zum anderen von Elfriede Eckardt-Skalberg.

** Samuel Richardson (1689–1761), englischer Schriftsteller, dessen sechsbändiger Briefform-Roman »Sir Charles Grandison« (1754) das Idealbild eines Gentleman gezeichnet hatte.

Nie Bücher las, deshalb den Kram
Für harmlos leichten Plunder nahm,
Versäumte, weil er nichts entdeckte,
Beizeiten auf der Hut zu sein,
Welch Schmöker seinem Töchterlein
Nachtsüber unterm Kissen steckte;
Obgleich ja doch Mama sogar
Durch Richardson ganz närrisch war.

Onegin aber zeigt keinerlei Interesse. (Seine Reaktion auf den ersten Besuch im Hause Larin:

Daß der verdammte Beerensaft
Mir nur keine Beschwerden schafft!)

Jetzt schreibt ihm Tatjana – im Lichte des Vollmonds, versteht sich – einen Brief, worauf ihr Onegin sagt, sie solle sich ihn aus dem Kopf schlagen; zwar liebe er sie wie eine Schwester, doch sei er zum Heiraten nicht geschaffen. Dann doziert er gönnerhaft-tröstend:

Auch Ihr Gefühl
Entdeckt sich bald ein neues Ziel.
Nur lernen Sie Ihr Herz zu zügeln.
Nicht jeder achtet es wie ich.
Wer Schaden fürchtet, hüte sich.

Für Onegin ist damit die Sache erledigt. Unbefangen kommt er wieder ins Haus Larin, als dort Tatjanas Namenstag gefeiert wird, und flirtet mit Tatjanas Schwester Olga. Dadurch zieht er sich den Groll seines Freundes Lenskij zu, der mit Olga verlobt ist; er wird von Lenskij zum Duell gefordert und erschießt ihn. Dann verläßt er die Nachbarschaft und reist ins Ausland.
Olga trauert, aber nicht allzu lange:

Ein anderer bot sich ihren Blicken,
War bald ihr Tröster, ihr Entzücken,
Und trat als Sieger auf den Plan:
Ein hübscher, flotter Herr Ulan.

Für Tatjana dagegen hat das Leben jeden Sinn verloren. Allein streift sie durch Feld und Flur und sucht schließlich das verlassene Herrenhaus Onegins auf; sie liest die Bücher, die er gelesen und mit Randnotizen versehen hatte, und beginnt, ihn zu verstehen, auch seine Schwächen:

> Diesen Sonderling und Spötter,
> Den Himmel oder Hölle schuf,
> Mit Engelsfittich, Teufelshuf.

So steigert sie sich nur noch intensiver in ihre Liebe.
Kein Wunder, daß die Mutter verzweifelt:

> Was fang ich mit dem Mädel an?
> Die Zeit ist da, ihr fehlt ein Mann!
> Kommt aber wer, dann heißt es immer:
> »Ich mag nicht!« Jedem kommt sie dumm
> Und schmollt und streift im Wald herum.

Schließlich wird es auch der Mama zu dumm, und sie befolgt den Rat, den man ihr gibt:

> Ei, Nachbarin, weshalb Euch quälen?
> Ihr solltet, um Erfolg zu sehen,
> Nach Moskau auf den Brautmarkt gehn.

Tatjana läßt alles über sich ergehen und wird mit einem nicht mehr jungen, aber berühmten General, einem Fürsten, verheiratet.
Jahre vergehen. Onegin kehrt nach Rußland zurück, an den Schauplatz seiner jugendlichen Erfolge, St. Petersburg.

> So kam er aus dem Überall,
> Vom Schiff direkt auf diesen Ball.
> Doch sieh, Bewegung herrscht im Saale,
> Geflüster geht durch alle Reih'n,
> Von einem ernsten Generale
> Gefolgt, trat eine Dame ein.

Es ist, wie kann es anders sein – Tatjana. Jetzt verliebt sich Onegin. Er setzt der Widerstrebenden nach, dringt bis in ihr Boudoir vor, findet sie, die ihn nicht erwartet, in Tränen über seinen Briefen – und wird abgewiesen:

Ich liebe Sie, heut darf ich's sagen –
Doch hat ein anderer mich gefreit:
Ihm bleib ich treu in Ewigkeit.

Damit endet der Roman.

Nach unserer Übersiedlung nach Deutschland entschwand Tatjana für einige Zeit meinen Augen. Eine andere Welt umgab mich – Krieg, erste Schuljahre an einem deutschen Gymnasium, Extrablätter mit Siegen, Tod des Vaters in Flandern, Steckrüben, Niederlage, Revolution. Es war auch Romantik, aber eine aus Eisen und Blut. Erst in den letzten Jahren vor dem Abitur, das ich 1925 ablegte, trat mit der Freude an der Literatur auch Tatjana wieder in mein Leben. Die russische Sprache, lange auf Eis gelegt, zog mich aufs neue an. In einem Stuttgarter Antiquariat erstand ich mir einen vergilbten Puschkin. Als erstes las ich den Onegin, oft zusammen mit meiner Mutter.

Als ich einige Jahre später, nun schon Student, wieder nach Rußland kam, erkämpfte ich mir gleich in den ersten Tagen eine Karte – hoch oben – fürs Bolschoj, natürlich für eine Aufführung von Tschaikowskijs »Jewgenij Onegin«. Da ich kein großer Operngeher bin, war es auch jetzt nicht die Oper, die mich lockte, sondern Tatjana. Den Namen der Sängerin habe ich vergessen (es sind seither fast vierzig Jahre vergangen), auch war ich von ihr ein wenig enttäuscht – an die Tatjana meiner Phantasie reichte diese nicht entfernt heran.

Eher ließ sich dies von einer anderen jungen Künstlerin sagen, in die ich mich im folgenden Jahr bei erneutem Aufenthalt in Moskau verguckte: einer Schauspielerin aus Stanislawskijs »Künstlertheater«. Zwar hieß sie nicht Tatjana, aber zu ihrem Repertoire, das sie in Fabriken vortrug, gehörte jener Brief, in dem Tatjana Onegin ihre Liebe gesteht; er beginnt mit den Versen, die Millionen Russen auswendig können:

Ich bin so kühn, an Sie zu schreiben –
Ach, braucht es mehr als dies allein?
Nun wird gewiß – was soll mir bleiben? –
Verachtung meine Strafe sein!
Doch wenn, wo Angst und Qual mich treiben,
Ein Fünkchen Mitleid für mich spricht –
O dann verwerfen Sie mich nicht!
Erst wollt' ich schweigen, hätte nimmer,
Was nun zu Schmach und Schande ward,
Dem strengen Auge offenbart,
Ach, bliebe nur ein winz'ger Schimmer
Von Hoffnung, Sie von Zeit zu Zeit
In unsrer Abgeschiedenheit
Zu sehn, zu grüßen, im geheimen
Mich ihres klugen Worts zu freun,
Um selig-froh für mich allein
Vom nächsten Wiedersehn zu träumen …
Doch heißt's, Ihr Stolz vertrüge nicht,
In niedren Hütten einzukehren;
Und wir – sind klein, gering und schlicht,
Nur dankbar, einen Gast zu ehren.
Ach, warum kamen Sie aufs Land,
Wo wir so still verborgen waren?
Ich hätte nimmer Sie gekannt
Und nie solch Herzeleid erfahren.
Ich hätte, klüger mit den Jahren,
Vielleicht ein andres Ziel erstrebt
Und, einem andern treu verbunden,
Ein friedlich Glück bei ihm gefunden
Und frommer Mutterpflicht gelebt.
Ein andrer … Nein! Es kann auf Erden
mein Herz sich keinem andern weihn!
So ließ des Schöpfers Hand mich werden,
So will's der Himmel: ich bin Dein.
Dich zu gewinnen, war mein Leben
Ein einzig' Pfand nur, fort und fort;
Gott selber hat Dich mir gegeben,
Bis an das Grab bist Du mein Hort …

Du warst's, der mich im Traum beglückte,
Längst liebt ich Dich, eh' ich Dich sah;
Dein Antlitz strahlte mir so nah,
Und Deiner Stimme Klang entzückte
mich längst ... Das war kein Traum, o nein!
Sowie Du eintratst, gleich erkannte
Mein Herz Dich wieder, jauchzte, brannte
Und rief: er ist's, er muß es sein!

Drei- oder viermal fuhr ich in überfüllten Straßenbahnen durch dunkle Vororte zu den Betrieben, um die schlanke, dunkelhaarige Schöne in verrauchten Kantinen diese Tatjana-Verse rezitieren zu hören und – um der Wahrheit die Ehre zu geben – auch zu sehen.

Wieder einige Jahre später zog ich – als Auslandskorrespondent diesmal – mit meiner jungen Frau nach Moskau. Die erste Aufführung, die sie in der ihr fremden Sprache ansehen mußte, war »Onegin«, auch im Bolschoj. Vorher hatte ich ihr den Puschkin-Text in Übersetzung vorgelesen, so daß sie dem Geschehen folgen konnte. Ich war tief beglückt, als sie sich befriedigt äußerte, und auch jetzt noch meine ich, daß sie das nicht nur mir zuliebe tat – Tschaikowskijs Oper ist eingängig, und die Bühne des Bolschoj bot einen bunten Bilderbogen des Rußland der Puschkin-Zeit.

Russische Frauen, die ich im Laufe meines Lebens kannte, teilte ich in die vielen anderen ein und in die wenigen Tatjanas. Manche trugen auch wirklich diesen Namen, wie die russisch geborene Fürstin Metternich auf Johannisberg, und von allen Namenstagen des russischen Kalenders ist mir Tatjanas Tag der liebste. Sogar nach Hawaii hat mich die – freilich papierene – Tatjana begleitet: Während der Jahre, die ich dort (1937–1941) an der Staatsuniversität verbrachte, hielt ich unter anderem Vorlesungen über russische Geschichte; dann mußten meine hawaiischen Studentinnen die Tatjana-Verse in englischer Übersetzung vorlesen. Das schien ihnen Freude zu machen, vor allem der Schluß, wo Tatjana Onegin den Kopf wäscht.

Noch in einem anderen Sinn beschäftigte mich Tatjana durch die Jahrzehnte. Von jeher habe ich die russische Literatur geliebt, und wie Onegin der Stammvater jener unzähligen »unnützen«

jungen Männer ist, die sich in so vielen Romanen und Bühnenstücken Rußlands finden und auch in der sozialen Wirklichkeit ein Bestandteil seiner Geschichte sind, so ist Tatjana die Ahnfrau jener »ganzen« (zelnaja) Russinnen, die – »wie aus einem Guß«, unbedingt und ihren eigenen Gesetzen folgend – durch die russische Literatur schreiten. Die Welt kennt sie vor allem in der Gestalt der Anna Karenina, aber sie trägt noch viele andere Namen: darunter Lisa (in Turgenjews »Adelsnest«), Jekaterina (in Ostrowskijs »Gewitter«), Lara (in Pasternaks »Doktor Schiwago«). Es gibt in der deutschen Literatur keine entsprechende Frauengestalt; keine Krim- oder Brunhilde, kein Gretchen, Klärchen oder Käthchen reicht auch nur entfernt an typenbildender Kraft an Tatjana heran. Die Frau, die stärker ist als der Mann, blieb bis in unsere Tage ein Merkmal der russischen Literatur.

Die für den ganzen Versroman charakteristische heiter-ironische Grundstimmung ist mir in meiner Kindheit vermutlich nicht bewußt geworden, später genoß ich sie sehr. Das Drama der liebenden, verschmähten, verzichtenden Tatjana ist gewiß ernst, aber eben nicht tierisch ernst. Anders als ihre Nachfahren wählt sie nicht den Tod; sie geht nicht ins Wasser wie Jekaterina und wirft sich nicht, wie Anna, unter einen Zug (den es freilich damals noch nicht gab). Sie trägt ihr Schicksal mit erhobenem Haupt – es sei denn, sie ist allein und glaubt sich unbelauscht.

Während ich dies alles schreibe, wird mir deutlich, daß Tatjana mehr für mich ist als eine Romanfigur, nämlich ein Stück des Landes, in dem ich geboren wurde und die ersten Jahre meines Lebens verbrachte und das ich auch später noch oft besuchte, zuletzt im Sommer 1970. Einen Teil der Kindheit verlebte ich in einem Dorf, wo meine Eltern Jahre hindurch für die Ferien ein Bauernhaus mieteten. Der russische Winter ist für mich auf immer mit diesem Dorf verbunden – und mit Tatjana:

Der Herbst hielt nach dem Fall der Blätter
Noch lange stand in diesem Jahr,
Es kam und kam kein Winterwetter.
Schnee fiel auch erst im Januar,
Am dritten nachts. Als in der Frühe
Tatjana munter wurde, siehe,

War Hof und Garten weit und breit,
Der Zaun, die Dächer tief verschneit.
Am Fenster prangten Blumensterne,
Die Bäume standen silberschwer,
Es schwirrten Elstern froh umher,
Und alle Höhen in der Ferne
Bedeckte flimmernd Schnee und Eis.
Ringsum ein einzig blendend Weiß.
Nun ist der Winter da. Der Bauer
Spannt im Triumph den Schlitten an.
Das Laufen wird dem Pferd nicht sauer,
Es trottet fröhlich im Gespann.
Schnee wirbelt unter seinen Hufen,
Im schnellen Gleiten ziehn die Kufen
Auf ihrem Weg ein blankes Gleis
Ins flockig makellose Weiß.

Genau so, könnte ich schwören, erlebte ich 1913 den Einbruch meines letzten Kindheitswinters im russischen Dorf. Und meine Kinderfrau, die ich wie Tatjana und wie Millionen Kinder in Rußland Njanja nannte (noch heute heißen die Kinderfrauen so, die es ja auch im Sowjetstaat gibt), habe ich in Erinnerung, wie Puschkin sie im »Onegin« zeichnet. Hätte ich – wozu es für den Siebenjährigen freilich zu früh war – meiner Njanja gestanden, ich sei verliebt, so hätte sich wohl unser Dialog nicht viel anders abgespielt als jener zwischen Tatjana und ihrer Amme in der Nacht, in der das junge Mädchen später den Brief an Onegin schreiben sollte:

»Ach, Njanja, meine Schläfen brennen,
Und diese Angst, die mich verzehrt,
Ich könnte weinen ohne Ende.«
»Kind Du bist krank, so heiße Hände –
Allmächt'ger Gott, erbarme Dich!
Schnell, schnell, was soll ich holen, sprich!
Weihwasser wird das Fieber stillen.
Du glühst, bist krank!« – »Nicht krank – betrübt,
Ach, Njanja, hör – ich bin verliebt.«

»Gott steh Dir bei, um Christi willen!«
Die Alte hebt, vor Schreck gebannt,
bekreuzigend die greise Hand.

Ein Winterfest, das ich im Hause von Freunden meiner Eltern – nicht weit von unserem Dorf – als Kind erlebte, kann ich mir heute nicht mehr anders vorstellen als jenen Namenstag im Hause Larin:

Von früh an herrscht Tumult und Wesen
In Larins Haus; in Kutschen, Chaisen
Und Schlitten traf mit groß und klein
Der Nachbarn ganze Sippschaft ein.
Im Vorhaus prallt die Flut zusammen;
Man zwängt sie durch den Korridor,
Grüßt, küßt, umarmt sich, stellt sich vor;
Dazwischen Lärm, Gekreisch von Ammen,
Getrampel, Lachen rauh und hell,
Babygeplärr und Mopsgebell.

Obgleich fast ein Jahrhundert seit jener Kutschenreise nach Moskau vergangen war, die Mutter und Tochter Larina zum »Brautmarkt« nach Moskau führte, waren meine Kinderreisen über Land eine Mischung von Puschkins inzwischen verwirklichter Vision und der von den Reisenden damals erlebten Wirklichkeit:

Geht Rußland einst aus Finsternissen
Zur Zivilisation voran
(Was etwa, nach gelehrten Schlüssen,
Ein halb Jahrtausend dauern kann),
Dann wird sich künftig auch daneben
Der Zustand unsrer Straßen heben:
Chausseen ziehn dann kreuz und quer
Verbindend durch die Ferne her,
Gewalt'ge Eisenbrücken thronen,
Man sprengt die Felsen, ebnet Land,
Bohrt Tunnels durch der Berge Wand,
Und rings auf allen Poststationen

Stellt orthodoxer Christensinn
Uns ein Büfett zur Stärkung hin.
Einstweilen sind die Wege greulich,
Die Brücken morsch, der Dreck verflucht;
Im Gasthaus wird man nachts abscheulich
Von Floh und Wanze heimgesucht.

Von letzteren habe ich noch in den dreißiger Jahren manches Liedlein gesungen.
Vor allem freilich ist es das Ziel der Reise Tatjanas, dessen Schilderung ich liebe – Moskau.

Doch endlich winkt das Ziel: im Schimmer
Der weißen Mauern leuchtend nah,
In goldner Kreuzeskuppeln Flimmer
Liegt groß und herrlich Moskau da.

Das Gewimmel in den Straßen, das sich im Moskau meiner Kindheit den Blicken bot, in der Twerschen Straße zum Beispiel, ähnelte dem von Puschkin gezeichneten Bild weit mehr als dem heutigen:

Rasch vorwärts: weiße Säulen ragen
Als Tor empor, der Schlitten schwenkt
Und holpert durch die Twersche Straße.
Gleich flimmert's, wogt's im Übermaße:
Volk, Bauern, Weiber, Bettelei,
Bucharen, Trödler, Polizei,
Kosaken, Schlitten aller Sorten,
Laternen, Buden, Frachtenschwall,
Kaufläden, Klöster, Turm und Wall,
Paläste, Gärten, Löwenpforten,
Balkons, Kapellen nebst Altar
Und hoch ums Kreuz die Dohlenschar.

Obgleich ich kein »Russenherz« habe, sondern ein deutsches, empfinde ich in den Pausen zwischen meinen Moskaubesuchen bis zum heutigen Tage nicht anders als Puschkin, wenn er aus der Ferne die alte russische Hauptstadt vor seinem geistigen Auge auferstehen ließ:

> Ach, wie ich doch vor Freude bebte,
> Als dies betürmte, glanzbelebte,
> Buntfarbene Stadtbild imposant
> Auf einmal wieder vor mir stand!
> Wie oft in meinem tiefsten Grame,
> In meines Wanderschicksals Nacht,
> O Moskau, hab' ich dein gedacht!
> Moskau ... Wie packt doch dieser Name
> Das Russenherz mit Ungestüm!
> Was spricht nicht alles, klingt aus ihm!

Und so mag es sein, daß Tatjana für mich nicht so sehr ein Mädchen ist als vielmehr die weibliche Verkörperung des Landes und der Stadt, wo ich die Schönheit dieser Welt zum ersten Mal erblickte.

... ein Stückchen Heimat: 1925 im alten Rußland

Über dem heutigen Rußland liegt ein Dunkel, man erzählt sich **1925**
greuliche Geschichten und spürt einen Duft wie von Blut und Leichen. Dabei vergißt man ganz, daß das alte Rußland nicht weniger Geheimnisse bot. Aber es ließ den Fremden freundlich in seine Mysterien blicken: in seine Kirchen, wo es Priester gab in reichen Gewändern und überschwengliche Gottesdienste, in sein Leben, da Bauern ruhig auf einer kleinen Scholle lebten und eine heilige Autorität gebot. Unbekannter als all das ist, daß es auch heute diese Mysterien gibt: Weihrauch und Priester und Gottesdienste und zufriedene Bauern, gebannt auf einige Quadratkilometer im finnischen Norden.

Fährt man zwei Tage von Stettin nach Helsingfors, von da eine Nacht nach Wiborg und dann noch einen halben Tag weiter nach Osten, so kommt man an den Ladogasee und ein freundliches Städtchen, Sórtavala. Fährt man mit dem kleinen Dampfer hinaus, so geht der Zeiger der Zeit zurück, erst so zum Jahre 1913 und dann oft noch viel weiter, um 100 Jahre wohl, und nur ganz, ganz selten wagt er sich höher als 1914. Die finnische Flagge verschwindet vom Heck und die Stadt hinter den Inseln. Die Besatzung hat eigentümliche, große Mützen, einen dunklen Kaftan, den ein Leibriemen hält, hohe Stiefel und lange Bärte. Man hört nur Russisch, kein Schwedisch und Finnisch wie bisher.

Am Horizont erscheint eine Insel, auf die das Schiff Kurs nimmt, und schließlich erkennt man auf der höchsten Erhebung die blauen Kuppeln einer Kirche. Walamo [Walaam] heißt die Insel, und ein tausendjähriges russisches Kloster liegt dort, erst seit 1918 innerhalb der finnischen Grenze – die etwas südlicher durch den Ladoga läuft –, aber mit vollkommen russischem Charakter. Das alte Rußland begegnet einem da auf Schritt und Tritt, und wem es als selige Kindheitserinnerung ans Herz gewachsen ist wie mir, dem kommen fast die Tränen bei diesem Wiedersehen nach elf Jahren.

Man braucht nicht griechisch-katholisch zu sein, um mitgerissen zu werden von diesen Gottesdiensten, von denen der eine den anderen ablöst. Das Gewaltigste ist der Nachtgottesdienst um 3 Uhr. – Ein wenig verschlafen trete ich aus dem großen Pilgerheim, das mit Hunderten von Betten die Reisenden aufnimmt, aber die köstliche, laue Seeluft, das leise Rauschen der herrlichen uralten Bäume und das melodische Glockenläuten machen bald munter. Durch ein Tor betrete ich die eigentlichen Klostergebäude und laut hallen die Schritte durch die Stille der Nacht. Innen huschen viele leise Gestalten, alles ist von dunklen Schatten erfüllt, die der große Eingang der Kirche aufsaugt. Über einige Stufen gelange ich in ein niedriges Kirchengewölbe, das erfüllt ist von Weihrauch und schwarz vermummten Menschen, Gesang und viel, viel Gold und Kerzenlicht. Der Altar und ein Teil der Sänger ist hinter dem goldüberstrahlten Lettner verborgen, nur manchmal öffnet sich das Gitter und der düsterrote Vorhang, um den Blick zum Heiligsten dringen zu lassen und zum Priester, der betend in reichem Ornat das Weihrauchgefäß schwingt. Herrliche Bässe sind es, die durch das Gewölbe wogen, als schwarze Silhouetten heben sich die Mönche ab von dem im flackernden Kerzenlicht strahlenden Gold. Die Wände sind bedeckt mit Heiligenbildern und prunken in lauten Farben. Die schwarzen Schatten werfen sich vor ihnen nieder, es ist ein ewiges Auf und Ab dieser ganzen dunklen Masse. Manchmal ist es ganz still, so daß man das Murmeln des Priesters allein hört und dann braust wieder der Chor der Männerstimmen und erfüllt den Raum. Und leidenschaftlicher wird der Gesang, röter brennen die Kerzen und strahlen die Goldwände, wilder wogen die dunklen Gestalten, heißer glühen die Küsse auf das kalte Gold der Gottesmutter. – Dann brandet alles zurück, wird ruhig, ein Schatten nach dem andern verschwindet, die letzten Kerzen verlöschen langsam, nur noch wenige Andächtige liegen betend am Boden. – Wieder huschen Gestalten über die Höfe, wieder läuten die Glocken – dann wird es still; der letzte Ton schwingt durch die Luft, und wie ein Spuk ist dieser ganze morgenländisch prunk- und glutvolle Traum dahin. Nur das Herz, das stärker schlägt und der Kopf, der noch immer schwarze Gestalten auf Goldgrund sieht, zeugen vom Erlebnis.

Es bleibt nicht das einzige. Die ganze Atmosphäre der Insel ist so, daß man sich auf einer vollkommen anderen Ebene fühlt und jede Kleinigkeit tieferen Eindruck macht.

So ruderte ich einmal um die Mittagszeit an dem hohen, felsigen Ufer entlang und erblickte auf einer kleinen Insel ein ärmliches Hüttchen. Ich legte an und ging hin. Klopfte an die Türe: da es still blieb, trat ich ein. Ein kleiner Raum, leer, aber anscheinend bewohnt: ein Ofen, ein Tisch und eine Bank, ein Wasserkessel und einige Schachteln. Als ich wieder heraustrat, kam ein Mönch durch den Wald, einen großen Korb voll Pilze im Arm. Nicht im mindesten erstaunt über einen Fremden in seinem Hause, lud er mich herzlich ein, näherzutreten und mit seiner einfachen Hütte vorliebzunehmen. Er machte ein Feuer und bereitete Tee, außerdem bot er mir Brot und Tomaten an. Und dann erzählte er: von seinem einsamen Leben mit Gott; daß er seit 25 Jahren die Kutte trage und seitdem glücklich und zufrieden hier lebe. Er erzählte von den Engeln und ihrer Pracht und sprach von ihnen wie von guten Freunden, die er lange kennt. Er stellte mir das Bild des Paradieses vor Augen. Er sprach von dem Rauschen der Bäume auf seiner Insel; von den Fischen, die er im See finge; von seinem Leben als einfacher Uhrmacher vor langer, langer Zeit; von dem stillen Frieden des Klosters und den Versuchen, die Mönche zu verweltlichen, sie zu Mitteln der Politik zu machen – sie, die ein Leben mit Gott und fern von dem Treiben der Welt wollen; von Gottes Barmherzigkeit, der sie 1918 vor der Gier der Roten gnädig bewahrte, da er diese mit Blindheit schlug und sie an der Insel vorbeifuhren; von dem Erzbischof German in Helsingfors, der den alten Glauben verraten, der sich den Bart rasiert hätte und ins Theater gehe, so daß sie sich von ihm losgesagt haben; von den Bestrebungen, die neue Zeitrechnung auch bei ihnen einzuführen und ihrem trotzigen Widerstand; vom Kriege, der die frühere Zahl der Mönche von über 1000 auf 350 verminderte; und von ihren Sorgen um den fehlenden Nachwuchs. »Denn wir sind alt, Herr, und sterben bald alle, und Gott hat unser Mütterchen Rußland geschlagen, daß es seiner vergaß und ohne ihn regieren will. – Aber wir bleiben ihm treu bis zuletzt – und er weiß ja, warum er unser Volk so hart prüft.«

Es war dunkel und der Tee zu Ende, als ich aufbrach. Er begleitete mich bis ans Boot. Wir nahmen Abschied, und er gab mir seinen Segen. Dann ruderte ich weg. Ich sah das Fenster der Hütte hell werden, dann fuhr ich um eine Klippe und war allein. Der Mond spiegelte sich im See und ich tauchte die Ruder nur ganz leise ins Wasser.

Ich liebe den russischen Menschen! Er ist wie ein Kind, gleich offen in Zuneigung und Haß. Gegen das Fremde ist er mißtrauisch, aber da ich russisch sprach, war ich ein guter Mensch. Ich bin schon viel im fremden Lande gereist, aber nirgends mit so unverhohlener und ungekünstelter Freundlichkeit aufgenommen worden. Als ich Abschied nahm von der Insel, da brachte mir der eine die großen Taschen seiner Kutte voll Äpfel, der andere Tomaten, der dritte ein Büchlein über Walamo und der vierte ein Heiligenbild. Wenn man erst einmal ihr Vertrauen hat, so sind die Russen von größter Anhänglichkeit.

Wie Kinder waren sie auch, wenn sie mir ihre Arbeit zeigten. Der eine hat die Pferde unter sich und führt sie mir vor. Alle nennt er mit Namen; das eine dort, der arme Kerl, ist lahm am rechten Hinterfuß; das andere ist alt und bekommt das Gnadenbrot, jedes hat seine Geschichte und seinen Kosenamen – nicht einen, viele, wie sie nur die russische Sprache besitzt, die aus dem gleichgültigsten Wort eine liebe, schmeichelnde Freundlichkeit macht. – Der Schmied zeigt mir seine Werkstatt, die Feile, die kürzlich vom Tisch fiel und zerbrach und erklärt mir die einfache Transmission. »Wir könnten auch selbst Elektrizität machen, aber wir wollen das nicht, wir sind das Petroleum gewöhnt.« – Wie mir der Tischler seinen Arbeitsplatz vorführt, da leuchten seine Augen: »Diese Hobelbank habe ich selbst gemacht, vor 20 Jahren! Und diesen Kasten und diesen Schrank und ...« So geht es bei jedem. Ihm ist nur ein kleiner Bezirk unterstellt, und diesen pflegt er mit aller Liebe und Sorgfalt und er ist ihm wichtig.

Während es in alter Zeit viele Einsiedler gab, sind sie jetzt in den sogenannten »Skits« gesammelt. In diesen Klosterfilialen, die überall auf Walamo und den benachbarten Inseln verstreut liegen, leben einige Mönche neben prächtigen Kirchen nach besonders strengen Regeln. Auch sie sind gastfreundlich, voll rührenden Vertrauens und bereit, alles zu teilen.

Als meine Zeit um war, nahm ich Abschied, er fiel mir schwer. Ich hatte viele Freunde, trotz der kurzen Zeit, und viele Hände zu drücken. Einige winkten auch, als der »Sergej« wieder fortfuhr, und als in den Armen des Horizontes die blauen Kuppeln der Preobraschenskikirche verschwanden, da war es nicht eine steinige Insel, die ich verließ, sondern ein Stückchen Heimat.

Sowjetrußland 1929–1936

Reisen um 1930

Rußland zog Mehnert stets wie ein Magnet an. In den Jahren 1929 bis 1933 verbrachte er dort jeden Urlaub, nahm jede Möglichkeit wahr, dorthin zu reisen, und im Frühjahr 1934 ging er als Korrespondent dreier deutscher Tageszeitungen nach Moskau, von wo aus er auch ausgedehnte Reisen durch das Land unternahm (was seinerzeit noch sehr viel unproblematischer war als heute), so unter anderem in damals im Ausland kaum bekannte Gebiete wie den Ural und Baschkirien, den Kaukasus, die sowjetische Arktis und Kasachstan.
Vor allem die Berichte über die Reisen in die Sowjetunion um 1930, die ursprünglich nicht zur Veröffentlichung bestimmt waren, beeindrucken durch ihre Frische und Unmittelbarkeit, durch ein Gespür für die Symptome neuer Entwicklungen, auch wenn seine jugendliche Unbefangenheit manchmal »zu Naivität und Fehlprognosen führte«, wie Mehnert selbst zugibt.
Seine erste Reise in die Sowjetunion unternahm Mehnert »hinten 'rum«, von Wladiwostok aus. Dies war der letzte Teil seiner ersten Reise um die Erde, über die er für die engere Familie einen insgesamt 91seitigen Bericht schrieb, von dem hier der vierte Abschnitt »Sibirien-Reise 1929« abgedruckt wird. Auch der Bericht von der Rußlandfahrt im Herbst 1930 war ursprünglich nur für Verwandte und Freunde bestimmt; Mehnert versah ihn sogar mit dem rückblickend ein wenig dramatisch wirkenden Vermerk »Streng vertraulich!«. Der – etwas gekürzte – »persönliche Bericht« über die Sowjetunion vom Herbst 1931 vermittelt gleichsam den äußeren Rahmen für eine Reihe von späteren Aufsätzen in »Osteuropa«, deren erster am Schluß dieses Abschnitts zu finden ist.
Das gemeinsame Kennzeichen aller vier Berichte ist das weit im Vordergrund stehende Interesse Mehnerts für den – wie er es ausdrückt – »lebendigen Menschen«. Schon damals war es für ihn die Frage schlechthin, ob und wieweit es der Sowjetmacht gelingt, einen neuen Menschen zu schaffen, denn allein darauf komme es an.

Die Fahrt hinten 'rum: Sibirien-Reise 1929

1929 Ich muß gestehen, daß ich nicht ohne Sorge meinem Besuch in dem russischen Konsulat in Kobe entgegensah. In Schanghai war mir mein Paß abhanden gekommen, und ich hatte mir auf dem deutschen Generalkonsulat einen neuen ausstellen lassen müssen. Neue Pässe aber sind ebenso wie neue Hundertmarkscheine verdächtig. Außerdem stand gleich auf der ersten Seite »Geburtsort Moskau«! Da war es unvermeidlich, daß man mich nach meiner Vergangenheit fragen und mir eventuell Schwierigkeiten, die Reise durch Rußland anzutreten, in den Weg legen würde, denn es ist bekannt, daß die roten Machthaber Rußlands Besucher vorziehen, die noch nie in ihrem Leben in Rußland waren und kein Wort der russischen Sprache verstehen. Ich hatte daher die letzten Tage mich geübt, ein gebrochenes Russisch zu reden, doch war es nicht ohne leichtes Herzklopfen, als ich das Konsulat betrat.

Alles klappte vorzüglich. Bei dem Wort »Moskau« stutzte der Konsul einen Moment und fragte mich auf englisch, ob ich Russisch spräche. Ich antwortete, wie ich es geübt hatte, in stockendem und korrumpiertem Russisch, daß ich als ein siebenjähriges Kind aus Rußland geflohen sei und in der Zwischenzeit so gut wie alles vergessen hätte. Die einzige Enttäuschung war, daß der Konsul mir aus formellen Gründen nur eine Durchreise und kein Aufenthaltsvisum geben wollte. Zu einem Aufenthaltsvisum nämlich hätte er erst in Moskau anfragen müssen, ob nichts gegen den Antragsteller vorliegt. Diese Anfrage hätte einmal sehr viel Zeit gekostet und zum zweiten war anzunehmen, daß allerhand gegen mich vorgelegen hätte. So blieb es bei der Durchreise. Ich zahlte 50 Sen, während Amerikaner 10 Dollar zahlen und Italiener sogar für ihren Mussolini durch Zahlung von 15 Dollar pro Visum gestraft werden. Außer dem Stempel, der dann auf meinen Paß gedrückt wurde, klebte die Sekretärin, die übrigens das Konsulat im großen und ganzen zu leiten schien, einen Druckzettel auf meinen Paß, der sozusagen eine Gebrauchsanweisung für die Reise durch Rußland darstellte. Es lief mir kalt den Rücken herunter, als ich las, was ich alles nicht durfte und daß ich als Besitzer eines Durchreisevisums nur für den Fall einer unmittelbar lebensgefährlichen Erkrankung meine Reise innerhalb Rußlands unterbrechen durfte.

Am gleichen Mittag fuhr ich weiter nach Tsuruga, einem kleinen, prachtvoll geschützten Hafenstädtchen an der Nordwestseite der Hauptinsel des japanischen Reiches. Abends traf ich ein und ließ mich in ein kleines, außerhalb des Ortes am Strande gelegenes Hotel fahren. Noch einmal umfing mich der ganze Zauber Japans, als ich auf der Strohmatte in meinem Zimmerchen saß, auf die blaue Bucht, auf der ein paar Segelboote schaukelten, hinausschaute und aus dem unteren Stockwerk leises, klagendes Singen tönte.

In aller Frühe am nächsten Morgen ging ich in den Hafen und holte die schon von Schanghai aus telegrafisch bestellte Fahrkarte für die am Nachmittag anzutretende Fahrt ab. Der Dampfer »Amakusa Maru« war klein und machte keinen besonders vertrauenerweckenden Eindruck. Die Agentur der Schiffahrtsgesellschaft war überfüllt von fast lauter Russen, wie sich später herausstellte, den Angehörigen verschiedener russischer Konsulate und Behörden in der Mandschurei, die infolge des Konfliktes aus China ausgewiesen waren und sich auf dem Wege nach Rußland befanden, darunter der Generalkonsul von Mukden.

Ich hielt mich abseits, denn ich hatte mir vorgenommen, zu tun, als wenn ich überhaupt kein Russisch verstünde, um alles zu vermeiden, was mich irgendwie verdächtig machen könnte. Den ganzen Vormittag verbrachte ich am Strand, badete und tollte mit einer Anzahl japanischer Soldaten. Als ich schon das Wasser verlassen wollte, kam ein großer breitschultriger Europäer in Badehose an den Strand. Als einzige Weiße unter lauter Japanern lachten wir uns an und schüttelten uns die Hand. Wir sprachen ein paar Sätze englisch, deren Akzent mir zeigte, daß ich es mit einem Russen zu tun hatte, und übermütig von dem herrlichen Wetter und dem Spiel mit den Wogen, beruhigt durch das sympathische, offene Wesen des Mannes, ging ich aufs Russische über. Es stellte sich heraus, daß mein neuer Bekannter Mitglied der russischen militärischen Mission in Tokio war und er mir außerordentlich interessant über seine Arbeit und seine Erfahrungen erzählen konnte. Als er mir sagte, daß ich auf der Fahrt durch Rußland sicher unendlich viel Interessantes sehen und hören würde, erklärte ich ihm, daß ich die Absicht gehabt hätte, mich als des Russischen unkundig zu stellen, um in keine Schwierigkeiten zu geraten. Er lachte mich aus, und dieses gesunde, herzliche, freundschaftliche Lachen erschütterte in mir zum ersten Mal das seit einem Jahrzehnt von dem neuen Rußland aufgebaute Bild.

Als es Zeit war, aufs Schiff zu gehen, begleitete er mich, und als die Taue des Schiffes gelöst wurden, da schien es mir, als trennte ich mich von einem alten Bekannten. Ich winkte, bis nur noch ein kleiner Punkt zu sehen war.

Dann wandte ich mich meiner neuen Umgebung zu. Die 1. Klasse bestand fast ausschließlich aus Russen. Außer mir waren nur noch ein Italiener, ein Deutscher, ein Franzose und eine Französin dort. Dagegen schallte mir, als ich an der 3. Klasse vorüberging, ein echtes deutsches Schimpfen entgegen. Es stellte sich heraus, daß der Dampfer so stark überfüllt war, daß Leute, die nicht vor mindestens einer Woche Plätze bestellt hatten, in der 3. Klasse zu fahren gezwungen waren. Dort fand ich den Rest der Westeuropäer. Abgesehen von den Russen waren wir elf, sieben Deutsche, die beiden Franzosen, der Italiener und ein Amerikaner, die zum ersten Mal diesen neuen Weg von China über Tsuruga und Wladiwostok nach Europa versuchten. Einige Wochen hatte der gesamte transsibirische Verkehr gestockt, und wir waren die ersten, die versuchten, auf diesem ungewohnten Wege das Kriegsgebiet zu umgehen. An sich fährt kein Mensch über Wladiwostok, auch nicht, wenn er von Japan kommt, sondern jedermann mit der weit bequemeren und rascheren und sehr wesentlich näheren Linie über Korea und die Mandschurei. Daher war der kleine Dampfer in völlig ungenügender Weise diesem mächtigen Andrang gewachsen, und während er auf gewöhnlichen Fahrten höchstens drei oder vier Passagiere zu befördern hat, mußte er diesmal mit über vierzig zurechtkommen. Es dauerte daher eine ganze Weile, bis die Besatzung und vor allen Dingen die Küche und die Bedienung an die große Zahl von Gästen sich gewöhnt hatte, und die ersten zwei Tage bekamen wir alle Speisen entweder völlig erkaltet oder zu Kohle verbrannt.

Diese kleinen Unannehmlichkeiten und das Sensationelle der ganzen Fahrt brachte uns elf Nichtrussen rasch in Kontakt, und als am dritten Morgen Land in Sicht kam, da waren wir eine recht fest zusammengewachsene Gruppe. Die meisten waren Kaufleute, die auf Urlaub nach Europa fuhren und das Risiko der Rußlandreise auf sich nahmen, um nicht von den paar Monaten Urlaub drei auf dem Wasser zu verbringen. Am amüsantesten war ein Ehepaar, das bis zur afghanischen Revolution in der deutschen Gesandtschaft in Kabul gewesen war und sich jetzt auf dem Wege über Ostasien nach Berlin befand. Aber auch mit den anderen vertrug ich mich ausgezeichnet. Es schien, als sei die Kluft zwischen Westeuropa und Rußland so stark, daß sie selbst die Unterschiede zwischen Deutschen, Franzosen und Amerikanern unmerklich machte. Geflissentlich hielt ich mich zu dieser Gruppe und noch hatte ich kein einziges Wort Russisch gesprochen.

Prachtvoll war die Einfahrt in die tiefe Bucht von Wladiwostok zwischen mächtigen und völlig unbewohnten Inseln und Halbinseln hindurch, hübsch der Anblick der Stadt in der hellen Morgensonne und weithin ausgebreitet über die Hügel, überraschend die Anzahl von über 30 Schiffen aller Nationen.

In Wladiwostok

Die »Amakusa Maru« ging auf halbe Kraft, langsam näherte sie sich dem Pier. Dieser, zunächst noch menschenleer, begann sich plötzlich mit Menschen zu füllen, und Fabriksirenen heulten in der Stadt. Mit höchster Spannung blickte ich diesem ersten Stück des neuen Rußland entgegen. Bald erkannte ich, daß es sich um eine Demonstration handelte. Arbeiterkolonnen mit roten Bannern, zwischen ihnen viele Frauen in roten Kopftüchern marschierten heran, rot ausgeschlagene Automobile fuhren vorbei, und bald stand eine Riesenmenge Kopf an Kopf auf dem Pier.

Als das erste Tau durch die Luft wirbelte, begrüßten die auf dem Schiff befindlichen Russen in einem lauten und rhythmischen Schrei, der mich an vergangene Tage in Kalifornien erinnerte, ihre Heimat, und mit wildem Brüllen antwortete die Menge am Land. Die Fahnen flogen, Mützen wurden geschwungen und

Arme winkten. Unter dem metallenen Rasseln der Deckmaschinen näherte sich der Dampfer der Hafenwand. Die Brücke fiel, und von erneutem Jubel begrüßt, gingen als erster der Generalkonsul und seine höheren Beamten an Land. Wir elf mußten natürlich warten, da uns noch Zoll- und Paßkontrolle bevorstand. Zunächst hatte niemand Zeit dafür, denn alle Aufmerksamkeit war auf den Empfang des Generalkonsuls gerichtet.
Jeder – und nicht nur wer in einem russischen Theater gesessen hat – weiß von der erstaunlichen Regiekunst des Russen. Hier hatte ich selbst Gelegenheit, sie zu bewundern. Die an sich nicht überwältigende Tatsache, daß ein russischer Generalkonsul aus China ausgewiesen worden war, wurde zum Anlaß einer machtvollen und die Massen anfeuernden Demonstration genommen. Der Führer, ein junger Mann in russischem Hemd und weiten Hosen, die in Schaftstiefeln steckten, stand in dem offenen Auto und hielt eine von donnerndem Beifall unterbrochene Begrüßungsrede an den heimgekehrten Genossen, die von diesem mit den Worten beantwortet wurde, daß die Sowjet-Republik aus Klugheit in diesem Falle nachgegeben habe, daß aber er und jeder Russe mit ihm den Tag herbeisehne, da man mit den Waffen und der Faust den Chinesen diese Behandlung heimzahlen könne.
Und als er jetzt das improvisierte Podium wieder verließ, sprang der junge Führer hinauf, schaute sich um, zeigte mit der Hand auf einen Arbeiter, der in der Menge stand, und rief: »Genosse Michail, sage du auch etwas!«, und der Genosse Michail schob sich durch die Arbeiter, stieg unbeholfen in das Auto und hielt aus dem Stegreif und ohne auch nur Sekunden zu überlegen eine feurige und treffende Rede. Noch ein paar andere wurden auf diese Weise von dem Führer aus der Masse herausgeholt und trugen, ohne sich zu besinnen, ohne vorbereitet zu sein und ohne schon Gesprochenes zu wiederholen, zu der Festlichkeit bei. Ich wurde lebhaft erinnert an meine Erfahrungen in Amerika, wo es auch eines der obersten Prinzipien ist, die Menschen dadurch zu fesseln und zu packen, daß man sie veranlaßt, selbst mitzumachen, selbst zuzupacken und daß man dabei auch nicht versäumen muß, die kleinen Schwächen der Leute, von denen der wichtigsten eine die ist, sich selber reden zu hören, in den Dienst der

Sache zu spannen. Einen der Redner, einen etwa vierzigjährigen, hageren Mann mit fanatischen Augen, wilden Gebärden und einer solchen Hingabe an seine Worte, daß sich die Muskeln am Halse wie Taue strafften und zogen, werde ich niemals vergessen. So viel Begeisterung, Haß, Hingabe, Bereitschaft stand in jeder Faser dieses Mannes geschrieben, daß ich unwillkürlich verstohlen nach rechts und links schaute, wo gleich mir die anderen Westeuropäer an der Reling lehnten, das Schauspiel zu sehen, und ich sah lauter ernste, nachdenkliche, blasse Gesichter und hörte hastiges Atmen.

Später zogen die Mengen davon, Zollbeamte kamen an Bord, durchsuchten unser Gepäck und uns selbst, vor allen Dingen nach Geld, gaben uns eine Anzahl von Zetteln und gestatteten schließlich, an Land zu gehen. Da wir nicht alle zu gleicher Zeit fertig waren, verabredeten wir, am Bahnhof wieder zusammenzutreffen, um gemeinsam die Besorgung der Fahrkarten vorzunehmen. Es war noch früh am Tage, der Expreß ging erst um 12 Uhr 30 nachts, so daß wir genügend Zeit vor uns hatten.

Ich war der erste an Land und fuhr mit einem Iswostschik [Droschkenkutscher] zur Bahn. Ich hatte ihm nichts zu sagen brauchen, er wußte ohnehin, daß ich zum Bahnhof mußte, und so hatte ich weder in russisch noch englisch mit ihm zu sprechen. Immer noch hielt ich an der Absicht fest, ohne mich des Russischen zu bedienen, durch Rußland zu reisen. Als aber der Mann, wie es jeder patriotische Kutscher gegenüber einem Landesfremden tun würde, einen unverschämten Preis von mir forderte, vergaß ich alle meine guten Vorsätze und erklärte ihm in gutem Russisch, daß er verrückt sei und nicht mehr als 3 Rubel bekommen würde. Das leuchtete ihm ein, und wir trennten uns als Freunde. Auf der Bahn schob ich mich durch die die Halle erfüllende Menge, um meine beiden Handkoffer in Verwahrung zu geben, und als ich mich so durch die ärmlich gekleidete Menge drängte und von allen Seiten russische Worte an mein Ohr klangen, russische Gesichter mich anblickten, da kam es mir erst und plötzlich zum Bewußtsein, daß mein Argwohn, meine Befürchtungen und all das, was ich über Rußland gehört und gelesen hatte, mich bisher nicht hatte zur Besinnung kommen lassen, daß ich vergessen hatte, in Rußland, in dem Lande, in dem ich gebo-

ren war und meine erste Jugend verlebt hatte, zu sein. Ein warmes Gefühl quoll in mir auf, nicht mehr schweigend und mit zusammengebissenen Zähnen drängte ich mich durch die Menschen, sondern ich sagte: »Verzeih, Väterchen« oder »Laß mich durch, Bruderherz«, und bereitwillig öffnete sich eine Gasse.
Nach einer Weile trafen auch meine übrigen Reisegefährten ein, und gemeinsam begaben wir uns in das Reisebüro. Hier herrschte helle Aufregung. Das völlig unerwartete Erscheinen von elf Kapitalisten in der sonst vom Reiseverkehr übergangenen Stadt hatte zur Folge, daß alle den Kopf verloren und nicht wußten, wie uns die Fahrkarten auszugeben. Da half es ganz gut, daß ich als Dolmetscher fungierte. Nach wenigen Minuten traf auch eine junge Russin in weißem Sommerkleidchen ein und stellte sich als amtliche Dolmetscherin vor. Gemeinsam suchten wir die Aufregung zu besänftigen und die Kartenausgabe zu veranlassen. Dabei gelang es mir, durchzusetzen, daß ich in einem gesonderten Wagen einen Platz bekam, denn es lag mir daran, jetzt, nachdem ich meine innerliche Abwehr gegen das Land aufgegeben hatte, mit Russen und nicht mit Deutschen oder Franzosen die Fahrt zu verbringen.
Es blieb noch das wesentliche Problem des Geldwechselns. Da alle sehr hungrig waren und einer zu diesem Zwecke genügte, gab mir jeder das, was er gewechselt haben wollte, in Dollar oder Yen mit und ich machte mich mit einem Beamten der Sowtorgflot [sowjetische Handelsflotte], der zu diesem Zweck ins Reisebüro gekommen war, auf den Weg. Er führte mich durch einige Seitenstraßen und erklärte, daß die Banken geschlossen hätten und wir die Transaktion bei ihm zu Hause vornehmen müßten. Als wir nach ziemlich kompliziertem Weg in einem alten und zerfallenen Hause die Treppe emporstiegen und mein Begleiter weder im ersten noch im zweiten Stock hielt, meldeten sich in mir noch einmal alle jene seit Jahren genährten und aufgespeicherten Gedanken und Ansichten. Ich glaubte in eine Falle geraten zu sein, überlegte, ob ich nicht fliehen sollte, verwarf dann aber diesen Gedanken als feige und lächerlich und fühlte, ob mein finnisches Messer an der gewohnten Stelle in der Hose steckte. Als ich dreiviertel Stunden später die ärmliche Wohnung des Mannes wieder verließ mit einem dicken Paket von Rubelscheinen in der

Tasche und dem Geschmack russischen Brotes im Mund, hatte ich endgültig alles, was ich an Vorurteilen über das Rußland von heute in mir getragen hatte, abgestreift und ohne Mißtrauen, Sorge und Erwartungen stand ich von jetzt ab offen und aufnahmebereit dem erstaunlichen Lande gegenüber.
Gemeinsam mit dem Beamten besorgte ich mir noch einige für die Reise notwendigen Dinge, vor allem einen Tschainik [Wasserkessel], eine Teekanne, Tee und Zucker, dies nur auf Zuckerkarte, die mir mein Begleiter freundlich lachend zur Verfügung stellte. Brot war nicht zu bekommen, Butter auch nicht.
Als ich ins Hotel »Zum goldenen Horn« kam, waren meine Westeuropäer noch beim Essen. Ich leistete ihnen Gesellschaft, da ich mir aber vorher die Preise angeschaut hatte, in etwas weniger üppiger Weise, als es jene taten. So hatte ich auch nur eine Rechnung von elfeinhalb Rubel, das sind 22 Mark, während drei meiner Bekannten, die sich gutgläubig Kaviar bestellt hatten, zusammen 56 Rubel zu zahlen hatten.

Die Übersetzerin

Nach Tisch lief ich wieder allein in die Stadt, und mit einer Art von nervöser Ungeduld ging ich durch die Straßen und Plätze. Am liebsten hätte ich irgendeinen der Passanten angesprochen, denn es drängte mich, mit Menschen, die die letzten 15 Jahre in Rußland verlebt hatten, zu sprechen, aber, wie es häufig ist, wenn man sucht, man findet nichts, und anderthalb Stunden waren vergangen und ich noch allein. Da fiel mir die kleine Dolmetscherin ein, der einzige Mensch außer dem Beamten, der mir das Geld gewechselt hatte, den ich in diesem fremden Lande kannte. Trotz der wenigen Worte, die ich mit ihr gesprochen hatte, war ein Kontakt von Sympathie zwischen uns hergestellt worden, und ich schlenderte zum Bahnhof, weil ich mir sagte, daß ich sie hier wohl am ehesten treffen könnte. Es war natürlich eine etwas verwegene Idee, in einer großen Stadt ein kleines Mädchen zu finden, aber, in dem Moment, wie ich den Bahnhof betrat, rollte ein Zug auf den Bahnsteig. Es war der Moskauer Expreß, und schon nach wenigen Augenblicken erkannte ich das weiße Kleid. Ich ging zu dem Mädchen und fragte sie, ob sie

nicht Lust hätte, meinen ersten Abend in Rußland mit mir zu verbringen, und eilig und, wie es schien, überrascht sagte sie zu, versprach, mich um halb neun im »Goldenen Horn« abzuholen und lief davon. Da ich auf diese Weise noch einige Stunden Zeit hatte, ging ich erst spazieren und dann in ein kleines Theater, um mich an origineller russischer Volkskunst zu freuen. Um halb neun saß ich im »Goldenen Horn« und betrachtete wählerisch die Speisekarte, um ein nettes Souper zusammenzustellen. Da neigte sich der Hoteldiener zu mir und sagte, eine Dame wartete im Foyer. Durch die verschnörkelte, verblichene und völlig aus der ganzen Umgebung und Atmosphäre herausfallende Pracht des Speisesaales schritt ich hinaus. Die junge Dame trat lebhaft auf mich zu und rief mit lauter Stimme: »Wegen des Geldes komme ich, Nikolaj Germanowitsch [die übliche russische Anrede von Klaus Mehnert mit dem Vor- und Vatersnamen], wegen des Geldes! Sie wissen doch, die Quittung war noch nicht unterschrieben, aber jetzt ist alles in Ordnung!«
Ich verstand, daß sie Theater spielte, und obwohl ich den Zweck nicht einsah, ging ich darauf ein: »Das ist mir aber sehr angenehm, ich war schon in großer Sorge, Sie würden nicht kommen. Wie Sie wissen, will ich noch heute nacht reisen.«
So interessiert und mit so gespitzten Ohren der Hoteldiener auch lauschte, so übersah er doch das leise Winken ihrer Augen, das mich ihr folgen hieß. Sie gab mir einen Zettel, den sie als die gewünschte Quittung bezeichnete, und verließ das Hotel. Ich trank meinen Wodka aus und folgte. Ich sah ihre Gestalt um eine Ecke verschwinden und hatte sie nach wenigen Schritten eingeholt: »Es tut mir leid, daß ich solche Komödie spielen muß«, sagte sie bittend, »ich werde Ihnen das alles erklären. Ich werde verdächtigt und beobachtet, ich bin eine Burshujka [Bourgeoise]. Mein Vater war Lehrer in Odessa, ich darf nicht mit Fremden gesehen werden, das gäbe dem Argwohn nur neue Nahrung.«
»Ich muß Sie sehr um Entschuldigung bitten«, antwortete ich bestürzt, »ich hatte das nicht geahnt und verzichte unter diesen Umständen selbstverständlich, so leid es mir tut, auf Ihre Gesellschaft. Ich hoffe, daß Sie nicht jetzt schon Unannehmlichkeiten haben. Leben Sie wohl!«
Unschlüssig stand sie vor mir. Ich sah, daß sie mit einem Ent-

schluß rang. In die zum Abschied gebotene Hand schlug sie nicht ein. Dann warf sie ihren Kopf zurück mit einer trotzigen Gebärde. Ich sah einen harten Zug um ihren Mund. »Es ist schon alles egal. Man kann sich doch nicht ganz zum Sklaven machen. Dann und wann muß man doch etwas haben vom Leben.« Das hatte sie mehr zu sich gesagt, dann wandte sie sich an mich. »Kommen Sie, wir wollen zusammen essen, aber nicht im Goldenen Horn, ich weiß einen Platz, wo wir ungestört sind. So Gott will, wird uns niemand sehen, kommen Sie.«

Wir gingen die Straße herunter. Als wir eine der wenigen Laternen passierten, kam uns ein Mann entgegen, der seinen Schritt hemmte und uns nachsah. Ich hörte ein trockenes, trotziges Lachen meiner Begleiterin. »Das war mein Chef.« Wir gingen weiter in eine unbeleuchtete Nebenstraße hinein.

Einen Moment lang kam mir die Erinnerung an alle die Sorgen, die ich bisher mit einer Reise durch Rußland verbunden hatte, und jetzt war ich noch keine 24 Stunden in diesem Lande und schritt an der Seite einer von den Bolschewiken mit Argwohn verfolgten Bourgeoise durch eine unbeleuchtete Straße von Wladiwostok. Geradezu amüsiert lächelte ich über meine einstigen Befürchtungen, denn seit ich in dem Lande war, das die Sprache sprach, die als erste an mein Ohr geklungen hatte, fühlte ich mich so sicher und wohl wie nur je. Ohne einen Moment zu zögern, folgte ich meiner Begleiterin noch für einige Minuten und über einen dunklen Hof in ein kleines, ein paar Stufen tiefer gelegenes Lokal. Es war rauchig und voll, und niemand kümmerte sich um uns. Sie ging mir voran, öffnete am Ende eine Türe und wir befanden uns in einem kleinen Nebenzimmer. Ich bestellte ein einfaches Abendessen und sie erzählte. Ich hatte gefürchtet, ein verzweifeltes Jammern mitanhören zu müssen, vollends jetzt, da sie von ihrem Chef in meiner Begleitung erkannt worden war, aber sie schien schon so viel erlebt und durchgemacht zu haben trotz ihrer 25 Jahre, daß sie alle Gedanken an diese Begegnung unter der Laterne von sich verbannte und von ihrem Leben erzählte.

Sie war in Odessa aufgewachsen und hatte durch die Revolution ihren Vater verloren. Ein amerikanischer Kongreßmann, der mit einer Hunger-Hilfskommission in Südrußland weilte, wollte sie adoptieren und half ihr zur Flucht aus dem Lande. Sie kam glücklich bis Konstantinopel, wurde dort wieder eingefangen und nach Odessa gebracht. Die dauernden Verfolgungen und Quälereien zwangen sie, einen ihr verhaßten jungen Kommunisten zu heiraten, der es nicht verfehlte, ihr bei jeder Gelegenheit klarzumachen, daß sie ihm ihre Existenz zu verdanken hatte. Schließlich floh sie mit ihrer Mutter und ihrer Schwester, die ein kleines Kind hatte, nach Sibirien. Der Schwester gelang es, eine Stelle als Zeichenlehrerin zu bekommen, sie selbst verdiente als Übersetzerin 60 Rubel im Monat. Die erste Zeit hatte sie mit den ihrigen in einem Hausflur geschlafen, jetzt hatten sie ein Zimmer gefunden und waren gezwungen, zu viert von 110 Rubel zu leben. Trotzdem war sie, wenn auch sehr einfach, so doch sauber gekleidet, nur ihr Schuhwerk sah trostlos aus. Ich sagte, ich wollte ihr Schuhe aus Deutschland schicken, aber sie schüttelte den Kopf: »Das hat keinen Zweck, ich muß zu viel Zoll dafür zahlen, schon einmal hat man mir Schuhe aus Amerika geschickt, ich habe sie in meinen Händen gehalten und mußte sie wieder zurückgehen lassen, weil ich den Zoll nicht bezahlen konnte.«

Es war 11 Uhr durch, als wir aufbrachen. Sie bat mich, ob ich sie nicht nach Hause begleiten könnte, es wäre abscheulich, um diese Zeit allein durch die Straßen zu gehen. Wir hatten noch ein ziemliches Stück Weg. Dann verabschiedete ich mich und ging zum Bahnhof, den Kopf voll von widerstreitenden Gedanken. Dieser erste Eindruck von Rußland war nicht schön und paßte zu dem Bilde, das man in aller Welt von Rußland zeichnet, und vergebens schaute ich auf dem Wege nach erfreulicheren Zeichen. Nur wenige schwache Laternen bildeten ein paar Lichtinseln in der dunklen Nacht. Viel lichtscheues Gesindel war um den Weg, halbwüchsige Burschen riefen mir nach und Frauen standen vor einladend geöffneten Türen.

Ich war froh, als ich den Bahnhof erreichte. Wenige Minuten später wurde die Sperre geöffnet, und ich trug mein Gepäck in den Wagen, der für zwei Wochen meine Wohnung werden sollte.

In der 3. Klasse auf der längsten Bahnstrecke der Welt

Pünktlich halb eins fuhren wir los.

Ich hatte es als eine gewisse Kühnheit betrachtet, in der 3. Klasse die längste Bahnstrecke der Welt zurückzulegen, aber da ich nicht verwöhnt bin, mich doch zu dieser wesentlichen Ersparnis entschlossen. Jetzt sah ich ein, daß es töricht gewesen wäre, in einer höheren Klasse zu fahren. Im allgemeinen bestehen russische Züge nur aus der weichen und der harten Klasse. Diese beiden Waggonformen gibt es auch im transsibirischen Expreß, wobei meine 3. Klasse eben dieser harte Wagen war. Außerdem fahren aber auf den bedeutendsten Strecken internationale Wagen mit, die 1. und 2. Klasse führen. Eine 2. Klasse im internationalen Wagen kostet mehr als die weiche Klasse im russischen, dafür ist man im internationalen zu zweit im Coupé, im weichen zu viert. Bei mir war die Lösung insofern ideal, als ich bei der russischen Großzügigkeit mich stundenlang bei meinen Bekannten in der 1. und 2. Klasse aufhalten konnte, ohne daß irgend jemand etwas dagegen gehabt hätte, andererseits außerordentlich billig fuhr, denn man kann 82 Dollar für 14000 Kilometer wirklich nicht anders als billig bezeichnen, und – was mir das wichtigste war – in ständigen und engen Kontakt mit russischen Reisegefährten kam.

In so einem sibirischen Expreß fährt so ziemlich alles mit, was es in Rußland gibt: Arbeiter, Soldaten, Beamte, Offiziere, Studenten, Goldgräber, Fallensteller, Bauern, Musikanten. Ich hatte auf diese Weise richtig einen kleinen Querschnitt aus dem gesamten Volkskörper bei mir im Zuge, und alle traten mir viel harmloser gegenüber, da ich wie sie und nicht wie die anderen Westeuropäer fuhr.

Bekanntlich ist die Spurenweite der russischen Eisenbahnen größer als die der westeuropäischen Bahnen. Daher sind die Wagen und Coupés beträchtlich geräumiger. Ein Coupé in der 3. Klasse Schlafwagen, in dem jeweils nur vier Personen untergebracht werden, ist so groß, daß die beiden hochgeklappten Oberbetten kaum den Raumeindruck beeinträchtigen und verengen. Man kann daher, wenn man Lust hat, ruhig den ganzen Tag über die

Oberbetten aufgeschlagen lassen, ohne sich bei jeder Wendung den Schädel blutig zu schlagen. Für ein paar Rubel erhält man eine Matratze und jeden vierten Tag frische Bettwäsche. So habe ich immer glänzend geschlafen und nicht das geringste vermißt. Das Essen im Speisewagen war à la carte ziemlich teuer, so daß ich das Frühstück und Abendessen selbst auf den Stationen zusammenkaufte, während man mittags für einen Rubel eine schwere russische Suppe und einen reichen Fleisch- oder Fischgang erhielt.

Natürlich beschäftigte mich von Anfang an eine Frage am stärksten: Wie ist dieser so viel besprochene, beschriebene, in den Himmel gehobene, in die Hölle verdammte russische Mensch? Ich glaubte mich zu der Hoffnung berechtigt, gerade bei einer Eisenbahnfahrt leichter als irgendwie sonst in Kontakt mit den Menschen zu kommen, denn auch in anderen Ländern wird man auf einer kurzen Reise gründlicher bekannt, als wenn man jahrelang nebeneinander wohnte.

Einen solchen Erfolg aber, wie ich ihn auf dieser denkwürdigen sibirischen Fahrt erlebte, hatte ich nicht vorausgesehen. Ich hatte geglaubt, daß ich mich um das Zutrauen und die Bekanntschaft der Mitreisenden bemühen müßte, daß viele Schranken umzulegen wären, ehe ich mich mit ihnen als Mensch zu Mensch unterhalten könnte. Aber das Gegenteil war der Fall, denn wie ein Lauffeuer ging es durch den Zug, daß ein Deutscher mitführe, der russisch spricht, und schon am ersten Tage konnte ich mich kaum der Menschen erwehren. Jeder wollte mit mir gesprochen und diskutiert haben.

Nicht ein einziges Mal kamen mir all die tausend Gedanken, die ich früher gehegt hatte, und als befände ich mich in Kalifornien oder Deutschland, so offen und rückhaltlos verkehrte ich mit den Leuten. Ich wußte, daß ich keine Gelegenheit haben würde, Fabriken, Neubauten, Schulen oder Krankenhäuser zu besuchen, und ich legte auch gar keinen Wert darauf, denn daß die Russen einem dabei immer nur die repräsentativen Bauten und Einrichtungen zeigen, kann man ihnen nicht übelnehmen, und ich suchte die zwei Wochen, die ich in dem Zuge verbrachte, so intensiv wie nur irgend möglich zu nutzen, um statt dessen den russischen *Menschen* kennenzulernen. Ich bin fest überzeugt, daß der Russe, ein so eminent begabter Schauspieler er auch auf der Bühne sein kann, im privaten Leben und vollends dann, wenn man mit ihm auf russisch spricht, alles andere als ein Schauspieler ist, viel zu naiv ist, um etwas vormachen zu wollen und wirklich so redet, wie es ihm ums Herz ist, und da ich Tag und Nacht mit diesen Leuten diskutierte, diskutierte und diskutierte, glaube ich, das Recht zu einer Ansicht über sie gewonnen zu haben.

Es ist meine feste Überzeugung geworden, daß es eine Lüge ist, wenn man uns weiszumachen sucht, Rußland werde nur durch den Terror regiert und zusammengehalten. Freilich, der Bauer ist noch nicht für den heutigen Staat gewonnen, kann es auch noch gar nicht sein und steht, sofern er nicht passiven oder gar aktiven Widerstand leistet, abseits vom Geschehen. Die 150 Millionen Bauern sind eine völlig indifferente Masse, die aber, um irgendwie gefährlich werden zu können, viel zu wenig organisiert und energisch ist.

Die Massen aber, auf die sich heute das Sowjet-Regime stützt, die Arbeiterschaft, die Armee und die Beamten, werden nicht durch den Terror zusammengehalten, sondern durch den erschütternden Glauben an eine Idee, an ihre Mission.

Der russische Mensch bedarf eines außerhalb seiner Individualität liegenden Zieles, dem er mit Leib und Seele nachstrebt. Ein Jahrtausend lang war es die Religion oder der Zar. Jetzt ist diese ganze, den Westeuropäern unverständliche Hingabe der Idee der Weltbeglückung und Menschheitsbefreiung durch den Sozialismus zugewendet. Wenn ich ehrlich sein soll, so beneide ich Rußland um diese gewaltige Kraft von Idealismus, die wir ähnlich vielleicht nur in den allerersten Monaten des Weltkrieges gekannt haben und die sich in Rußland trotz bitterster Not seit zwölf Jahren durchsetzt und erhält. Man mag zu den letzten Zielen des Sozialismus stehen wie man will, diese geradezu fanatische und besinnungslose Hingabe an einen Glauben muß imponieren.

Das, was heute jeden Menschen vom kleinen Schuljungen an auf das tiefste beschäftigt, ist der bei uns in seiner Riesenhaftigkeit fast gänzlich unbekannte »Fünfjahrplan«. Dieser von den allerersten wirtschaftlichen, technischen und theoretischen Fachleuten Rußlands in jahrelanger Arbeit ausgearbeitete Plan, der am 1. Januar 1929 in Kraft getreten ist, hat zum Ziel die Herbeiführung der wirtschaftlichen Autarkie Rußlands, seine Unabhängigkeit von der umgebenden kapitalistischen Welt innerhalb der nächsten fünf Jahre. Jeder einzelne Schritt wirtschaftlicher Entwicklung, jeder Fabrikneubau, jede Eröffnung einer neuen Bahn oder Brücke, jede Errichtung einer neuen Schule, jede Anlage eines neuen Staatsgutes innerhalb der nächsten fünf Jahre ist festgesetzt. Man hat im Ausland viel über dieses Projekt als eine jener typischen russischen Utopien nur in etwas vergrößertem Maßstabe gespottet und es lediglich als ein Mittel zur Beruhigung der der Verzweiflung nahen Massen bezeichnet. Das spielt keine Rolle. Der Russe glaubt an den Fünfjahrplan, und ich glaube auch an ihn, zunächst einmal lediglich, weil ich an den russischen Menschen glaube und weil ich überzeugt bin, daß sich in einer Diktatur Dinge machen lassen, die überall sonst in der Welt unmöglich sind. Seit ich aber in Moskau auf der Deutschen Botschaft und späterhin in Berlin mit allerersten deutschen Fachleuten über die Chancen des Fünfjahrplanes gesprochen habe, glaube ich auch aus sachlichen Gründen an ein Gelingen.

Selbstverständlich, und das wird auch von russischer Seite keineswegs geleugnet, bleiben viele Aufgaben des Fünfjahrplanes unerfüllt, wird an vielen Stellen sein Tempo nicht eingehalten. Aber in ebenso vielen Stellen wird das in ihm Geforderte erreicht und in sehr vielen wesentlich überschritten. Das, was mich mit Neid und Bewunderung auf die Wirkung des Fünfjahrplanes schauen läßt, ist die Tatsache, daß er in einem Maße, wie es sonst wohl durch nichts als einen Krieg hätte erreicht werden können, jedem einzelnen Mitglied des Volkes in sein Hirn hämmert: Hier geht es ums Ganze, hier geht es ums Letzte, hier geht es um deine und deiner Kinder Zukunft. Man ist sich in Rußland durchaus im klaren darüber, daß ein Fiasko des Fünfjahrplanes ein Fiasko der gesamten Sowjet-Politik darstellt, und deswegen habe ich keinen gefunden, der mir nicht aus innerster Überzeugung erklärt hätte, daß er bereit sei, für das Gelingen dieses Planes alles einzusetzen. Es ist ungerecht, wenn man mit dem Hinweis auf die Strafen, die bei Nichterfüllung bestimmter Forderungen über die Säumigen verhängt werden, davon redet, daß nur der Terror den Fünfjahrplan bisher vor dem Zusammenbruch bewahrt habe.

Selbstverständlich wird einer erschossen oder ans Weiße Meer verbannt, wenn er seine Verpflichtungen nicht einhält, aber nicht aus Furcht vor diesem Schicksal sucht er seine Aufgabe zu erfüllen, sondern weil er von ihrer Notwendigkeit überzeugt ist.

Der Fünfjahrplan wäre schon eine grandiose Erfindung, wenn er zu nichts anderem führte als zu dem: Niemand außer dem Mann im Schützengraben hat so stark seine Verantwortung gespürt und gewußt, daß es gerade auf ihn und auf jeden einzelnen ankommt und daß das Versagen eines einzigen das Wohl der Gesamtheit gefährden könne, als der heutige Russe, und diese Anschauung wird immer und immer wieder mit ungeheurer Konsequenz und Klugheit den Leuten ins Bewußtsein genagelt. Wer heute eine der beiden großen russischen Zeitungen liest, findet, daß sie bis auf wenige weltpolitische Nachrichten nichts anderes behandeln als den Fünfjahrplan. Sie bestehen so gut wie nur aus Berichten über die einzelnen Gebiete Rußlands und Angaben, wo den im Plane gestellten Anforderungen entsprochen und wo ihnen nicht genügt werden konnte. Niemand mag in einer Stadt oder in einem Dorfe leben, das als düsteres Beispiel hingestellt wird für Pflichtvergessenheit und Faulheit, und auf diese Weise wird selbst der kleinste und unbedeutendste Arbeiter innerlich und persönlich mit dem Erfolg der Arbeit verknüpft. Es entsteht hier tatsächlich etwas für den Westeuropäer Unerhörtes: der Kollektivmensch.

Freilich, der vielleicht schwerste Kampf, den der Sowjetstaat bisher zu kämpfen hatte, steht ihm noch bevor. Doch diese Leute, die den äußeren Feind in Gestalt der englischen, französischen, amerikanischen, japanischen Truppen und den inneren in Gestalt der weißen Armeen besiegt haben, trauen sich auch den Sieg in diesem letzten Kampfe zu. Und wenn es einen Mann gibt, der imstande sein könnte, dieses letzte und größte Werk durchzuführen, so ist es sicherlich Stalin, dieser nur aus Energien und Willen bestehende Mann, der sich nicht umsonst diesen Namen, der Stählerne, gegeben hat. Ich meine den Kampf gegen die Bauern.

Der russische Bauer ist heute noch, nachdem die Bourgeoisie totgeschlagen, geflohen, verhungert oder zermürbt ist, der einzige Teil im Staate, der noch nicht kollektivistisch denkt und denken kann, und das Ziel ist, den Bauern ganz genauso zu einem Arbeiter zu machen, wie es der Arbeiter in der Fabrik ist. Das ist ein gewaltiges Unterfangen; denn den Arbeiter zum Kommunisten zu machen, der ja selbst nie etwas besessen hat, ist nicht schwer, den Bauern aber das Land, das ihnen der rote Staat durch die Revolution geschenkt hat, wegzunehmen, ist etwas anderes. Man hat es gar nicht anders erwartet, als daß der Bauer sich das nicht gefallen läßt. Zunächst einmal leistet er passiven Widerstand und baut, da man ihm um des Exports willen von Staats wegen nur Lumpenpreise für sein Getreide zahlt, einfach nur noch so viel an, als er und seine Familie brauchen. Er steht noch auf dem Individualstandpunkt, der da heißt: Warum soll ich für andere arbeiten?

So tritt Rußland mit voller Überzeugung in einen Hungerwinter ein, dem vielleicht und wahrscheinlich noch ein zweites Hungerjahr folgen wird. Aber man ist entschlossen durchzuhalten, und da, wie ein deutscher Forscher vor einigen Jahren glänzend bemerkte, für den Russen eine Elendsgrenze nicht existiert, ist anzunehmen, daß auch diese Prüfung überstanden werden wird. Inzwischen aber wachsen die Giganten, wie man die mit Staatsmitteln, mit Staatskräften und nach dem neuesten Stande der Technik bebauten Riesenstaatsgüter nennt. Eines der wichtigsten Ziele des Fünfjahrplanes ist der Ausbau dieser Staatsgüter innerhalb der nächsten zwei Jahre zu einem solchen Grade der Ertragsfähigkeit, daß die großen Städte, das heißt also die Kraftreservoirs des heutigen Staates gefüttert und vom Bauern unabhängig gemacht werden können. Mit dem Augenblick, wo das durchgeführt ist, kann man dem Bauern sagen: Jetzt sind wir auf dich nicht mehr angewiesen, jetzt mußt du gehorchen, und es ist vorauszusehen, daß sehr viele Bauern diesen Zeitpunkt nicht abwarten und schon vorher ihre Abwehr einstellen werden.

Alles das, was ich hier sagte, ist nicht eine Summe rascher Erkenntnisse, sondern nur das Ergebnis, das sich aus einem Wust endloser Debatten langsam herausschälte. Der Russe liebt kaum etwas so sehr, als sich mit Leib und Seele in irgendein Problem hineinzudiskutieren und diesem in seinen Konsequenzen – denn niemand ist so konsequent wie der Russe – nachzugehen. So hatte ich denn manchmal auch so viele Gäste in meinem Coupé, daß es, obwohl wir die Oberbetten mitbenützten, nicht alle fassen konnte und wir gezwungen waren, in den Speisewagen umzuziehen. Bei solchen Gelegenheiten pflegte ich darauf zu sehen, daß ich wenigstens im Rücken eine Wand und nur von drei Seiten von blitzenden Augen und geröteten Gesichtern umgeben war. Oft ging es recht heiß her, und ich hatte mich mit aller Macht meiner Haut zu wehren. Denn wenn ich geglaubt hatte, daß ich, der an der Universität Berlin mit Geschichte im Haupt- und Nationalökonomie im Nebenfach den Doktor gemacht hatte, mit diesen Proletariern und Bauern ein leichtes Spiel haben würde, so sah ich mich gründlich getäuscht. Mit der dem Russen eigenen Unbedingtheit hat er sich auf dieses neue Gebiet der Wirtschaft, Politik, den Sozialismus geworfen und sich hineinvertieft. Auf jedem kümmerlichen Bahnhof sind zahllose politische Broschüren für wenige Kopeken zu kaufen. Es war für mich ein etwas beschämender Eindruck, wenn ich durch den Zug ging und in der 1. und 2. Klasse meine Bekannten bei der Lektüre eines gelben Ullsteinbuches von 1 Mark sah, während in der 3. Klasse alle in Zeitungen, Parteivorschriften, Sitzungsberichte, Wirtschaftsabhandlungen vertieft waren. So verfügt auch der heutige Russe über ein erstaunliches Wissen in nationalökonomischen Dingen, und ich mußte meinen ganzen Witz zusammennehmen, um gegenüber diesem Hagel von Thesen und Tatsachen bestehen zu können.

Revolution in Deutschland?

Die Frage, die mir immer in allererster Linie vorgelegt wurde, war, wann wird Deutschland endlich eine richtige Revolution machen? Denn in diesem Punkte wird das Volk in erklärlicher Absicht irregeführt. Wenn man die russischen Zeitungen liest, könnte man glauben, daß wir unmittelbar vor dem Kommunismus stünden, und so waren die Leute immer aus allen Wolken gefallen, wenn ich ihnen erklärte, daß darauf zu rechnen Unsinn sei, und ihnen rein zahlenmäßig an dem prozentualen Anteil der Kommunisten im Reichstag deren geringe politische Bedeutung demonstrierte. Wenn sie auch immer zuerst sehr bestürzt und ungläubig waren, so hatten sie doch alle für folgenden Gedankengang volles Verständnis: Ich erklärte ihnen, daß sich eine Revolution wie die russische nur in Rußland durchführen ließ, wo auf einem riesenhaften Körper ein winziger Kopf von Bürgertum saß, den man abschlagen konnte, ohne den übrigen Leib wesentlich zu verletzen. In Deutschland aber stünde der Arbeiterschaft eine ebenso große Zahl des Bürgertums gegenüber, und wollte man dort die gleichen Methoden anwenden, so würde es zu einem Bürgerkrieg mit den Chancen 50 zu 50 kommen. Denn wenn die Kommunisten den roten Frontkämpfer-Bund haben, so haben die Sozialdemokraten den Reichsbanner und die Rechtskreise den Stahlhelm. Es würde keine Revolution geben, sondern ein gegenseitiges Zerfleischen. Und weiter: Wenn der Bürgerkrieg in Rußland 100 oder 1000 Dörfer zerstörte, so wäre damit kein großer Schaden angerichtet, nach wenigen Wochen oder Monaten könnten die Hütten wieder aufgebaut sein. Die Zerstörung der deutschen Industriebezirke, und das wäre der Ort, wo die Kämpfe ausgetragen würden, mußten unabsehbare Folgen nach sich ziehen, und selbst ein siegreiches Proletariat würde vor dem Nichts stehen.

Daher – und das sahen meine fiebernd horchenden russischen Freunde ein – ist der russische Weg für Deutschland nicht zu begehen. Ja, einer der Leute stand auf und sagte: »Unser deutscher Freund, Genossen, hat recht. Wir haben vieles sinnlos zerschlagen und gemordet; der Deutsche ist immer klüger gewesen als wir, er wird schon wissen, was er tut, und sicherlich zu den gleichen Resultaten kommen wie wir, ohne die gewaltigen Opfer, die wir gebracht haben.«

Ich mußte ihm beipflichten, denn, ob einem das gefalle oder nicht, man kann sich der Einsicht nicht verschließen, daß in Deutschland der sogenannte »kalte Bolschewismus« genau demselben Ziele zustrebt wie der vulkanische Rußlands. Die langsame, aber konsequente Beschneidung der Rechte des Unternehmers, die Betriebsräte, der Einfluß der Gewerkschaften, die Schiedsgerichte in Konflikten zwischen Arbeitgebern und Arbeitnehmern, das Bestehen der Industrieverbände und Syndikate, die Arbeit des Reichswirtschaftsrates, alles das sind Schritte auf dem Weg zur Sozialisierung der Wirtschaft.

Es war nicht schwer, dies meinen Zuhörern auseinanderzusetzen, und immer endete es damit, daß sie mir zuriefen: »Ganz gleichgültig wie ihr es bei euch im einzelnen macht, die Hauptsache ist, daß der Deutsche und der Russe zusammengehen. Das erste wird dann sein, daß wir diesen Eiterpickel Polen zerdrücken und über den hinweg uns die Hände reichen. Dann wird es nichts mehr geben in der Welt, das sich dem vereinigten Deutschland und Rußland entgegenstellen kann. Es lebe das deutsche Hirn und die russische Faust!«

Nicht immer ging es ganz glatt, denn es waren auch unter diesen Leuten blindwütige Fanatiker, die auf ein paar Thesen eingepaukt und außerstande waren, neuen Gedankengängen zu folgen. Solche Leute pflegten sich auf die Kraft ihrer Lungen und nötigenfalls ihrer Fäuste zu verlassen, und es bedurfte manchmal des Einspringens ihrer mehr besonnenen Genossen, um mich aus peinlichen Situationen zu befreien.

Eines Nachts gegen 2 Uhr saß ich mit acht Leuten in einem Coupé tief in einer Debatte. Drei leere Wodkaflaschen waren durchs Fenster geflogen, die vierte machte die Runde. Dicker Tabaksqualm lag in der Luft. Einer der Leute, ein Offizier, hatte zuviel des Guten getan und empfand das Bedürfnis nach einer besonderen Heldentat. So stand er denn auf, hob sein Glas und fordete von mir, daß ich mit ihm auf Rotfront anstoßen solle. Ich antwortete, daß ich mit dem größten Vergnügen auf das Wohl Rußlands und meiner russischen Freunde tränke, daß ich mich aber weigerte, das Glas für diese Bande zu leeren. Bei dem Zustand des Mannes war es kein Wunder, daß er in Raserei verfiel und nach einer Waffe griff, aber zwei andere, der eine davon ein kleiner armenischer Jude, der heute als Oberst ein Regiment führt, packten ihn, setzten ihn auf seinen Platz zurück und sagten: »Du bist ja besoffen, du Schwein! Untersteh dich nicht, unseren Gast zu beleidigen. Es lebe der deutsche Verstand und die russische Kraft!«

Fahrt mit Hindernissen

Ich hatte mir die Fahrt durch Sibirien sehr eintönig vorgestellt, und ich sah mich auf das angenehmste enttäuscht. Zwar waren die Dinge, die diese Eintönigkeit unterbrachen, nicht immer rein erfreulicher Natur, aber immerhin trugen sie zur Unterhaltung bei und gaben mir Gelegenheit, meine Mitreisenden von den verschiedensten Seiten kennenzulernen.

Die von Wladiwostok über Chabarowsk in weitem nördlichem Bogen stets auf russischem Gebiet laufende Bahn, die sich mit der direkten mandschurischen Strecke in Tschita vereinigt, spielt seit dem Bau der mandschurischen Bahn eine nur untergeordnete Rolle und gewinnt nur in Zeiten der Not und des Konfliktes mit China an Bedeutung. Da sie zudem bei dem Rückzug der weißen Truppen unter Koltschak weitgehendst zerstört worden war – in ganz Ostsibirien gibt es nur hölzerne Brücken –, befindet sie sich in einem recht betrüblichen Zustand. Da sie eingleisig ist, sind ständige Verzögerungen die Folge. Die erste entstand, als der uns entgegenkommende Expreß in einem Tunnel entgleiste und wir gerade noch im letzten Moment davon in Kenntnis gesetzt und so davor bewahrt wurden, das gleiche Schicksal zu erleiden. Man kann sich denken, daß es ziemlich lange dauert, bis ein in einem Tunnel entgleister Zug wieder auf die Beine und die Gleise in Ordnung gebracht werden. So hatten wir über einen Tag Muße, in das benachbarte Dorf zu gehen, in einem Fluß zu baden und Beeren zu sammeln. Tags darauf brach eine Achse des Speisewagens, was auch eine mehrstündige Verzögerung zur Folge hatte.

Wieder einen Tag später wachte ich morgens auf in dem unangenehmen Gefühl, daß der Zug nicht fahre. Kameraden erzählten mir, daß vor uns der Eisenbahndamm an fünf Stellen von einer Flut zerstört worden sei und es wohl mehrere Tage dauern würde, ehe der Schaden behoben werden könnte. Da erklärlicherweise mitten in Sibirien nicht die nötige Anzahl von Arbeitern zum Dammbau herbeigeschafft werden konnte, erging die Aufforderung an die Passagiere, mitanzupacken. Selbstverständlich meldete ich mich, um die Ehre der deutschen Bourgeoisie zu wahren und meinen russischen Freunden zu zeigen, daß wir noch lange nicht so degeneriert seien, wie sie immer glauben, als allererster und veranlaßte noch zwei andere jüngere Deutsche, sich mir anzuschließen. Wir füllten einen Güterzug mit Steinen, Sand und allen möglichen anderen Baumaterialien und fuhren etwa zehn Kilometer voraus zu den beschädigten Stellen. Dort sah es ziemlich böse aus. Der Bahndamm lief hier eingegraben in das Steilufer eines Flusses, der zusammen mit einem Platzregen den schlecht gebauten Damm so unterwaschen hatte, daß er an mehreren Stellen wegrutschte und man auf den Schienen über mächtige Kluften balancierte. Es war natürlich keine Kleinigkeit, diese Löcher wieder zu füllen, es geschah auch nur in der notdürftigsten Art und Weise, und ich bin überzeugt, daß der Damm inzwischen längst wieder weggerutscht ist. Doch machte mir diese Unterbrechung sehr viel Spaß und brachte mich mit meinen neuen Freunden in noch engere Fühlung, als es die bloße Eisenbahnfahrt vermocht hätte.

Einen halben Tag schlenderte ich allein durch ein in der Nähe liegendes Dorf und verbrachte interessante Stunden in einem russischen Bauernhof. Ich wurde dort mit großen Ehren empfangen und zum Essen aufgefordert, bei dem der *pater familias* in langer Rede auseinandersetzte, was für Allerweltskerle die Deutschen seien. Während des Krieges hätte er zwei deutsche Gefangene auf seinem Hofe zur Arbeit gehabt, und nichts auf der Welt hätte es gegeben, was diese beiden Leute nicht hätten machen können. Häuser bauen und Ochsen schlachten, Öfen setzen und Uhren reparieren, alles wäre ihnen so leicht von der Hand gegangen, als wären sie von Beruf Häuserbauer oder Schlächter oder Uhrmacher. Immer wäre es sein Ehrgeiz gewesen, etwas auszuknobeln, was die beiden nicht verstanden hätten, aber seine Mühe hätte sich als völlig vergeblich erwiesen. Mit allen möglichen guten Dingen bepackt, wurde ich wieder zum Zuge entlassen.

An dem Tage unseres Eintreffens in Tschita gab es noch ein recht aufregendes Erlebnis. Es gibt in ganz Sibirien so ungefähr einen Expreß und einen Güterzug, und es gibt auch in ganz Sibirien so ungefähr ein Auto, und an der einzigen Stelle in ganz Sibirien, wo eine Straße den Bahndamm kreuzt, da trafen ausgerechnet an diesem Tage der Güterzug, der Expreß und das Auto zusammen. An dieser Stelle war die Bahn vorübergehend zweigleisig, und zwischen den aus verschiedenen Richtungen kommenden Zügen wurde das Auto zermahlen. Es floß zwar viel Blut bei diesem abscheulichen Unglück, aber wie durch ein Wunder waren sämtliche acht Insassen des Autos mit dem Leben davongekommen. Der italienische Herr, der Arzt war, hatte als erster die Situation erkannt und sofort den Verletzten die Erste Hilfe gegeben. Abends kam der Zugführer, ein famoser junger Bursche, der glänzend für seine Leute sorgte, zu mir und erklärte mir den Dank der Verletzten und sämtlicher russischen Passagiere und Mannschaften für das rasche und hilfreiche Eingreifen meines Landsmannes. Ich sollte das dem Arzt ausrichten, und er bat mich, ihm dessen Namen mitzuteilen, damit er es in die Presse bringen könne. Ich sagte mir, daß Mussolini diese lobende Pressenotiz weit weniger nötig habe als Deutschland, und klärte daher den Irrtum des Zugführers nicht auf. Im übrigen hieß der Arzt Gayetti, und dem russischen Alphabet folgend, gab ich seinen Namen als G-o-e-t-e an, worauf mich der Zugführer ehrfürchtig fragte, ob es sich um einen Nachkommen des berühmten deutschen Dichters handele. Mögen mir sowohl Goethe als Gayetti mein Verhalten verzeihen!

Leider wird ziemlich viel geklaut in Rußland. Einer der deutschen Herren büßte gleich am ersten Tage seinen Geldbeutel mit 50 Rubeln ein. Zum Schluß war nur ein Deutscher und der Amerikaner nicht bestohlen. Auch ich selbst hatte meinen Tribut in Gestalt eines Visitenkartentäschchens und 7 Rubeln entrichtet. Dieses Verhalten gilt aber durchaus nicht nur den fremden Kapitalisten, denn eines Nachts wurde zu meinem aufrichtigen Bedauern das gesamte Gepäck des Zugführers, der auf einer Station seinen Pflichten nachgegangen war, gestohlen. Diese Unannehmlichkeiten, zusammen mit den ständigen Verzögerungen der Reise und dem Unvermögen, mit dem Volk zu sprechen, überzeugten meine westeuropäischen Reisegefährten, daß Rußland in Wahrheit noch viel schlimmer sei, als es im Ausland dargestellt wird. Jeder versprach, lange Zeitungsartikel über diese skandalösen Verhältnisse zu schreiben und die trostlosen Zustände in Rußland aller Welt zu offenbaren. Mit mir verkehrten sie zwar bis zum letzten Tage in höflicher Weise, doch merkte ich ihnen deutlich an, daß sie mich entweder für einen Idioten oder Schuft

hielten, da ich die Russen ihrer Gesellschaft vorzog. Trotzdem gelang es mir, für einen Abend vier der Deutschen zu überreden, mit mir gemeinsam ein Wettsingen gegen ein halbes Dutzend russischer Studenten zu bestehen. Beiden Parteien hat das sehr viel Spaß gemacht, den Russen gefielen unsere deutschen Weisen, wir genossen alte und neue russische Lieder. Ich fand es rührend, daß mit allgemeinem Einverständnis der Refrain eines besonders schmissigen Liedes, der ungefähr hieß: »Wir haben schon Polen, wir nehmen die Krim, und es fehlt uns nur noch Berlin« in »es fehlt uns nur noch Paris« umgeändert wurde. Wir schieden in bestem Einvernehmen, nachdem zum Abschied die Russen die Internationale und wir »Deutschland, Deutschland über alles« gesungen hatten.
Zwei Tage lang fuhr ein bekannter russischer Sänger, der gleichzeitig Meister auf der Ziehharmonika ist, im Zuge, und einen ganzen Nachmittag lang spielte er hinreißende Weisen. Ich werde es nie vergessen, welch ein begeistertes und hingerissenes Leuchten aus den Gesichtern und Augen meiner russischen Reisegefährten, die Kopf an Kopf gedrängt im Speisewagen diesen Liedern lauschten, strahlte und mit welcher Hingabe sie den Refrain der Lieder sangen. Das war kein Terror, was sie dazu trieb, das war tiefe, innere Begeisterung.

Ein kurzer Tag in Moskau

Ich habe noch kein Wort über die Landschaft, die wir durchfuhren, gesagt. Ich muß gestehen, ich habe sie nur flüchtig beobachtet und erinnere mich nur an Wälder und Wälder, an breite Flüsse und spärliche kleine Dörfer. Für einen halben Tag freilich verstummten die Diskussionen, das war als wir am Baikalsee entlangfuhren, und wenig Eisenbahnfahrten können sich mit dieser Strecke, bei der man den halben gebirgsumschlossenen See umfährt, messen. Dann nahm uns wieder der sibirische Wald auf. Vom Ural war nichts zu merken. Auf einmal waren wir in Europa. Dann kamen vertrautere Namen, dann eines Morgens Moskau. Ich hatte nur Zeit bis zum gleichen Abend, bis zur Abfahrt des Zuges nach Polen. So bemühte ich mich, in diesem einen Tag soviel als möglich zu sehen.

Erst begab ich mich auf die Botschaft, die mein Kommen recht überraschte, da, wie ich dort erst erfuhr, seit einigen Monaten mein Vetter in Moskau im Gefängnis saß. Dann suchte ich unsere Fabriken und Häuser auf [gemeint sind die Schokoladen- und Konfektfabrik »Einem« sowie die »Typo-Lithographie Gebrüder Mehnert«, die beide noch – unter anderen Namen – existieren]. Es war ein eigenartiges Gefühl, an der Fabrik, in der ich heute Herr gewesen wäre, entlangzugehen und das Dröhnen der Maschinen zu hören. Als ich in den Kreml wollte, lachten mich die Doppelposten aus, ob ich denn nicht wüßte, daß man das nicht darf. Dafür suchte ich einige der Kirchen auf, so Wassilij Blashennyj und die Goldkuppel-Kathedrale. Beide sind in Museen verwandelt worden, und der Eintritt kostet 20 Kopeken. Als ich die Kathedrale verließ, kam ich gerade hinzu, wie einem Bauernweiblein erklärt wurde, daß der Eintritt in das Gotteshaus 20 Kopeken koste. Völlig konfus und betrübt hätte die Frau die Kirche verlassen müssen, wenn ich ihr nicht die 20 Kopeken gegeben hätte.

Die Atmosphäre in Moskau hat mir nicht gefallen. Hunger und Not haben ihr ihren Stempel aufgedrückt. Die strahlende Königin Rußlands ist zu einer ärmlichen, mageren Proletarierfrau geworden. Was früher an schönen Gebäuden die Stadt zierte und schmückte, fällt heute aus ihrem Rahmen heraus. Die Menschen sehen elend aus, hasten, ohne rechts und links zu schauen, und geben kurze und wenig freundliche Auskunft. Vergeblich versuchte ich, Brot, Butter und Zucker zu kaufen. So war ich gezwungen, die unverschämten Preise im Grand Hotel zu bezahlen.

Recht amüsant war die Erlangung des polnischen Visums. Mit den anderen Deutschen fuhr ich hin und bat um Gewährung der Durchreise. Ich hatte russisch gesprochen. Während wir warteten, trat ein polnischer Beamter auf mich zu und fragte mich, ob ich russisch spräche. Ich bejahte. Ich solle ihm folgen. Ich war neugierig, wozu das führen sollte, und ging ihm nach über Treppen und Gänge. Wir landeten in einem eleganten Zimmer, in dem der Konsul oder Gesandte oder was er sonst war thronte. Dieser war von triefender Höflichkeit, stellte mir eine Unmenge dummer Fragen über Amerika und sagte schließlich in ganz nebensächlichem Tone: »Durch Sibirien sind Sie ja auch gefahren, sagen Sie einmal, verehrter Herr Doktor, da haben Sie wohl viele Soldaten gesehen? Kanonen? Flugzeuge?« Da sitzt der Hase im Pfeffer, dachte ich, und erklärte ihm, daß wir immer nur bei Nacht gefahren seien und ich aus diesem Grunde zu meinem eigenen größten Bedauern nichts gesehen hätte. Ich werde den Teufel tun, dachte ich mir, und hier als polnischer Spion fungieren. Übrigens log ich gar nicht einmal so sehr, denn alles, was ich vom Kriege gesehen hatte, war, obwohl wir viele Tage lang nur wenige, manchmal nur zwei oder drei Kilometer von der russisch-chinesischen Grenze entfernt gefahren waren, der Flammenschein ein paar brennender Dörfer auf der mandschurischen Seite, dann und wann tadellos disziplinierte Truppenabteilungen, ziemlich viel Offiziere in meinem Zug und selten einmal ein Güterzug, unter dessen Segeltuchplanen Kanonen zu vermuten waren.

Mein Visum bekam ich trotzdem, und so stand nichts mehr der Ausreise aus Rußland im Wege.

Es war mir eine große Freude und ein Beweis dafür, daß ich den Ton der Leute zu treffen verstanden hatte, als zum Abschied eine Reihe meiner bisherigen russischen Reisegefährten am Zuge erschien. Immer wieder versuchten sie, mich zu überreden zu bleiben. Auf alle Fälle sollte ich ihnen versprechen, daß ich zum zwölfjährigen Revolutionsfeiertage wiederkommen würde. Noch einmal und in ganz besonders eindringlicher Form verkörperte sich der so tief in den Russen verankerte Glaube an Deutschland und der Gedanke, daß ein Zusammengehen mit diesem, von ihm so ungeheuer verehrten Volk das Ende aller Leiden und den endgültigen Sieg ihrer Ideen bedeuten würde. Der Tag hatte ernste Nachrichten aus der Mandschurei gebracht: »Vielleicht sind wir im Krieg, wenn du zum Feiertag nach Rußland kommst!« Dabei glühten ihre Augen, und sie krampften ihre Fäuste, denn es ist die allgemeine Hoffnung, daß man mit einem siegreichen Kriege gegen China eine erste Bresche in den Rußland umgebenden Ring von kapitalistischen Staaten schlagen könne.

»Und wenn du nicht nach Rußland kommst«, riefen sie mir nach, als sich der Zug in Bewegung setzte, »dann werden wir dich in Deutschland besuchen, das ist unsere große Sehnsucht, all die herrlichen technischen Leistungen bei euch zu bewundern. Auf jeden Fall wollen wir jetzt doppelt so emsig in unsere deutschen Stunden gehen.«

Viele Hände winkten, als mich der Zug in die letzte Nacht unter russischem Himmel hinaustrug.

Früh am nächsten Morgen die polnische Grenze, Zoll- und Paßvisitation, bei der mir sämtliche russische Zeitungen, die ich in den Taschen hatte, herausgerissen wurden.

Umsteigen in den auf dem benachbarten Gleise westeuropäischer Spurenweite stehenden Zug.

Nachmittags in Warschau. Drei Stunden Aufenthalt. Im Kontrast zu Moskau erschien Warschau als eine besonders elegante, leichtlebige, festliche und lichterfrohe Stadt. Ich war seit dem Ausbruch des Krieges nicht mehr dort gewesen und genoß die großzügige Anlage der Stadt, ihre Parks und Paläste.

Dann mit deutschen Wagen weiter nach Westen. Morgens um fünf die Grenze. Die letzten polnischen Beamten.

Eine kurze Fahrt, ein blanker kleiner Bahnhof, eine dicke Frau, die mit ihrer blonden Tochter am Zuge entlangläuft und »Kaffee« ruft. Deutsche Beamte, deutsche Zeitungen.

Der letzte Rest von Schlaf fliegt aus den Augen.

Nach fünfviertel Jahren schließt sich der Kreis: Wieder auf deutscher Erde.

Die letzten vier Stunden ziehen sich endlos lang. Ich starre durchs Fenster und begrüße jeden deutschen Bahnhof und Kirchturm und Wald wie eine neue Entdeckung.

Der Zug fährt mit einer Geschwindigkeit wie nie zuvor. Immer bekannter werden die Namen auf den vorüberfliegenden Stationen.

Pünktlich 9 Uhr 31 Berlin, Schlesischer Bahnhof, Bahnsteig I.

Streng vertraulich!

Rußlandfahrt, Herbst 1930

Der Zweck dieser Zeilen ist nicht, zu der Lösung des Problems **1930**
beizutragen, ob der Bolschewismus gerechtfertigt ist, ob seine Ziele anzuerkennen sind oder nicht. Diese Frage läßt sich beim Bolschewismus ebensowenig wie bei Weltanschauungen und Religionen auf Grund von Erfahrung und Wissen beantworten; die Stellungnahme zum Bolschewismus ist Glaubenssache, über die zu diskutieren zwecklos ist. Daher bin ich während meines vierwöchigen Urlaubs nicht nach Rußland gefahren, um mich über Wert oder Unwert des Bolschewismus zu informieren, sondern nur um, soweit es in so kurzer Zeit möglich ist, die Lebensfähigkeit des Experimentes zu prüfen. Ich stellte während meines Aufenthaltes nicht die Frage nach dem inneren Wert, sondern die nach dem *Erfolg* des neuen Systems.

Diese Frage muß doppelt gestellt werden. Einmal in materieller Hinsicht – ist es möglich, den Bolschewismus materiell in die Tat umzusetzen? – und zum zweiten in psychologischer Hinsicht – wie stellt sich der Mensch zu dem neuen System? Auf die erste Frage habe ich von vornherein eine Antwort zu finden nicht erwartet. Das Problem des Fünfjahrplans ist so ungeheuer kompliziert, daß nur ganz wenige an der Spitze der russischen Politik stehende Männer es übersehen können. Selbst wenn ich die ganze Zeit nichts getan hätte, als Fabriken zu besuchen und Statistiken zu lesen, hätte ich mir kein Urteil erlauben können.

Von vornherein hatte ich mich daher auf die psychologische Seite des Experimentes zu konzentrieren. Dies wurde mir durch die äußeren Umstände meiner Reise sehr erleichtert. Mein Visum hatte ich durch Vermittlung des Auswärtigen Amtes innerhalb von zwei Wochen erhalten, das heißt, es war mir ohne die übliche vorherige Rückfrage in Moskau ausgestellt worden. In Moskau wohnte ich die ersten Tage in der Deutschen Botschaft, dann in einem Studentenheim des Instituts für Transportingenieure, unter denen ich von der Fahrt durch Sibirien im vorigen Herbst eine Anzahl von Freunden hatte. Das Haus, in dem Hunderte von Studenten wohnten, war früher ein Nonnenkloster gewesen. Das

Zimmer, in dem ich wohnte, war äußerst einfach, aber recht sauber. Außer vier Betten, zwei Tischen, zwei Stühlen, einem Bücherregal und einem Kleiderrechen gab es nichts. Einer der Insassen hatte Urlaub, in seinem Bett schlief ich. Im übrigen wohnten wir zu fünft in dem Zimmer, da einer der Studenten verheiratet war. In Leningrad, wo ich gegen Ende meines Aufenthaltes einige Tage zubrachte, lebte ich in dem Gelehrtenheim, das in dem ehemaligen Palais von Wladimir Alexandrowitsch, an der Newa, nur durch die ehemalige Preobrashenskij-Kaserne von der Eremitage getrennt, untergebracht ist und fast ausschließlich von russischen Gelehrten bewohnt wird.

Ich erwähne das, um zu zeigen, daß ich, abgesehen von den kurzen Tagen in der Botschaft, ständig unter Russen wohnte, und da sich bei mir bereits nach den ersten Tagen die russischen Sprachkenntnisse wieder einstellten und ich, wenn auch nicht ganz ohne Fehler, so doch ohne Akzent russisch sprach, glaube ich einen gewissen Einblick in das Leben und Denken der Russen gewonnen zu haben. Absichtlich hielt ich mich von den Veranstaltungen und Führungen der Gruppe Rabindranath Tagore, obgleich ich zur Teilnahme aufgefordert wurde, fern. Ich wollte nicht das für die Ausländer zurechtgeschminkte, ich wollte das wahre Gesicht Rußlands erkennen. So habe ich zweifellos weniger Sensationelles gesehen, als wenn ich mich auf dem offiziellen Wege durch Rußland hätte führen lassen, aber für das, was ich wollte, sah ich Wertvolleres und Wahreres. Ich habe mich dazu nicht auf irgendwelche Schleichwege begeben, ich habe lediglich den Ausländer abgelegt und bin Russe unter Russen gewesen. Auch in der Kleidung. Ich trug eine graue Breecheshose, ein offenes Hemd, einen alten Pullover und auf dem Kopf das kleine gestickte Tatarenmützchen, das gegenwärtig in der russischen Jugend so beliebt ist. Die offiziellen Stellen, in erster Linie die für die kulturellen Beziehungen mit dem Auslande zuständige WOKS [Unionsgesellschaft für Kulturverbindungen mit dem Ausland, 1925–1958], habe ich über alles, was ich tat, auf dem laufenden gehalten, um von vornherein Komplikationen auszuweichen. Die Prophezeiung, die man mir in Deutschland häufig gemacht hatte, daß ich in Rußland auf Schritt und Tritt verfolgt und beobachtet werden würde, erwies sich als falsch. Ich habe

gut aufgepaßt und bin überzeugt, daß man sich nicht die Mühe gemacht hat, mir einen Wächter an die Sohlen zu heften.
Ich hatte gesagt, daß für mich das entscheidende Problem die Frage nach der psychologischen Einstellung der Russen gegenüber dem Bolschewismus war, die Frage: Werden die Menschen mit ihren Nerven durchhalten? Das ganze Leben erinnert so stark an das letzte Kriegsjahr in Deutschland, daß sich mir diese Frage immer und immer wieder aufdrängte. Die Antwort auf diese Frage versuchte ich aus verschiedenen Quellen zu schöpfen. Leider mußte infolge der Kürze meines Aufenthaltes eine Quelle, die zu den wichtigsten gehört, fast gänzlich ausfallen: Ich hatte nur selten und kurz Gelegenheit, mit Bauern in Berührung zu kommen, und kann mir daher über deren Einstellung ein Urteil nicht erlauben. So blieben: die Deutsche Botschaft, die ehemalige Intelligenz, die städtische Bevölkerung, die Jugend. Zur Jugend rechne ich auch die Armee.
Die Deutsche Botschaft erwies sich als eine für meine Zwecke äußerst spärliche Quelle. Das ist ganz selbstverständlich, da die diplomatischen Vertreter Deutschlands in Rußland ebenso wie die Vertreter aller anderen Staaten in einem Glashaus sitzen, von dem aus sie zwar die sie umgebende Welt betrachten können, jedoch ohne die geringste Möglichkeit zu besitzen, mit den Menschen jenseits der gläsernen Mauer in persönliche Berührung zu treten. Die Bekanntschaft mit Ausländern hat sich für Russen in so vielen Fällen als verhängnisvoll erwiesen, daß so gut wie niemand das Risiko, mit Ausländern zusammenzukommen, auf sich zu nehmen wagt. Die Botschafts-Damen klagten mir, daß nicht einmal die Frisöse oder die Klavierlehrerin ins Haus kämen und daß sie, auch wenn sie schon seit Monaten und Jahren in Rußland sind, überhaupt keine russischen Freunde kennen. Ungefähr dasselbe hörte ich von den deutschen Herren. Abgesehen von offiziellen Empfängen und Festen sowie dem amtlichen Verkehr gibt es keine Gelegenheit, mit Russen zu sprechen.
Im eigensten Interesse der Russen lädt man sie nicht in ausländische Häuser ein und sucht sie auch in ihren eigenen Wohnungen nicht auf. Ein junger russischer Spitzenspieler, der mit Landmann, welcher als Sekretär des Herrn von Borsig in Moskau weilte, auf dem Tennisplatz der Deutschen Botschaft spielte und

von Landmann 6:0, 6:0 geschlagen wurde, wanderte dafür ins Gefängnis. Die einzige Menschengruppe, die sich den Verkehr mit Ausländern erlauben darf, sind die Künstler, die eine Art von Narrenfreiheit genießen. Darüber, wie es in der Seele des russischen Volkes aussieht, können noch am ehesten die mittleren Beamten der Botschaft, die zum Teil schon seit vor dem Kriege in Rußland leben, berichten. Doch hat ihr Verkehr mit Russen auch fast gänzlich aufgehört, und auch bei ihnen machen sich die Spuren der Isolierung bemerkbar. Auf anderem Gebiet, speziell auf dem wirtschaftlichen, ist dafür die Botschaft um so besser informiert, und ich hatte, da ich häufig in der Botschaft zu Mittag aß, über diese Frage die interessantesten und aufschlußreichsten Gespräche. Ich möchte nicht versäumen hinzuzufügen, daß sämtliche Herren zu mir von einer ganz besonderen Freundlichkeit waren und mir, wenn ich irgendwelche Wünsche hatte, jederzeit halfen. Besonders viel verdanke ich dem Kulturreferenten, Herrn Dr. Stelzer.

Die Tragik der alten Intelligenz

Einer der stärksten Eindrücke, die ich in Rußland davontrug, war die Bekanntschaft mit einer Anzahl von Angehörigen der alten Intelligenz und Bourgeoisie. Ich habe den Eindruck, daß diejenigen unter ihnen, die die letzten zwölf Jahre überlebt haben, so hervorragende Menschen sind, wie man sie sonst nur ganz selten treffen kann. Die ununterbrochene Gefahr, in der sie sich als Angehörige der ehemals herrschenden Klasse befinden, die ständige Ungewißheit über das, was ihnen der nächste Tag oder die nächste Stunde bringen mag, hat diese Menschen zu einer philosophischen Ruhe und äußeren Sicherheit erzogen, die bewundernswert ist. Da sie seit Jahren sehen, wie einer nach dem anderen von ihren Standesgenossen verschwindet oder erschossen wird, rechnen sie ganz selbstverständlich damit, daß sie früher oder später genau dasselbe Schicksal erreichen wird. Sie erwarten vom Leben nichts mehr und freuen sich über jede Stunde, die sie noch in Freiheit und am Leben sind. In die Zeit meines Aufenthaltes in Rußland fiel die Erschießung von 48 Intellektuellen, darunter einige Professoren, da sie angeblich die Fleischversorgung des Landes zwecks Erzeugung von Unzufriedenheit in der Bevölkerung sabotiert hatten. Diese Tat war eine besonders eindringliche Mahnung an alle »Ehemaligen«.

Eine tiefe Tragik kommt in das Leben dieser Menschen dadurch, daß sie nicht irgendwo abseits von dem neuen Leben ihrem Ende entgegensehen, sondern in den Arbeitsprozeß Sowjet-Rußlands auf das stärkste eingespannt sind. Da die Heranbildung einer neuen proletarischen Intelligenz in Rußland noch ganz in ihren Anfängen steckt und von der alten Intelligenz nur ein geringer Teil übriggeblieben ist, muß diese doppelte und dreifache Arbeit leisten, um den Anforderungen, die die Zeit an sie stellt, gerecht zu werden. Es ist also notwendig, daß diese Wissenschaftler oder Ärzte oder Ingenieure sich mit Leib und Seele ihrer Arbeit hingeben. Sie tun das auch, wie ich zu meinem nicht geringen Erstaunen feststellen konnte. Sie geben tatsächlich in bewundernswerter Loyalität alles her, was in ihren Kräften steht, sie arbeiten bis zur Grenze ihrer Leistungsfähigkeit, und alles das nicht aus Furcht vor den neuen Machthabern des Staates, sondern weil sie sich in den letzten Jahren zu diesem positiven Standpunkt durchgekämpft haben und weil sie sich sagen, daß sie, da sie nun einmal im neuen Rußland leben, ihre Kräfte dieser neuen Heimat zur Verfügung stellen müssen. Leicht ist ihnen dieser Entschluß sicher nicht geworden, und es gehört eine unerhörte innere Kraft dazu, um an ihm festzuhalten, obgleich man genau weiß, daß man nur geduldet wird, daß die Arbeit keine Anerkennung findet, daß man nur gut genug ist, um den proletarischen Nachwuchs heranzuziehen, und daß man, wenn man diese Schuldigkeit getan hat, gehen muß.

Ich habe unter diesen Menschen einige getroffen, die die Möglichkeit gehabt hätten, ins Ausland zu entkommen. Sie haben es nicht getan, weil sie – wie sie mir erklärten – zu sehr Teil geworden waren dieses neuen Lebens und sich daher niemals mehr in einem bourgeoisen Lande einleben würden.

Mit der Masse der städtischen Bevölkerung war ich in täglicher Berührung, da ich, sobald ich das Botschaftsgebäude verließ, in ihr untertauchte. Aus dem, was ich in den Straßenbahnen, Theatern, Kinos, in den Schlangen vor den Geschäften, auf den Straßen und Boulevards, in den Museen und Kirchen sah, mußte sich mir ein einheitlicheres Bild aufbauen, als wenn ich noch so weise Diskussionen über dieses Thema gehabt hätte. Als ich im vergangenen Jahr durch Rußland fuhr, befand man sich noch im ersten Jahr des Fünfjahrplanes. Fast mit Händen war der Enthusiasmus, die Opferwilligkeit und der Schwung, den das gigantische Projekt ausgelöst hatte, überall zu greifen. Aus allem trat mir ein so einheitlicher und sieghafter Wille zum Erfolg entgegen, daß ich, was die Erfüllung des Planes anlangt, äußerst optimistisch nach Deutschland kam. In diesem Jahr hat sich das Bild nicht unwesentlich geändert. Der Eindruck meiner ersten Tage war so stark im Gegensatz zu dem, was ich erwartet hatte, daß ich zunächst pessimistischer wurde, als nötig war.

Mein erster Eindruck von Rußland war die Fahrt von Negoreloje [südwestlich von Minsk] nach Moskau. Ich fuhr in einem gewöhnlichen Personenzug in der 3. Klasse ohne Platzkarte. Unaufhörlich wechselten die Menschen; ich saß in einer Ecke und hörte ihren Gesprächen zu. Gegen Abend legte ich mich auf eine der hochgeklappten Oberbänke und schlief, da ich in der Nacht vorher nicht viel zum Schlafen gekommen war. Als ich erwachte, war es dunkel, ein kümmerliches Lämpchen erhellte das Abteil, in dem unter mir acht Menschen saßen. Wir waren noch einige Stunden von Moskau entfernt, die Dunkelheit, die Langeweile der Fahrt, die Not der Zeit regten zum Sprechen an. Die Menschen unterhielten sich und natürlich über das, was sie am meisten brannte, über die politische und wirtschaftliche Lage des Landes. Ich war auf das höchste überrascht, als ich heraushörte, daß nur ein einziger von den acht Fahrgästen, ein junger Bursche von etwa 18 oder 19 Jahren, für das Regime eintrat, während alle anderen, die sich vorher noch nie gesehen hatten und die das Schicksal nur für ein paar Stunden Eisenbahnfahrt zusammengeweht hatte, einig waren in der Verdammung der Zustände. Der junge Bursche versuchte immer wieder, mit dem, was er in Zeitungen und politischen Versammlungen gehört hatte, seine unzufriedenen Mitreisenden zu beruhigen, aber seine Worte reizten die anderen nur noch mehr, und als ihm einer entgegenhielt: »Was willst denn du mir weismachen, wo ich seit 18 Jahren eingeschriebenes Mitglied der Kommunistischen Partei bin und du noch kaum soviel Jahre gelebt hast«, gab er es auf.

Schlangen, Schlangen und nochmals Schlangen …

Stark unter diesem Eindruck stehend, neigte ich in den ersten Tagen meines Aufenthaltes in Moskau dazu, nur das, was in derselben Richtung lag zu sehen, und in der Tat kann das äußere Bild Moskaus auch einem großen Optimisten den Mut nehmen. Ich habe in der letzten Kriegszeit in Deutschland kaum so viele Schlangen vor den Geschäften gesehen wie jetzt in Moskau. Die längsten Schlangen, die ich sah, zählten 800 Menschen, man berichtete mir, daß es auch häufig Warteschlangen von über tausend Menschen gäbe. Im allgemeinen steht man nach Lebensmitteln an, doch ebenso, aber nur mit geringerer Aussicht, nach Kleidungsstücken. Es gibt kaum etwas, was man ohne mehrstündiges Anstehen bekommt. Ob es Eßwaren sind oder Theaterkarten, ob Petroleum, Wodka oder Strümpfe. Petroleum wird deswegen so viel gebraucht, weil nirgends elektrische Birnen zu kaufen sind und auf diese Weise die, welche über elektrische Anschlüsse verfügen, aber keine Birnen besitzen, mit Petroleum beleuchten müssen. Immerhin braucht man, wenn man Karten hat – diese stehen allen Werktätigen zu – und wenn man über die Zeit zum Anstehen verfügt, nicht zu hungern. Wenn man keine Karten hat – und die Entziehung der Karten ist eine der schlimmsten Strafen oder Drohmaßnahmen –, ist man auf die außerordentlich hohen Preise des freien Marktes angewiesen. Hier muß man für Eier 80 Pfennige das Stück, für Butter bis zu 20 Mark das Pfund, für Trauben 4 bis 5 Mark, ja für einen einzigen Apfel 70 Pfennige zahlen.

Persönlich bin ich überzeugt, daß in Deutschland das Schlangestehen nicht unwesentlich zum moralischen Zusammenbruch der Heimat beigetragen hat, und es ist erklärlich, daß auch in Rußland Zuversicht und Freudigkeit bei den Menschen, die Tag um Tag – auch im Winter, da sogar erst recht – um jede Kleinigkeit viele Stunden anstehen müssen, nicht gerade wächst. Andererseits hat sich das russische Volk sehr rasch an diese Zustände gewöhnt und das Schlangestehen zu einer hohen technischen Vollendung gebracht. Überall wird Schlange gestanden, sogar an Haltestellen der Straßenbahn, wo für jede Linie eine andere Schlange steht. Einmal erlebte ich es, daß eine Theaterkasse, an

der ich wartete, eine Stunde später, als angesagt war, eröffnet wurde. Sobald dies bekanntgegeben war, nahm der erste in der Reihe ein Blatt Papier, schrieb seinen Namen darauf, gab es dem nächsten weiter, und nachdem sich alle verewigt hatten, wurde der Zettel an dem Schalter befestigt und alle gingen befriedigt auseinander, um nach Verlauf einer Stunde ohne den geringsten Streit auf Grund der Liste wieder ihre alte Reihenfolge einzunehmen. Keine Unterhaltung habe ich so oft gehört, wie die folgende: »Stehen Sie als Letzter?« – »Nein, hinter mir stehen noch andere.« – »Stehen Sie als Letzter?« – »Ja.« – »Gut, ich stehe hinter Ihnen.«
Eine Sensation für sich ist eine Straßenbahnfahrt in Moskau. An der Mehrzahl der Haltestellen sind die Wartenden nicht in einzelnen Schlangen organisiert, man muß daher, um dem Konkurrenten vorauszukommen, der Straßenbahn einhundert Meter entgegengehen. Auf diese gute Idee kommen aber auch die anderen, und der Erfolg ist, daß, wenn sich die Straßenbahn der Haltestelle nähert, schon eine ganze Traube von Menschen an der hinteren Plattform hängt. Die Regel, daß man nur von hinten einsteigen kann, um die vordere Plattform als Ausgang freizulassen, wird strikt befolgt. Sobald an der Haltestelle einige ausgestiegen sind, drängt das Volk ins Wageninnere nach, und einige derer, die draußen hängen, können herein. Auf dem Trittbrett zu fahren ist verboten, und die Schutzleute ziehen einen unbarmherzig herunter. Das Wageninnere ist derartig voll, wie ich es in meinem Leben nicht für möglich gehalten hätte. Wenn man sich die Knöpfe am Mantel nicht mit Draht annäht, bringt man keinen mehr nach Hause. Wer nur vier oder fünf Stationen zu fahren hat, für den lohnt es sich gar nicht erst einzusteigen, denn es besteht nicht die geringste Aussicht, in so kurzer Zeit sich durch das Innere zu quetschen. Erst von da ab aufwärts lohnt es sich. Man muß sich von vornherein einen genauen Plan zurechtlegen, damit man gerade zur rechten Zeit am vorderen Ende angelangt ist. Zu diesem Zweck hält man sich an diejenigen, die an der gleichen Station aussteigen. Die Luft in so einer Straßenbahn ist daher erfüllt von den Fragen, wohin die einzelnen fahren. Jeder einzelne ist eben Teil des großen Kollektivs und fühlt sich nicht als Einzelindividuum.

Das kommt auch in folgendem kleinen Zuge zum Ausdruck: Die einzigen Personen, denen es erlaubt ist, auf der vorderen Plattform einzusteigen, sind Frauen mit kleinen Kindern und Schwangere. Da die Schaffnerin (männliche Schaffner habe ich überhaupt nicht gesehen) am hintersten Ende der Straßenbahn steht, wo jeder einzelne sie beim Eintritt passieren muß, hätten die von vorn Einsteigenden keine Gelegenheit, ihre 10 Kopeken zu bezahlen, wenn nicht die Mitreisenden ihnen helfen würden. Ich habe es unzählige Male erlebt, wie so eine Frau ihr Abonnement oder ihr Geld dem Nächststehenden gibt mit der Bitte, ihr so und so viele Fahrscheine zu besorgen. Das Geld wandert dann von Hand zu Hand, wobei jedesmal die Zahl der Fahrscheine mitgenannt wird, durch den ganzen Wagen bis zur Schaffnerin, und die Fahrkarte macht denselben Weg wieder zurück. Ich habe es nie erlebt, daß bei dieser Gelegenheit etwas verschwunden wäre. Einmal bekam eine Frau sogar zu ihrer lebhaften Überraschung mehr Geld zurück, als sie gegeben hatte. Man hilft sich gegenseitig in einer Weise, wie ich es ähnlich nur in Amerika erlebt habe.

Um die Güterverteilung zu verbessern und die mit dem Schlangestehen verbundenen Nachteile zu bekämpfen, soll mehr und mehr dazu übergegangen werden, sie aus den Geschäften weg und in die Produktionsstätten zu verlegen. In Zukunft soll also der Arbeiter seine Lebensmittel, Kleidungsstücke usw. nicht mehr im Kooperative kaufen, sondern in der Fabrik, der Student in seinem Institut usw. Das bedeutet für alle, die organisiert sind, eine Erleichterung, für alle übrigen dagegen eine noch größere Erschwerung. Mit diesen und vielen anderen Mitteln sucht man die Lage der Arbeiterschaft soweit es geht zu bessern, denn man weiß sehr wohl, daß mit ihrem revolutionären Willen der Bolschewismus in Rußland steht und fällt.

Die Jugend

Der Teil der Bevölkerung, mit dem ich in den intimsten Kontakt kam, war die Jugend. Dadurch, daß ich mit Studenten lebte und mich mein Interesse in erster Linie zu Hochschulfragen hinzog, verging kein Tag, an dem ich nicht mit einer großen Anzahl von

Studenten gesprochen und diskutiert hätte. Ich muß es ausdrücklich betonen, daß ich von allen stets mit der größten Freundlichkeit, ja Herzlichkeit, empfangen wurde, sobald sie wußten, daß ich ein deutscher Student sei. Selbst Sitzungen wurden unterbrochen, wenn ich zufällig dazu kam, und alle bemühten sich, mir so viel als möglich von dem, was sie taten, zu zeigen.
Ich wunderte mich oft über die große Selbstverständlichkeit, mit der man mich, obwohl ich an meiner gegensätzlichen politischen Einstellung niemals einen Zweifel ließ, an allen Veranstaltungen teilnehmen ließ, ohne sich dadurch nur im geringsten stören zu lassen. Die Besprechungen, die ich mit studentischen Führern hatte, gehören zu meinen interessantesten Erlebnissen in Rußland. Fast jedesmal versammelten sich andere Studenten, die gerade zufällig vorüberkamen, und nahmen an den Diskussionen, die nicht ohne Feuer geführt wurden, teil. Einmal in Leningrad – es war in der Lili, dem »Leningrader Institut für Linguistik und Geschichte« – fand ich mich plötzlich im Mittelpunkt einer aus etwa 40 Studenten bestehenden Gruppe. Die Intensität, mit der ich über die deutschen Verhältnisse ausgefragt wurde, bewies mir das außerordentliche Interesse, das die Studenten an außenpolitischen Fragen nahmen. Deutschland stand in den Wochen meiner Rußland-Reise, die gerade vor und nach der Wahl lagen, im Brennpunkt des russischen Interesses, und ein großer Raum der Zeitungen war deutschen Fragen gewidmet. Der Ausgang der Wahl hinterließ auch in Rußland einen tiefen Eindruck, wobei die offizielle Version dahin lautet, daß der Sieg der Kommunisten auf langsames, aber sicheres Wachstum der Kompartei aufgebaut sei, während der Erfolg der Nationalsozialisten nur eine Saison-Erscheinung bedeutet. Mit größter Freude wurde der Bankrott der Mitte festgestellt und der Nationalsozialismus als eine Durchgangsstation zum Kommunismus angesehen. Sein Verdienst sei, die Masse den Mittelparteien und dem Kapitalismus weggelockt zu haben; nach seinem als sicher vorausgesetzten Fiasko könnten diese Massen nicht mehr zur Mitte zurückkehren, sondern sie würden naturnotwendig dem Kommunismus zugetrieben werden. Auch ich bin überzeugt, daß die Nationalsozialisten eine ungeheure Verantwortung tragen.
Aller Pessimismus, jegliche Erinnerung an Schlangen vor den

Geschäften, an sinkende Produktionsziffern verschwand, sobald ich mich in der Gesellschaft von Studenten befand. Ich muß vorausschicken, daß es sich dabei lediglich um proletarische Studenten handelte. Der Andrang zu den Hochschulen ist so ungeheuer, daß den proletarischen Bewerbern, in erster Linie den aus den Betrieben und Arbeiterfakultäten stammenden, der Vorzug gegeben wird, und Angehörige der Intelligenz nur in wenigen Ausnahmefällen auf die Hochschule gelangen. Daß die proletarischen Studenten mit Leib und Seele für das System, das sie aus dem Nichts gehoben und zu Lieblingen des Volkes gemacht hat, eintreten, ist meines Erachtens selbstverständlich. Die Jungens, mit denen ich zusammen wohnte, waren in ihrer Mehrzahl Bergarbeiterkinder aus dem Donez-Revier. Ohne die Revolution hätten sie ihr Leben als arme Teufel in den Schächten zugebracht, hätten sie ein Dasein ohne Höhepunkte und Erlebnisse gehabt. Die Revolution hat sie an die Spitze der Nation gehoben. Sie fühlen sich als die Avantgarde einer neuen Zeit, als die Kämpfer, von denen die Errichtung eines neuen Menschentums abhängt. Für einen gesunden und normalen jungen Menschen gibt es nichts Größeres als Forderungen und Aufgaben. Man kann ihm keinen größeren Gefallen erweisen, als möglichst riesenhafte Ansprüche an ihn zu stellen, von ihm den Einsatz von Gut und Blut für eine Idee zu verlangen, ihn zum Helden und, wenn es sein muß, auch zum Märtyrer zu erheben. All dies tut der Rätestaat seiner proletarischen und bäuerlichen Jugend gegenüber. Unter den vielen Hunderten von jungen Russen, die ich kennenlernte, traf ich natürlich auch einige, die ihre Unzufriedenheit mit den Verhältnissen ausdrückten. Aber ich konnte mich des Eindrucks nicht erwehren, daß dies Leute waren, die zu dem Typ gehörten, der an allen Verhältnissen etwas auszusetzen hat und der uns auch in Deutschland nur allzu bekannt ist. Die Masse der Jugend *glaubt* an den Bolschewismus und ist bereit, die gegenwärtigen und wenn nötig auch noch neue Opfer und Entbehrungen auf sich zu nehmen.

Man muß meiner Ansicht nach einen Unterschied machen zwischen zwei verschiedenen Arten von Entbehrungen: den demütigenden und den heroischen. Während die ersteren – zum Beispiel Schlangestehen und nach ergebnislosem Warten wieder Abziehen, ungeheizte Zimmer, überfüllte Züge, bürokratische Verschleppung von Gesuchen um Kleidungsstücke – zu einer Auflokkerung der Disziplin, zu gärender oder offener Unzufriedenheit führen, dienen die letzteren nur dazu, um die Reihen derer, die diese Entbehrungen erdulden, noch fester zu schließen. Das beste Beispiel hierfür ist das deutsche Volk während des Weltkrieges. Die Front ist trotz und wegen der immer härteren Not stärker und stärker zusammengewachsen, da an sie Tag und Nacht heldische Anforderungen gestellt wurden, die Heimat aber brach zusammen, weil ihre Nerven von deprimierender und oft an sich kleinlicher Not zerrieben worden waren.

Rußland bietet heute ein ganz ähnliches Bild. Nur daß die Zahl derer, die an der Front des Revolutionskampfes stehen, einen viel größeren Teil des Volkes als seinerzeit in Deutschland umfaßt und daß auf der anderen Seite die Nerven der Etappe weniger sensibel als in Europa sind.

Ein kluger deutscher Beobachter hat schon vor Jahren in seinem Rußlandbuch geschrieben, man könne die Verhältnisse in Rußland nicht verstehen, wenn man sich nicht immer wieder sagte, daß die Leidensfähigkeit des russischen Volkes unbegrenzt ist. Es ist meine feste Überzeugung, daß keine andere Nation der Erde, zumindest keine zivilisierte, in der Lage wäre, auch nur einige Jahre hindurch das auszuhalten, was das russische Volk seit anderthalb Jahrzehnten durchlebt. Die deutschen Nerven haben vier Jahren Krieg und Not standgehalten und dann versagt. Rußland lebt seit 1914 in einer unnormalen, krankhaften, fiebrigen Atmosphäre. Erst war es der Krieg, dann die beiden Revolutionen, dann Bürger- und Interventionskriege, die Millionen von Opfern forderten, und jetzt die unerhörte Nervenanspannung des »Sozialistischen Aufbaus« und die übermenschlichen Forderungen des Fünfjahrplanes. Wenn das russische Volk die letzten 16 Jahre überstanden hat, dann ist kein Grund einzusehen, warum es nicht auch noch die nächsten fünf oder zehn Jahre überleben soll. In dieser Zeit werden Alter und Tod die Reihen der Opposition immer mehr und mehr lichten, und eine neue Generation von zuverlässigen und überzeugten Kommunisten tritt an ihre Stelle.

Absichtlich nannte ich vorhin die Armee einen Teil der Jugend, denn die Erziehungsstätte, die für die geistige Oberschicht die Hochschule ist, ist für die Masse – die Armee. Ich habe eine ganze Reihe von Soldaten – »Krieger« nennt man sie in Rußland, »Wojennyj«, während das Wort »Soldat« verpönt ist – kennengelernt, darunter manche, die nicht wußten, daß ich ein Ausländer war, und manche, die vom Dorfe stammten. Diese interessierten mich in erster Linie, und ich habe den Eindruck, daß es der Sowjet-Regierung geglückt ist, auf dem Dorfe einen Keil zwischen die Generationen zu treiben und auch dort die Jugend auf ihre Seite zu bringen. Mit einer Klugheit, um nicht zu sagen Gerissenheit, mit der sich nichts vergleichen läßt und von der man, man mag zu den Zielen stehen wie man will, ungeheuer viel lernen kann, wird der Jugend der Glaube beigebracht, daß sie der Anfang einer neuen, die Väter der Ausklang einer vermodernden Welt sind. Und welcher junge Mensch könnte jemals zweifeln, auf welche Seite er sich zu stellen hat? In Worten, in die sich Spott und Mitleid mischten, erzählten diese jungen Soldaten von den Verhältnissen in ihrem Heimatdorf. Da war nichts von Empörung über die Behandlung der Bauern zu spüren, im Gegenteil, es klang: laß die alten Leutchen noch eine Weile so blöde dahinleben, wenn wir erst daran sind, dann wird es anders.

Ich fasse zusammen: Ich bin nicht in der Lage, über die materiellen Aussichten der Sowjetunion in der nächsten Zukunft etwas zu sagen, außer daß die wirtschaftliche Lage ungeheuer ernst ist. Ich weiß daher auch nicht, ob nicht die Pessimisten recht behalten und Rußland an dem forcierten Export von Lebensmitteln zum Eintausch von Maschinen zugrunde geht. Persönlich – aber das ist meine höchst subjektive Meinung – glaube ich es nicht. Die Führer des Bolschewismus – selbst Stalin – haben mehr als einmal bewiesen, daß sie in höchster Not das Steuer entscheidend und, wenn es sein muß, um 180 Grad herumzuwerfen sich nicht scheuen. So hat Rußland zum Beispiel in seinen noch völlig unverpfändeten riesenhaften Naturschätzen einen unbezahlbaren Trumpf.
Ich weiß auch nicht, ob sich nicht innerhalb der Partei Verschiebungen zugunsten der linken oder rechten – in Frage kommt wohl nur die rechte – Opposition ergeben.

Ich kann auf Grund meiner Reise nur von der psychologischen Seite des Problems reden, und da muß ich sagen, daß sich Deutschland die Gefahr, die von Rußland her droht, gar nicht ernst genug vorstellen kann. Mit einem seelischen Zusammenbruch des russischen Volkes zu rechnen, ist unverantwortlicher Leichtsinn. Vor allen Dingen darf man eines nicht vergessen: Bei aller Not in Rußland kann die russische Regierung – und daß sie es tut, darf man mir ruhig glauben – triumphierend auf die Wirtschaftskrise der kapitalistischen Welt, auf die Millionen von Arbeitslosen und die täglichen Zusammenbrüche zahlloser kapitalistischer Wirtschaftsunternehmungen hinweisen. Welches die Ursachen dieser Weltwirtschaftskrise sind, spielt vom Gesichtspunkt der russischen Propaganda aus gesehen keine Rolle. Bestehen bleibt: Das bolschewistische Rußland existiert, wenn auch unter größten Schwierigkeiten, seit 13 Jahren, während die gesamte übrige Welt, sogar Amerika, wirtschaftlich stärker erschüttert wird als je zuvor.

Noch wichtiger aber als alles dies ist die Tatsache, daß noch nirgends dem Kommunismus eine ebenso starke und packende Idee gegenübergestellt worden ist. Der Kapitalismus ist eine Wirtschaftsform, aber keine Idee, keine Weltanschauung, kein Glaubensbekenntnis. Und was der Nationalsozialismus ist, das hatte er noch keine Gelegenheit zu zeigen, das wird uns erst der Winter lehren.

Rußlandfahrt, Herbst 1931
(Persönlicher Bericht)

1931 Im Herbst 1929 bin ich in Rußland gewesen und im Herbst 1930. Auch in diesem Herbst 1931 habe ich meinen Urlaub in Rußland verbracht.

Warum?

Rußland ist für mich nicht nur das Land, in dem ich geboren wurde, das Land, mit dem mich mein Beruf verbindet und das ein Sechstel der Erdoberfläche bedeckt. Rußland ist mehr als ein geographischer ja selbst politischer Begriff. Die Auseinandersetzung mit Rußland vollzieht sich – oder soll sich vollziehen – in

erster Linie auf weltanschaulichem Gebiet. Weil ich, wie unzählige andere, das gegenwärtige Deutschland nur als eine kurze Übergangsform ansehen kann – und die Zukunft Deutschlands ist der Anfang und das Ende meiner Gedanken –, deswegen muß mich jeder Versuch, eine neue Zukunft zu bauen, aufs tiefste interessieren. Rußland ist der gewaltigste dieser Versuche.
Nicht daß es mit Hilfe ausländischer Spezialisten eine Industrie aus dem Boden stampft oder die Landwirtschaft vergesellschaftet, ist das Gewaltige dieses Versuches, sondern daß es glaubt, damit auch einen neuen Menschen zu schaffen. Gelingt das, so waren die ungeheueren Opfer nicht umsonst. Gelingt das nicht, so wird das Ganze trotz aller Einzelerfolge eine Episode bleiben.
Da der bolschewistische Mensch das Kriterium des Bolschewismus ist, sind mir die menschlichen Erfahrungen das Wichtigste an meiner Reise …

Königsberg – Moskau

Pünktlich um 4 Uhr wurde der Motor angeworfen. In der Kabine der Deruluft-Maschine, der einmotorigen Dornier-Merkur D 1079, saßen vier Passagiere: ein amerikanischer Professor mit seiner Frau, Klickermann von der Flugleitung Königsberg, der in Kowno zu tun hatte, und ich. Flugkapitän Liehr begrüßte uns. Ein sportlicher, sympathischer Dreißiger, von dessen braunem Overall beruhigend eine goldene »500000« leuchtete. Nicht mehr lange und er wird im Dienst der Deruluft [Deutsch-russische Luftverkehrsgesellschaft] eine Million Kilometer zurückgelegt haben. Als letzter kletterte Kroth, der Bordmonteur und Funker, auf seinen Sitz. Die Türe wurde verschlossen. Ein paar Augenblicke hüpften wir über das Feld, dann lagen tief unter uns Königsbergs Häuser. Es tagte rasch. Über uns leuchtete blauer Himmel. Weit schweifte der Blick über das saubere deutsche Land. Nur am östlichen Horizont stand eine Wolkenwand.
Bei Schirwind überflogen wir die Grenze. Klickermann hätte uns nicht darauf aufmerksam machen brauchen, denn der Unterschied zwischen der schön gegliederten deutschen Kleinstadt mit den geraden Straßen und sauberen Plätzen und dem Durchein-

ander von Holzhütten und schmutzigen, unregelmäßigen Gassen der litauischen Nachbarstadt bewies mehr als tausend Grenzpfähle.

Dann Kowno. Wir landeten glatt. Gleich darauf saßen wir im Deruluft-Haus und tranken Tee – aus Gläsern, während die litauischen Beamten unsere Pässe revidierten.

Als wir wieder die Maschine bestiegen, hatte sich der Himmel bedeckt. Der Wind hatte aufgefrischt, die Wettermeldungen lauteten nicht günstig. Neben unserer Dornier stand ein eleganter Albatros-Doppeldecker D 1899. Wir stiegen zuerst auf. Kurz hinter Kowno durchflogen wir die ersten Wolken in 300 Meter Höhe. Das Flugzeug ging tiefer, um unter den Wolken zu bleiben. Böen warfen uns umher. Manchmal sackte uns das Flugzeug weg, daß einem der Atem ausblieb, dann schoß es wieder in die Höhe. Inzwischen hatte sich der Himmel völlig zugezogen. Wir gingen tiefer und tiefer, trotzdem kamen wir immer häufiger in Wolken. Plötzlich jagte etwas an uns vorbei, ich konnte gerade noch feststellen, daß es der Albatros sein mußte, als er auch schon wieder verschwunden war. Wir flogen mit 175 Stundenkilometern, der Albatros mußte mindestens 250 haben. Der Nebel wurde immer dicker. Der Höhenmesser zeigte knapp 100 Meter. Da das Land hier etwa 30 Meter über dem Meer liegt, flogen wir höchstens 70 Meter über der Erde. Die Baumwipfel schienen zum Greifen nahe. Die beiden Amerikaner waren luftkrank und mit sich selbst beschäftigt. Ich kletterte zum Führerstand und öffnete die Türe. Der Funker schaute mich an und schnitt eine Grimasse, die ganz offensichtlich sagen sollte: »Ein Sauwetter.« Dann brüllte er mir ins Ohr: »Funkspruch aus Welikije Luki (unsere nächste Station), dicker Nebel, keine Landungsmöglichkeit.« Ich malte mit dem Finger ein Fragezeichen in die Luft. Er zuckte die Achseln. »Notlandung«, schrie er dann zu mir gebeugt.

»Sehr interessant«, dachte ich, kletterte auf meinen Sitz zurück und schnallte mich fest. Wir flogen jetzt ganz tief im Flußbett der Dwina, und hier konnte man noch etwas sehen, dann füllte es sich auch mit Nebel. Wir waren seit Kowno genau drei Stunden unterwegs, halb zehn Uhr. Brennstoff hatten wir noch für zwei weitere Stunden. Wir sollten schon in Welikije Luki sein, statt dessen trieben wir uns weiß der Teufel wo herum. Jetzt flogen wir wieder dicht über den Bäumen in weiten Bögen, Liehr schien einen Notlandungsplatz zu suchen. Plötzlich teilte sich der Nebel, und ich sah links unter mir auf einer großen Wiese ein Feuer qualmen. Schon flammte in unserer Kabine das Lichtsignal auf: »Landung! Anschnallen!« Ein letzter Bogen. Dann rollten wir über das Feld. Menschen kamen angerannt. Es waren Soldaten mit sonderbaren Käppis. Die Maschine stand. Ich sprang aus der Türe und rief »Guten Morgen«. Ein unverständliches Gemurmel antwortete mir. Die Leute legten die Hände an die Mützen. Ein Offizier trat auf mich zu, und wir begrüßten uns. »Wo sind wir eigentlich?« »Auf dem lettischen Militärflugplatz bei Dwinsk.« Jetzt kletterten auch Liehr und Kroth heraus. Es stellte sich heraus, daß man uns schon vor einer Stunde, als wir das erste Mal weiterflogen, gehört hatte. Aus unseren Funksprüchen war entnommen worden, daß wir notlanden wollten. Man hatte ein Feuer angesteckt und, als wir wieder auftauchten, einen Eimer Petroleum hineingegossen, dessen schwarzer Qualm uns den Weg gewiesen hatte. »Übrigens muß noch eine zweite Maschine hier in der Nähe sein«, sagte der Offizier, »wir haben sie mehrmals gehört.« Kaum hatte er ausgesprochen, als das Knattern eines Flugmotors ertönte. Alle starrten nach oben. Der Offizier gab einen Befehl, zwei Mann stürzten davon mit Petroleumeimern und wieder schoß eine Rauchsäule empor. Dann tauchten die Umrisse eines Flugzeugs auf, wir winkten und schrien, und einige Augenblicke später stand der Albatros wieder friedlich neben unserer Maschine. Der Pilot Bader und sein Begleiter Schröder kletterten heraus, und gemeinsam dankten wir den lettischen Fliegern für ihre Kameradschaftlichkeit und Hilfe. Die beiden Amerikaner schliefen erschöpft, wir fünf wurden ins Kasino geführt und mit Kaffee, Brot, Butter und Eiern bewirtet. Einige der Offiziere sprachen deutsch, die übrigen russisch. Wir unterhielten uns ausgezeichnet. Dann wurde eine Tanne gefällt für eine Antenne, und Kroth funkte unsere glückliche Landung nach Kowno. Dort hatte man schon überall herumgefunkt, wo wir steckten.

Liehr war in Sorge, wie sich die lettischen Behörden zu unserer unerlaubten Landung auf einem Militärflugplatz stellen würden. Da gerade ein Lastwagen mit leeren Benzinfässern in die Stadt fuhr, setzte ich mich darauf, um einen Besuch in der Präfektur zu machen und die beiden Maschinen anzumelden. Zu den sechs Kilometern brauchten wir fast drei viertel Stunden. Es hatte vierzehn Tage geregnet, die Straße war grundlos, einmal blieben wir stecken und kamen nur mit größter Mühe wieder weiter. In der Präfektur rief meine Mitteilung große Aufregung hervor. Man rannte hin und her, telefonierte und schien begeistert über die Sensation. Ein Auto fuhr vor, in dem ich mit dem Präfekten Platz nahm, dann holten wir im Polizeipräsidium den Polizeioberst ab. Mit lautem Hupen ratterten wir durch die holperigen Straßen, so daß die Menschen, Kühe und Hühner erschreckt zur Seite stoben. Das Auto war ein Lehmklumpen, als wir den Flugplatz erreichten. Nach eingehender, aber sehr freundlicher Kontrolle der Bordbücher und Pässe fuhren die Herren wieder zurück.

Die Amerikaner schliefen weiter. Kroth hantierte an seinem Motor herum, Liehr und ich trieben mit den Soldaten, die wegen des schlechten Wetters nicht flogen, Sport. Erst »Gorodki« [ein verbreitetes russisches Knüttelspiel], dann Faustball. Wir hatten viel Spaß, vor allem wegen des Sprachenkauderwelschs, und brachten, als wir um 2 Uhr zum Essen eingeladen wurden, einen ordentlichen Appetit mit. Das Wetter war inzwischen dauernd schlechter geworden, es regnete, und man konnte kaum zehn Meter weit sehen. Die Amerikaner entschlossen sich, mit der Bahn weiterzufahren, ein Militärauto brachte sie zur Stadt. Ich blieb natürlich. Ich fand es sehr fidel und dem Studium Osteuropas förderlich, einmal einen Tag unter lettischem Militär zu verbringen.

Wir saßen noch wohlig gesättigt im Kasino, als ein völlig durchnäßter, triefender Herr auf einem Fahrrad eintraf. Er kam vom »Dwinskij Golos«, war Reporter und wollte alle Details der großen Sensation wissen. Über eine halbe Stunde fragte er mich aus. Solange es sich um die Deruluft-Maschine und ihre Insassen handelte, war alles gut und schön, kritisch wurde es, als er sich dem Albatros zuwandte. Die Offiziere spitzten die Ohren. Die Situation wurde recht peinlich. Niemand glaubte Bader, daß er über den Zweck des Fluges nichts wußte, es war ganz offensichtlich, daß es sich um ein von Deutschland an Rußland geliefertes Kriegsflugzeug handelte, was den Letten nicht so sonderlich lieb sein konnte. Aber schließlich war auch der Reporter überstanden.

Das Wetter klarte etwas auf. Wir setzten uns zusammen und berieten, was zu tun sei. Nach Welikije Luki reichte unser Brennstoff nicht mehr, höchstens nach Kowno. In Dwinsk gab es wohl Benzin, aber kein Benzol, und wir brauchten ein Gemisch von 80:20. Aus Riga war Benzol unterwegs, aber niemand wußte, wann es ankommen würde, frühestens am nächsten Mittag, vielleicht auch einige Tage später. Wir beschlossen, nach Kowno zurückzufliegen. Gegen halb sechs Uhr meldete Kowno »Wolkenhöhe 150 Meter«. Das war annehmbar. Der Regen hatte etwas nachgelassen. Wir starteten nach vielem Händeschütteln um drei viertel sechs.

Als wir mit rasendem Tempo über das Feld jagten, dachte ich mir, daß Liehr sicher zum Abschied noch seinen lettischen Kollegen zeigen wollte, was er konnte. Und ich hatte mich nicht verrechnet. Er riß ein paar Kurven über den Flugplatz, daß unsere Flügel senkrecht standen und ich mehr an der Wand klebte als im Stuhle saß. Dann brausten wir westwärts. Nach einer halben Stunde steckten wir wieder in tiefem Nebel, aber Liehr ließ sich nicht drausbringen, er flog nach dem Kompaß und so rasch es unsere Maschine leisten konnte. Ich stand lange vorn am Führerstand, und Kroth schrie mir die einzelnen Funksprüche zu. Klikkermann strengte sich in Kowno mächtig an, uns den Weg zu zeigen. Er wurde seinerseits telefonisch von den von uns überflogenen Ortschaften über unsere Position informiert und funkte uns diese weiter. Kurz vor 7 Uhr teilte er uns mit, daß wir uns über dem Flugplatz befänden, allerdings hatten sich die Wolken auf 50 Meter gesenkt. Durch Funksprüche lenkte er unsere Landung. Liehr ging in steilen Spiralen herunter. Plötzlich tauchte aus dem Nebel die Erde auf, mit ziemlichem Krach stießen wir auf, ich flog gegen die Decke, dann rollten wir über das Feld und standen. Klickermann rannte zu uns, dann Schmidt, der Leiter der Deruluft-Station Kowno. Ich war ganz froh, wieder festen Boden unter den Füßen zu haben. Eine Pulle Wodka wurde auf unser gemeinsames Wohl geleert.

Zum Abendessen fuhren wir gemeinsam in den deutschen Klub. Schmidt brachte auch noch seine Frau mit. Ich hatte viel Spaß, weil die vier Flieger nach ein paar Gläsern Wodka ins Erzählen kamen und im Verlauf des Abends die schönsten Fliegergeschichten aus dem Kriege und der späteren Lufthansa- oder Deruluft-Tätigkeit zum besten gaben. Das war das erste Mal, daß ich mit Fliegern in Kontakt kam, und sie gefielen mir ausgezeichnet, anständige, verwegene, lebensfrohe, dabei sehr pflichteifrige Menschen ...

Wir übernachteten im Metropol. Um 5 Uhr morgens weckte mich Liehr, gegen 6 Uhr waren wir auf dem Flugplatz. Inzwischen war aus Königsberg Bescheid gekommen, wir sollten die D 1076 abwarten, um einen Teil ihrer Fracht zu übernehmen und mit ihr gemeinsam nach Moskau zu fliegen. Wegen Nebels verzögerte sich ihr Start von Königsberg. Erst um 8.30 Uhr landete sie wohlbehalten, das Wetter hatte sich sehr gemacht. Die Wolkenhöhe betrug 300 Meter. Welikije Luki meldete sogar 500 und ein Zehntel bedeckt. Um 9 Uhr starteten beide Maschinen gleichzeitig. Wir hatten noch Fracht und zwei Passagiere, Herren, dazubekommen.

Jetzt machte das Fliegen wieder Spaß, bald waren wir heraus aus den Wolken, passierten Dünaburg, dann vorschriftsmäßig in geringer Höhe die russische Grenze.

Die D 1076 flog etwa 200 Meter links von uns, manchmal winkten wir uns gegenseitig zu. Weite Waldgebiete lagen zu unseren Füßen, dazwischen Sümpfe, häufig Seen und manchmal kümmerliche Dörfer. Lange Zeit flogen wir parallel zu einem Bahnneubau.

Kurz nach 12 Uhr überflogen wir das ausgedehnte Welikije Luki, ein Stück über Wiesen, dann tauchte der von der Stadt etwa sechs Kilometer entfernte Flughafen auf. Fast gleichzeitig landeten die beiden Maschinen. Eine GPU-Agentin kontrollierte unsere Pässe. Zollrevision sollte erst in Moskau sein. Im Flughaus aßen wir zu Mittag. Für zwei Rubel gab es einen ganzen Tisch voll, von Fliegen schwarz bedeckt.

Eine halbe Stunde später saßen wir wieder in der Maschine zum Abflug. Kroth kletterte als erster auf seinen Sitz. Ich hörte wie er vor sich hin brummte: »Wo sind denn die verdammten Galoschen hin?« Seine Gummischuhe hatten auf dem völlig durchnäßten und aufgeweichten Flugplatz in Kowno eine große Rolle gespielt, jetzt waren sie ihm in einen Spalt im Führersitz gefallen. Ich sah, wie er nach ihnen suchte. Plötzlich fing er an zu fluchen, sprang heraus und rannte zu Liehr. Zusammen liefen sie zurück. Ein paar weitere Augenblicke genügten, um festzustellen, daß die Traverse, die das Fahrgestell und die Räder mit dem Rumpf des Flugzeugs verband, gebrochen war und nur noch an einem Fädchen hielt. Es war klar, daß das Fahrgestell, selbst wenn es den Start überleben würde, bei der nächsten Landung, wenn die Maschine mit 160 Stundenkilometern auf das Flugfeld stieß, abbrechen und die Maschine kopfüber in den Dreck gehen müßte.

Wir sollten also in das andere Flugzeug umsteigen. Genau wurde das Gewicht berechnet, und es stellte sich heraus, daß alles Gepäck und ein Passagier zurückzubleiben haben, wollte man die Sicherheit des Flugzeuges nicht durch Übergewicht gefährden. Aufgeregt standen die Fluggäste herum. Der Leiter des Platzes, ein junger, energischer Russe, trat auf mich zu und erklärte, ich könnte auf alle Fälle weiterfliegen, da ich schon einen Tag verloren hätte. Vergnügt kletterte ich in die Maschine. Die anderen sollten losen. Jeder versuchte natürlich, sich von dieser peinlichen Lotterie zu drücken, und wußte tausend Gründe zu nennen, warum gerade er unbedingt noch am Nachmittag in Moskau sein müßte. Aber der Russe ließ sich nicht stören, holte Streichhölzer, brach einem das Köpfchen ab und hielt sie den Herren hin. Alle zogen. Das kopflose Streichholz erhielt ein Franzose. Dieser erhob ein mächtiges Geschrei, fuchtelte mit den Armen, beteuerte, daß er sich an diese Lotterie nicht gebunden fühle und auf alle Fälle mitfliegen wolle, und lief in die Maschine. Die anderen folgten mit stolz erhobenem Streichholz. Wir saßen alle und warteten gespannt, was passieren sollte. Der Franzose schnallte sich unter lautem Schimpfen fest. Die Aufforderung des Flugleiters, auszusteigen, beantwortete er mit neuem Geschrei. Alle Leute, die auf dem Platz waren, rannten herbei und umstanden das Flugzeug. Der Flugleiter wurde immer röter im Gesicht, seine Halsadern schwollen. Dann erklärte er: »Gut, also bleibt das Flugzeug hier. Mit Übergewicht gebe ich keine Starterlaubnis.« Jetzt begannen sich auch die Gesichter der anderen Fluggäste rot zu färben. Alle haßten den Franzosen. Der Pilot erhielt vom Flugleiter den Auftrag, auszusteigen. Mit einem Blick tiefster Verach-

tung auf den Franzosen, der sich jetzt blaß und still in den aufgeklappten Kragen seines Mantels zurückgezogen hatte, folgte er dem Befehl. Mit jeder Sekunde nahm die Wut zu. Als sie auf dem Höhepunkt war, holte ich meinen Hut aus dem Netz, sagte: »Ich wünsche eine glückliche Reise, meine Herren«, und kletterte heraus. Alle waren starr. Der Flugleiter und die GPU-Agentin sprangen auf mich zu: »Was soll das heißen? Sie *müssen* fliegen, der Franzose soll hierbleiben.« – Ich erwiderte: »Sie sehen, daß der Franzose nicht weiß, was sich gehört. Die anderen Passagiere sollen nicht darunter leiden. Ich bleibe.« Bei mir aber dachte ich: Es ist ganz interessant, einmal einen Tag in Welikije Luki zu verbringen. So bald komme ich doch nicht wieder hierher. Außerdem habe ich den Franzosen blamiert.
Der Pilot trat auf mich zu, schüttelte mir dankbar die Hand und stieg auf seinen Sitz. Der Propeller sprang an. Die Maschine rollte über das Flugfeld, erhob sich und verschwand im Osten.
Der nächste Zug nach Moskau ging um 11 Uhr nachts. Bis dahin wurde ich regelrecht gefeiert. Man tischte auf, was Küche und Keller boten, man telegrafierte für mich nach Moskau, man bestellte mir einen Liegeplatz im Zug, man trank einen Liter Wodka auf mein Wohl (und auf das der Galoschen, die uns einen bösen Sturz erspart hatten) und schimpfte bis zum späten Abend auf den Franzosen. Jeder wußte irgendwelche Geschichten über Franzosen zu berichten, und man war sich völlig einig darüber, daß sie das unsympathischste Volk der Erde seien. Mein Gepäck wurde überhaupt nicht kontrolliert, um mir die allseitigen Sympathien zu beweisen.
Als davon geredet wurde, daß in der Nähe des Flugplatzes eine Kommune sei, und ich erwähnte, ich hätte noch nie eine Kommune gesehen, ließ der Flugleiter sofort ein Auto kommen und fuhr mit mir hin. Es war am Nachmittag. Der Weg war fürchterlich. Wir flogen gegen die Decke, wir krachten gegen die Türen, aber kamen hin. In der Kommune, einem früheren Nonnenkloster, strömte sofort alles zusammen. Der Vorsitzende wurde geholt, und bedächtig und stolz führte er mich überall herum. 43 Familien mit 263 Seelen (»Esser« nennt man das im bolschewistischen Rußland) sind die Mitglieder der Kommune. Jeden Abend versammeln sie sich und erhalten von ihrem Vorsitzenden

die Weisungen für die Arbeit des nächsten Tages. Alles gehört allen. Wer weniger hat, bekommt mehr, aber auch nur, wenn er arbeitet, denn die Arbeitsstunden werden gezählt und bei der Verteilung von Kleidungsstücken und anderen Waren berücksichtigt. Gekocht wird für alle. Geschlafen wird in großen gemeinsamen Schlafsälen ...

Es war schon dunkel, als wir zurückfuhren. Telefonisch hatten wir (in der Kommune gibt es Telefon und Radio, aber weder Wasserleitung noch elektrisches Licht) der Flugstation unsere Rückkehr gemeldet. Ein tadelloses Abendessen stand bereit, als wir eintrafen. Anschließend machte ich mit dem Flugleiter einen Spaziergang über den künftigen Flugplatz, der in der Nähe gebaut wird. Er ist ein famoser Kerl mit einer bewegten, abenteuerlichen Vergangenheit. Er zeigte mir das Büchlein, in dem alle seine bisherigen Arbeitsposten eingeschrieben sind, auch, daß er einmal zu spät zum Dienst gekommen ist und daß er unter Lebensgefahr im Sturm ein Flugzeug gerettet hat. Von klein auf ist er Flieger. Von 1914 bis 1922 hat er an allen Fronten gekämpft, sechsmal ist er abgestürzt. Im Mandschurischen Krieg 1929 hat er mit drei anderen Flugzeugen eine Stadt erobert. Dann befehligte er eine aus mehreren Flugzeugen bestehende Sanitätskolonne, die in der südrussischen Steppe die Geschlechtskrankheiten der Nomadenvölker bekämpft. Jetzt ist er Leiter des Flughafens und langweilt sich zu Tode. Sehr eindringlich war seine Klage über den ungeheuren Mangel an qualifiziertem Menschenmaterial. Manchmal könne man verzweifeln, wie rasch kostbare Maschinen und Apparate ruiniert werden. »Aber wir werden's schon schaffen. Wir müssen eben lernen und lernen. Ich schicke jetzt auch meine Frau auf ein Technikum. Alle müssen wir lernen!«

Als ich zur Bahn fahre, ist das ganze Lastauto voll. Fast zwanzig Mädchen und Jungen, die ganze Belegschaft der Flugstation, geben mir das Geleit. Es ist sehr fidel; eine kleine Laterne wackelt über unseren Köpfen, beim Hüpfen des Wagens fallen wir durch- und übereinander. Dabei singen wir aus voller Kehle russische Lieder, daß es weit über die stille Ebene klingt. Fast drei viertel Stunden brauchen wir für die sechs Kilometer.

Auf dem Bahnhof ist Riesengedränge. Vor dem Kartenschalter

steht eine endlose Schlange. Der Flugleiter tritt in das Büro der GPU und holt einen Beamten. Der geht an der ganzen Schlange vorbei, stellt sich vorne an den Schalter und löst meine Karten. Keiner der Wartenden verzieht eine Miene, während ich große Empörung erwartet hatte. Geduldig stehen die Leute. 20 Minuten müssen wir noch auf den Zug warten. Die Wartesäle der russischen Bahnhöfe machen überall einen trostlosen Eindruck. Tagelang hausen hier die Menschen und warten auf ihren Zug. Wohin man tritt, liegt ein Körper.
Der Zug hat einige Minuten Aufenthalt. Mein Platz ist in der harten Klasse, ich ziehe sie vor, sie ist interessanter. Erst irrt sich der GPU-Mann im Wagen. Auf der hohen Liegebank mit meiner Nummer schläft ein Mensch. Eine Handbewegung fegt ihn herunter. Er reibt sich die Augen und sieht zu, wie mein Gepäck hinaufgelegt wird. Niemand protestiert. Später stellt sich der Irrtum heraus, und ich ziehe in den nächsten Wagen um, wo eine Bank für mich frei ist. Unausgezogen lege ich mich hin und schlafe bis 9 Uhr am nächsten Morgen.
Pünktlich 11 Uhr 45 sind wir in Moskau.

Meine russischen Freunde

So dankbar ich an die mit den deutschen Herren [von der Moskauer Botschaft] verbrachten Stunden zurückdenke, so interessant mir die Besuche und Verhandlungen mit den Vertretern russischer Behörden und Institutionen waren – ihren eigentlichen Sinn erhielt meine Rußlandreise durch die Freundschaft mit einer Anzahl junger Russen, vor allem mit zwei Ingenieuren und einer Arbeiterin. Mit *Kolja I* bin ich seit unserer gemeinsamen Fahrt durch Rußland, von Wladiwostok bis Moskau, im Jahre 1929 befreundet. Er ist 27, Bauernsohn, Eisenbahnfachmann und unterrichtet am Moskauer Transportinstitut. Es gibt wenige Vertreter der jungen Generation insgesamt, die ich nach Charakter und Geist so hoch schätze wie ihn. *Kolja II* ist seit Jahren sein bester Freund, auch ich bin mit ihm seit dem vorigen Jahr, wo wir zwei Wochen zusammen in einem Studentenheim lebten, eng befreundet. Er ist etwas älter, 28, Sohn eines Bergarbeiters im Donbass, und seit drei viertel Jahren Leiter einer Lokomotivwerkstatt im Fernen Osten, nicht weit von Wladiwostok. Zu meiner Freude hatte er Urlaub und kam nach Moskau. Beide sind seit vielen Jahren Parteimitglieder, beide haben als Jungens im Bürgerkrieg mitgekämpft und sich in einem sehr frühen Zeitpunkt dem Komsomol angeschlossen. Beide sind mit Ehren durch die »Tschistka«, die Reinigung der Partei, im Jahre 1929 hindurchgegangen und gehören zur neuen Aristokratie des Volkes. *Nina* ist beider Freundin, eine sehr temperamentvolle und begabte, hübsche junge Arbeiterin mit auffallend schönem rotblondem Haar, das ihr den Beinamen »Ryshaja«, die Rote, eingetragen hat. Sie ist nicht in der Partei, aber eine der ersten »Udarnizy« (Stoßtrupplerinnen) in ihrem Betrieb und mit Prämien für besondere Verdienste ausgezeichnet.

Diesen drei Menschen verdanke ich sehr viel. Bewußt und unbewußt haben sie mir die wertvollsten Eindrücke und Einblicke vermittelt, durch sie habe ich viele andere junge Russen kennengelernt. Manchen Tag, manchen Abend haben wir zusammen verbracht, ja, ein paarmal ging die Sonne auf, ehe wir uns entschlossen, unsere Diskussionen abzuschließen. Durch meine Freundschaft mit ihnen wurde ich aus einem Fremden ein Gast, ja ein Freund – *swoj tschelowek,* »unser Mensch« nennt das der Russe. Das ist noch mehr als »towarischtsch«.

Ich betone ausdrücklich, daß ich mich in Rußland niemals auch nur einen Augenblick als Kommunist aufgespielt habe, ich habe kein Hehl aus den Motiven meines Interesses an Rußland und meiner Reise gemacht. Trotzdem hat zwischen mir und meinen Freunden stets unbedingte Ehrlichkeit geherrscht. Ich habe meine Ansichten vertreten, auch wenn sie ihnen manchmal »reaktionär« oder »faschistisch« oder »bürgerlich« erschienen. Und sie ihrerseits haben nicht gezögert, Fehler und Mängel, auf die wir stießen oder auf die ich sie aufmerksam machte, offen einzugestehen. Ja, mit der Reise ins Dorf, von der ich später [im nächsten Aufsatz] berichten werde, haben sie mir auf meinen Wunsch hin Einblick gegeben in Dinge, von denen man Ausländer sonst lieber fernhält.

Beide Koljas kamen erst einige Tage nach mir nach Moskau. Kolja I hatte den größten Teil seines Urlaubs auf einem vierwöchigen, an Abenteuern reichen Ritt mit Studenten und jungen

Arbeitern durchs Altaigebirge verbracht – wie es denn überhaupt auffällt, wie rapide die russische Touristik wächst. Fast scheint es, daß viele das Reisen für die geeignetste Art, Geld auszugeben, halten, und da es bei dem riesigen Warenmangel nur wenig zu kaufen gibt und das Aufhäufen von Waren oder Geld auch gar nicht in den ganzen Lebensstil paßt, ist das ganz erklärlich. Ich habe immer wieder gestaunt, wie weit die jungen Russen schon herumgekommen sind. Über die Krim, den Kaukasus, über Buchara, Samarkand und Sibirien reden sie wie wir über den Spreewald oder den Harz.

Kolja I wohnte mit zwei Kollegen und der Schwester des einen in einem Zimmer des Ingenieurheims, das in dem bekannten früheren Roshdestwenskij-Nonnen-Kloster untergebracht ist. In einem Nachbarzimmer, wo für gewöhnlich ein junges Ehepaar und zwei Ingenieure hausten, waren zwei Betten frei, da die Ingenieure zeitweilig in andere Städte kommandiert waren. In diese Betten zogen Kolja II und ich. Als der rechtmäßige Eigentümer meines Bettes wieder zurückkehrte, mußte ich einen Stock tiefer, das heißt auf den Fußboden übersiedeln. Aber da auch die Betten nur Pritschen mit Brettern und einem sehr dünnen Strohsack sind, war eine Veränderung für mich kaum wahrzunehmen. Waschen mußte man sich in der Küche, die für die Bewohner aller 20 Zimmer dieses Stockwerkes gemeinsam ist. Das typische Bild einer russischen Küche zeigt einen langen schmalen Tisch entlang den Wänden, auf dem im Abstand von einem halben Meter die berühmten und dem russischen Privatleben ihren Stempel aufdrückenden Primus-Kocher stehen. Während man sich am Wasserlauf rasiert oder wäscht, kocht auf fünf Primussen Teewasser, auf fünf Kohlsuppe und auf weiteren fünf wird Wasser für die Wäsche gewärmt. Kinder krabbeln auf dem Fußboden. Frauen und Männer in halb angezogenem Zustand laufen zwischen Küche und ihren Zimmern hin und her. Unmittelbar daneben ist die Toilette, deren Zustand in jedem anderen Lande längst Seuchen hervorgerufen hätte.

Ich habe den Betrieb in dieser gemeinsamen Küche immer wieder mit dem größten Interesse beobachtet. Die Menschen haben sich durch jahrelange Übung tatsächlich daran gewöhnt, auf kleinstem Raum miteinander auszukommen. Für viele deutsche

Frauen ist der Kommunismus schon allein deswegen nicht diskutabel, weil sie befürchten, dann keine eigene Küche mehr zu besitzen. In diesem Raum reinigten sich und kochten ungefähr 50 bis 70 Personen, und ich habe nicht gehört, daß es dabei zu ernsthaften Schwierigkeiten gekommen wäre. Es bleibt den Menschen nichts anderes übrig, als sich in diese Verhältnisse zu schicken, und niemand findet etwas Sonderbares an ihnen.

Frühstück und Abendessen haben wir uns gewöhnlich selbst bereitet. Brot gibt es, soviel man will, Tee auch. Der Zucker wird in Hutform gekauft und zu Hause zerschlagen. Die übrigen Lebensmittel sind weniger leicht zu haben. Zunächst steuerte ich aus meinen Vorräten bei, aber auch später bin ich nicht hungrig geblieben. Wenn einmal eine Suppe gekocht wird, so bereitet man davon gleich eine so große Portion, daß sie für mehrere Mahlzeiten reicht. Privateigentum an Lebensmitteln gibt es nicht. Die ganze Stube und oft auch Bewohner benachbarter Zimmer essen mit, wenn einer etwas hat.

Bei der großen Bedürfnislosigkeit und Gutmütigkeit der Russen tauchen Schwierigkeiten, die bei uns ein solches Zusammenleben zur Hölle machen könnten, selten auf. Man könnte dieses Dasein etwa mit dem Leben in einer Kaserne vergleichen, wo auch unter dem Einfluß gleichmäßiger äußerer Umstände Privatwünsche gegenüber den allgemeinen Wünschen zurücktreten müssen. Der eine will Radio hören, der andere will schlafen. Ohne lange Diskussion wird das Radio abgestellt. Der eine will das Fenster öffnen, der andere will es schließen, wieder einigt man sich ohne Schwierigkeiten. Man hat es gelernt, aufeinander Rücksicht zu nehmen. Wenn der Zimmergenosse abends Besuch hat, der einen selbst nicht interessiert, so legt man sich ins Bett, dreht sich zur Wand und schläft. Mittags aß ich, wenn ich nicht in der Botschaft zu tun hatte und dort zum Essen blieb, in einem der allgemein zugänglichen Restaurants. Es gibt auch eine ganze Reihe von solchen, die nur für die Angehörigen bestimmter Betriebe geöffnet sind. Schräg gegenüber vom Savoy-Hotel ist ein recht gutes Restaurant für die neuen oberen Zehntausend. Da kann man für etwa drei Rubel ein einwandfreies Essen bekommen. Auch im Savoy-Hotel gibt es einen Raum, der für Russen bestimmt ist und wo man mit Rubeln bezahlen kann. Im vorigen

Jahr war es noch ziemlich verpönt, diesen Raum zu benutzen, in diesem Jahr habe ich mit meinen Freunden mehrfach dort gegessen. Ihre Stellung und ihr Ansehen sind so gefestigt und unantastbar, daß sie es sich sogar leisten können, in einem solchen Lokal gesehen zu werden.

Von Zeit zu Zeit schäumt die »weite russische Seele« über, dann wird, ohne auf den Preis zu achten, sauer Erspartes in Obst, Gebäck, Konfekt, Fischkonserven, Wein und Schnaps angelegt. Jeder steuert etwas bei, und es wird ein ausgelassenes Fest gefeiert.

Ich will einen solchen Abend beschreiben, der anläßlich der Rückkehr von Kolja II gefeiert wurde. Er, Nina, deren Freundin Lisa und ich verabredeten, einen großartigen Abend zu veranstalten. Zum Schauplatz unserer Taten wurde das Zimmer, in dem Lisa und ihre Mutter lebten, ausersehen, weil das Zimmer, in dem Nina mit Schwester, deren Kind und Mutter haust, durch den Logierbesuch eines Bruders mit Familie wenig geeignet erschien. Lisas arme Mutter wurde zu diesem Zweck ausquartiert. Als ich mit Kolja gegen 9 Uhr schwer beladen mit allen möglichen Leckerbissen eintraf, schlummerte die alte Frau schon süß auf einer Kiste im Vorplatz. Lisas Zimmer war ungefähr 3mal 3 Meter groß. Es gab dort einen Tisch, ein paar Stühle und ein Sofa, das durch einen sinnreichen Mechanismus in ein doppelschläfriges Bett verwandelt werden konnte. Ins Nebenzimmer führte eine Öffnung. »Öffnung«, weil die Türe längst verheizt war und an ihrer Stelle ein Stoffetzen hing. Wie es dahinter aussah, ahne ich nicht. Später hörte ich von dort zweistimmiges Schnarchen. Erst wurde nach guter russischer Sitte endlos und mit Andacht gegessen. Alles schmeckte ausgezeichnet – auch der Wein. Die beiden Mädchen hatten ihre schönsten Kleider an, dazu hatten sie sich für abendliche Beleuchtung geschminkt, wie denn überhaupt in Moskau auffallend viele geschminkte Frauen zu sehen sind.

Als wir uns dem Nachtisch näherten – Kakao, von mir beigesteuert, und Konfekt –, holte Nina, die besonders ausgelassen war, eine Gitarre. Es mochte mittlerweile halb elf Uhr nachts sein. Sie hat eine sehr hübsche Stimme, eine typische russische Frauenstimme, leicht gepreßt, mit großer Modulationsfähigkeit, von tiefster Schwermut, plötzlich in wilde Fröhlichkeit überschlagend. Noch mehr als ihre Stimme ist ihr Temperament wert. Wir vergaßen Essen und Trinken und lauschten den russischen Volksliedern und Zigeuner-Romanzen. Beim Refrain sangen wir mit – wir beiden Männer wie der selige Münchhausensche Obrist mehr laut als schön. Nach einer Weile zuckte uns der Takt so stark in den Beinen, daß wir aufsprangen, den Tisch auf das Sofa, die Stühle auf den Tisch stellten und zu tanzen begannen. Ich habe die russischen Tänze sehr gern, wenn ich sie auch nur unvollkommen beherrsche. Wir drehten uns im Kreise, wir stampften mit den Füßen, wir sangen aus voller Kehle und schwenkten die Mädchen. Nina und die Gitarre verschmolzen in eins, sie tanzte und spielte und sang. Das Fenster führte auf den Katharinenpark. Dort war inzwischen der Mond aufgegangen. Es war eine prachtvolle Nacht. Wir löschten das Licht. Nina setzte sich aufs Fenster und sang ein schwermütiges Lied. Aus dem Nebenzimmer klang das zweistimmige Schnarchen. Auf dem Vorplatz hüstelte die alte Mutter. Dann saßen wir eine Weile schweigend auf dem Sofa. Eine politische Frage wurde aufgeworfen, nach wenigen Minuten waren wir in einer erregten Debatte. Eine oder zwei Stunden später strich Nina wohl zufällig über die Saiten der Gitarre; elektrisierend fuhr es uns in die Glieder. Wieder füllten wir die Gläser mit Krimwein, wieder begann die Musik. Erst als der Himmel hell zu werden begann, brachen wir auf. Aus einem Nebenzimmer trat ein Arbeiter auf dem Wege in die Fabrik. Er nickte uns zu, der ganze Radau dieser Nacht schien ihn nicht im geringsten gestört zu haben.

Wie alle ausländischen Besucher Moskaus habe auch ich einen Tag im »Park der Kultur und Erholung«, wie er so schön heißt, verbracht. Ich war mit einer Anzahl von russischen Studenten und Studentinnen dort, an dem Tag, der der Feier des 17. Internationalen Jugendtages voranging. Mich interessierten weniger die Schießbuden, in denen man feiste Kapitalisten oder Chamberlain niederschoß, oder Rutschbahnen und ähnliche Dinge à la Lunapark, sondern ich suchte nach etwas Neuem, nach Anzeichen dafür, daß auch die Erholung kollektiv umgestaltet werden

soll. Zu diesen Bestrebungen gehört es zweifellos, wenn neben den noch zahlreich vorhandenen Mietruderbooten für zwei, vier oder sechs Personen auch schon Riesenkanus für etwa 40 Ruderer eingeführt sind.
Der mir sympathischste Versuch, ein kollektives Vergnügen zu erreichen, sind die großen Massentänze auf den freien Plätzen dieses und anderer Parks. In der Mitte sitzen auf dem Boden zwei Ziehharmonikaspieler. Um sie herum ein Kreis von 20, 50, 100, ja auch noch mehr jungen Leuten. Ein Sportlehrer und ein Mädchen erklären erst die Tänze in ihren einzelnen Phasen. Jede wird zur Musik der Ziehharmonika für sich mehrfach geprobt, dann einige zusammengefaßt und schließlich der ganze Tanz von Anfang bis zu Ende durchgeführt. Nach jedem Tanz wächst der Kreis der Beteiligten, da aus der Zuschauermenge, die in dichtem Ring den Tanzplatz umsteht, immer wieder neue vortreten und sich den Tanzenden anschließen. Auch wir hielten es nur wenige Minuten unter den Zuschauern aus, dann warfen wir unsere Jacken in die Mitte des Ringes und tanzten mit. Die rhythmische Bewegung zu den lustigen Klängen der russischen Volksweisen, die allgemeine Lustigkeit, das Lachen über eigene oder fremde Fehler, der Beifall der Zuschauer, all das erweckt eine fröhliche und zufriedene Stimmung. Und als wir nach anderthalb Stunden den Kreis wieder verließen, da hatten wir dasselbe angenehme Gefühl, das man nach anderthalb Stunden ordentlichen Sportes empfindet.
An einer anderen Stelle wurden neue Lieder gelehrt. Ein Orchester spielte die Melodie. Ein Mädchen sang das Lied vor. Zwei junge Leute hielten eine große Rolle, auf der der Text des Liedes stand. Es war das »Lied der Udarniki« mit einer packenden Melodie eines ungarischen Komponisten. Erst zaghaft, dann lauter und schließlich in machtvollem Chor wurde das Lied von einer hundertköpfigen Menge gesungen. Wieder an einer anderen Stelle werden Gruppenspiele veranstaltet. Nur daß die Pfänder derer, die in dem Spiel Fehler begingen, nicht durch Küsse, sondern durch die Deklamationen politischer Losungen und ähnliche Dinge eingelöst wurden.

Wo immer ich das russische Leben beobachtete, zwei Fragen waren es, die mich stets aufs neue beschäftigten. Ich sagte mir: In

Deutschland haben während des Weltkrieges nach vier Jahren Not und Entbehrung die Nerven des Volkes versagt. Rußland lebt seit 1917, ja man kann sagen seit 1914, also 17 Jahre unter unnormalen Verhältnissen; der Krieg, die erste und zweite Revolution, der Bürgerkrieg, der Kriegskommunismus und jetzt der Fünfjahrplan haben ungeheure Anforderungen an die Nerven des russischen Volkes gestellt. Immer wieder wurden neue Opfer, neue Entbehrungen gefordert. Wie ist es möglich, daß das Volk trotzdem diese Zeit überstanden hat, ja daß es immer noch den Elan und die Energie zum Angriff auf neue riesenhafte Schwierigkeiten besitzt? Der Fünfjahrplan würde selbst bei einem ausgeruhten Volk kaum vorstellbare Anforderungen an die Nerven der Führenden stellen, während Rußland nach anderthalb aufreibenden Jahrzehnten sich dieses Ziel gesetzt hat. Man kann diese Frage nicht nur mit der berühmten Leidensfähigkeit des russischen Volkes erklären. Denn mit rein passivem Gehorchen lassen sich die Erfolge der letzten Jahre und Monate nicht erreichen. Nur bei aktivstem Einsatz sind sie denkbar. Ich habe später im Dorf selbst besonders deutlich gesehen, welche Anforderungen an die Nerven der russischen Führerschicht im Kampf um die neue Wirtschafts- und Lebensform gestellt werden, und ich habe mich immer wieder gefragt, wie es kommt, daß diese Menschen von ihrer Verantwortung und Überanstrengung nicht zerrieben werden. Ich glaube, daß die Antwort darin liegt, daß Rußland aus seinem ungeheuren Menschenreservoir immer wieder neue unverbrauchte Kräfte in die Höhe gelangen läßt. Mehr als ein paar Jahre können die Nerven der an verantwortlicher Stelle stehenden Männer im Regelfall nicht durchhalten. Aber inzwischen sind aus der unbekannten Masse neue Persönlichkeiten emporgewachsen, bereit, an die Stelle der ermüdeten Führer zu springen. Das läßt sich selbst im Kleinsten beobachten, wo auch die ersten Udarniki [Bestarbeiter], die früheren Leiter und Organisatoren der Zellen der Partei und des Komsomol, der Gewerkschaftsgruppen, und all die unzähligen anderen Funktionäre der sogenannten Gemeinschaftsarbeit (*obschtschestwennaja rabota*) immer wieder von unverbrauchten Kräften abgelöst werden. Das Entscheidende ist aber, daß die zurücktretenden Führer sich nun nicht in die Opposition oder auch nur in die Passivität zurückziehen, sondern in der Regel hat ihnen die jahrelange Tätigkeit an führender Stelle so starke Impulse und eine so enge Verbindung mit der Ideologie des neuen Systems gegeben, daß sie die Front der zuverlässigen inneren Armee, auf die sich das gegenwärtige System in Rußland stützt, ständig verbreitern.

Die andere Frage lautet: Welcher Stimulus ist im heutigen Rußland an die Stelle des Motors der kapitalistischen Welt, des Geldes, getreten? Eine Zeitlang sah es so aus, als ob der rein ideologische Stimulus, der Wille, Mitkämpfer der Revolution, Mitbauer des Sozialismus zu sein, genügen sollte. Das letzte Jahr und Stalins berühmte Rede vom 23. Juni [1931] haben gezeigt, daß dieses Ziel noch keineswegs erreicht ist. Anstelle reiner Ehrenbelohnungen (Anschlag am roten Brett, Veröffentlichung in der Zeitung, Gewährung eines Ordens) tritt mehr und mehr eine materielle Belohnung. Die alten Auszeichnungen sind zwar geblieben, doch werden sie in Verbindung mit einer Geldprämie, verlängertem Urlaub, bevorzugter Belieferung mit Kleidungsstücken oder auch Ware verbunden. Es wäre aber falsch, daraus den Schluß zu ziehen, daß die Udarniki und andere Führer des wirtschaftlichen und gesellschaftlichen Lebens in der Union nur um dieses materiellen Anreizes willen ihr privates Leben, ja sich selbst opfern. Bei dem einen mag der ideelle, bei dem anderen der materielle Anreiz den Ausschlag geben. Im Regelfalle werden die Handlungen dieser Menschen von beiden Motiven beeinflußt sein. So haben die ersten Kapitalistenführer, der alte Krupp und andere Männer seines Schlages, zweifellos bei ihrer Arbeit und ihrem Emporkommen den eigenen Vorteil und die Versorgung Tausender von Menschen in ihrem Betrieb, den Willen, für ihre Arbeiter zu sorgen und ihnen ein guter Brotgeber zu sein, bei ihrem Bestreben, vorwärtszukommen, untrennbar verbunden. So fließen auch bei den Vorkämpfern des neuen Rußland der Wunsch, an dem Aufbau des Landes mitzuarbeiten, und das Bedürfnis, als Udarniki rascher zu einem Paar Stiefel oder einem Mantel zu kommen, zusammen. Es ist eines der interessantesten Probleme der nächsten Jahre, wie sich diese Einstellung in Rußland entwickeln oder festigen wird.

Rußlandfahrt, Herbst 1931
(Eindrücke und Beobachtungen)

»Die Realität unseres Produktionsplanes sind die Millionen von Werktätigen, die das neue Leben schaffen. Die Realität unseres Programms sind *lebendige Menschen*, sind wir alle, unser Wille zur Arbeit, unsere Bereitschaft, auf neue Art zu arbeiten, unser Entschluß, den Plan durchzuführen.« **1931**

Mit diesen Worten schloß Stalin seine berühmt gewordene Rede vom 23. Juni [1931]. Er hat recht. Bei aller Bedeutung materieller Faktoren ist es doch der lebendige Mensch, dessen Hirn, Nerven und Muskeln die Geschichte machen. Welcher Art ist dieser Mensch in Rußland? Wird die neue Form auch einen neuen Menschen prägen? Und weiter: Sind an dem alten Menschen – denn noch befindet sich Rußland in dem Stadium, wo der alte Mensch erst die neue Form schafft – schon Veränderungen wahrzunehmen? Wächst vielleicht aus der russischen Jugend vor unseren Augen ein völlig neues Geschlecht? –

Der Büchermarkt ist überfüllt mit Rußlandbüchern, täglich werden Vorträge gehalten und Aufsätze geschrieben. Unzählige haben ihre Reisen durch die Sowjetunion geschildert. Es scheint recht überflüssig, einen neuen Reisebericht zu veröffentlichen. Aber die überwältigende Mehrzahl all dessen, was über Rußland gesagt wird, behandelt die neuen Formen des russischen Lebens, während man die Frage nach der Existenz und dem Wesen des neuen Menschen selten stellt. Auch wenn man sie stellt, wo will man Antwort auf diese Frage finden? Aufbau und Betrieb einer Maschine oder einer Fabrik ist leicht zu erkennen. Die Organisation der Industrie, der Landwirtschaft, der Erziehung, der Armee – all das läßt sich schwarz auf weiß nach Hause tragen. Damit ist nichts für das Verständnis des Arbeiters, des Kolchosnik, des Studenten oder Soldaten gewonnen. Auf den lebendigen Menschen aber kommt es an.

Man kann wohl mit Hilfe ausländischer Spezialisten und Maschinen eine Industrie aus dem Boden stampfen, man kann die Landwirtschaft kollektivieren, aber was nützen alle sozialistischen Fabriken und Kolchosen, wenn nicht sozialistische Menschen sie treiben? Lediglich um ein Land zu mechanisieren, hätte man nicht Millionen von Menschen zu opfern brauchen. Nur wenn es gelingt, einen neuen Menschen zu schaffen, waren die Opfer nicht vergebens. Wer das feststellen will, der muß Rußland nicht studieren, sondern es leben.

Ich habe seit drei Jahren jeden Herbst, auch 1931, einen Monat in Rußland verbracht, nicht als Tourist, nicht als Delegierter, nicht als Spezialist, sondern als Freund einiger junger Russen, die ich 1929 auf einer gemeinsamen, wegen des kurz vorher ausgebrochenen Krieges zwischen Rußland und der Mandschurei sehr langwierigen und an Abenteuern reichen Fahrt von Wladiwostok nach Moskau kennengelernt habe. Es sind Studenten, Ingenieure, Arbeiter, Soldaten, Funktionäre, fast alle seit vielen Jahren in der Partei; als Jungens haben sie schon im Bürgerkrieg mitgekämpft, sie haben den Komsomol, den Kommunistischen Jugendverband, mit aufgebaut, 1929 sind sie mit Ehren durch die Tschistka, die Reinigung der Partei, gegangen und stehen heute als erprobte Söhne der Revolution, auch wenn sie noch sehr jung sind, an verantwortlichen Stellen. Einige unter ihnen zähle ich zu den besten Vertretern der jungen Generation überhaupt.

Als ich 1929 nach fünfzehnjähriger Pause wieder nach Rußland kam – ich bin in Moskau geboren und bei Kriegsausbruch als Reichsdeutscher nach Deutschland geflohen –, geschah es von vornherein mit dem Vorsatz, das Studium russischer wirtschaftlicher und technischer Probleme berufeneren Fachleuten zu überlassen und zu versuchen, den Bolschewismus in erster Linie von der meist vernachlässigten menschlichen Seite her kennenzulernen. Denn nicht Maschinen und Organisationen, sondern *der bolschewistische Mensch ist das Kriterium des Bolschewismus.*

Jedesmal, wenn ich die russische Grenze überschreite und die deutsche Sprache mit der russischen vertausche, den Sakko mit einem grauen Sportanzug, den Hut mit einem kleinen gestickten Tatarenmützchen, wie es die russische Jugend jetzt gern trägt, springe ich bewußt und unter Ausschaltung aller Hemmungen mit beiden Beinen ins russische Leben. Nie fahre ich anders als in der »harten Klasse«. Nie wohne ich in einem Hotel. Die ersten Tage in Moskau genieße ich stets dankbar die Gastfreundschaft deutscher Herren in der Botschaft, dann aber ziehe ich zu meinen russischen Freunden. Durch ihre Freundschaft werde ich aus einem Fremden ein Gast, ja ein Freund – *swoj tschelowek,* unser Mensch, nennt das der Russe. Das ist noch mehr als *towarischtsch.* Ich habe in ehemaligen Nonnenklöstern gelebt, in Schuppen, in Studenten- und Ingenieurheimen. Irgendwo findet sich meist ein leeres Bett. Manche Nacht habe ich auf dem Fußboden geschlafen, manche im Stroh, manche gar nicht.

Durch diese persönlichen Eindrücke und Beobachtungen, durch das tägliche Zusammenleben mit Russen, durch tage- und nächtelange intime Diskussionen mit meinen Freunden, durch völlig inoffizielle Reisen, durch den häufigen Besuch von Theatern, durch Vertiefung in literarische Zeugnisse der jüngsten Vergangenheit (neben der Belletristik sind die zahllosen Zeitschriften, die Berge von Tagesbroschüren höchst aufschlußreich), durch Besprechungen mit verantwortlichen Unterführern, durch Arbeit in einem Kolchos habe ich mich bemüht, ein deutliches Bild von der seelischen und geistigen Verfassung des neuen und insbesondere des jungen Rußland zu gewinnen.

Ich werde über das Ergebnis in einer Serie von Aufsätzen in »Osteuropa« berichten. Ich werde vollkommen ehrlich schreiben – auch objektiv? Nein. Einen Besuch auf dem Mond oder den Vorgang eines physikalischen Experiments kann man objektiv schildern. Aber man erwarte von einem jungen Deutschen, der das Schicksal seines Vaterlandes als das seinige empfindet, der leidenschaftlich nach den Gründen der heutigen Not, den Möglichkeiten eines morgigen Aufstieges forscht, der den Bolschewismus nicht nach den Begriffen Gut und Böse mißt, sondern bei allem fragt: *Was bedeutet das für mein Volk?,* dem es nicht um Schlagworte wie »Kapitalismus«, »Sozialismus«, »Kollektivismus« geht, sondern ums Ganze – man erwarte von ihm keine Objektivität, wenn er über Rußland berichtet.

Für einen Deutschen ist der Bolschewismus kein theoretisches, sondern ein eminent praktisches Problem. Nicht nur weil die Sowjetunion ein Sechstel der Erdoberfläche bedeckt, weil sie fast an Deutschland grenzt, weil ihr Warenangebot die Weltmarktpreise drückt, sondern weil sie den entschlossenen Versuch einer Neuordnung des wirtschaftlichen, sozialen und persönlichen Lebens darstellt, während wir uns noch in der Liquidation des alten befinden.

Der Sowjetstudent

Die Menschengruppe, mit der ich in Rußland in den intimsten Kontakt gekommen bin, ist die Studentenschaft. Schon heute spielt sie eine sehr bedeutende Rolle, und ihr Gewicht im russischen Leben nimmt ständig zu. Jährlich wächst ihre Zahl. Schon haben einige Jahrgänge die Hochschulen verlassen und stehen mitten in der vordersten Front des sozialistischen Aufbaus.

Während die Welt über den amerikanischen Studentenboy, über den englischen Oxfordman, den deutschen Korporationsstudenten ein eindeutig feststehendes Bild besitzt und auch der russische Vorkriegsstudent als engbrüstiger, bleicher Intellektueller in Uniform, mit wirren Haaren, bombenwerfend oder nach Sibirien verschickt, in der Phantasie seiner Zeitgenossen auftrat, kann man sich im allgemeinen vom Sowjetstudenten noch keine Vorstellung machen.

Der Sowjetstudent ist *Proletarier,* der sich von dem gesamten übrigen Proletariat nicht unterscheidet. Man darf ihn aber nicht etwa mit einem Teil der deutschen Arbeiterstudenten verwechseln, denn er hat nichts Jugendbewegtes, kaum etwas Jugendliches an sich, er hat sich auch nicht intellektualisiert, er ist in erster Linie Arbeiter geblieben, ein Arbeiter, der nur vorübergehend die Maschine oder den Pflug mit Reißzeug und Büchern vertauscht hat. Wenn abends die Studenten aus einer Hochschule strömen, in ihren abgegriffenen Mützen, ihren alten schäbigen Mänteln, dann könnte man sich ebensogut vor einem Fabriktor glauben.

Um das zu verstehen, muß man nur einige Studenten nach ihrem Lebenslauf fragen. Ich bin mit Hunderten von russischen Studenten in Berührung gekommen und habe nicht einen einzigen getroffen, der aus den Kreisen gestammt hätte, aus denen sich in Deutschland die Studentenschaft rekrutiert. Das ist nicht Zufall, sondern Absicht. In dem Beschluß des für die Entwicklung des russischen Hochschulwesens so bedeutsamen Plenums des Zentralkomitees der Kommunistischen Partei vom November 1929 wird es offen ausgesprochen, daß die Proletarisierung der Hochschule eine der wichtigsten Aufgaben des Fünfjahrplanes ist. Denn im Lichte des Fünfjahrplanes muß man heute in Rußland auch die geistigen Dinge betrachten. Der Sprachgebrauch reiht sie in den großen Zusammenhang ein, indem er sie als »kulturelle Front« bezeichnet. Das Ziel ist der sozialistische Staat, und diesem Ziel hat sich das gesamte, auch geistige, ja selbst seelische Leben unterzuordnen.

In den ersten Jahren nach der Revolution hat der junge Staat die *alte Intelligenz* stark herangezogen. Dann folgte eine der Intelligenz sehr feindliche Epoche. Jeder erinnert sich noch der zahlreichen Erschießungen, Verbannungen und schließlich der Schädlingsprozesse. Gegenwärtig ist eine merkliche, in der schon zitierten Stalinrede unterstrichene Entspannung eingetreten. Man kommt ohne Mitarbeit der ehemaligen, speziell technischen Intelligenz doch noch nicht aus, glaubt vielleicht auch, konsolidiert genug dazustehen, um die Zügel lockerer lassen zu können. Als wirklich vollwertig wird aber auch heute noch nur der klassenechte Arbeiter oder Bauer angesehen. Da zudem das stürmische Tempo der Industrialisierung eine täglich wachsende Armee von qualifizierten Arbeitern und intellektuellen Führern fordert, steht die Hochschule im Zeichen einer bis zur Grenze des Möglichen forcierten Produktion proletarischer Intelligenz. Über die wissenschaftliche, methodische und administrative Seite der letzten Hochschulreform habe ich schon ausführlich berichtet, hier kommt es mir ausschließlich auf die *soziale* Seite des Problems an.

Der Narkompros der RSFSR (das Volkskommissariat für Aufklärung der russischen Teilrepublik) hat eine Schrift über die Volksaufklärung in der UdSSR veröffentlicht, in der sich eine interessante Statistik befindet. Danach sind die *einzelnen sozialen Gruppen* an der Gesamtzahl der Studenten prozentual folgendermaßen beteiligt:

Akad. Jahr	Arbeiter	Bauern	Angestellte	Übrige
1923/24	15,3	23,5	24,4	36,8
1924/25	20,7	24,5	35,8	19
1925/26	24,2	25,7	35,9	14,8
1926/27	25,6	25,3	37,5	11,6
1927/28	26,9	24,2	39,4	9,5
1928/29	27,7	26,1	38,4	7,8
1929/30	30,2	26,3	37,7	5,8

Diese Zahlen zeigen ganz deutlich die Tendenz der Entwicklung: Der Anteil der Arbeiterschaft hat sich in den sechs Jahren fast verdoppelt, der der Bauern gleichfalls, wenn auch gering, erhöht, während der der »Übrigen«, das heißt also in erster Linie der bürgerlichen Kreise, auf ein Fünftel des vorherigen Standes zurückgegangen ist. Überraschen könnte zunächst, daß die Zahl der Angestelltenkinder um die Hälfte stieg, doch deutet sich hier in der Statistik schon eine rückläufige Bewegung an. Auch darf man die russischen Angestellten nicht etwa mit unserem Mittelstand gleichsetzen, denn sie sind ihrer Grundhaltung nach in der überwiegenden Majorität proletarisch geworden.
Es ist mit Bestimmtheit damit zu rechnen, daß die Beteiligung von Arbeitern und Bauern, die 1929/30 noch 56,5 Prozent betrug, schon in vier bis fünf Jahren 75 Prozent überschreiten wird. Denn das – verhältnismäßig – langsame Anwachsen des Prozentsatzes der rein proletarischen Studenten in dem »Staat der Arbeiter und Bauern« erklärt sich vor allem daraus, daß in den letzten Jahren die jungen Proletarier erst die nötige Vorbildung, die – um einen deutschen Ausdruck zu gebrauchen – »Hochschulreife« sich aneignen mußten, so daß ihr Ansturm auf die Hochschule sich erst in den nächsten Jahren auswirken kann. Die weitgehend durchgeführte allgemeine Schulpflicht erschließt vielen Millionen von Arbeiter- oder Bauernkindern neue Bildungs- und Aufstiegsmöglichkeiten. Bei den *Neuaufnahmen von Arbeitern* in die Hochschulen macht sich jetzt schon ein rapides Wachstum bemerkbar. So betrug der Prozentsatz der neuimmatrikulierten Arbeiterstudenten:

1926/27	28,7
1927/28	34,6
1928/29	42,3
1929/30	63,7
1930/31	68,4

Der Anteil hat sich in diesem Falle schon in fünf Jahren fast verdreifacht, und die Entwicklung geht in derselben Richtung weiter.
In Rußland herrscht die Diktatur des Proletariats. Damit ist ausgedrückt, daß nur der Proletarier als Vollbürger anerkannt wird, während alle übrigen als Bürger zweiter Klasse gelten. Da man

die Klassenzugehörigkeit jedes einzelnen genau kennt, ist es dem Staat ein leichtes, die Proletarisierung der Hochschule durch einen *Numerus clausus* sicherzustellen.

Es ist interessant, daß schon in einem Dekret vom 31. Januar 1930 die Schwierigkeiten, die der Aufnahme von Kindern Nichtwerktätiger in die Elementarschulen bisher entgegenstanden, weitgehend behoben wurden. Offensichtlich glaubt die Sowjetmacht innerlich gefestigt genug zu sein, um diese Kinder, sofern sie von klein auf unter kommunistischen Einfluß kommen, zu assimilieren. Dagegen bestehen Sondervorschriften für eine Anzahl höherer Spezialinstitute, denen besondere Bedeutung zukommt, und wo es sich um Erwachsene handelt, bei denen Assimilierung keineswegs selbstverständlich ist. So nimmt das »Institut der Roten Professur« in Moskau, das der Ausbildung von marxistischen Professoren dient, nur Mitglieder der Kommunistischen Partei auf, und darunter wieder nur solche, die schon mindestens acht Jahre der Partei angehören. Besonders deutlich wird die Tendenz angesichts der Bestimmung, daß in die Vorbereitungsabteilung dieses Instituts nur Kommunisten proletarischer Herkunft eintreten können, die mindestens fünf Jahre Parteimitglieder und höchstens 28 Jahre alt sind. Aber selbst wenn diese Bestimmungen nicht wären: der ungeheure Andrang der jungen Generation Rußlands zu den Schulen und Hochschulen, deren Zahl bei weitem nicht für alle Bewerber reicht, bringt es ganz automatisch mit sich, daß fast nur Arbeiter und Bauern aufgenommen werden, während die übrigen sich unter den aus Platzmangel Abgewiesenen befinden. Nur in den pädagogischen Hochschulen haben Nichtwerktätige wegen des verhältnismäßig geringeren Zulaufs Aussicht auf Aufnahme.

Einer der den Nichtrussen am stärksten packenden Eindrücke ist der ungeheure Drang, *der unersättliche Hunger* (ich weiß kein anderes Wort) der russischen Jugend nach Wissen und Bildung. Daß es sich dabei in erster Linie um technisches Wissen, um zivilisatorische Bildung handelt, mag manchem Deutschen mißfallen, trotzdem manifestiert sich darin das erste Erwachen, das geistige Sich-Recken und -Strecken eines Volkes, in dem vor ein, zwei Jahrzehnten nur ein geringer Prozentsatz lesen und schreiben konnte. Ich werde das Bild nie vergessen, das sich mir bot, wenn ich auf der langen Fahrt durch Sibirien durch den Expreß ging: die deutschen, amerikanischen, französischen Passagiere der 1. und 2. Klasse schmökerten in einem gelben Ullsteinband, in einem Uhu oder Edgar Wallace, die Russen aber in ihrer Holzklasse lasen alle technische und nationalökonomische Lehrbücher, Protokolle von Parteikongressen, Agitationsbroschüren, landwirtschaftliche Aufklärungsschriften. Derselbe Anblick in den Heimen, in denen ich lebte und in denen vier, fünf oder mehr Studenten (ist einer verheiratet, so zieht seine Frau auch dazu) in jeder Stube hausen. Man sollte glauben, unter diesen Umständen käme keiner zur Konzentration und zur Arbeit. Aber das ist ein Irrtum, es wird gelernt, in der Regel sehr fleißig, um so mehr als die Heime den einzelnen Spezialhochschulen gehören, so daß stets Kollegen desselben Faches zusammen wohnen und zusammen arbeiten. Der Außenstehende spürt immer wieder, wie stark das Verantwortungsgefühl gegenüber der Allgemeinheit, die jedem Studenten ein Stipendium gibt (oft auf dem Umwege über einen Trust), lebendig ist. Worum wir in Deutschland einen vielen hoffnungslos erscheinenden Kampf führen: um das Bewußtsein in jedem einzelnen, daß er ein verantwortliches Glied des Ganzen, ein Arbeiter und Kämpfer in der großen Armee des Volkes ist, das hat die russische Revolution zum Gemeingut von Millionen gemacht.

Ein Wort, das ich in diesem Jahr in Rußland besonders oft hörte war: *»sosnatelnyj«* – das ist jemand, der nicht in den Tag hinein, sondern bewußt lebt und weiß, was und warum er will. Daß uns in Deutschland dieses *»Bewußtsein«* fast allen fehlt, ist unsere tiefste Not, die durch Gesetze nicht ersetzt wird. Natürlich sind auch in Rußland die »Unbewußten« in der Majorität, aber die Partei hält sie durch ihre bis in die feinsten und fernsten Äste ausstrahlende Organisation zusammen. Es gibt in Rußland keine Gruppe von Menschen, die nicht von einer Parteizelle geführt und beaufsichtigt wird. Und eine der wichtigsten Aufgaben dieser Zellen ist es, immer weitere und weitere Kreise »bewußt« zu machen.
Es ist selbstverständlich, daß gerade unter den Studenten die »Aktivisten«, das sind diejenigen, die das »Bewußtsein« nicht nur latent in sich tragen, sondern es auch in die Tat umzusetzen

bemüht sind, besonders stark an Zahl und Intensität sind. Daß die proletarischen Studenten mit Leib und Seele für das System einstehen, das sie aus dem Nichts an die Spitze der Nation gehoben, aus simplen Bergarbeitern und Kleinbauern zu Studenten, Ingenieuren, Führern auf allen Gebieten gemacht hat, wird niemand wundern. Täglich hält man ihnen vor Augen, daß sie die Avantgarde einer neuen Zeit, die Gründer eines neuen Menschentums sind. Für einen gesunden und normalen Jungen gibt es nichts Größeres als Forderungen und Aufgaben. Man packt ihn, indem man möglichst riesenhafte Ansprüche an ihn stellt, von ihm Einsatz von Gut und Blut für die Sache verlangt und ihn zum Helden, wenn es sein muß: zum Märtyrer erhebt. So ist für den jungen Russen die Sowjetunion mit ihren raschen Aufstiegsmöglichkeiten heute ein ideales Land.

Ich habe auch Studenten getroffen, die aus ihrer Unzufriedenheit mit den herrschenden Verhältnissen, ihrer Abneigung gegen die ganze Entwicklung kein Hehl machten. Aber sie gehören zu dem Typ von Menschen, der unter allen Umständen unzufrieden wäre; die Masse der Studenten und – was viel wichtiger ist – diejenigen, auf die es ankommt, glauben an den Bolschewismus und sind bereit, um seinetwillen auch weitere Opfer und Entbehrungen auf sich zu nehmen.

Bei diesem lebhaften Arbeitseifer und der sehr engen Spezialisierung wird man sich fragen, ob diese Menschen nicht unangenehm *einseitig* werden, so einseitig vielleicht, daß es an Stumpfsinn grenzt. Diese Gefahr besteht nicht. Denn der Student, später der Konstrukteur oder Architekt, mag noch so tief in seiner Spezialarbeit stecken – es gibt keinen in Rußland, der nicht in irgendeiner Form mit dem Leben der Allgemeinheit verbunden ist. Von der Vielfalt ehrenamtlicher Posten und Funktionen in Rußland kann man sich keine Vorstellung machen. Parteikommunisten sind besonders stark in Anspruch genommen, aber auch die anderen sitzen in Komitees und Ausschüssen, arbeiten in der Gewerkschaft, im Vorstand eines Klubs oder der »Roten Ecke«, redigieren die Wandzeitung, organisieren Exkursionen, sorgen für die Beschaffung von Theaterkarten. Und bei all diesen Handlungen wird ihnen immer wieder die große Einheit des ganzen wirtschaftlichen und geistigen Lebens vor Augen geführt, stoßen sie ununterbrochen auf die alle im selben Maße betreffenden Probleme. So wird die wissenschaftliche Spezialisierung und Entfernung durch die menschliche, politische Gemeinsamkeit paralysiert.

Ein anderes Bedenken ist weniger leicht aus der Welt zu schaffen: Wird in dieser neuen Studentenschaft, in dieser neuen proletarischen Intelligenz nicht auch wieder über kurz oder lang *ein eigener Kastengeist* entstehen, der sie dem übrigen Volk entfremdet? Zwar wird seitens der Hochschulen für eine sehr enge Verbindung zwischen Hochschule und Betrieb gesorgt, aber eines Tages ist der Student nicht mehr Student, sondern Ingenieur, der mehr weiß und kann als andere, der einen höheren Posten innehat und ein höheres Gehalt bezieht. Ich wage es nicht, heute schon ein Urteil zu fällen. Anzeichen für eine neue Klassenbildung sind vorhanden. Ich habe manchen russischen Studenten das Wort »Lumpenproletariat«, das die Russen als Fremdwort übernommen haben, voll Verachtung aussprechen hören, wenn ein schmieriger Kerl an einer Straßenecke lungerte oder um Almosen bat. Ich habe elegante und alles andere als proletarische Frauen in Staatsautomobilen gesehen, ich habe mit proletarischen Ingenieuren in Lokalen gegessen, wo man sonst nur Ausländer trifft. Aber: diese Klassenbildung wird sich, wenn überhaupt, nach völlig neuartigen Gesichtspunkten vollziehen. Die finanzielle Seite, die bei uns die wichtigste Rolle spielte, kann in Rußland keine große Bedeutung erlangen. Einmal, weil bei den an der Spitze stehenden Leuten die Parteikasse einen großen Teil des Lohnes schluckt, dann, weil ein starker Druck zum Zeichnen von Staatsanleihen proportional dem Einkommen zwingt, weil Sparen ganz aus der Mode gekommen ist, und endlich weil das Geld überhaupt nicht mehr die Rolle spielt wie bei uns. Erstens macht man sich verdächtig, wenn man einen großen Betrag auf der Sparkasse hat (wo anders will man Geld aufbewahren, wenn man zu fünft im Zimmer wohnt?), zweitens: was soll man mit dem Geld anfangen? Zu kaufen gibt es nicht viel, so daß Bezugskarten viel wichtiger sind als Geld. Also wird es veressen und verreist. Nicht umsonst hat das Reisen einen so gewaltigen Aufschwung genommen. Ich kenne kaum einen Studenten, der nicht auf der Krim, dem Kaukasus oder in Turkestan gewesen ist. Aber auch der Klassen-

bildung von der rein sozialen Seite wird ein Riegel vorgeschoben, indem alle Organe wie Partei, Gewerkschaft, Klub peinlich darauf achten, daß niemand »der Klasse entwächst«, und ihn, falls es ihm doch gelingt, auf sehr energische Weise wieder mit der Masse verbinden, indem sie ihn zu einer Arbeit kommandieren, wo er in stärkeren Kontakt mit der Masse kommt. Dem wirkt freilich auf der anderen Seite wieder der große Mangel an führenden Spezialisten, die Notwendigkeit, oft ein Auge zuzudrücken, entgegen. So laufen viele Strömungen und Kräfte zusammen, und niemand kann heute übersehen, wie das Ergebnis in 20, 30 Jahren sein wird. Nur so viel ist sicher, daß bei den entscheidenden Männern der feste Wille besteht, neue Klassenbildungen zu verhindern.
Noch eine letzte Frage wird man sich stellen: Taugen denn diese Leute *wissenschaftlich?* In unserem humanistischen Sinne sicherlich nicht, ein deutsches Abitur könnte kein einziger von ihnen ablegen. Aber das ist auch nicht nötig. Im Augenblick braucht Rußland tüchtige Spezialisten, später wird sich das Bedürfnis nach einer Bildung auf breiterer Grundlage ganz selbstverständlich ergeben. Daß in dieser jungen Studentengeneration aber tüchtige Spezialisten heranwachsen, das ist kein Zweifel und ist mir von erfahrenen Wissenschaftlern, die auch die Vorkriegsstudenten gekannt haben, immer wieder versichert worden. Denn was ihnen an Vorbildung abgeht, ersetzen sie zum großen Teil durch ihren intensiven Arbeitswillen. Kein einziger kommt direkt von der Schulbank, alle haben schon in der praktischen Arbeit, viele in der Armee gestanden. Sie gehen nicht, um Student zu sein, sondern um zu arbeiten, auf die Hochschulen.
Sonderbar ist, daß diese Menschen, deren Lebensweg oft abenteuerlicher ist als alles, was man bei uns von Schicksalen zu hören bekommt, die ihrer Natur nach viel mehr Landsknechte der Revolution als Staatsbürger sind, die innere Ruhe zur wissenschaftlichen Arbeit aufbringen. Wie schwer ist dieser Übergang der aus dem Felde heimkehrenden deutschen Kriegsgeneration geworden. Beim Russen geht es deswegen viel einfacher, weil sein ganzes Leben – an der Front, im Heer, in der Fabrik, auf der Hochschule – durch die ständigen »Wettkämpfe« und die ganze militärische Terminologie den Charakter eines Kampfes trägt, und

auch, weil man ihm immer wieder das Gespenst einer bewaffneten Intervention vor Augen hält und die Überzeugung einhämmert, daß jeder auf seinem Posten zum Wohl und Schutz des Gemeinsamen arbeitet.

Im Kolchos

Der Höhepunkt meiner diesjährigen Rußlandfahrt war mein Aufenthalt auf einem Dorf im Zentralschwarzerdgebiet, anderthalb Tagereisen mit der Bahn von Moskau. Einer meiner besten russischen Freunde, ein Ingenieur, stammt aus diesem Dorf und nahm mich mit, als er dort einen Teil seines Urlaubs verbrachte. Um Zeit zu sparen, fuhren wir mit dem Taschkenter Expreß. Auf Grund meines deutschen Reisepasses – aber ohne eine Kopeke Schmiergeld – gelang es uns, den Lokomotivführer zu überreden, unseretwegen an einer kleinen Haltestelle in der Nähe des Dorfes, weit von jeder Schnellzugstation, zu bremsen, so daß wir einen halben Tag früher unser Ziel erreichten.
Allein hätte ich wahrscheinlich Schwierigkeiten gehabt, in ein abgelegenes Dorf einzudringen, aber als Freund des Ingenieurs, den das ganze Dorf als *wydwishenez* – das ist ein Emporkömmling im guten Sinne, ein Selfmademan – hoch schätzte, weil er es als erster Dörfler zu einer so angesehenen Stellung gebracht hatte, war ich ein mit größter Herzlichkeit aufgenommener Gast. Es hat mich immer wieder in Erstaunen versetzt, daß selbst die gegenwärtige schwere Not die Gastfreundschaft der Russen nicht beeinflußt hat. Wo man als Gast erscheint – gleichgültig, ob eingeladen oder nicht –, da schleppt der Russe seine letzten Vorräte aus Küche und Keller, um den Gast zu erfreuen.
Daß das Dorf kollektiviert war, war für mich das Interessanteste. Ein paar Familien hatten sich schon im vorigen Jahr zusammengeschlossen, die Masse folgte im Frühjahr, und bei unserem Eintreffen befand sich die erste richtige Kolchosernte auf ihrem Höhepunkt. Da es an männlichen Arbeitern sehr fehlt – ich habe in dem ganzen 163 Familien zählenden Kolchos kaum ein halbes Dutzend Männer zwischen 18 und 30 gesehen, alle übrigen arbeiten am Kusnezstroj –, halfen wir mit und wuchsen so am raschesten in die sonderbare Gemeinschaft des Kolchos hinein.

Auch hier ist wieder der äußere Rahmen, vor allem durch das ausgezeichnete Buch von Otto Schiller »Die Kollektivbewegung in der Sowjetunion« zur Genüge bekannt. Auch hier fragte ich in erster Linie nach den Menschen und ihrer Einstellung zu dieser neuen Form von Leben und Arbeit. Ich geriet mitten hinein in einen erbitterten Kampf um die Seele der Bauern. Was ich bisher nur aus der Literatur, von der Bühne Moskauer Theater (»Brot«, »Eisgang«, »Jarost«) oder aus Filmen wie »Erde« und »Generallinie« kannte, das sah ich jetzt in leibhaftiger und ernster Dramatik vor mir. Wenn ich an meinem Berliner Schreibtisch die von Dekade zu Dekade stetig steigenden Prozentzahlen der kollektivierten Betriebe in der »Iswestija« lese, so könnte ich den Eindruck gewinnen, daß diese Bewegung gleichsam von selbst und ganz natürlich vor sich geht. Hier sah ich, welch ein zäher und grimmiger Kampf in jedem einzelnen Kolchos geführt wird, und wieviel Dörfer müssen sich kollektivieren, um auch nur den Bruchteil eines Prozentes für die »Iswestija« zu ergeben!

Der Kulak ist längst beseitigt, es ist der russische Bauer selbst, sein Beharrungsvermögen, seine Trägheit, sein Egoismus, seine Verständnislosigkeit für den »sozialistischen Aufbau«, was der reibungslosen Kollektivierung entgegensteht. Es gehört eine geradezu wahnwitzige Kühnheit dazu, mit diesen weithin analphabetischen, in physischer und geistiger Finsternis lebenden Menschen den Sozialismus bauen zu wollen, und es ist in höchstem Maße erstaunlich, was bisher schon erreicht ist. Es gibt viele Kolchose über ganz Rußland, die schon ein paar Jahre bestehen und sich auf dem Weg einer raschen inneren Konsolidierung befinden, in denen sich tatsächlich schon ein Kollektivmensch bildet. Mein Kolchos war noch in den Anfängen, in ihm prallte *Altes und Neues* mit voller Wucht aufeinander. In den meisten Bauernstuben sah ich Heiligenbilder neben bunten Lenindrukken. Ich erlebte die Beerdigung eines 97jährigen Bauern mit Popen, Weihrauch und lautem Schluchzen, die sich in nichts von einer Beerdigung des Vaters oder Großvaters dieses Greises unterschied, und ich hörte die Bauernmädchen kolchosfeindliche Lieder singen.

Während der Arbeit dagegen ist man mit dem Kolchos ganz einverstanden. Gerade beim Dreschen, das zu unserer Zeit die

Hauptarbeit darstellte, machte sich die Hilfe der Maschine, die der Staat dem Kolchos gegen Abzahlung zur Verfügung stellte, ganz besonders bemerkbar. Auf dem Felde herrschte eine frohe und ausgelassene Stimmung. Lieder wurden gesungen, Scherze gerufen, die Arbeit ging flott und leicht zum Takt der Traktoren, die die beiden Dreschmaschinen betrieben.

Bei der Kolchosversammlung aber, die ich miterlebte und auf der der von oben eingesetzte, ortsfremde Vorsitzende auf Befehl des Rayons die Kontraktierung von 250 Stück Geflügel gegen einen minimalen Preis des Staates forderte, ferner die Vergesellschaftung der Kälber, die bisher noch ebenso wie die Kuh im Privatbesitz des Bauern gewesen waren, und endlich die Verpflichtung, am nächsten Tag die Zuckerrübenkampagne zu beginnen und sie binnen zehn Tagen abzuschließen, kam es zwischen ihm und einigen Bauern, die in der Roten Armee gedient hatten, auf der einen und der überwiegenden Majorität der übrigen, vor allem der Bäuerinnen, auf der anderen Seite zu schweren Zusammenstößen.

Der Vorsitzende ist in einer ungeheuer schweren Lage. Er muß den Plan erfüllen, er muß die Forderungen des Rayons durchsetzen, er muß die Bauern zur Arbeit zwingen – aber er ist nicht in der Lage, die Gegenforderung der Bauern nach Waren, vor allem nach Kleidungsstücken, nach Stiefeln, nach Seife auch nur entfernt zu befriedigen, nicht aus bösem Willen, sondern weil er selbst nichts bekommt. Ich habe es aufrichtig bewundert, wie dieser Mann, der erst Ende der Zwanzig sein konnte, fünf Stunden lang die Versammlung führte, keinen Augenblick locker ließ und einen Teil seiner Forderungen durchsetzte. An diesem Beispiel wurde es mir besonders deutlich, was es für diese auf schwierigsten, isolierten Posten stehenden Parteileute bedeutet, *die Macht und Hilfe der Partei* in ihrem Rücken zu wissen. Man kann nicht zweifelhaft sein, wer auf die Dauer der Sieger bleibt.

Mir selbst aber war der Kolchos strotz meines kurzen Besuches durch die packende Dynamik des ganzen Geschehens so nahegerückt, daß ich ihm auf einer Versammlung am letzten Tage eine Geldsumme in seine Kasse stiftete und dafür zum Mitglied ernannt wurde.

Rußland und wir

Dies ist der Anfang einer Aufsatzreihe über den sowjetrussischen Menschen. Sie soll in ihrem kleinen Teil dazu beitragen, das Bild Rußlands lebendig zu machen, und damit gleichzeitig – das ist das wichtigste – die Fronten in Deutschland zu klären. Sie wendet sich an alle, die leidenschaftlich und selbstlos einen neuen Weg für Deutschland suchen. Die Vertrautheit mit einem Nachbarvolk, das sich auf dieser Suche nach neuen Wegen am weitesten von der traditionellen Heerstraße in eine unbekannte und gefährliche Ferne vorgewagt hat, soll uns helfen, uns selbst zu erkennen. Gerade in den stärksten Strömungen der deutschen Gegenwart sind zahlreiche, meist unbewußte Parallelen zu Rußland zu finden. Unverkennbar ist auch bei uns der Verfall des Liberalismus, der Drang zur Gemeinschaft (Kollektivismus nennt das der Russe), die Wandlung der Begriffe »Eigentum« und »persönliche Freiheit«. Ebenso stark muß jeder aber auch das Trennende spüren. Wir können und wollen nicht auf der Zerschlagung alles Bestehenden, auf der Ausrottung einer ganzen Klasse, auf Massenterror und der Vernichtung des deutschen Bauern unsere Zukunft bauen. Wenn Rußland über den bis zur letzten Konsequenz geführten Klassenkampf seinen einheitlichen Staat geschaffen hat, so ist es unsere Aufgabe, auf dem Wege über den Staat zur Beseitigung der Klassengegensätze zu kommen. Wie immer ist die Lage Deutschlands schwieriger als die aller anderen Völker, wie immer ist aber auch unsere Aufgabe, den Knoten zu lösen, größer und dadurch schöner als die der übrigen Welt.

Sowjetische Literatur
als Spiegelbild der Entwicklung

Schon im vergangenen Jahrhundert war die russische Literatur in hohem Maße Problemliteratur, Gedankenliteratur, ja Philosophie. Die Auseinandersetzungen um die ewigen großen Probleme des Seins, aber auch um handfeste soziale Fragen wurden zu einem nicht unbeträchtlichen Teil in literarischen Werken ausgetragen – in Erzählungen, Romanen, Gedichten. Gewiß hat auch die russische Literatur der Sowjetzeit diesen Charakterzug nicht abgelegt, ja er wurde eher noch verstärkt durch die Forderung der Kommunistischen Partei, die Entwicklung in ihrem Sinne zu interpretieren, eine erzieherische Funktion zu erfüllen. Die Literatur sollte dort, wo offizielle Gesetzgebung nicht möglich oder doch nicht am Platze war, also auf dem Gebiet der Gefühle und Gedanken, eingreifen und den Volksmassen die ungeschriebenen Gesetze beibringen, sie sollte vorbildhafte, nachahmenswerte Helden schaffen und die im Sinne der Partei richtigen Verhaltensweisen vermitteln. Es wäre falsch zu behaupten, daß solche Forderungen der Realität dieser Literatur entsprachen, daß sie in jedem Einzelfall so war; dennoch ließ sie dieser Charakterzug in besonderem Maße als Quelle geeignet erscheinen – als zusätzliche Möglichkeit, ein Bild über die Entwicklung des Landes zu gewinnen und eine Antwort auf die Frage »nach dem Woher und Wohin, nach dem Gesicht und Wesen des bolschewistischen Menschen« zu erhalten. In seiner Einleitung zu einer Serie von Aufsätzen »über die menschliche Seite *des bolschewistischen Problems« in »Osteuropa« 1931 betont Mehnert, daß sich in diesen Aufsätzen »alles der zentralen Frage nach dem neuen Menschen« unterordnen soll. Der erste Beitrag dieser Serie war der über den Jugendroman, der nachstehend zu finden ist. (Die Bezeichnungen »bolschewistisch«, »Bolschewismus« usw. waren damals übrigens gang und gäbe; selbst das theoretische Zentralorgan der KPdSU nannte sich zu jener Zeit »Bolschewik«, erst seit Anfang der fünfziger Jahre heißt die Zeitschrift »Kommunist«.) Mehnert hat, das sei noch hinzugefügt, sein Leben lang die russische Literatur als Quelle ganz besonders geschätzt – 1930 ebenso wie in den achtziger Jahren; sein letztes Buch, das 1983 erschien, legt beredtes Zeugnis davon ab: »Über die Russen heute – Was sie lesen, wie sie sind«.*

Die Rolle, die die schöngeistige Literatur im Leben vieler Russen spielt, sowie den Drang vieler Russen nach kultureller Betätigung und Bildung veranschaulicht Mehnerts Aufsatz »Die Leiden des jungen Werther in Rußland« – ein weiterer Aspekt der »menschlichen Seite des bolschewistischen Problems«.

Der Jugendroman

1931 In den Schaufenstern und Auslagen russischer Buchhandlungen herrscht die Broschüre. Die Literatur wird nicht als Selbstzweck, sondern als Waffe im Klassenkampf, als Werkzeug des sozialistischen Aufbaus betrachtet, und den damit verbundenen Anforderungen – die Schrift muß billig, aktuell, leicht lesbar, bequem zu versenden sein – entspricht eine knappe Broschüre besser als ein ausführliches Buch, das bei der Geschwindigkeit, mit der in der Sowjetunion die Problemstellungen und Tatsachen wechseln, oft schon im Augenblick seiner Fertigstellung veraltet wäre. Es gibt auch Ausnahmen von dieser Regel, Lehrbücher zum Beispiel, in erster Linie technischer Art, aber selbst die schöne Literatur muß mehr und mehr dieser neuen Einstellung Rechnung tragen. Es ist bekannt, durch welch starken Druck der Schriftsteller veranlaßt werden soll, aktuellste wirtschaftliche und politische Tagesfragen als Themen zu wählen, und unter dem von Gorkij ausgegebenen Motto »Das Land muß seine Helden kennen« überschwemmen Hunderttausende von dünnen Heftchen das Land, in denen bekannte Autoren den Ruhm einzelner Betriebe oder Arbeiter künden.

So hat auch der *Roman* sein Wesen verändert, einmal in seinem Inhalt – es existiert für ihn fast nur die Zeit nach 1917; dann in seiner Form – zum Beispiel durch seine Auflösung in einzelne aktuelle Skizzen oder den Übergang zum halbbelletristischen Lehrbuch; und nicht zuletzt in seinem Ziel – die Epik ist der Pädagogik gewichen. Man sollte annehmen, daß der Roman sich damit sein Grab gegraben hat. Es scheint uns selbstverständlich, daß der Russe in der Kunst für kurze Augenblicke dem Fünfjahrplan entgehen möchte, der – drückend oder anfeuernd – stärkste Anforderungen an jeden einzelnen stellt, daß er zum mindesten im Roman eine Domäne der Phantasie und der unpolitischen Schönheit oder Spannung sich erhalten will und für die neue Art von Roman kein Interesse hat. Aber das trifft nicht zu. Die acht im folgenden kurz besprochenen Bücher sind in Rußland in einer Auflage von insgesamt mehreren hunderttausend Exemplaren erschienen, und das bedeutet in der Sowjetunion, wo man Bücher nicht kauft, um sie zu besitzen, sondern um sie zu lesen und dann

weiterzugeben, wesentlich mehr als bei uns. Die Höhe der Auflage erklärt sich nicht nur daraus, daß es eben andere Belletristik nicht gibt, sondern ist in erster Linie darauf zurückzuführen, daß die Menschen mit der neuen Entwicklung so beschäftigt sind, daß sie – man denke an Deutschland im Kriege – für etwas anderes gar keinen Sinn haben ...
Das Wesen des neuen russischen Romans rückt seine »literarische« Beurteilung in die zweite Linie. Sein literarischer Wert ist auch häufig nicht bedeutend. Da er belehren will, soll man aus ihm lernen, im Falle des Jugendromans zweierlei lernen: *Erstens, wie ist die russische Jugend? Zweitens, wie soll sie sein?*

Die junge Kommunistin

Obgleich in den Jugendromanen immer wieder dieselben Probleme – um es in einem Wort zu sagen: der junge Russe und der bolschewistische Staat – eine Rolle spielen, steht doch jeweils ein Sonderproblem im Vordergrund. Daß die Stellung des jungen Mädchens in dem neuen sozialen und wirtschaftlichen Leben besonders schwierig ist, geht aus der großen Zahl von Romanen, die sich mit diesem Thema befassen und aus denen ich drei herausgreife, hervor.
Panja Nikolajewa, die Heldin des Romans »Am Wege« von M. Platoschkin [Moskau/Leningrad 1930] – es ist beruhigend festzustellen, daß auch im neuen russischen Roman einzelne »Helden« als Träger der Ideen des Schriftstellers existieren –, ist die junge Sekretärin der Komsomolzelle einer Tabakfabrik in einem Moskauer Vorort. An ihrem Beispiel wird eingehend und oft packend der Konflikt gezeigt, in den eine junge Kommunistin durch die intensive öffentliche Arbeit gerät: *der doppelte Konflikt ihrer Familie und ihrer Liebe gegenüber.*
Der Konflikt zwischen dem Mädchen und der Familie entstammt der Notwendigkeit, ständig und bis in die späte Nacht von zu Hause abwesend zu sein. Die alte Mutter haßt den Komsomol (den kommunistischen Jugendverband), der ihr die Tochter entfremdet, mißtraut allem, was mit dem Komsomol in Verbindung ist, und schenkt den Verleumdungen, ihre Tochter sei auf Abwege geraten, Glauben. Auch Panja entfernt sich innerlich von

der Mutter immer mehr, und selbst in der schwersten Stunde des Mädchens finden Mutter und Tochter nicht den Weg zueinander. Eine Lösung dieses ersten Konflikts wird gar nicht versucht, als sei es hoffnungslos, die alte Generation umzuerziehen.
Sehr viel eingehender beschäftigt sich der Roman mit der Stellung des Mädchens zwischen Pflicht und Liebe. Panja betrachtet es als ihre Aufgabe, ihren Kameraden zu beweisen, daß es einen Mittelweg gibt, welcher der *Pflicht der Allgemeinheit* und der *Liebe dem einzelnen* gegenüber gleichermaßen gerecht wird. Aber es gelingt ihr nicht, den Beweis zu erbringen, und sie zerbricht an diesem inneren Zwiespalt.
Zwei junge Kommunistinnen verkörpern die beiden von Panja (und dem Verfasser) abgelehnten Extreme in der Einstellung zu diesem Problem. Die Wassiljewa ist die Vertreterin rein animalischer Ansichten. Für sie gibt es nichts außer der Arbeit im Rayonkomitee des Komsomol. »Zur Liebe« – sagt sie – »hat der Komsomolez kein Recht.« »Im Leben eines Komsomolzen muß die Liebe die allergeringste Rolle spielen.« Da sie aber nicht gesonnen ist, dem Körper sein Recht zu nehmen, lebt sie in einer von dem Verfasser wenig anziehend geschilderten Wahl- und Zügellosigkeit.
Ihr entgegengesetzt steht Marussja, die einen Kameraden aus dem Komsomol heiratet und trotz anfänglichen heftigen Sträubens rasch verbürgerlicht. Die Sorge um ihren auf wichtigem Posten schwer arbeitenden Mann, dem sie sich verpflichtet fühlt, Heim und Erholung zu schaffen, zieht sie immer mehr von der öffentlichen Arbeit ab, an der sie sich früher eifrig beteiligt hatte. Bald geht sie ganz in Haushalt, Kleiderfragen, Möbelkaufen auf.
Zwischen diesen beiden Typen, dem einen, der um der Pflicht willen die Liebe verachtet, und dem anderen, der für die Liebe die Pflichten vernachlässigt, kämpft Panja gemeinsam mit ihrem Geliebten Mitja, einem jungen Komsomolzenführer aus dem Raykom [Rayonkomitee], um einen neuen Weg. Aber Mitja verläßt sie, als sie sich Mutter fühlt. Sie weiß, wie schwer es sein wird, mit einem Kind ihrer Arbeit nachzugehen. Lange zweifelt sie, ob sie es nicht vernichten soll. Doch sie entschließt sich, es zur Welt zu bringen. Nach der Geburt des Kindes beginnt die

eigentliche Tragödie. Man hat, während sie in der Klinik lag, einen Nachfolger auf ihren Posten gesetzt. Das ist für sie ein schwerer Schlag. Denn nur unter größter Mühe hat sie sich ihre Position in der vor ihrem Eintritt ganz heruntergekommenen Zelle geschaffen. Doch ist sie ernsthaft gewillt, auch ihre neue Stellung voll auszufüllen. Sie muß ihr Kind einer Krippe oder einer Freundin zur Pflege anvertrauen, und jeden Morgen, wenn sie sich von ihm trennt, scheint es ihr, als ließe sie ein Stück ihres Herzens zurück. Infolge ihrer Überanstrengung kann sie das Kind nicht richtig nähren. Ihr Körper und ihre Nerven halten den Anforderungen nicht stand. Sie steht vor dem Zusammenbruch. Nur ein Zufall rettet sie, ein tragischer Zufall: der Tod des Kindes. Das ist bezeichnend, denn es beweist, daß dieses Problem in der Sowjetunion in der Tat noch lange nicht gelöst ist. Der Ausgleich zwischen Liebe und Arbeit ist noch nicht gefunden. Gromow, der junge Sekretär des Raykom, spricht die Ansicht des Verfassers aus, wenn er am Schluß sagt: »Dieses Problem ist sehr ernst. An ihm wird man sich noch lange die Köpfe zerbrechen. Man wird auch kaum einen Ausweg finden, solange die allgemeine wirtschaftliche Lage sich nicht verbessert.«
Dieses Fazit ist besonders interessant, weil mir das Buch »Am Wege« ebenso wie das noch zu besprechende »Die Zelle« im Zentralkomitee des Komsomol in Moskau als das Leben der Komsomolzen und die Ansichten des Komsomol besonders deutlich charakterisierend empfohlen wurde.
Das Gegenstück zu Panja ist Polundra, »der erste weibliche Kapitän«, in dem gleichnamigen Roman von Je. Bywalow [Moskau 1931]. Hier ist nichts von den inneren Kämpfen und Widersprüchen zu spüren, in welche die Frau durch die Hingabe an einen Beruf gerät. Hier handelt es sich nur um die *äußeren Schwierigkeiten,* die traditionellerweise dem Eindringen der Frau in Berufe, die man als Domänen des Mannes ansah, entgegengesetzt werden. Polundra, die Waise eines von den Weißen erschlagenen Seemannes, hat es sich in den Kopf gesetzt, Kapitän zu werden, und zur Freude aller Backfische, die das Buch lesen, kämpft sie sich siegreich bis zu diesem Ziele durch. Die Probleme, denen sich Panja gegenübersah, werden in diesem Buch vollkommen ignoriert. Als eiserne Jungfrau wandelt Polundra unbeirrt zwi-

schen den mehr oder weniger bösen Seeleuten ihren Weg. Zur Erkenntnis des heutigen Rußland trägt das Buch nichts bei. Außer gelegentlichen Erinnerungen an die grausamen Weißen und der Sitzung einer Pioniergruppe, die den Vater eines der Pioniere für das Verhalten seinem Kinde gegenüber zur Rechenschaft zieht, findet sich kaum etwas, das auf die heutige Zeit hinweist. Vor allem in dem Verhältnis zwischen dem Kapitän des Schiffes, bei dem Polundra lernt, und seiner Mannschaft ist nichts zu entdecken, was in Widerspruch stünde zu der bekämpften bürgerlichen Welt.

Eine Sonderstellung nimmt das »Tagebuch einer Propagandistin« von Netajew [Moskau 1931] ein. Es wird in dem Vorwort als »erster Versuch einer halbbelletristischen Darstellung *des Lebens und der Arbeit einer Parteischule«* bezeichnet, und sein Wert wird darin gesehen, daß es an die Stelle eines langweiligen Lehrbuchstils eine romanhafte Lebendigkeit setzt. Naturgemäß liegt der ganze Nachdruck auf dem pädagogischen Inhalt. Die junge Lehrerin Anna selbst rückt in die zweite Linie. Dadurch, daß der Verfasser eine Frau und nicht einen Mann zum Träger seiner Ansichten macht, will er wohl zeigen, daß auch eine Frau in der Lage ist, diese Aufgabe zu erfüllen. Im übrigen befaßt er sich jedoch keineswegs mit den für die Frau hieraus erwachsenden Fragen. Er gibt – wie er sagt, auf Grund von Tatsachen – ein sehr anschauliches und eingehendes Bild der Arbeit in einer solchen Fabrikschule, deren Ziel es ist, bewußte, theoretisch erfahrene, opferbereite Klassenkämpfer zu erziehen. Der gesamte Unterricht ist ausschließlich auf die politischen und wirtschaftlichen Fragen des Tages und insbesondere der Fabrik, in der man sich befindet, abgestellt. Besonders interessant sind zum Beispiel die Argumente, mit denen Anna die Rede Stalins vom Frühjahr 1930, in der er die Kollektivierung bremst, den erstaunten und enttäuschten Arbeitern erklärt. Schon nach wenigen Monaten kämpfen die 52 Teilnehmer der Schule (aus einer Gesamtzahl der Arbeiter von 612) in der vordersten Linie, ganz gleich, ob es sich um die Zeichnung der Staatsanleihe, die Erfüllung des Planes oder die Entsendung der 25000 in die Kolchose handelt. Das wichtigste Bestreben Annas ist, ihren Schülern nicht Thesen einzuhämmern, sondern sie durch eigenes Nachdenken zu dem von der Partei bereits vorweggenommenen Ergebnis zu führen. Sie ist auf allen Gebieten so überlegen und sicher, daß sie es sich leisten kann, immer wieder die Kritik ihrer Schüler an der Politik der Partei zu fordern.

Der junge Kommunist

»Die Zelle« von Boris Gorbatow [Moskau/Leningrad 1930] – ich sagte schon, daß mir auch dieses Buch vom ZK des Komsomol empfohlen wurde – schildert den *Kampf des Komsomol um die Seele des jungen Arbeiters* in dem sehr realistisch und gewandt dargestellten Milieu einer kleinen Grubenstadt im Donbass. Das Motto, das von einem Donbass-Dichter stammt – »Hier spielt man Karten, liebt Lenin, liest Marx, trinkt Schnaps!« – gibt treffend die Atmosphäre des Buches wieder. Der Held ist Maxim, der junge Sekretär der Komsomolzelle. »Er gehört zu jenen lustigen und kämpferischen Jungens, von denen wir so viele im Komsomol haben, die flott Fußball spielen, heldenhaft an der Front kämpfen und schneidige Lieder singen. Er gehört zu jenen wissensdurstigen Jungens, die neue Ideen haben, die alles sehen und in sich aufnehmen wollen; zu denen, die man überall hinstellen kann, denen der Komsomol und die Arbeit mehr ist als alles andere. Wenn ein solcher Bursche in die Hölle gerät, so wird er zuallererst feststellen, ob der Satan öffentliche Arbeit übernommen und seinen Mitgliedsbeitrag für den letzten Monat bezahlt hat.«
Maxims Gegenspieler sind sein Bruder Petro und eine Gruppe von Unzufriedenen, die sich bezeichnenderweise von einem jungen Angestellten – in dem Buch »Am Wege« ist der böse Geist ein junger Intellektueller – unter dem Motto: »Wir wollen keine Mönche sein« in Opposition zu der straffen Disziplin der Zelle bringen lassen. Im Mittelpunkt des Buches steht die Verhandlung der Zelle über den Ausschluß von Petro, der durch sein Benehmen den gesamten Komsomol kompromittiert. Kamenew, ein junger Arbeiter, der sich von einem über die Schulter angesehenen Dummerjan zu einem der Führer der Zelle hochgearbeitet hat, hält in dieser Versammlung, die zunächst wenig Neigung zeigt, Petro auszuschließen, eine große und entscheidende Rede:

»Genossen! Petro ist aufgetreten, er hat gesagt, er hätte die Revolution gemacht und uns grüne Jungens genannt. Ja, ich gestehe es ehrlich: Ich war nicht im Feld, ich habe die Revolution nicht gemacht, ich bin ein grüner Junge. Aber ich sage dir, Petro, wenn du auch ein Held der Roten Armee warst, jetzt bist du ein Schuft. Ja, ein Schuft, weil du an unserem Kampf nicht teilnimmst. Als wenn wir jetzt keine Revolution machten! Eine Revolution unseres Hirns, eine Revolution unseres ganzen dunklen Lebens. Ist das leicht? Nein. Sind wir nicht auf allen Seiten von Feinden umgeben? Ich spreche nicht von denen außerhalb unserer Grenzen. Aber gibt es nicht genug Feinde hier in unserer Stadt? Geh einmal durch den Ort, und aus jedem Torweg werden wie Hunde unsere Feinde bellen, Spießer, Säufer, dumme Weiber, Vagabunden, Händler, Popen, Bürokraten, alles Gemeine kriecht hervor zum Kampf gegen uns, zu einem schweren Kampf. Hier heißt's zupacken, Komsomolzen. Eine große Aufgabe ruht auf uns, auf der Jugend, auf den grünen Jungen: Aufbauen!«

Er spricht davon, wie schwer es ist, ein neues Leben zu errichten, wie die harte und ungesunde Arbeit, die Not und Entbehrungen den Kumpel zum Trinken veranlassen. Er spricht von der Verantwortung der Zellen und davon, daß jeder ein Vorbild der anderen sein soll. Und es schien den Komsomolzen, als ströme neues Leben in die grauen Straßen, als verwandelten sie sich in eine Festung. Arbeiterbataillone sind in ihnen verschanzt und führen Krieg, und eines dieser Bataillone ist ihre Zelle. »Daher sage ich«, fuhr er fort, »Pertro ist in diesem Kampf ein Schuft. Statt denen, die nicht in der Partei sind, als Muster zu dienen, führt er ein ausschweifendes Leben. Es ekelt einen, wenn man ihn ansieht. Schaut ihn an: Betrunken, verdreckt. Sieht so ein Komsomolez aus? Ein Schuft bist du, Petro, die Revolution hast du versoffen. Wir ziehen dich zur Rechenschaft. Gib Antwort. Ich frage dich, wenn das an der Front geschehen wäre, welche Strafe hätte man dir auferlegt? Sag aufrichtig, welche? Erschießen!«

Das Thema und die Forderung dieses Buches, die jedem Leser eingehämmert werden sollen, sind: Disziplin ist notwendig, denn jeder Komsomolez muß sich in jedem Augenblick nicht als Einzelindividuum, sondern als Repräsentant des ganzen Komsomol und als Vorbild für die übrige Jugend empfinden.

Im Vorwort heißt es, der Verfasser habe in seinem Buch einige ideologische Fehler begangen. Der wichtigste dürfte sein, daß ein Streik der Bergarbeiter von Maxim nur dadurch überwunden wird, daß er der Zeche gegenüber die Forderungen der Arbeiter – Lohnerhöhung und Entlassung eines Steigers, der einen Pferdejungen geschlagen hat – durchsetzt. Das Buch ist 1930 erschienen. Und es ist anzunehmen, daß es schon 1931 einen solchen Schönheitsfehler nicht mehr aufgewiesen hätte.

In der kurzen Novelle »Poroda« [etwa: »Von gleichem Schrot und Korn«] von A. Isbach [Moskau 1930] ist das Thema: *Der Komsomolez-Sohn und der parteilose Vater.* Alexej, ein junger Arbeiter, wird zur Brotbereitstellung in ein benachbartes Dorf geschickt. Der Vater, Maschinist an einem Dieselmotor, der außer seiner Arbeit und seinem Sohn nichts besitzt, ist empört, daß sein Sohn ihn um des Komsomol willen verläßt. Um seinen Schmerz zu vergessen, lädt er sich Bulkin ein, einen Arbeiter, der aber nicht in der Stadt, sondern auf dem Dorfe – auf demselben, auf dem Alexej arbeitet – lebt und ein Stück Land besitzt. Bulkin schüttet ihm – es ist die Zeit verschärfter Kollektivierung – sein Herz aus, und seine Anklagen gegen die bauernmordende Partei gipfeln in den Worten: »Ich gebe mein Brot nicht her.« Das bringt den alten Maschinisten zur Besinnung: »Er gibt sein Brot nicht her? Wem gibt er das nicht her? Den Arbeitern? So ein Hund! Selbst steht er als Arbeiter an der Maschine und seinen Genossen will er kein Brot geben. Dieser Kulak! Aber Alexej wird ihm das Brot schon nehmen!«

Ein Brief Alexejs an die Parteizelle der Fabrik deckt das Doppelspiel von Bulkin, der im Dorf der heftigste Feind der Kollektivierung ist und in der Fabrik den Arbeiter hervorkehrt, auf. Bulkin wird aus der Fabrik ausgeschlossen und geht der Arbeitsbluse, als ihrer unwürdig, verlustig. Besonders der alte Maschinist setzt sich dafür ein. Gleichzeitig wird eine freiwillige Brigade von 47 Mann gegründet, die in Freistunden einen Traktor für die von Bulkin bekämpfte und schwerringende Kommune zusammensetzt. Auch der alte Maschinist macht mit und wird, als der Älteste, Obmann der Brigade. Sehr plastisch wird die erste Überstunde, die nachts 12 Uhr als »Sturmarbeit« beginnt, beschrieben.

Der fertige Traktor wird mit großer Feierlichkeit ins Dorf gefahren. Und der Augenblick, in dem Alexej als Hauptaktivist der Kommune seinen Vater am Steuer des Traktors erblickt, löscht alle Gegensätze zwischen Vater und Sohn aus. Sie treffen sich auf dem gemeinsamen Boden des »sozialistischen Aufbaus«.

Das auch ins Deutsche übersetzte Tagebuch des Studenten Kostja Rjabzew [»Kostja Rjabzew auf der Universität« von Nikolai Ognjew, Berlin 1929] gibt ein anschauliches Bild des *Moskauer Studentenlebens* in der NEP-Zeit. Manche Schilderungen der Not treffen auch heute noch zu. Vor allem die Wohnungsverhältnisse, davon konnte ich mich persönlich überzeugen, haben sich nicht wesentlich geändert. Ob Studenten noch auf den Boulevardbänken schlafen, weiß ich nicht. Aber ich selbst bin nachts auf den langen Korridoren des Wohnheims über ihre Körper gestiegen.

Außer dem Schreiber des Tagebuches sind noch drei Hauptfiguren bemerkenswert: Viktor Schachow, der eigentlich Schachowskoj heißt und Fürst ist, vertritt die untergehende Klasse und endet im Selbstmord. Sein Tod veranlaßt Rjabzew zu der Überlegung, wie er sich selbst in einer ähnlichen Situation verhalten hätte. Und er beschließt zu kämpfen, da Selbstmord das eigene Eingeständnis der Schwäche sei. »Vielleicht bin ich meinen seelischen Kräften nach gar nicht stark. Aber hinter mir steht die ganze Kraft des Materialismus und Kommunismus, und das gibt mir einen Halt; ich fühle meine Einsamkeit nicht so, wie sie Schachowskoj gefühlt hat.« Dem Lehrer Nikpetosch gelingt es, sich von seiner bürgerlichen Vergangenheit freizumachen, er wird zum Schluß »fliegender Lehrer« auf dem Lande und findet darin volle Befriedigung. Die tragische Gestalt des Partisanen, der sich aus der Ekstase des Bürgerkrieges nicht an den grauen Alltag gewöhnen kann, macht den Verfasser nachdenklich. In seiner Empörung gegen den Alltag verfällt der Partisane auf die sonderbare Idee, eine häßliche kleine Arbeiterin durch seine Aufmerksamkeit glücklich zu machen und mit ihr dem Alltag zu entrinnen. Doch niemand hat hierfür das geringste Verständnis, am wenigsten das Mädchen selbst, das ihn für seine Bemühungen vor Gericht bringt.

Gegen Ende des Buches erfährt Rjabzew, daß Silva, das Mädchen, das ihm am nächsten steht, sich entschlossen hat, einen anderen zu heiraten. Er geht in sich und kommt zu dem Ergebnis, daß er durch die Passivität seines Wesens das eigentliche Leben, das heißt den Anschluß an das Kollektiv, in dem er steht, in diesem Falle die Hochschule, verpaßt hat und daß Silva deswegen ihn verläßt. Er beschließt:

»Sie hat sich von mir abgewandt, weil ich nicht aktiv war, weil ich mich in dem großen Hochschulkollektiv verloren fühlte. So geht das nicht mehr weiter. Ich muß mich zusammenreißen. Das Leben ging an mir vorüber, während ich in meinem Tagebuch mich Selbstbetrachtungen hingab ... So ein Quatsch! Ich muß arbeiten, nicht beobachten. Kämpfen und nicht fassungslos herumirren. Nicht die Nerven verlieren wegen so'ner Kleinigkeit wie der fehlenden Unterkunft.

Solchen Kleinigkeiten muß man mit der Faust in die Fresse fahren, dann erobert man das Leben, zum Teufel mit allen Verfallsstimmungen!

Ich will an mir, am Leben arbeiten. Ich will aufbauen gemeinsam mit den anderen und nicht bloß beobachten. Bei Puschkin wird Dubrowskij Räuber, als Mascha ihm sagt, daß sie die Frau des Fürsten Werejskij ist. Das tut er aber nur, weil er keine andere Verwendung für seine Energie hat. Ich aber habe Verwendung: Wissenschaft! Sozialismus! Kampf!«

Das Geheimnis der Bolschewiki, mit dem sie die aktivsten Kräfte der russischen Jugend, die Kräfte, auf die es in Zeiten der Revolution ankommt, für ihre Ideen gewinnen, ja, sie zu den eigentlichen Trägern dieser Ideen machen, liegt, wie ich glaube, eben darin, daß sie der Jugend immer wieder sagen: »Auf dich kommt es an!« und daß sie ihr konkrete und große Aufgaben stellen, an denen sie ihre Energien einsetzen muß.

Der Bürgerkrieg

Neben den Fragen des sozialistischen Aufbaus, der neuen Moral, der kulturellen Arbeit ist es vor allen Dingen der Bürgerkrieg, der Kriegskommunismus, der in den Romanen der Jugend immer wieder geschildert wird. Die Verherrlichung der Treue, der Unerschrockenheit, der spartanischen Einfachheit der Lebenshaltung, der Opferbereitschaft soll auch die jetzt heranwachsende Generation, die den Bürgerkrieg nur als Objekt erlebt hat, zu dem Entschluß veranlassen, dieselben Tugenden auch im Kampf um die neue Wirtschaftsordnung zu bewahren. Das bekannteste dieser Bücher ist das auch in Deutschland erschienene »Erste Mädel« von Nikolai Bogdanow [Berlin 1931]. Es ist die Geschichte von Sanja, die als das erste Mädchen dem Komsomol beitritt und die als proletarische Jungfrau von Orleans ihren kämpfenden Kameraden das Banner voranträgt. Der eigentliche Held des Buches aber ist Sergej, der in seinem Tagebuch die Ereignisse in anspruchsloser und oft humorvoller, äußerst eindringlicher Form schildert. Obgleich er sich neben den anderen Figuren seiner Erzählung, vor allen Dingen neben Sanja und den verschiedenen Führern des Komsomol, völlig in den Hintergrund schiebt, ist es doch die Entwicklung dieses einfachen, anständigen und starken Menschen, die den Leser am tiefsten berührt. Sehr plastisch, aber ohne alle großen Worte schildert er das Leben erst im Ort und dann in einer Kleinstadt in der *Epoche des Bürgerkrieges*. Gewalttat, Raub, Mord, Korruption sind an der Tagesordnung. Und dazwischen steht, eifrig und manchmal entscheidend an allen Kämpfen beteiligt, der Komsomol. Mit wenigen Strichen, mit kleinen Bemerkungen zeichnet der Dichter die Not jener Zeit. Nach einem Essen, zu dem heimlich die Lebensmittel beschafft waren, schreibt Sergej: »Und dann gab es noch so etwas wie Butter, aber das war keine Butter, wie ich später erfuhr, sondern Käse.« Es wird nichts beschönigt, wirkliche Menschen, keine Idealgestalten leben in diesem Buch. Sanja selbst, die bewunderte und geliebte Heroine, versagt. Sie ist nicht stark genug, die freie Liebe so, wie sie sie sich denkt, durchzuführen. Sie verliert jeden Halt und wird, als sie von einer Anzahl Jungens, die durch sie krank geworden sind, öffentlich entehrt und geprügelt werden soll, von Sergej, der sie am meisten liebte, erschossen, um sie und den Komsomol vor dieser Schande zu bewahren.

Ein ähnlich lebendiges Bild, unterstützt durch zahlreiche sehr gute Zeichnungen, geben die Skizzen, aus denen der Roman »Die ersten Bataillone« [Moskau/Leningrad 1931] besteht. Der Verfasser W. Sorokin, ist selbst einer der Hauptbeteiligten aus der

Entstehungszeit des Komsomol in Leningrad, und er schildert die Ereignisse aus den Jahren 1917 bis 1922. In einem Vorwort wendet er sich an die älteren Mitglieder des Komsomol – die »Alten Herren« würden wir sagen – und fordert, daß sie die Erinnerungen jener schweren, aber heroischen Zeit pflegen und der nachwachsenden Generation vor Augen halten. In sehr lebendigen Skizzen, denen man jedoch wohl anmerkt, daß sie in großer Eile niedergeschrieben sind, wird das langsame, aber stetige Wachsen des Leningrader Komsomol von einer kleinen Gruppe zu einer Massenorganisation geschildert. Die Herausgabe der ersten Zeitungen, der Kampf um ein Heim, die Erbeutung eines Kinoapparates, der Mangel an Beleuchtung, Kohle und Lebensmitteln, die militärische Ausbildung und die durchaus militaristische Einstellung der jungen Leute ihr gegenüber, der Angriff von Judenitsch und der Drang der Komosomolzen zur Mobilisierung, ihre Angst, als zu jung abgewiesen zu werden, die vergeblichen Versuche, an der Front die Rotarmisten politisch aufzuklären, die Eroberung von Kronstadt, das ganze improvisierte Zusammenleben und das daraus entstehende starke Gemeinschaftsgefühl, das Aufkommen des NEP, mit dem ersten Besuch in einem Café und der unvermeidlichen Frage »Ist das ethisch?«, alles das wird lebendig dargestellt. Interessant ist vor allem der Eindruck, den Lenins Auftreten bei der III. Komsomol-Konferenz hervorruft. Seine nüchterne Art, seine damals unverständlich und unzeitgemäß klingende Forderung: »Lernen, lernen, lernen!« enttäuschte die begeisterungsgierige Jugend und wurde erst Jahre später von ihr gewürdigt. Bezeichnend ist die witzige Definition der Demokratie: »Demokratie – das ist ein unkomsomolisches Wort. Man versteht darunter folgendes: ›Also, wer ist für meinen Vorschlag, die Unterrichtsstunde auf den Mittwoch zu legen? Hebt die Hände! Gut! Gegenprobe! ... Was? ... Warum bist du dagegen, du, Wanjka, mach keinen Blödsinn, sag, warum du dagegen bist.‹ – ›Ich bin nicht einverstanden, man muß ...‹ – ›Die Mehrheit hat angenommen und du, Hühnerhirn, warum hast du deine Hand heruntergelassen, weißt du nicht, daß am Donnerstag keine Zeit ist? Was, du weißt das nicht? Dann sitz gefälligst still! Also wer ist dagegen? Niemand, einstimmig angenommen!‹«

Immer wieder spürt man aus den Worten des Verfassers, daß er etwas resigniert der Entwicklung, die so ganz vom Heroischen ins Wirtschaftliche übergeschlagen hat, gegenübersteht und daß es ihm nicht ganz leichtfällt, sich mit der neuen Zeit abzufinden.

Wenn man die Ansicht, daß der sowjetrussische Jugendroman in erster Linie pädagogische Zwecke verfolgt, gelten läßt, dann kann in der Tat die Kenntnis dieser acht Bücher als ein Beitrag zu der eingangs gestellten Frage nach der Jugend angesehen werden. Es wäre zwar falsch, zu sagen: So, wie sie hier dargestellt wird, *ist* die russische Jugend. Man muß an Stelle des Präsens der Schilderung den Optativ wählen: So *soll* sie sein. Man wird vor allem von den in diesen Romanen besonders betonten Charakterzügen annehmen dürfen, daß sie im Wesen des jungen Rußland noch am stärksten fehlen. Eine ganze Anzahl von Fragen ist in dieser Literatur überhaupt nicht zur Diskussion gestellt, weil sie eben für breite Schichten dieser Jugend gar kein Problem mehr sind – die Fragen: Wie stehst du zum Kommunismus? Zum Eigentum? Zur alten Religion? Mit um so intensiverem Nachdruck widmen sich die Verfasser den beiden großen Problemen der Disziplin und Moral. Die Sowjetunion befindet sich noch in der Liquidation der im Gefolge der Revolution eingerissenen, ja geförderten Zügellosigkeit auf beiden Gebieten, und dieser Kampf um *Ordnung* drückt der heutigen Erziehung der russischen Jugend sehr stark seinen Stempel auf. Ein reges geistiges Leben in unserem Sinne findet man bei ihr – in diesen Romanen und in Wirklichkeit – trotz ausverkaufter Theater nur selten; die schwere Not, der Mangel an vielen uns selbstverständlich erscheinenden Gütern, die Intensität und Vergötterung des wirtschaftlichen Aufbaus erfüllt die Menschen, vor allem die Jugend, vollkommen, und es ist in diesem Stadium schwer vorauszusagen, was übrig bleibt, wenn eines Tages der heute alle beherrschende wirtschaftliche Druck fortfällt. Es stimmt nachdenklich, wenn man in »Am Wege« liest, wie glücklich sich eine Freundin Panjas, eine junge Komsomolzin, in den Versammlungen einer Sekte fühlte und wie vieles ihr in dem Verhalten der Menschen untereinander dort besser gefiel als in der Komsomolzelle.

Die Leiden des jungen Werther in Rußland

›Gete VI‹

In dem Abteil, das ich betrat, um es für zweimal 24 Stunden zu bewohnen, saß ein junger Russe am Fenster und las. Sehr eifrig, denn er erwiderte meinen Gruß ohne aufzublicken. Ich hängte meine Lederjacke an einen Haken, holte einige Zeitungen aus dem Rucksack und machte es mir ihm gegenüber bequem. Er war völlig versunken in seine Lektüre. »Gete VI« stand auf dem Umschlag seines Buches, zu deutsch »Goethe, Band VI« (die Russen haben kein ö). Ob der Zug fuhr oder auf kleinen Steppenstationen hielt, er schaute nicht auf und las weiter mit vor Teilnahme glänzenden Augen. **1935**

Es begann schon zu dunkeln, als er das Buch zuschlug, einen Augenblick in den rötlichen Abend hinausblickte und dann zu mir zu sprechen begann: »Wunderbar, welche Sprache! Wieviel Gefühl! Davon sollten unsere Genossen Schriftsteller lernen. Das ist wahre Kunst, hol's der Teufel! Wieviel verwandte Saiten hat es in mir schmerzhaft und süß berührt. Ein herrliches Werk!«

»Moment mal«, unterbrach ich, »was haben Sie da eigentlich gelesen?« – Er reichte mir das Buch herüber. Ich schlug es auf: *»Stradanija molodogo Wertera«* (Die Leiden des jungen Werther). Ich tat, als kannte ich es nicht, und erkundigte mich, was denn daran besonderes sei.

»O, hören Sie zu! Hier zum Beispiel. (Er las mir mit erregter Stimme die Szene, in welcher Werther Lotte aus Ossian vorliest.) Jetzt das Schönste. (Und er las Werthers letzten Brief vor seinem Tode.) »Ich muß ja zugeben« – fuhr er fort – »es gibt Dinge in dem Buch, die uns heute unbegreiflich sind. Die ganze Haltung Werthers in der Frage. Unsereiner würde doch seiner verheirateten Geliebten sagen: ›Entweder du läßt dich scheiden, oder ich haue ab‹. Na, und dann natürlich ganz unverzeihlich, einfach verrückt: der Selbstmord. So etwas kann man sich heute nicht mehr vorstellen. Aber – ganz egal, das Buch ist hinreißend schön. Ich muß noch mehr lesen von dem alten Gete. Früher, das will ich ehrlich gestehen, habe ich vom schöngeistigen Leben nicht viel gehalten. Mein Vater war kleiner Dorfschmied. Ich arbeitete schon als Fünfzehnjähriger – jetzt bin ich 28 – in einer benachbarten Fabrik. Dann bekamen wir eine Abend-Arbeiterfakultät in unser Städtchen, und ich lernte. Später absolvierte ich ein Technikum und bekam ein Stipendium für eine technische Hochschule. Da kam ich natürlich zu nichts außer zu technischen Büchern; auch in den ersten Jahren als Ingenieur hatte ich wenig Zeit. Erst im letzten Jahr habe ich angefangen zu lesen, unsystematisch, was mir gerade unter die Finger kam. Dann merkte ich, daß das nichts ist, daß man sich nach einem Plan bilden muß. Ich trat dem literarischen Kreis in unserem Stahlwerk bei. Dort haben wir uns eingehend mit dem Moskauer Schriftstellerkongreß beschäftigt, und das hat mir erst die Augen geöffnet. Ich setzte mich hinter die Klassiker. Darum nahm ich mir jetzt auch den einzigen Geteband, den ich auftreiben konnte, mit auf die Reise. Die fünf Rubel haben sich gelohnt. Vielleicht gelingt es, in Moskau noch andere Bände zu kaufen. Es soll da vor allem eine tolle Sache von dem Gete geben, die Bucharin auf dem Schriftstellerkongreß ›den höchsten Typ der Dichtung‹ nannte – Faust.« Wir unterhielten uns noch bis in die Morgenstunden.

Kulturelle Wandlungen

Der kollektive Charakter des Russen zeigt sich deutlich in der wellenmäßigen Form der Entwicklung. Wie oft ist mir in den letzten Monaten von Russen ihr Weg zur kulturellen Betätigung und Bildung fast mit denselben Worten wie von dem jungen, Goethe lesenden Ingenieur beschrieben worden. Und fast immer mit dem Zusatz: »vor einem Jahr, höchstens vor zwei oder drei Jahren«. Erst in der jüngsten Entwicklung der Sowjetunion ist das Wort *kulturno* eine der wichtigsten Losungen geworden. Im Juli 1932 hat der Führer der Jungkommunisten, Kossarew, dem sechs Millionen Komsomolzen, sechseinhalb Millionen »Pioniere« und zweieinhalb Millionen »Oktoberkinder« unterstehen, auf einer Komsomol-Tagung die Parole ausgegeben: *Kulturell leben – rationell arbeiten.* Bis dahin hatte der Nachdruck aller Losungen auf »arbeiten« gelegen. Alles, was nicht Arbeit war, galt nicht, und es gehörte sich nicht, daß man sich damit befaßte. Belletristik oder gar Lyrik an sich waren nichts Gutes und nur dann zu bejahen, wenn sie gleichzeitig politische Aufgaben erfüll-

ten. Der Tanz wurde abgelehnt, das Theater von Tendenz überschwemmt. Die Schule diente der praktischen Vorbereitung auf einen bestimmten Beruf. Schon die Mittel-, erst recht die Hochschulen wurden eng spezialisiert. Allgemeinbildung – darüber lachte man. Von Kultur sprach man viel, aber man verstand darunter: Zähneputzen, Händewaschen, Zimmer lüften.
Allmählich setzte allgemeine Erschöpfung ein. Die ersten Jahre des Fünfjahrplans hatten gewaltige Nervenkräfte verschlungen. Stimmungsmäßig war der Höhepunkt 1931 erreicht. Der Enthusiasmus sackte ab. Man mußte jetzt den Menschen mehr als bloß Arbeit geben. Also »kulturell leben«. Auf einem Gebiet nach dem andern ändern sich die Anschauungen. Mit Tanzen fing es an: im ersten Stadium nach der Revolution, als man an den inzwischen aus der Mode gekommenen »Proletkult« glaubte, hatte man versucht, sogenannte »Industrietänze« und ähnliche dem neuen Zeitalter entsprechende Dinge einzuführen, und Schiffbruch erlitten. Die erste Konzession waren die Volkstänze, dann kamen die alten Paartänze wie Walzer wieder auf, vor zwei Jahren die modernen westlichen Tänze und im Augenblick ist Rumba das Nonplusultra.
Wesentlicher sind die Wandlungen auf anderen Gebieten, vor allem dem der Schule. Schritt für Schritt wurde die ursprünglich als große Neuerung eingeführte Einseitigkeit wieder aufgehoben, die Allgemeinbildung in immer stärkerem Maße berücksichtigt. Ein Erlaß vom 23. April 1934 verbot sogar, mit den Schülern der unteren Klassen marxistisch-leninistische Theorien durchzuarbeiten und die Schüler überhaupt mit politischen Aufgaben zu überlasten. Ein Erlaß vom 17. Mai führte nach langer Pause wieder Geschichtsunterricht in den Schulen ein. Natürlich werden in der seit dem Sommer in 15000 Exemplaren erscheinenden Zeitschrift »Geschichte in der Mittelschule« die Anweisungen für den Geschichtsunterricht rein vom materialistischen Standpunkt gegeben. Da wird etwa beim Thema »Peloponnesischer Krieg« als Ziel des Unterrichts genannt, »den Schülern den Peloponnesischen Krieg als einen Krieg zu zeigen, der im Interesse der Sklavenbesitzer und zum Schaden der werktätigen Massen Griechenlands geführt wurde«. Und trotzdem, den Kindern werden neue Welten geöffnet, und die stürzen sich begierig darauf.

Duell im Kolonnensaal

Das entscheidende Ereignis in dieser Entwicklung war der *I. Sowjet-Schriftsteller-Kongreß,* der im August 1934 im Kolonnensaal des »Hauses der Verbände« in Moskau stattfand und der im Grunde genommen eine Auseinandersetzung über das *Verhältnis von Revolution und Kultur* darstellte, wie es mit besonderer Deutlichkeit aus dem scharfen Rededuell über die Lyrik zutage trat. Bis in die jüngste Zeit hinein hatte man von der Partei aus den nichtkommunistischen, aber Weltruf besitzenden russischen Schriftstellern gegenüber (wie Alexej Tolstoi, der sogar einige Zeit in der Emigration gewesen war, Wsewolod Iwanow, Konstantin Fedin, Pasternak usw.) mit Skepsis, ja Verdacht gegenübergestanden, während man die »hundertprozentigen«, proletarischen, revolutionären Dichter wie den traditionellen »Hofpoeten« des Kreml, Demjan Bednyj, und den Nachfolger des großen Majakowskij, Besymenskij, in den Himmel hob.

Bucharin, der sich interessanterweise darauf berufen konnte, daß sein Referatsmanuskript allerhöchste Billigung gefunden habe, zog unter diese Entwicklung einen entschiedenen Strich. Er erklärte in aller Deutlichkeit, Demjan Bednyj und Besymenskij seien veraltet, was sie brächten, sei weniger Kunst als ein rhythmisches Zusammenkoppeln von Losungen, als reine Agitation. Bucharin verlangte, man müsse die Sowjetliteratur am Weltmaßstab zu messen den Mut haben und dann ihr »furchtbar niedriges Niveau« feststellen. Ja, er scheute sich nicht, den römischen Spruch zu zitieren *poetae nascuntur,* zum Dichter muß man geboren sein, während man bisher geglaubt hatte, Parteimann zu sein und einige Spezialkurse in einer Arbeiterfakultät genügten. Aber nicht genug damit. Indem er die gefeierten und in Millionenauflagen gedruckten Revolutionsdichter zum alten Eisen warf, setzte er den Lorbeer aufs Haupt der drei Dichter Pasternak, Selwinskij (der übrigens in einem römisch-katholischen Kloster aufgezogen worden war) und Tichonow. Vor allem die beiden ersteren sind bisher nur von einem kleinen Kreis von Feinschmeckern anerkannt worden.

Kein Wunder, daß die Front der beleidigten Revolutionshelden Bucharin wütend entgegentrat. Sie erklärten, er suche in ihnen die *proletarische Literatur zu liquidieren* und an ihrer Stelle die Schreiberlinge intimer lyrischer Verslein herauszuheben. Aber es half ihnen nichts. In der Volksmeinung ist, auch wenn der literarische Fachstreit noch lange weiter dauern wird, die Entscheidung schon zu ihren Ungunsten gefallen. Die Tagung war ein Bekenntnis zu Qualität und Form, während bisher der Inhalt allein den Ausschlag gegeben hatte. Vor allem auch ein Bekenntnis zu den Klassikern, deren Bilder ... die Wände des Kolonnensaales schmückten und deren Werke trotz Riesenauflagen noch viel schwerer zu beschaffen sind als die der Zeitgenossen.

Um zu beurteilen, was in der Sowjetunion aus der Mode kommt, braucht man nur zu beobachten, worüber offiziell Witze gemacht werden. Während man bis vor kurzem den Selfmade-Dichter, den »Mann von der Werkbank« am höchsten gepriesen hatte, brachten die bekannten Humoristen, Brüder Tur, kürzlich ein lustiges Feuilleton, in welchem sie beschrieben, was für Leute sich alles in den neuen Sowjetschriftsteller-Verband beworben hatten: Verfasser von Schwimmlehrbüchern und ähnliche Typen und einer darunter, der sich brüstet, »die neuen Menschen, die Erbauer der Untergrundbahn, die Stoßarbeiter des zweiten Fünfjahrplans« zu schildern, und den man sicher vor ein paar Jahren gehörig gefeiert hätte, den man aber heute auslacht, weil er nicht einmal orthographisch richtig schreiben kann.

Eine Riesenrolle hatte bisher der sogenannte *»soziale Auftrag«* gespielt. Er gab jedem Trust und Fabrikleiter das Recht, Dichter zur Besingung des Lokomotivbaus oder der Zuckerindustrie zu mobilisieren oder vom wirtschaftlichen und politischen »Fachstandpunkt« solange an den Arbeiten der Schriftsteller herumzuändern, bis überhaupt nichts mehr von ihnen blieb. Eine ganze Generation von Dichtern ist auf diese Weise herangezüchtet worden, deren literarische Produktion – so ulkte ein anderer Satiriker – folgende klangvolle Namen hätte: »Im Kampf um die Konserven« (für den Nahrungsmitteltrust), »Die Sojabohne rettete« (für das Soja-Institut), »Die lustige Urnenhalle« (für den Friedhofs-Verband) usw.

Indem man mit all diesen und vielen ähnlichen Verirrungen früherer Jahre aufräumt, sucht man den Weg freizumachen für eine weniger politische, aber dafür künstlerische Literatur.

Kulturelle Differenzierung

Es ist nötig, sich demnächst ausführlich mit der immer deutlicher werdenden *sozialen Differenzierung* im russischen Volk zu beschäftigen. In diesem Zusammenhang aber gilt es darauf aufmerksam zu machen, daß in den kulturellen Wandlungen, von denen die Rede war, vor allem in der *Bildung einer neuen Intelligenz*, in einer Neufassung des Bildungsbegriffes, eine starke *kulturelle Differenzierung* zutage tritt. Wenn man hier auch mit Recht gesagt hat, durch das starke Interesse des ganzen Landes am Kongreß zum Beispiel habe in Wirklichkeit an ihm der Leser selbst teilgenommen, so darf man nicht übersehen, daß das doch nur auf einen kleinen Bruchteil des 165-Millionen-Volkes zutrifft und daß die überwiegende Masse der Bevölkerung nicht in der Lage ist, sich aus der bitteren Not des Alltags und dem schweren Druck der Sorgen zu einer wahren Beteiligung an künstlerischen Fragen aufzuschwingen.

Es ist im Grunde derselbe Personenkreis, der an dem kulturellen Leben des Landes und an den Vorteilen des wirtschaftlichen Fortschritts der letzten Jahre teilhat. Es ist der Kreis der *»Aktivisten«*, die – sei es durch ihre Zugehörigkeit zur Partei, sei es durch ihre führende Stellung im wirtschaftlichen und kulturellen Leben – die äußeren und inneren Möglichkeiten haben, ein in jeder Beziehung reicheres Leben als die Masse der Bevölkerung zu führen. Ein mir bekannter junger Arbeiter, dessen Entwicklung ich seit zwei Jahren verfolge und der gleichzeitig erster »Stoßarbeiter« seines Betriebs, bekannter Segelflieger und Langstreckenläufer, Musikstudent, Sänger im Chor der Großen Oper und Organisator eines »Kulturkreises« in seiner Fabrik ist, ist ein, wenn auch überdurchschnittlicher Typ dieser neu sich bildenden Oberschicht. Daß bei ihm und bei Millionen seinesgleichen eine durch stärkere Arbeitsintensität erreichte höhere Entlohnung zusammenfällt mit einem gehobeneren und rasch weiter wachsenden kulturellen Niveau, vertieft in vielen Fällen die *Kluft zwischen Oberschicht und Masse*. Die Zahl der Angehörigen dieser Oberschicht, die gleichzeitig die *Trägerin des Regimes* ist, nimmt zu. Für die weitere Entwicklung der Sowjetunion ist sehr wesentlich, was schneller wächst: ihr Prozentsatz innerhalb der Bevölkerung oder das Tempo ihrer Entfernung von der Masse.

Tendenzen Mitte der dreißiger Jahre

Das nachstehende Kapitel faßt einige Aufsätze zusammen, die bezeichnende Tendenzen in der Sowjetunion der dreißiger Jahre zum Thema haben. So war Mehnert einer der ersten, der auf das Wiedererwachen des Patriotismus hinwies, ebenso auf den Appell an die Konsumgesinnung des Sowjetbürgers und auf erste Anzeichen der Prostitution. Nicht minder typisch für die damalige Entwicklung ist die »Amnestie« des Tannenbaums.

Zum zweiten Beitrag ist noch zu bemerken, daß das Schiff »Tscheljuskin« – benannt nach einem russischen Kapitän des 18. Jahrhunderts – 1933 die Aufgabe erhielt, in einer Navigationsperiode von Murmansk bis Wladiwostok zu kommen. Das Vorhaben mißlang; das Schiff geriet in der Bering-Straße ins Packeis, wurde dann in die Tschuktschen-See abgetrieben und schließlich 1934 vom Eis zerdrückt. Die Besatzung stieg auf eine Eisscholle, von wo aus sie mit Flugzeugen gerettet werden konnte.

Der im November 1935 erschienene Aufsatz »Die GPU baut Kanäle« – erstaunlich, daß Mehnert die Baustelle besuchen und darüber schreiben konnte – »führte«, so erläutert Mehnert, »einige Wochen später zur Weisung des Goebbelsschen ›Ministeriums für Volksaufklärung und Propaganda‹ an die drei Zeitungen [für die er in Moskau tätig war], sie dürften nichts mehr aus Mehnerts Feder drucken, weil die in jenem Aufsatz berichteten Zahlen über Erdbewegungen beim Bau des Moskwa-Kanals größer seien als die, welche Berlin über die Arbeiten an Hitlers Autobahnen publik gemacht hatte; dies sei eine Verunglimpfung des Dritten Reiches.«

Zwar erschienen nach dieser Weisung noch einige Aufsätze Mehnerts, doch war ihm damit die Existenzgrundlage entzogen. Seine Moskauer Zeit ging im Januar 1936 zu Ende.

Eine vielsagende Parole: Wohlhabenheit

Moskau, Ende Juli [1934]

1934 Als im vergangenen Jahr in Moskau die Partei gesäubert wurde, fand ich im Gorkij-Park einige Buden aufgeschlagen. Dort konnte jeder, der es wollte, sich probeweise examinieren lassen über seine Kenntnisse im »Politischen Abc« und in laufenden politischen Fragen, wie sie ihm später bei der Säuberungsprüfung vorgelegt wurden. Spaßeshalber beteiligte ich mich auch, ohne mich als Ausländer zu erkennen zu geben. Alles ging gut, nur in einem Punkt versagte ich völlig: Ich wußte nichts Ordentliches zu sagen über die politische Bedeutung des Wortes *Sashitotschnost* (Wohlhabenheit), das kurz vorher von Stalin als Ziel proklamiert worden war. Wohlhabenheit, dachte ich, was soll das im Lande der proletarischen Diktatur? Nun, heute könnte mir das nicht mehr passieren. Heute ist die Rolle dieses Stimulus »Wohlhabenheit« im Leben der Sowjetunion überall mit Händen zu greifen. Wohlhabenheit als Ziel, als Möglichkeit und als Form und – da die Wohlhabenheit zunächst nur verhältnismäßig wenigen zugänglich ist – fortschreitende Differenzierung ... scheinen mir, da ich Moskau nach zehn Monaten wiedersehe, geradezu ein Charakteristikum der gegenwärtigen Epoche der russischen Revolution zu sein.

Russenblusen im Metropol

Ich sitze auf der Kaffeeterrasse im »Metropol«. Vor einigen Jahren waren die paar Ausländerhotels mit ihrer wiederaufgefrischten Vorkriegseleganz im Jugendstil einsame europäisch-bourgeoise Inseln im proletarisch-revolutionären Moskau. Die jungen Russen zuckten spöttisch die Achseln, wenn wir vorüberkamen; hereinzugehen – auf diese Idee wäre keiner gekommen. Nur einmal war ich mit einer jungen Russin dort, die einen verstohlenen Blick in diese verderbte Welt werfen wollte.
Heute ist das »Metropol« – ohne sich deswegen gewandelt zu haben – durchaus ein Teil Moskaus geworden und fällt nicht weiter sehr aus dem Rahmen. Wohl schwirren auch jetzt ausländische Laute durch den Raum – das breite Englisch des Amerika-

ners herrscht vor –, aber die überwiegende Mehrzahl der Gäste sind Russen. Morgen ist Freier Tag (nach Abschaffung des Sonntags ist jeder 6., 12., 18. usw. des Monats frei), man kann sich ausschlafen, und das wird gefeiert. Der Theaterplatz ist mit riesigen Scheinwerfern hell erleuchtet. Zahlreiche Autos halten vor dem Hotelportal. Einige gehören Ausländern, sie sind kenntlich am Wimpel. Aber den meisten – eleganten Lincoln-Limousinen und sehr vielen russischen Fords – entsteigen Russen. Kommandeure der Roten Armee in Uniform, die Zivilisten wohl Wirtschaftsführer, Fabrikdirektoren, Beamte, Künstler, auch jüngere Leute. Sehr viele mit Damen. Purpurne Kirschenmäulchen leuchten durch den Sommerabend. Der Geruch schweren Parfüms liegt in der Luft.

Im großen Saal spielt das Orchester mit heulenden Saxophonlauten amerikanischen Jazz. Nur moderne, westliche Tänze, die noch vor zwei Jahren dem Russen ein anstoßerregendes Greuel waren. Heute preisen sich in Moskau mehrere »Schulen westlicher Tänze« an, und das Blatt der Roten Armee schlug vor ein paar Tagen Krach, weil es so weit gekommen war, daß im Heer einem Parteifunktionär die Erteilung von Tanzstunden als Parteipflichtarbeit übertragen worden war. Die Tanzfläche ist so voll, daß man sich kaum rühren kann. Viele Russenblusen und Uniformen sind auf dem Parkett. Zwischen den Tischen, auf denen eine Menge Alkohol steht, huschen weißgekleidete Kellner, die in einem Trinkgeld keine Beleidigung sehen. Mädchen verkaufen Blumen für drei Rubel das Stück. Aus der Bar schallt Gelächter, Barmädchen sitzen auf hohen Stühlen.

Aljonas Liebe

Wir waren vorher im Kino. In den meisten Lichtspielhäusern wird »Aljonas Liebe« gegeben. Von der großen Tradition der Russenfilme ist hier nichts zu finden. Ein plattes Lustspiel mit derber Komik, auch technisch nur mäßig. Hollywood mit proletarischem Milieu.

Aber man amüsiert sich. Immerhin, auf daß die Moral nicht fehle: Weil sich Aljona auf Grund eines unverständlichen Mißverständnisses von ihrem Mann verschmäht glaubt (und nicht etwa aus anderen, nobleren Motiven), läßt sie ihre Wut an dem Dreck der Baracke aus, in der sie und die anderen Arbeiterfamilien wohnen. Ihr Eifer steckt alle an. Die Baracke, die erst einem Schweinestall glich, wird in eine Musterbaracke verwandelt, und zur Belohnung dürfen alle in einen Neubau ziehen. *Sashitotschnost!*

Nun, warum soll in Rußland nicht auch einmal ein mittelmäßiger Film gedreht werden, das wäre an sich nicht schlimm. Bedenklich wird es aber, wenn man in der Besprechung des Films in dem Regierungsorgan »Iswestija« eine sehr zufriedene Kritik findet. Der Film sei eine wahre Komödie, er zeige, wie das russische Leben einen Inhalt bekommen habe und sich mit Freude und Lust fülle. Sehr mäßig sind auch die beiden neuen Filme »Tunnel« mit dem schon zur Schablone herabgesunkenen Kampf um die Erfüllung der Produktionsaufgaben und »Ein wahrer Kaukasier«, ein ausgesprochener süßlicher Schmarren.

Was ist sonst auf den Moskauer Bühnen geboten? Von den Plakatwänden locken: »Veilchen vom Montmartre«:, »Zigeunerbaron«, »Fledermaus«, »Bettelstudent«, »Geisha«, »Maskotte«, »Karnevalsglocken«. Freilich, es ist keine Theatersaison, und ein paar Sommerbühnen spielen auch einige neue Sowjetlustspiele, wie das harmlose »Fremde Kind« und den ausgezeichneten »Weg der Blumen« von Katajew, dem talentvollen Dichter der auch in Deutschland aufgeführten »Quadratur des Kreises«. Aber das Gesamtbild ist wahrlich nicht revolutionär. Außerdem kann man in den Zirkus gehen oder zu Pferderennen, in ein kitschiges jiddisches Operettengastspiel, in Varietés oder zu Boxkämpfen.

Der wackere Zar

Wir unsererseits haben den Nachmittag im Theater für Kinder im Gorkij-Park verbracht. Man gab das »Märchen vom Zar Saltan«. Wunderbar, ein vollendeter Zusammenklang von Bühnenbild, Spiel und Musik, dabei mit denkbar einfachen Mitteln. Die den Saal bis zum Rande füllenden Kinder und wir als einzige Erwachsene waren gleichermaßen begeistert. Immer wieder wurde ich erinnert an das Märchenspiel vom »Blauen Vogel«, das ich als kleiner Junge im Vorkriegsmoskau gesehen hatte. Und

ich war überrascht, im heutigen Moskau ein Sujet zu finden wie dieses Märchen von der guten Zarin im herrlichen Schloß, dem strahlenden Prinzen und der wunderschönen Prinzessin-Schwan. Die bösen Schwestern der Zarin wollen sie verderben, aber schließlich kommt alles an den Tag, und der wackere Zar, der zwar ein wenig trottelig, aber durchaus sympathisch ist, schließt seine Familie gerührt in die Arme.
Vor ein paar Jahren hätte man den Moskauer Kindern eine so konterrevolutionäre Geschichte nicht vorgeführt. Daß man es heute tut, ist politisch ein Zeichen von Stärke, aber geistig von mangelnder Schöpferkraft.

Gips und Vollmond

In dem riesigen, Zehntausende fassenden, das Leben des Volkes widerspiegelnden Gorkij-Park bin ich immer gern. In diesem Jahr ist er ausgezeichnet gepflegt und noch besuchter als früher. Ich wollte meiner Frau die Allee der Stoßarbeiter zeigen, die vor zwei Jahren errichtet worden war und die Büsten besonders hervorragender Arbeiter enthielt. Aber ich fand sie nicht mehr. Dafür sahen wir als eine neue Errungenschaft eine Reihe von Kopien griechischer Statuen im Park aufgestellt. Die Kunst dem Volke.
In dieser Form ist das sehr zu begrüßen, was man aber nicht behaupten kann, wenn man die Kunstabteilung des Mostorg, des riesigen Warenhauses neben dem Großen Theater, betrachtet. Ich wende nichts dagegen ein, daß man in der dortigen Gipsabteilung die Büsten von Sokrates, Klara Zetkin, Venus und Stalin friedlich beisammen findet. Aber man wird stutzig, wenn man sieht, wovon sich sonst die Fächer biegen: Tintenfässer mit Löwen aus Gips, Amor und Psyche, sich innig umarmend, bemalte Statuetten italienischer Knaben und Gänsemädchen, Wandteller mit romantischen Landschaften voll Ruinen und Burgen in leuchtenden Farben. Und erst die Gemälde. Da gibt es Liebesszenen mit Gitarre, Blumensträuße auf Glas, brünstige Hirsche, Stilleben mit zwei Handvoll Pilzen für 125 Rubel, und Vollmonde, Vollmonde, Vollmonde – ich habe insgesamt 17 Landschaften aus allen vier Jahreszeiten mit blutig roten oder gespen-

stisch blassen Vollmonden gezählt. Die paar Bilder, die eine Beziehung zu heute haben – kaum ein halbes Dutzend – verschwinden ganz neben diesen schönen Sachen, die jeder kennt, der einmal in der guten Stube des deutschen Kleinbürgers war.

Modenschau

Im Gorkij-Park gibt es außer Theatern, Karussells, Schießbuden, Tanzflächen für westliche Tänze gegenwärtig auch eine von Menschen wimmelnde Modenschau. Jeder Besucher bekommt einen Zettel in die Hand gedrückt, auf dem er verzeichnen soll, welche der 200 Modelle ihm am besten gefallen. Die mit den meisten Stimmen sollen in Massenfabrikation hergestellt werden. Wenn es nach uns ginge, würden in der Sowjetunion nur Leinenkleidchen für Kinder fabriziert werden. Nur ihnen konnten wir uns entschließen, unsere Stimme zu geben. Alles andere war etwa eine Mischung der Mode von 1919 mit den Schinkenärmeln von 1934. Unter 200 Modellen auch nicht ein einziges, in dem das Kleid einer neuen Epoche zu erkennen wäre.

Wohlhabenheit, Kultur oder beides?

Ich freue mich ehrlich über jedes Anzeichen einer Hebung des Lebensniveaus der Moskauer Bevölkerung, die jahrelang oft das Nötigste entbehren mußte, und ich gestehe gerne zu, daß in diesem Jahr unvergleichlich mehr Gegenstände des täglichen Gebrauchs in den Läden – freilich für hohes Geld und also nur einem Teil zugänglich – zu haben sind als bisher. Aber es ist ein seltsamer Gegensatz zwischen den mächtigen technischen Neubauten des Landes, den Tausenden von Flugzeugen über ihnen, den aufstrebenden Hochschulen und Instituten, der kraftvollen Roten Armee – und dieser mangelnden Schöpferkraft im Geistig-Künstlerischen. Während auf industriellem und militärischem, zum Teil auch auf landwirtschaftlichem Gebiet im letzten Jahr erstaunliche Erfolge festzustellen sind, ist auf dem seelischen die Erschlaffung der letzten ein, zwei Jahre noch nicht überwunden. Es ist vielleicht nicht ganz ohne Zusammenhang damit, wenn gerade in derselben Zeit auch eine *Umorientierung der russischen*

Außenpolitik von der Dynamik der revolutionären Zeit auf das Statische, auf die Verbindung mit dem rückwärtsgewandten Frankreich und seinen an den Status quo geklammerten Bundesgenossen stattgefunden hat.

Wird die Sowjetunion nach der gegenwärtigen Atempause eines Tages wieder zu neuem Leben vorstoßen? Persönlich neige ich zur Bejahung dieser Frage. Ihre Reserven sind noch lange nicht erschöpft. Das zeigt mit erfrischender Deutlichkeit die neue *Ausstellung von Kinderzeichnungen* in Moskau. Während die gleichfalls jetzt eröffnete Gemälde- und Plastikschau junger Künstler sich auch im Banne der allgemeinen Ermüdung erweist – bezeichnenderweise sind die besten Leistungen unter den zahlreichen Porträts zu finden, die als Kunstgattung sicher nicht als revolutionär anzusprechen sind –, quillt bei den Kindern lebendigstes Leben aus jedem Bild. Man muß ehrlich zugeben, daß die russische Abteilung die benachbarten Kojen der anderen Nationen, die jeweils selbst ihre Sammlungen zusammengestellt und also das nach Moskau geschickt haben, was sie für die besten Leistungen der Kinder ihres Landes hielten, an Können, Niveau und Weite des Horizonts erheblich überragt. Im Gegensatz zu allen anderen zeigt das russische Kind in seinem künstlerischen Ausdruck unmittelbarste Verbindung mit jeder Phase des Lebens seines Landes. Selbstverständlich nimmt die Technik und Industrialisierung einen besonders breiten Raum ein. Aber es gibt auch darüber hinaus kaum etwas, das nicht dargestellt wird, auch die reine Natur, ein Wald, eine Koppel Pferde, Vögel, Rentiere.

Es ist eine andere Frage, ob es richtig ist, das Kind aus dem engsten Rahmen von Familie, Schule und Märchen, in dem es sich im Westen befindet, herauszureißen, es teilnehmen zu lassen an allem Geschehen – es sind auch in der Sowjetunion bereits Anzeichen zu einer Abkehr hiervon vorhanden –, jedenfalls steckt in der jüngsten russischen Generation noch eine Fülle überquellender Dynamik und Energie. Ihre Aufgabe wird es auch sein, den mehr als schwierigen Beweis zu erbringen, ob die russische Revolution mit ihren namenlosen Opfern wirklich den Weg geöffnet hat in eine neue Kultur – oder nur zu einer kleinbürgerlichen »Wohlhabenheit«.

Empfang der Tscheljuskin-Leute in Moskau: Die Sowjetunion entdeckt die russische Heimat

Moskau, Ende Juni [1934]

1934 Moskau hatte seinen großen Tag. Die Errettung der Tscheljuskin-Mannschaft und ihre Rückkehr durch Sibirien war von einer großen Propaganda zu einer Angelegenheit der ganzen Nation gemacht worden. In einem Lande, in dem ständig, ohne daß darüber gesprochen würde, zahlreiche Menschen zu einer ungewissen Zukunft verhaftet werden und verschwinden, stand seit Wochen das Schicksal der 104 von der Eisscholle Geretteten im Mittelpunkt des allgemeinen Interesses. Von der pazifischen Küste bis Moskau wurde der Zug mit der Mannschaft und ihren sieben Rettern gefeiert, mit Geschenken und Blumen überschüttet; und der Einzug in Moskau gestaltete sich geradezu – wie es die »Iswestija« nannte – zu einem hochwichtigen *»politischen Ereignis«*.

Der Rote Platz

Als wir gegen halb sechs die Pressetribüne neben dem Lenin-Mausoleum betraten, war der Rote Platz schon bedeckt mit Zehntausenden von Rotarmisten, Sportlern, Ossoawiachimzen (Wehrverbändler) in Reih und Glied. An den Wänden des eine Längsseite des Platzes begrenzenden Gebäudes hingen in der Mitte die Riesenporträts von Lenin und Stalin, rechts und links die der sieben Flieger und der prominentesten Leute aus der Besatzung des Schiffes. Am Historischen Museum war eine ungeheure Karte angebracht, die den Weg des Tscheljuskin um Sibirien zeigte; und nahe der vielkuppeligen Kirche, an der Stelle der ehemaligen Richtstätte, ragte aus Papiermaché ein mächtiger Eisberg mit einem fast lebensgroßen Tscheljuskin-Modell.

Kurz nach sechs wurden in etwa fünfzig wie zu einem Blumenkorso mit Pfingstrosen reich geschmückten Autos die Helden des Tages herangefahren, umbraust von dem Beifall der Menge und dem langgezogenen, von einer Seite des Platzes zur anderen dröhnenden »Urraa« der Truppen. Vor dem Mausoleum war ihnen eine besondere Tribüne errichtet worden. Kaum war der Beifall abgeebbt, als er von neuem einsetzte: Aus dem Nikolskij-

Tor des Kremls schritt unter den Klängen der von einem Massenorchester gespielten Internationale Stalin inmitten seiner Paladine – unter ihnen zum erstenmal auch Litwinow – über den ganzen Platz. Das war geradezu eine Sensation; denn bisher war es üblich gewesen, daß er unbemerkt von hinten herankam und plötzlich auf dem Mausoleum auftauchte. Wollte er zeigen, daß er es sich leisten könne, mitten durch sein Volk zu gehen?

Kuibyschew sprach die Begrüßungsworte. Nach ihm richteten einige der Tscheljuskin-Leute und Flieger durchs Mikrofon anfeuernde Ansprachen ans Volk, die alle mit einem Hoch auf »Welikij Stalin – Stalin den Großen« endeten. Wieder die Internationale und dann die Parade: Erst defilierten die auf dem Platz aufgestellten Verbände in Zweiunddreißiger-Reihen vorbei – darunter eine Abteilung österreichischer Schutzbündler –, dann Fliegertruppen und Kavallerie, motorisierte Einheiten, Kanonen, leichte und schwere Tanks. Und während noch in breiter Front die eisernen Türme über den Platz polterten, dröhnte von Norden her eine unübersehbare Menge schwerer viermotoriger Bomber heran, gefolgt von dem eben fertiggewordenen achtmotorigen Riesenflugzeug »Maxim Gorkij«. Endlich – es war mittlerweile gegen halb neun Uhr geworden – öffneten sich die Schleusen der einzelnen auf den Platz führenden Straßen, und in einer einzigen Front über den ganzen Platz wälzte sich, überflutet von roten Fahnen, Transparenten, Bildern der Führer und der Gefeierten, mit Musik, Liedern und lautem »Urraa«, nach Stadtteilen geordnet, das Volk von Moskau. Bis nach Mitternacht dauerte der Zug.

Unzählige Male schon ist das Schauspiel dieser Paraden auf dem Roten Platz beschrieben worden. Nicht darauf also kommt es hier an. Aber diesesmal hatte das Fest eine eigene Note. Der 1. Mai wird gefeiert als der Tag der Weltrevolution, der 7. November als der der Machtergreifung durch Lenin und also auch als ein Schritt zur Revolutionierung der Welt. Was sich aber am 19. Juni vor unseren Augen abspielte, war etwas anderes.

Die wiederentdeckte Heimat

Seit einigen Wochen ist ein neues Schlagwort in die russischen Massen geschleudert worden, ein Wort, das einen gewaltigen Widerhall fand und das einem heute aus jeder Zeitung, aus allen Gedichten und Reden entgegenklingt: »Rodina – Heimat«.
Am 8. Juni 1934 erließ das Zentralexekutivkomitee (ZIK) der Sowjetunion ein Gesetz über den *»Verrat der Heimat«*. Danach steht auf Spionage, Verrat militärischer und staatlicher Geheimnisse, Flucht aus dem Lande usw. bei Militärpersonen der Tod, bei Zivilisten ebenfalls der Tod oder bei mildernden Umständen zehn Jahre Freiheitsentzug, in beiden Fällen Konfiskation des gesamten Vermögens. Und besonders drohend: Familienmitglieder des Verräters erwartet, wenn sie von der Vorbereitung des Verbrechens Kenntnis hatten, außer Konfiskation des Vermögens fünf bis zehn Jahre Freiheitsentzug; und selbst wenn sie nichts wußten, unter gleichzeitigem Verlust der Bürgerrechte fünfjährige Verschickung in entfernte Rayons Sibiriens. (Welche Vergiftung des Familienlebens diese letzten Bestimmungen zur Folge haben müssen, liegt auf der Hand.)
Wichtiger noch als der Wortlaut des Gesetzes selbst sind die ihm gewidmeten Kommentare. Die parteioffizielle »Prawda« (9. Juni) zum Beispiel knüpft in einem Leitartikel unter der Überschrift *»Für die Heimat«* an die Heldentaten der Tscheljuskin-Leute und ihrer Retter die Frage: Was hat diese Menschen zu solchen Leistungen angespornt und fähig gemacht? und antwortet: »Ihre grenzenlose Liebe und Hingabe an ihre Heimat.« Sie nennt die Helden »die großen Patrioten ihrer Heimat« (dabei hatte das Wort Patriot noch bis vor kurzem als Schimpfwort gegolten), sie ruft alle auf zum Kampf »für die Heimat, für deren Ehre, Ruhm, Macht und Wohlergehen« und versteigt sich zu dem Satz: *»Die Verteidigung der Heimat – das ist das höchste Gesetz des Lebens«.*

Rodina

Das sind überraschende Töne. Denn man muß dazu wissen, daß das Wort »Heimat« für *Rodina* nur eine unvollkommene Übersetzung ist. Heimat kann schließlich auch eine Wahlheimat sein, in

Rodina aber schwingt die Wurzel »roditj« mit: »gebären«; es ist das Land, das uns geboren hat, mit dem wir also durch die Bande des Blutes schicksalsmäßig verbunden sind. Auch früher schon sprach man hier von der Sowjetunion als dem »Vaterland der Werktätigen«, dem »Sozialistischen Vaterland«. Aber indem man das Wort Vaterland nur bedingt, nicht an sich anerkannte, schwächte man es bewußt ab. Jetzt heißt es schlechthin: Rodina. Sollte man sehr fehlgehen, wenn man darin einen, freilich sehr bescheidenen, Ausläufer der deutschen Umwälzung erblickt?

Ganz im Zeichen dieser neu entdeckten Heimat stand das Tscheljuskin-Fest am Roten Platz. Aus allen Reden, die an diesem 19. Juni vom Mausoleum aus über die Sowjetunion erklangen, sprang immer und immer wieder mit besonderem Nachdruck das eine Wort: Rodina! Aus Liebe zur Heimat ist der Tscheljuskin auf seine gefahrvolle Reise zur Eröffnung des nördlichen Seeweges gegangen, haben wir seine Mannschaft gerettet; aus Liebe zur Heimat sind wir jederzeit auch bereit, unser Leben, und sei es auch gegen äußere Feinde, einzusetzen. »Das alte Rußland, das jeder schlagen konnte, dem es beliebte, ist nicht mehr. Die Zeit ist gekommen, da wir schlagen werden!« sagte ein Redner. Daß es gelang, die Rettung der Expedition mit russischen Fliegern auf eigenen Maschinen mit eigenen Motoren zu vollbringen, das erfüllt jedes russische Herz mit Stolz. Man genießt den Triumph, daß auch das Ausland Beifall zollte, in vollen Zügen. Soeben ist in deutscher Sprache ein 220 Seiten langes Buch: »Tscheljuskin. Ein Land rettet seine Söhne« erschienen; Übersetzungen in weiteren Sprachen folgen. Der Komponist Wassilenko ist mit einer Vertonung der Abenteuer des Tscheljuskin beschäftigt: ein Tscheljuskin-Film wird in den nächsten Tagen herauskommen.

Der demnächst zusammentretende *Weltkongreß der Komintern* wird zeigen, daß Moskau keineswegs die Absicht hat, seine weltrevolutionären Ziele aufzugeben. Aber seine Entwicklung verläuft in dialektischen Gegensätzen; die starke *innere »Nationalisierung«* ist unverkennbar. Nur so ist es auch zu erklären, daß die russische Presse voll Stolz ein Interview des dem Kommunismus nahestehenden skandinavischen Dichters Martin Andersen Nexö abdruckt, in dem dieser – was früher als eine üble Beschimpfung angesehen worden wäre – seine Eindrücke vom 19. Juni in die Worte zusammenfaßt: »Selten hat sich ein Nationalgefühl oder – um es besser auszudrücken – ein Gefühl nationaler Zusammengehörigkeit in einer so großartigen Weise manifestiert, wie an diesem Tage in Moskau.«

»Karmen vom Twerskoj Boulevard«

Wer schlupft raus?

1935 Wir hatten in unserem Gymnasium einen Mathematiklehrer mit dem Spitznamen »Balduin«, der immer, wenn bei einer komplizierten Gleichung nach vieler Rechnerei wieder der ursprüngliche Bruch auftauchte, triumphierend und in gutem Schwäbisch ausrief: »Wer schlupft raus? Mein alter Bruch schlupft raus!« Dieser Ausdruck, der unter uns damals ein geflügeltes Wort wurde, kam mir im Laufe des letzten Jahres in der Sowjetunion häufig in den Sinn. Ströme von Blut sind über dieses Land geflossen, die größte und opferreichste Revolution ist darüber hinweggebraust, eine neue Menschheit, hieß es, sei im Entstehen. Aber in der letzten Zeit, immer öfter, immer nachdrücklicher, auf immer zahlreicheren Gebieten – wer schlupft raus? Mein alter Bruch schlupft raus!

Der alte Adam nämlich, derselbe, den eine überhebliche Wissenschaft schon lange unter dem Namen *homo sapiens* kennt. Trotz Theorie und Dogma, Terror und gutem Zureden. Unter dem Eindruck der zurückgehenden Geburtenziffern und der moralischen Verwilderung – beides eine Folge der »revolutionären« Ehegesetzgebung – hatte zum Beispiel im Frühjahr 1935 eine Kampagne für die Stabilisierung der Ehe eingesetzt. Die erste Folge war das scharfe Vorgehen gegen die Nichtzahler von Alimenten mit Gefängnisstrafen, die nächste der Kampf gegen den Abort, die dritte die, wenn auch zunächst nur geringe Erschwerung der Scheidung. (Bisher hatte nach dem Motto »Postkarte genügt« die Mitteilung eines der Ehegatten ausgereicht, um den andern von der erfolgten Scheidung in Kenntnis zu setzen. In Zukunft wird die Anwesenheit beider Ehegatten im Standesamt nötig sein und die Gebühr um ein Vielfaches erhöht werden.) Angesichts dieser Entwicklung äußerte ich vor einiger Zeit einem Russen gegenüber, die logische Folge wäre das Wiedererstehen der Prostitution. Ob dieser ketzerischen Prophezeiung nannte er mich entrüstet einen unmoralischen Kapitalistensöldling.

Ein Geständnis der »Iswestija«

Und siehe da, als ich heute morgen die »Iswestija«, das Organ der Regierung, aufschlug – wer schlupft raus? »Karmen vom Twerskoj Boulevard« (wir würden sagen »von der Friedrichstraße«)! Der Leser kann sich schon denken, wer das ist. Jahrelang hat die Sowjetunion als eine ihrer zugkräftigsten propagandistischen Losungen dem Ausland bei jeder passenden Gelegenheit vorgehalten, die bolschewistische Revolution und der Aufbau der Sowjetunion habe durch die Beseitigung der Arbeitslosigkeit auch die Prostitution endgültig »liquidiert«. Und in der Tat, die Prostitution im europäischen Sinne war fast völlig ausgestorben, weniger wegen der Beseitigung der Arbeitslosigkeit als wegen der verschwundenen Nachfrage. Abgesehen von den eleganten Dämchen, welche in der damals nur von Ausländern besuchten »Metropol«-Bar den Moskauer Aufenthalt von ausländischen Spezialisten oder »Intouristen« versüßen sollten, habe ich in jenen Jahren kaum je Spuren von Prostitution beobachtet. Die spielende Leichtigkeit, mit der man Ehen schließen und lösen konnte, ließ eine neue Form von »kurzfristiger Ehe« entstehen, welche die Prostitution unnötig machte. Was von ihr noch übrig war, konnte die Regierung als ein Erbe der Vergangenheit bezeichnen. Auch wurde viel getan, um diese Frauen wieder geordneten Berufen zuzuführen. In dem Maße aber, in dem man durch Propaganda, verschärfte Alimentengesetzgebung und erschwerte Scheidung für eine äußere Festigung der Ehe eintrat, belebt sich auch wieder der »Twerskoj Boulevard«.

Zum ersten Mal wird das offen zugegeben in dem heutigen Artikel. Der Verfasser zählt eine Reihe von Beispielen solcher »Karmen« auf – Olga, Vera, Natascha, Galja und wie sie alle heißen, nicht etwa Arbeitslose, nein junge Arbeiterinnen und Angestellte, mit 18 und 19 Jahren Altersgenossen und Erziehungsprodukte der Revolution, die einen festen Beruf haben und trotzdem auf die Straße gehen. Er schildert, wie die Männer ihnen folgen, ganz wie anderwärts auch, in Paris oder Wien. Und er rückt schließlich sogar mit einigen Zahlen heraus. Er glaubt – und diese Angaben sind bei der fehlenden Möglichkeit der zahlenmäßigen Erfassung sicherlich viel zu niedrig –, daß es in Moskau etwa tausend gibt, darunter 177 Arbeiterinnen. Da nach der Sowjetstatistik 1925 von 100000 Arbeiterinnen in Moskau 26 sich als Prostituierte betätigten, hat es damals in Moskau etwa 50 bis 70 Arbeiterinnen-Prostituierte gegeben, es sind ihrer also selbst nach Sowjetangaben seither mehr und nicht weniger geworden. Und es finden sich in dem Artikel so trostlose Sätze wie dieser: »In dem Arbeiterinnenwohnheim, in dem Vera lebt, folgen viele ihrem Beispiel, und auch sie selbst ist nur dem Beispiel anderer gefolgt.«

»Mensch an sich«

Solche Artikel kommen nicht von selbst und aus der Luft, sondern sind gewöhnlich Vorboten propagandistischer Kampagnen oder legislativer Maßnahmen. Und über das, was zu erwarten ist, gibt der Artikel selbst Auskunft. Der Verfasser schreibt zum Schluß: »Es gibt bei uns kein Gesetz, das die Prostitution verfolgt. Und wir brauchen kein solches Gesetz, es ist unvereinbar mit der Würde unseres Landes ... Wir brauchen ein Gesetz, das nicht die Frauen betrifft, sondern die *Männer,* welche Frauenkörper kaufen und für Geld Liebe erwerben.« Sollte es zu einer solchen Maßnahme gegen die Prostitution kommen, so wäre der Denunziation und Erpressung auf einem völlig neuen und originellen Gebiet Tür und Tor geöffnet, und gleichzeitig ein Gesetz geschaffen, das zu dem früher gepredigten »Recht jedes Menschen auf seinen Körper« in diametralem Gegensatz stünde.

Der Marxismus-Leninismus verneint bekanntlich die Existenz des »Menschen an sich« und glaubt nur an den »konkreten Menschen als ein Produkt seines sozialen Milieus«. Er sieht grundlegende Unterschiede zwischen dem Bürgerlichen, dem Proletarier im kapitalistischen Staat und dem im marxistischen Staat. Er glaubt, daß der neue Wirtschaftsaufbau der Sowjetunion auch einen neuen Menschen zur Folge hat. Und nun, eine knappe Woche vor der 18. Wiederkehr des Jahrestages der Revolution – wer schlupft raus, offiziell zugegeben im Regierungsorgan? Eine der ältesten und unwandelbarsten Figuren »an sich«, welche die Menschheitsgeschichte kennt – Karmen vom Twerskoj Boulevard.

Die GPU baut Kanäle

Die Chaussee nach der ehrwürdigen altrussischen Stadt *Dmitrow* **1935**
führt an dem berüchtigten Butyrki-Gefängnis vorbei, genau in nördlicher Richtung. Erst durch die Moskauer Vororte, in denen zwischen uralten, windschiefen Hütten da und dort unerwartete Betonkästen ragen, bis die dörflichen Vorstädte übergehen in wirkliche Dörfer und schließlich in braune Äcker und herbstlich goldene Wälder.

Nach 30 Kilometern öffnet sich weit der Blick auf das Tal der Kljasma, die hier von Westen nach Osten senkrecht zur Landstraße fließt. Ich war lange nicht mehr auf der Dmitrow-Chaussee und erkenne das Tal kaum wieder. Die Hänge, die früher grün und leicht gewellt zum Fluß absanken, sind zerrissen und braun von offenem Erdreich. So weit das Auge reicht, wimmeln Tausende von Menschen, dazwischen keuchen schwere Lastwagen auf Bretterstraßen, die durch den glitschigen Lehm gelegt sind, ziehen magere Pferdchen kleine vierrädrige Karren voll Erde oder Sand. Von zwei Seiten streben sich zwei mächtige Dämme, die später eine Brücke verbinden wird, entgegen. Links am Horizont ragen mehrere weite Brückenbögen aus Eisen und Beton. Dort werden Bahnlinien den Kanal überqueren. Und überall dazwischen, wie kleine Bohrtürme auf einem Ölfeld, die hohen Holztürme, auf denen Wachtposten mit Gewehr und aufgepflanztem Bajonett unbeweglich auf die Arbeiter zu ihren Füßen schauen.

Vorsichtig lenke ich den Wagen auf der von den schweren Lastautos tief aufgewühlten Straße ins Tal. Die Arbeiter und Arbeiterinnen, mit wenigen Ausnahmen Sträflinge, tragen eine zerlumpte, erdfarbene Kleidung. Gleichgültig blicken sie aus sturen

Augen auf das vorüberrollende Auto. Unten auf der Talsohle steht ein Dorf und eine kleine Fabrik. Die Fabrik ist geräumt, leere Fensterhöhlen. Auch aus vielen der anderen Häuser sind die Bewohner weggezogen, denn bald wird das ganze Tal in einen weiten See verwandelt, aus dem nicht einmal die Dachfirste oder Bäume zu sehen sein werden. Ein Haus wird, um die Ziegel zu retten, gerade abgebrochen. Etwa ein Dutzend Sträflinge sind an der Arbeit. An einem Feuer sitzt mit dem Gewehr auf den Knien ein GPU-Soldat.

128 Kilometer Gefangenenlager

Die Landstraße entfernt sich wieder vom Kanal. In der Ferne sieht man noch das Braun der gestörten Erde aus dem Grün und Gelb. Dann Wald. 20 Kilometer Fahrt. Wieder ein Tal, und von jetzt ab läuft die Landstraße bis Dmitrow, das 71 Kilometer von Moskau entfernt ist, unmittelbar am Kanal entlang. Sie ist voll von Lastwagen und Fuhrwerken, unter Bewachung zur oder von der Arbeit marschierenden Kolonnen, Personenautos mit GPU-Offizieren. Und alle paar hundert Meter oder auch öfter Wachttürme mit Posten. Zu beiden Seiten der Straße ziehen sich die Gefangenenlager mit weißgestrichenen, einstöckigen Baracken. Zwei parallele und etwa drei Meter voneinander entfernte Stacheldrahtzäune schließen sie ein, dazwischen wieder Wachttürme und Posten. Tore mit bewaffneten Posten. Grell leuchten von den Toren oder Starkstromleitungen riesige Bilder Stalins und Losungen, die zur Planerfüllung auffordern.
128 Kilometer lang wird der Kanal. Also 128 Kilometer Gefangenenlager. Wie viele Menschen hier tätig sind – zum Teil seit Beginn der Arbeiten 1932, ja manche von ihnen schon vorher jahrelang bei dem ebenfalls von der GPU durchgeführten Bau des Weißmeerkanals – das wird nicht angegeben. Nach veröffentlichten Teilziffern und meinen Beobachtungen beim Bau schätze ich 150000. Wie viele von ihnen mögen Verbrecher sein in unserem Sinne des Wortes? Wahrscheinlich die Minderzahl. Die meisten haben wohl Delikte begangen, die unser Strafgesetzbuch gar nicht kennt. Und jetzt sind sie weniger Sträflinge als billige Arbeitskraft der GPU – oder NKWD, d. h. Volkskommissariat des

Inneren, wie es seit anderthalb Jahren heißt. (Unter sich freilich gebrauchen die Leute mit den himbeerroten Kragenaufschlägen weder die Buchstaben GPU noch NKWD – sie nennen sich nach wie vor stolz Tschekisten. Und das ist sicherlich nicht unberechtigt!) Überall in der Sowjetunion arbeiten ihre Sträflingsarmeen. Hunderttausende von Menschen, vielleicht eine Million, vielleicht mehr. Ihr Taschengeld ist nicht der Rede wert. Dafür liegen sie ständig im Feuer der Propaganda, die ihnen einredet, daß sie stolz sein müßten, »Erbauer des Sozialismus« zu sein. Ihre Zeitung »Zum Sturm des Kanals« ist voll von Gedichten, in denen einzelne von ihnen ihr Los in Versen besingen, und der Leiter der ganzen Bauarbeiten, der Herr über 150000 Menschen, sprach kürzlich von denen, »die das Glück haben, am Kanal Moskau–Wolga zu arbeiten«.

Aufgabe und Weg des Kanals

Der Kanal hat die doppelte Aufgabe, Moskau zu einem Binnenhafen großen Maßstabs zu machen und die bisher völlig ungenügende Wasserversorgung Moskaus zu verbessern. Zwar hat Moskau auch bisher eine Verbindung mit dem Wassernetz Rußlands gehabt. Die Moskwa fließt in die Oka, diese bei Gorkij (früher Nishnij Nowgorod) in die Wolga. Aber für den nach Norden gehenden Verkehr ist das ein erheblicher Umweg, der durch den neuen Kanal um 1100 Kilometer verkürzt wird, und die Moskwa war bisher so wasserarm, daß ein Schiffsverkehr nur während der frühen Sommermonate und auch dann nur mit kleinen Einheiten möglich war. Der neue Kanal wird nicht nur die direkte Schiffsverbindung Moskaus mit dem Norden herstellen, sondern durch die Umleitung eines Teiles des Wolgawassers und durch die Hebung des Wasserstandes der Moskwa durch Dämme um fast drei Meter eine Fahrrinne von fünfeinhalb Meter Tiefe schaffen, so daß die großen Wolgadampfer bis Moskau und durch den Kanal weiter nach dem Norden gehen können. Da auch die Wolga später durch Dämme gehoben werden soll, baut man den Kanal 85 Meter breit, damit dann auch Dampfer, wie sie heute noch nicht auf der Wolga verkehren, ihn benutzen können. Nach Fertigstellung des Wolga-Don-Kanals wird Moskau auf dem Wasserwege

mit vier Meeren, Ostsee, Weißem, Schwarzem und Kaspischem Meer, verbunden sein.
Die Versorgung Moskaus mit Wasser ist weit zurückgeblieben gegenüber dem raschen Wachstum dieser fast vier Millionen beherbergenden Stadt. Während man im allgemeinen bei Großstädten mit einem täglichen Wasserverbrauch von 400 bis 500 Liter pro Kopf – den industriellen Bedarf eingeschlossen – rechnet, waren es in Moskau bisher nur 165 Liter. Und weder aus der Moskwa noch aus ihren Nebenflüssen ließ sich mehr herausholen. Eine radikale Lösung des Problems war nur möglich durch die Leitung eines Teils des Wolgawassers nach Moskau. Bis zu dem großen Wasserreservoir bei Puschkino, das im Bett der Utscha und ihrer Nebenflüsse errichtet wird, führt von der Wolga nur ein Kanal, dort aber trennen sich die Wege, südwestlich zweigt der Schiffahrtsweg ab, südöstlich in einer Länge von 35 Kilometern ein erheblich schmälerer Wasserleitungskanal nach einem Wasserwerk bei Maximow, wo das Wasser filtriert und nach dem Netz der Stadt weitergeleitet wird.

Die Arbeiten

Ein großer Damm am Beginn des Kanals staut das Wasser der Wolga, so daß sich ein See von über 100 Kilometer Länge und etwa von der Größe des Bodensees bis nach Kalinin, dem ehemaligen Twer, bilden wird. Aus diesem riesigen Reservoir mit seinem Fassungsvermögen von anderthalb Milliarden Kubikmeter wird der Kanal mit Wasser versorgt. Fünf Pumpstationen mit je vier Propellerpumpen heben das Wasser über fünf Staustufen um insgesamt 52,5 Meter bis zur Wasserscheide, dann geht es in drei Schleusen ohne Pumpen 42 Meter herunter auf das Niveau der Moskwa.
Die Arbeiten sind außerordentlich umfangreich. Insgesamt müssen 146 Millionen Kubikmeter Erde bewegt werden, siebenmal soviel als beim Bau des Weißmeer-Kanals und nur vom Panamakanal übertroffen. Davon sind bis heute 85 Millionen geschafft. Es sind 3,1 Millionen Kubikmeter Beton zu legen, dreimal soviel wie beim Dnjeprostroj (bis heute 1,2 Millionen). Im allgemeinen ist die Arbeit nicht sehr kompliziert, sie führt durch

flaches oder leicht hügeliges Erd- und Torfgebiet. Durch Verwendung verschiedener bestehender Flußbetten wie der Utscha und Kljasma und zahlreiche Stauungen ließen sich weiterhin Erdarbeiten sparen. Dafür müssen 900 Bauernhöfe aus den überschwemmten Gebieten umgesiedelt werden. Zur Schneeschmelze von 1937, also in anderthalb Jahren, soll der Kanal, dessen Gesamtkosten auf 1,4 Milliarden Rubel veranschlagt werden, fertig sein.

Hinter Dmitrow ist die Chaussee zu Ende, der Weg wird grundlos, und wir kehrten um. Ein bedeutender Teil der Strecke Moskau–Dmitrow ist fertig. Auch einige Betonschleusen stehen im Rohen da. Hinter der Kljasma bogen wir von der Chaussee ab nach Westen, wandten uns durch das Gewirr und den Lehm der Arbeiten, zwischen den neuen Brückenbögen und Dämmen hindurch und fuhren vorbei an der riesigen Luftschiffwerft »Dirishablstroj« und der bereits fertigen Hauptbaustelle des Kanals, an der ein Hügelrücken von 3 Kilometer Länge 27 Meter tief durchstochen werden mußte, nach Chimki, wo später einmal der Zentralhafen mit Gebäuden aus ukrainischem Granit und Marmor entstehen soll. Dort ist es auf dem Asphalt der Leningrader Chaussee nicht mehr weit nach Moskau.

Ein Baum wird amnestiert

Gesetzt den Fall, es wäre am 23. Dezember, als ich mir gerade meinen von der Deutschen Botschaft mit allerhand Mühen und Schwierigkeiten beschafften Weihnachtsbaum geholt hatte und ihn unter den erstaunten Blicken der Passanten aufs Auto schnallte – gesetzt den Fall, es wäre da jemand auf mich zugetreten und hätte gesagt, in einigen Tagen würde ganz Moskau voller Weihnachtsbäume sein, und man könnte sie dann auf allen Märkten kaufen – was hätte ich da wohl getan? Ich hätte ihm erklärt, er sollte keine absurden Ideen und dummen Witze vorbringen über einen Gegenstand, der dem russischen Volk im Laufe der letzten anderthalb Jahrzehnte viel Herzeleid bereitet **1936** hat. Jedermann in der Sowjetunion weiß doch, welchen Verfolgungen diejenigen ausgesetzt waren, die sich den »kapitalistischen« oder »religiösen« (und Religion ist Opium für das Volk, hat Marx gesagt) Weihnachtsbaum angesteckt hatten. Jedermann weiß, daß die Menschen unter ihrem Mantel oder in allerhand schlau erdachter Verpackung sich heimlich ihre Bäumchen ins Zimmer holten, bei verhangenen Fenstern und verschlossenen Türen aufbauten, ein Weilchen genossen und dann vernichteten und verbrannten. Er weiß, daß man auch bei Beobachtung aller Vorsichtsmaßregeln nicht sicher war, doch erwischt zu werden; daß die Lehrer die Häuser ihrer Schüler abpatrouillierten, um etwaige heimliche Bäume zu entdecken; daß Zimmernachbarn, mit denen man im Streit lebte, schon auf die Gelegenheit lauerten, einem mit der Anzeige, man habe einen Weihnachtsbaum, eins auszuwischen, und daß man, wenn das »Verbrechen« erst einmal herauskam, größten Unannehmlichkeiten ausgesetzt war. Das alles weiß man, und daher ist es unangebracht, darüber zu ulken. So hätte ich zu dem Betreffenden gesprochen. Das war am 23. Dezember. Auch am 24. hätte ich das gesagt, ja noch am 27. abends.

Die Notiz in der »Prawda«

Am 28. früh [1935] aber kam die Riesenüberraschung. Ich glaube, seit langem hat in der Moskauer Bevölkerung keine Nachricht eine solche Sensation ausgelöst, wie die kleine unscheinbare Notiz auf der dritten Seite der »Prawda« (die am Tage drauf in der gesamten Sowjetpresse abgedruckt wurde). Sie trägt die Unterschrift des gefürchteten Postyschew, des Parteisekretärs – und damit des Herrn und Meisters eines großen Teils der Ukraine, und ist überschrieben: »Laßt uns zum Neuen Jahr den Kindern einen schönen Tannenbaum organisieren!« Diese historische Notiz lautete: »Vor der Revolution schmückten Bourgeoisie und Beamtenschaft zum Neuen Jahr ihren Kindern immer einen Tannenbaum (stimmt gar nicht, zu Weihnachten, K. M.). Die Kinder der Arbeiter blickten voll Neid durchs Fenster auf den mit verschiedenfarbigen Lichtern glänzenden Baum und auf die um ihn sich vergnügenden Kinder der Reichen. Warum aber berauben heute noch die Schulen, Kinderhäuser,

Kinderklubs und Kinderpaläste die Kinderchen der Werktätigen unseres Sowjetlandes dieses herrlichen Vergnügens? Wer anders, wenn nicht die ›linken‹ Hyperrevolutionäre, stempelte diesen kindlichen Spaß zu einer bourgeoisen Affäre! Mit der falschen Verurteilung des Tannenbaums muß Schluß gemacht werden!« Alle Kinder sollten ihren Tannenbaum haben, vor allem dürfe es kein kollektiviertes Dorf ohne Tannenbaum geben.

Zunächst einige Worte zu diesem erstaunlichen Dokument. Auch wenn man sich etwa auf den Standpunkt stellen wollte, daß es geschickt ist vom Kreml, auf einem völlig harmlosen Gebiet dem Wunsch eines großen Teiles der Bevölkerung entgegenzukommen und ihr damit ein billiges Stück Zuckerbrot in den bescheidenen Mund zu stecken, muß man sagen, daß die Form, in der das geschieht, der unbeschränkt führenden Partei einer Großmacht in hohem Maße unwürdig ist. Freilich, die Bolschewiken waren bisher, was Feiertage und Feiern anlangt, nicht sehr erfinderisch. Der 1. Mai, der in der Sowjetunion ausgiebig gefeiert wird, ist nicht ihre Idee, und wenn sie den 7. November feiern lassen als den Tag der Revolution, so folgen sie auch damit nur dem Beispiel anderer Staaten. Im letzten Jahre wurde zum ersten Mal versucht, den Verfassungstag Anfang Juli mit einer Art von Karneval zu begehen, auch das keine sehr originelle Erfindung. So hätte man wenigstens annehmen können, daß der vierte Volksfeiertag im Jahre, der des Winters, zu dem man den 1. Januar wählte, eine eigene Note bekommt. Statt dessen wurde der brave alte Tannenbaum wieder aus der Versenkung geholt. Es zeugt sicherlich von keinem besonderen geistigen Erfolg, wenn man zum Wahrzeichen des »neuen« Winterfestes ein Symbol nimmt, das man fünfzehn Jahre lang auszurotten suchte. Aber gut, meinetwegen auch das. In der Begründung jedoch, mit der Postyschew diese Kehrtwendung erklärt, zeigt sich die ganze menschliche Magerkeit der marxistischen Ideologie. Es ist der Neid, der die unerwartete Amnestie des Tannenbaums verbrämt. »Früher hatten nur die reichen Kinder einen Tannenbaum« (stimmt natürlich gar nicht, denn um sich einen Tannenbaum aufzustellen, brauchte man nicht reich zu sein), jetzt sollen auch unsere Arbeiterkinder einen Baum haben. Wir haben's ja!

Ich kenne manchen »Prawda«-Leser, der so verblüfft war von der

Lektüre dieses Postyschew-Artikels, daß er ihn für ein Versehen, ein Mißverständnis, einen Ulk hielt. Er fand aber dann zu seiner Beruhigung auf der achten Seite derselben »Prawda«-Nummer eine zweite Notiz, die an Heuchelei kaum zu überbieten ist. Es wird in ihr mit Empörung darauf hingewiesen, daß man in Moskau keine Tannenbäume kaufen könne! Aus irgendwelchen unbegreiflichen Gründen nähmen die Direktoren der größten Moskauer Märkte an, es sei verboten, Tannenbäume zu verkaufen. Unglaublich, nicht wahr? (Dabei war, wie eine Moskauer Zeitung unvorsichtig gestand, noch wenige Tage vorher die Miliz gegen den Verkauf von Tannenbäumen eingeschritten.) Und nicht minder empörend: Es gebe auch nirgends Baumschmuck zu kaufen, und die Kinder müßten sich, man denke, ihren Schmuck selber machen!

Das Volk greift zu

Na, nun wußte ja jeder Bescheid. Von allen Bewegungen, welche uns im Laufe der letzten Jahre in der Sowjetunion als »spontan« vorgeführt wurden, ob es sich um »freiwillige Zeichnung« von Staatsanleihen oder den Stachanowismus handelte, war das, was auf das Erscheinen der »Prawda« vom 28. Dezember 1935 folgte, zweifellos die einwandfreieste spontane Bewegung. Telefone wurden in Bewegung gesetzt, Telegramme in alle vier Winde hinausgejagt, Sitzungen einberufen, Versammlungen abgehalten. Auf dem Lande aber zog alles, was Beine hatte, in den Wald, um Tannen zu fällen. Als ich am Morgen des 29. aus unserem Dorf vor den Toren Moskaus in die Stadt fuhr, überholte der Wagen ganze Karawanen von Bauernschlitten, die voll geladen mit Tannen nach Moskau fuhren. Für die nächsten Tage war ganz Moskau ein Tannenbaum-Markt. Aber nirgends sah man etwa Tannen zum Verkauf bereitstehen, denn fast im selben Augenblick, indem sie abgeladen wurden, waren sie auch schon verkauft und weggetragen.

Nicht nur die Bauern bekamen zu tun, auch die Handwerkergenossenschaften mußten schwitzen. Sie mobilisierten alle Kräfte, und Tag und Nacht produzierten sie, was das Zeug hielt, Baumschmuck.

Bitte keine Politik

Noch am 28. fand eine Sitzung des Zentralkomitees des Kommunistischen Jugendverbandes (Komsomol) statt, das den Beschluß faßte, Silvester überall, in allen Schulen, Kinderklubs usw., und zwar mit Tannenbäumen zu feiern. Aber der Komsomol kennt seine Pappenheimer. Er weiß, wie geneigt die unzähligen Doktrinäre sind, die man sich im Laufe der Jahre herangezüchtet hat, jede Gelegenheit zu politischer Aufklärung zu mißbrauchen. Und so hieß es in dem Erlaß ausdrücklich, die Feiern müßten vergnügt sein, mit Musik, Singen, Tanzen und Spielen, und auf keinen Fall dürften irgendwelche Referate über die Aufgaben des Neuen Jahres oder ähnliche prosaische Dinge gehalten werden. Und der Kommentar der »Komsomolskaja prawda« zu diesem Erlaß fügte hinzu, es gäbe freilich noch eine Menge Käuze, welche den kindlichen Tannenbaum »für ein bürgerliches Vorurteil halten«. Es sei gerade die Aufgabe des Komsomol, diese vertrockneten »Zwiebäcke« abzutun.
Von diesem Augenblick ab stand die Sowjetunion im Zeichen der Vorbereitungen auf das Neujahrsfest. Der »Freie Tag«, der ordnungsgemäß am 30. Dezember sein sollte, wurde auf den 1. Januar verlegt, damit das russische Volk die Silversternacht durchfeiern und am nächsten Tage ausschlafen konnte. Alle Klubs, Lokale, Schulen, Versammlungsräume wurden geschmückt, in Eile Festprogramme entworfen und Kostüme für zahllose Weihnachtsmänner (im russischen Volksmund »Großväterchen Frost« genannt) genäht. Ja, eine der leicht komischen Übertreibungen, die hierzulande in solchen Fällen forcierter Aktionen immer vorkommen – eine Sitzung von Vertretern der einzelnen Volkskommissariate (unseren Ministerien entsprechend) organisierte die Versorgung der baumlosen Steppengebiete mit Tannenbäumen. Vielleicht sind auf diese Weise mongolische Steppenvölker islamischer Konfession in diesem Jahre in den unerwarteten Genuß von Weihnachtsbäumen gekommen!
Ich werde nie vergessen, was ich erlebte, als ich am 29. abends durch einige der großen Moskauer Kindergeschäfte streifte. Teile der Läden waren ausschließlich dem Verkauf von Baumschmuck freigegeben worden. Um sie herum kämpften seit Stunden Hun-

derte und Hunderte von Frauen und Kindern um die kümmerlichen Schmucksachen, die man in der Eile zustande gebracht hatte. Alles Spielzeug, was nur einigermaßen an einen Baum gehängt werden konnte, wurde jetzt unter der Marke Baumschmuck verkauft: kleine Flugzeuge, Puppen, rote Fähnchen, Silberpapier, Enten aus Zelluloid, Kühe aus Gummi (für die Badewanne gedacht), Sowjetsterne, Spielzeugtraktoren, kleine Fallschirme, Konfekt, ganz gleichgültig – es wurde alles gekauft. In den Schaufenstern der Geschäfte wurden Bäume mit Schmuck und Lichtern aufgestellt und von Neugierigen, die immer noch ihren Augen nicht trauen wollten, umlagert.

Die vier P's

In der Neujahrsnacht stand ganz Moskau auf dem Kopf. Überall Feste. Es gab wohl nur wenige, die nicht entweder zu Hause oder auswärts mit einem Tannenbaum feierten. Im Gorkij-Park war eine sieben Meter hohe Tanne geschmückt worden (wir haben's ja; sozusagen die »größte Tanne der Welt«, das Ausland »eingeholt und überholt«, wie die bekannte Parole lautet!), an deren Spitze symbolisch und als Preisrätsel für die Kinder vier P's leuchteten. Auf russisch heißt Brief (gemeint ist die Notiz in der »Prawda«) Pismo, die vier P's bedeuten also sozusagen ins Deutsche übersetzt: *P*aul *P*etrowitsch *P*ostyschews *P*rief. Sinnig, was? In dem prachtüberladenen Alexanderschloß der Zaren bei Leningrad, in dem Nikolaus II. 1913 zum letzten Mal ein Fest gefeiert hatte, begingen einige hundert prominente Leningrader das Neue Jahr. In üppigen Farben schildern die Zeitungen, wie die Tische mit Blumen und Speisen überladen waren und die Gäste dem sie umgebenden Luxus zunächst fassungslos gegenüberstanden.

Bis um fünf und sechs Uhr morgens wurde überall getanzt. In einem Moskauer Klub mit solcher Vehemenz, daß die Decke einbrach und mehrere Gäste verletzte. (»Der Klub war kürzlich renoviert worden, und am 31. Dezember hatte ihn die Kommission als fertig abgenommen«, fügt der Zeitungsbericht lakonisch hinzu.)

Grotesk und sonderbar. Die Sowjetunion darf sich nicht wundern, wenn diese Amnestie des Tannenbaums im Ausland ein lautes, spöttisches Gelächter hervorruft. Und doch – mich hat es erschüttert und gerührt zu sehen, wie das hart geprüfte russische Volk nach über fünfzehn Jahren feindseligster Agitation gegen einen schönen alten Brauch in dem ersten Augenblick, in dem es die Möglichkeit dazu erhielt, wie ein gestauter Strom über den niedergelegten Damm, den ihm doktrinärer und sturer Materialismus errichtet hatte, hinwegbrauste und sich einmütig und ohne zu zögern zu dem uralten Symbol des Lichtes in der Nacht und des grünenden Lebens im Winter bekannte.

Ereignisse, die Geschichte machten

In die Zeit Mehnerts als ständiger Korrespondent in Moskau fielen einige Ereignisse, die – zumindest für die Sowjetunion – von großer Bedeutung waren: der Erste Schriftsteller-Kongreß vom August 1934, der unter anderem den Sozialistischen Realismus als »grundlegende Methode der sowjetischen künstlerischen Literatur und Literaturkritik« festschrieb, die Ermordung Kirows, die die »große Säuberung« einleitete, sowie der sich rasch ausbreitende Personenkult um Stalin.
Während es noch bis 1932 in der Sowjetunion eine Reihe von Schriftstellergruppen und -vereinigungen – und somit auch verschiedene Richtungen in der Literatur – gegeben hatte, verfügte das Zentralkomitee der KPdSU im April jenes Jahres die Auflösung aller literarischen Vereinigungen sowie ihre Ersetzung durch einen einheitlichen sowjetischen Schriftstellerverband. Das Ziel dieser Maßnahme war es vor allem, eine verbindliche, parteigebundene Einheitsausrichtung der sowjetischen Literatur zu schaffen und die Schriftsteller darauf zu verpflichten. Sie sollten zu »Ingenieuren der menschlichen Seele« (Stalin) werden und das Leben nicht als »objektive Wirklichkeit«, sondern als »Wirklichkeit in ihrer revolutionären Entwicklung« (A. Shdanow) darstellen – so eine der Grundthesen des Sozialistischen Realismus. Sowohl der Parteibeschluß von 1932 als auch der Erste Kongreß des neu gegründeten sowjetischen Schriftstellerverbandes sind daher als tiefe Einschnitte im geistigen Leben Sowjetrußlands anzusehen.
Zum Zeitpunkt seiner Ermordung am 1. Dezember 1934 gehörte Sergej Mironowitsch Kirow (sein echter Name ist Kostrikow) zu den sechs oder sieben einflußreichsten Parteifunktionären der Sowjetunion. 1886 in Urshum geboren, schloß er sich schon 1904 den Bolschewiki an. Nach der Oktoberrevolution folgte eine steile Karriere: 1922 Mitglied des Zentralkomitees; 1926 Erster Sekretär der Leningrader Parteiorganisation, ebenfalls 1926 Kandidat und 1930 Mitglied des Politbüros der KPdSU, 1934 zugleich auch Sekretär des Zentralkomitees und einer der engsten Mitarbeiter (und wohl auch Rivalen) Stalins. Viele Umstände seiner Ermordung liegen bis heute im dunkeln. Schon Mehnert stellte damals viele Ungereimtheiten fest; das Attentat soll nämlich mit Wissen des NKWD und Stalins ausgeführt worden sein. Fest steht jedenfalls, daß Kirows Ermordung das auslösende Moment für die berüchtigte »Große Säuberung« war, in deren Verlauf es Stalin gelungen ist, alle vermeintlichen oder tatsächlichen Rivalen und Gegner auszuschalten. Und etwa zu diesem Zeitpunkt setzte auch der rasch um sich greifende Stalin-Kult ein.

Das Wort in der Welt
Vom ersten Sowjet-Schriftsteller-Kongreß

1934 Zu den peinlichsten Eindrücken des I. Sowjet-Schriftsteller-Kongresses, der soeben in Moskau abgeschlossen wurde, gehört die maßlose Überheblichkeit, mit welcher die Teilnehmer die Sowjetliteratur und insbesondere den Kongreß überschätzten. Die fehlende Möglichkeit des Vergleichs und die Neigung, alles Eigene stark zu übertreiben, führten auf der Tagung immer wieder zu der Feststellung, die Sowjetliteratur sei – manche fügten bescheidentlich hinzu: morgen – die beste der Welt, und der namens der Partei sprechende Stezkij scheute sich nicht zu erklären, künftige Literarhistoriker würden die Zeitrechnung in »vor und nach dem I. Kongreß« einteilen. Aber der ausländische Beurteiler darf auch nicht in den gegenteiligen Fehler verfallen und in dem Kongreß nur, wie es manchmal geschah, eine inhaltlose Parade der Sowjetstaatsdichter erblicken. Freilich, man wird von einem Kongreß mit einer so großen Anzahl von Teilnehmern nicht die befriedigende Lösung künstlerischer Fragen erwarten können, aber daß und vor allem welche künstlerischen Probleme eine wichtige Rolle auf der Tagung spielten, ist in hohem Maße charakteristisch für die Phase der Entwicklung, in welcher sich die Sowjetunion gegenwärtig befindet.

Als am 23. April 1932 das Zentralkomitee der Partei den Beschluß veröffentlichte, einen alle Sowjetschriftsteller umfassenden Verband zu gründen, bot das literarische Leben des Rätebundes folgendes Bild: Auf der einen Seite standen die international anerkannten, zum Teil schon vor dem Kriege berühmten Dichter wie der aus der Emigration in die Sowjetunion zurückgekehrte Alexej Tolstoj, der auch heute noch im Ausland lebende Ilja Ehrenburg, die ausgesprochen apolitischen »Serapionsbrüder« Wsewolod Iwanow, Michael Sostschenko, Konstantin Fedin, Nikolaj Tichonow und andere, die der Kunst lebten, aber großenteils parteilos und ideologisch verdächtig waren, auf der andern Seite die von Partei, Staat und Verlagen mit allen Mitteln geförderten proletarisch-kommunistischen Schriftsteller mit Parteibuch und einwandfreier Gesinnung, aber geringem literarischen Können.

Vor allem nach der Kampfansage an die alte Intelligenz, die im Schachty-Prozeß von 1928 sehr deutlich wurde, bemühte man sich auf allen Gebieten, auch dem literarischen, eigene, klassen- und parteinahe Kräfte heranzubilden. Jeder Arbeiter oder Bauer, der einige holperige Verslein zustande brachte, wurde als Träger der proletarischen Kultur gefeiert, von dem literarische Offenbarungen zu erwarten seien. Selbstbiographische Skizzen gestriger Analphabeten, Berichte über den Neubau von Fabriken, Anweisung zur Bedienung von Traktoren in Versen – das war es, was man brauchte. Eine ungeheure Inflation des Schreibens setzte ein, jeder hatte plötzlich das Bedürfnis, seinen Anteil an Revolution und sozialistischem Aufbau in leuchtenden Farben zu schildern. Allein den Moskauer Verlagen wurden in den letzten drei Jahren Manuskripte von 50000 Autoren angeboten, von ihnen waren 65 Prozent Arbeiter und Bauern, und 25 Prozent besaßen gar keine oder höchstens elementare Schulbildung. So sehr man darin auch das Erwachen des seit Jahrtausenden schlafenden russischen Volkes begrüßen konnte, Kunst war es nicht, wohl aber brachte es eine völlige Zerrüttung künstlerischer Maßstäbe mit sich. So könnte man es vielleicht auf die Formel bringen, daß sich vor dem Kongreß die Meister der Form und des Wortes und die Kenner der Ideologie und des Sujets, also Form und Inhalt gegenüberstanden. Der Erlaß des ZK hatte ganz deutlich die Überwindung dieses Gegensatzes gefordert, die Frage war, wie sich der Kongreß im einzelnen dazu stellen würde.

Über den äußeren Ablauf des Kongresses genügen wenig Worte. Er fand statt im Säulensaal des »Hauses der Verbände«, des ehemaligen Adelshauses. 591 Delegierte und etwa ebensoviele Gäste, darunter gegen 50 Ausländer, nahmen an ihm teil. Als erster hielt Maxim Gorkij bei der Eröffnung am 17. August ein zweistündiges Referat, in welchem er sich bemühte, den Bogen zwischen der Urkultur der Menschheit und der neuentstehenden bolschewistischen Kultur zu schlagen. Beide hätten gemeinsam, daß sie in der Arbeit die Grundlage aller Ideen sehen, während die zweieinhalb Jahrtausende zwischen Plato und der Oktoberrevolution infolge der von Plato herbeigeführten Emanzipation des Denkens vom Arbeiten eine Verirrung der Menschheit dargestellt hätten. Gorkij gab zur Stützung seiner These eine Reihe

höchst oberflächlicher Urteile über die mittelalterliche und bürgerliche Literatur, als deren Helden er Till Eulenspiegel und Sherlock Holmes bezeichnete, zum Besten ...
Das erste Korreferat hielt der Leningrader Marschak über das bisher sehr vernachlässigte Thema der Jugendliteratur, die man demonstrativ in den Vordergrund schob, dann sprachen Vertreter der neun wichtigsten Minderheiten über ihre Literaturen. Nach einer mehrere Tage währenden Debatte hielt Karl Radek zum zweiten Punkt der Tagungsordnung ein sehr ausführliches Referat über die zeitgenössische Weltliteratur, besonders die proletarische. Wieder lange Diskussion. Über das Sowjetdrama sprach Alexej Tolstoj, über die Poesie Bucharin und Tichonow. Endlich Stawskij über die Frage, wie man den jungen Schriftstellern helfen kann. Da wenige der Delegierten nicht das Wort ergriffen und zudem zahlreiche Abordnungen von Arbeitern, Bauern, Soldaten, Studenten auftraten und den Schriftstellern ihre Kritik und ihre Wünsche überbrachten, dauerte die Tagung zwei volle Wochen und wurde erst am 1. September durch ein Schlußwort von Gorkij geschlossen.
Trotz des in vielen Fällen rein deklaratorischen Charakters der Debattereden ist das Problem Form–Inhalt erheblich vorwärtsgebracht worden. Das Gesamtergebnis war ein überwältigendes Bekenntnis zur Form. Kaum einer der Redner unterließ die Feststellung: Unsere Literatur ist groß durch ihren welthistorischen Inhalt, Revolution, Bürgerkrieg, Sozialismus, aber sie ist klein in ihrer mangelhaften Beherrschung der Technik und Form. Lernen! So hieß die Parole des Kongresses, und zwar lernen bei den ehemals schief angesehenen und jetzt auf dem Kongreß so gefeierten unproletarischen Dichtern, bei den Meistern des bürgerlichen Auslands, vor allem bei den Klassikern. Bucharin, der einst verbannte Oppositionelle, der bezeichnenderweise von sich sagen konnte, daß sein Referat von den entsprechenden Instanzen der Partei gebilligt worden sei, erklärte – diese Sensation war tagelang das Gespräch von ganz Moskau –, die bisher gefeierten revolutionär-agitatorischen Dichter wie Demjan Bednyj, der »Hofpoet des Kreml«, und Besymenskij seien veraltet und hätten die Zeichen der Zeit nicht erkannt. Im Grunde täten sie nichts, als »politische Losungen rhythmisch zusammenkoppeln«. Wahre

Dichter dagegen seien die exklusiven und bisher fast nur Kennern bekannten Lyriker wie Pasternak, Selwinskij und Tichonow. Man sehe sich den schmalen, überzüchteten Kopf Pasternaks an, der Verhaeren übersetzt und Rilke liebt, er sowohl als der in einem katholischen Kloster in Konstantinopel erzogene Selwinskij und Tichonow sind bürgerlicher Herkunft und haben ihre Dichterlaufbahn schon vor der Revolution begonnen. Auch Alexej Tolstoj, der zu den hervorragendsten Schriftstellern gezählte und auf der Tagung sehr gefeierte Exemigrant, hat das typische Gesicht des bürgerlichen Intellektuellen. »Es war für uns alle ein Erlebnis« – sagte mir ein junger russischer Dichter –, »daß Pasternak, der in seinem Leben keine politische Versammlung besucht und keine aktuell politischen Gedichte geschrieben hat, die Lorbeeren erhielt, während wir andern die besten Jahre unseres Lebens unproduktiv mit Sitzungen und organisatorischem Kleinkram verplempert haben.«

Auf noch drei Gebieten manifestierte sich dieselbe Richtung der hiesigen Entwicklung: Offen wurde die Müdigkeit gegenüber dem zu Tode gehetzten zeitgenössischen Sujet – Kollektivierung des Bauern, industrieller Aufbau – zugegeben, Versenkung in die Vergangenheit (Gorkij) und Romantik gefordert. Vom Helden wurde verlangt, daß er kein unwirkliches Beton- und Maschinenwesen, sondern ein Mensch mit Widersprüchen und Leidenschaften sein soll. (Bucharin stellte den Faust als unerreichtes Vorbild dar.) Und die Kritik wurde getadelt, weil sie bisher vom Standpunkt der Ideologie, nicht der Kunst Urteile gefällt hätte.

Dieselbe Einstellung auch gegenüber der Weltliteratur. Radek hat zur Erbitterung der anwesenden ausländischen Schriftsteller das niedrige Niveau der proletarischen Dichtung des Auslandes festgestellt. Er wurde dafür von den Gästen scharf angegriffen, besonders gekränkt waren Theodor Plivier und Willi Bredel, und Friedrich Wolf bezeichnete geradezu Radeks Unterschätzung der revolutionären Literatur des Westens als einen politischen Fehler. (Außerdem waren von »Deutschen« noch Franz Weißkopf, Gustav Regler, Oskar Maria Graf und Herzfelde in Moskau.)

Noch zwei Eindrücke, die mir der Kongreß vermittelte, sind der Erwähnung wert. Das ist einmal die den meisten russischen Schriftstellern unerwartete Entdeckung der Minderheiten-Litera-

tur. Auf dem Kongreß waren Dichter-Delegierte von insgesamt 57 in der Sowjetunion lebenden Völkerschaften versammelt, und diese gegenseitige Befruchtung ist für den Bestand des Reiches von zweifellos politischer Bedeutung ... Und zweitens: Während der beiden Wochen der Tagung traten in der Sowjetunion, in der Presse und im allgemeinen Interesse die politischen und wirtschaftlichen Fragen in den Hintergrund, und die Ohren der Nation waren auf das Rednerpult im Moskauer Säulensaal gerichtet. Freilich hindert die Last von Not und Sorgen die überwiegende Majorität des Volkes, sich wirklich zu einer intensiven Teilnahme an künstlerischen Fragen aufzuschwingen, aber man kann ohne Übertreibung sagen, daß der bewußte und fortgeschrittene Teil des russischen Proletariats und – in viel geringerem Maße – der Bauernschaft, also die Masse der Leser der trotz Millionenauflagen vergriffenen Bücher, in ihren Gedanken auf dem Kongreß anwesend war, so daß die Tagung in engster Fühlung zwischen Dichter und Leser verlief.
Das wesentlichste Ergebnis aber dieses ersten Kongresses war die auf ihn erfolgte Rehabilitierung der Intelligenz und das Bekenntnis zur künstlerischen Qualität und Form.

Vierzig Tage nach dem Kirow-Mord

Moskau, Anfang Januar [1935]

1935 Vierzig Tage nach der Ermordung Kirows liegt genügend Material über den Vorfall vor, um ihn und seine Bedeutung zusammenhängend zu behandeln. Vielleicht wird eine spätere Zeit noch weitere Einzelheiten zutage fördern, für die unmittelbare Zukunft sind jedenfalls besondere Enthüllungen kaum zu erwarten.
Selten war Moskau so voll von sich jagenden Gerüchten wie in diesen vierzig Tagen. Manche von ihnen haben sich erstaunlich bewahrheitet, andere sind Gerüchte geblieben. Ich werde mich auf die Wiedergabe von Tatsachen beschränken. Es sind ihrer genügend vorhanden, so daß auf die Kolportage von Phantasien, wie sie in manchen ausländischen Zeitungen abgedruckt wurden, verzichtet werden kann.

Der Mord

Am 1. Dezember [1934] sollte abends eine Versammlung des Leningrader Parteiaktivs stattfinden. Redner: Der Leiter der Leningrader Parteiorganisation Kirow. Thema: Abschaffung der Brotkarten. Das Dekret darüber war drei Tage vorher veröffentlicht worden und hatte größtes Aufsehen hervorgerufen. Kirow sollte seinen Leuten erklären, worum es sich handelte. Um sich auf seinen Vortrag vorzubereiten, begab er sich nachmittags halb fünf in sein Arbeitszimmer im ehemaligen Smolnyj-Institut.
In diesem Augenblick trat Nikolajew von hinten an ihn heran und schoß ihn mit dem hierzulande gebräuchlichsten Revolver, dem sogenannten Nagan, ins Genick. Es heißt, daß Nikolajew sich darauf selbst zu erschießen versuchte, sich schwer verletzte und bald starb. Sicheres ist darüber nicht bekanntgeworden. Fest steht nur, daß er sofort verhaftet wurde. Kirow wurde in hoffnungslosem Zustand in sein Kabinett getragen. Die herbeigerufenen Ärzte fanden ihn schon ohne Puls und Atem und mußten trotz aller Bemühungen bald darauf den Tod feststellen. Ihr genaues Bulletin über die durch den Schuß und den Fall auf den Boden hervorgerufenen Verwundungen wurde veröffentlicht. Sein Wortlaut legt die Vermutung nahe, daß im Augenblick der Tat keine Zeugen zugegen waren.

Der Ermordete

Sergej Mironowitsch Kirow war der typische bolschewistische Revolutionär. Mit achtzehn Jahren trat er der Partei bei, mit neunzehn beteiligte er sich an der Organisation einer bewaffneten Arbeiterdemonstration und wurde zum ersten Male verhaftet. Er gab seine Ausbildung zum Ingenieur auf und wurde Berufsrevolutionär. Nach der Oktoberrevolution gelangte er in führende Parteistellungen. Er verteidigte Astrachan gegen die Weißen, kämpfte gegen Denikin und war Delegierter bei den Friedensverhandlungen mit Polen.
Als 1926, nach dem Zusammenbruch der Sinowjew-Opposition, Leningrad, die Hochburg der Sinowjew-Leute, gesäubert werden sollte, wurde Kirow Leiter der Leningrader Parteiorganisation.

1930 wurde er außerdem Mitglied des Zentralkomitees der Partei, und seit dem Februar 1931 saß er in der innersten Instanz der Partei, ihrem sogenannten Sekretariat, zusammen mit Stalin, Kaganowitsch und Shdanow, der jetzt sein Nachfolger in Leningrad ist. Kirow und Kaganowitsch galten für den Fall des Todes Stalins als seine aussichtsreichsten Nachfolger. Kaganowitsch rangiert zwar im allgemeinen höher, anderseits aber konnte man hören, als Jude käme er für die Nachfolge nicht in Betracht.

Auf jeden Fall wird man sagen können, daß Kirow zu den sechs oder sieben wichtigsten Männern der Sowjetunion gehörte, in besonderem Maße das Vertrauen Stalins besaß und einer der populärsten und beliebtesten Parteiführer war. Er galt als der beste Redner des Landes. Zweifellos stand ihm noch eine große Zukunft bevor. Da traf ihn am 1. Dezember im Alter von 48 Jahren die Mörderkugel.

Der Mörder

Leonid Wassiljewitsch Nikolajew gehörte der jungen Generation an. Er war 30 Jahre alt, als er den Mord beging, hatte eine Frau, Milda, eine Mutter und einen Bruder Peter, die später sämtlich gegen ihn aussagten. Lange Zeit war er Angestellter der »Arbeiter und Bauern-Inspektion«. Diese wurde im Frühjahr 1934 aufgelöst und in die »Sowjet-Kontroll-Kommission« umgewandelt. Nikolajew wurde arbeitslos. Noch mehr: Er wurde aus der Partei ausgeschlossen wegen Vergehens gegen die Parteidisziplin, hieß es.

Zwei Monate später wurde er zwar wieder in die Partei aufgenommen, aber er blieb ohne Arbeit. Das ist in der Sowjetunion ein äußerst unerfreulicher Zustand, da der Nicht-Arbeitende seiner Bezugskarten und vieler anderer Rechte verlustig geht. Es klingt daher nicht sehr überzeugend, wenn die Staatsanwaltschaft auf Grund einer Aussage von Milda Nikolajewa erklärte, er sei freiwillig ohne Arbeit geblieben, um sich ganz der Vorbereitung des Terroraktes zu widmen. Arbeitslos wurde er im März 1934, den Entschluß zum Mord faßte er erst im September. Eine Erklärung für seine »freiwillige Arbeitslosigkeit« für die Zeit vom März bis September wird nicht gegeben.

Im Herbst 1934 übte er sich mit seinem Nagan im Schießen. Bereits einen vollen Monat vor der Tat soll er einen ganz genauen Mordplan ausgearbeitet haben. Diesen Plan, säuberlich mit dem Datum des 1. November versehen und mit allen Details und Varianten, habe man, heißt es in der Anklageschrift, bei Nikolajew gefunden, als man ihn unmittelbar nach dem Mord arretierte.

Das klingt etwas phantastisch, da es im allgemeinen nicht die Art von Mördern ist, sich ein *Aide-mémoire* in die Tasche zu stecken, in dem sie sich Rat holen können, wenn während der Tat etwas nicht ganz programmäßig verläuft. Wie dem auch sei, es steht fest, daß Nikolajew nach sorgfältiger Vorbereitung am 1. Dezember Kirow erschoß.

Mord – privat oder im Auftrag?

Am Abend des 1. Dezember, nur wenige Stunden nach dem Mord, rief der Sowjetrundfunk in alle Welt: »Kirow kam um durch die Hand eines von den Feinden der Arbeiterklasse geschickten Mörders.« Man legte sich damit vom ersten Augenblick an darauf fest, daß der Schuß keine selbständige Einzelaktion war, sondern eine politische Tat. In dieser ersten Meldung hieß es aber auch: »Man ist dabei, die Personalien des Mörders zu klären.« Man war also noch ganz am Anfang der Untersuchung. Nikolajew suchte jedoch zunächst den Anschein zu erwekken, er habe ganz allein und auf Grund persönlicher Verzweiflung gehandelt.

Erst im Verlaufe der weiteren Untersuchung, heißt es in der Anklageschrift, habe man festgestellt, daß Nikolajew Exponent einer größeren Verschwörung war. Wenn also schon wenige Stunden nach dem Mord mitgeteilt wurde, Nikolajew habe in politischem Auftrag gehandelt, so war das zunächst mehr eine spontane als eine auf tatsächlichen Unterlagen basierte Behauptung.

Diese wurde von da ab mit aller Gewalt vertreten. Dabei bestand in der ersten Woche nach dem Mord allgemein die Ansicht, Nikolajew habe aus rein persönlichen Motiven gehandelt, und auch einige ausländische Journalisten brachten aus Leningrad diese Version mit. Rache für den Ausschluß aus der Partei, persönliche

Feindschaft wegen der Entlassung von der Arbeit, hieß es, habe Nikolajew den Revolver in die Hand gedrückt; ja, es fehlte auch nicht an Stimmen, welche sich an das beliebte Motto *cherchez la femme* hielten.
Die Sowjetregierung dagegen beharrte auf ihrem Standpunkt – daher auch die hartnäckige Betonung der »freiwilligen Arbeitslosigkeit« – und trat schließlich mit der Mitteilung, Nikolajew habe in Verbindung mit einer Restgruppe der ehemaligen Sinowjew-Opposition gehandelt, hervor. In der mit dem Datum des 25. Dezember gezeichneten Anklageschrift werden in aller Ausführlichkeit auf 17 Schreibmaschinenseiten die Beziehungen Nikolajews zu der Geheimgruppe »Leningrader Zentrum« und zu dreizehn anderen namentlich aufgeführten Verschwörern dargestellt. Da aber die vierzehn Angeklagten bereits vier Tage später erschossen waren und die Verhandlungen vor dem Kriegskollegium des Obersten Gerichts unter Ausschluß der Öffentlichkeit stattfanden, kommt diesen Bekenntnissen von Toten nur eine recht beschränkte Beweiskraft zu.

Der politische Hintergrund

Die ganze Behandlung des Mordfalles ist das deutlichste Eingeständnis dafür, daß in der Sowjetunion noch siebzehn Jahre nach der Revolution viel gefährliche Unzufriedenheit gärt. Und dieses Eingeständnis ist für die Regierung nicht angenehm, sie würde es nicht machen, wenn diese Unzufriedenheit nicht vorhanden und Nikolajew nicht in irgendeinem Zusammenhang mit ihr stehen würde.
Ob dieser Zusammenhang in der Weise, wie es die Anklageschrift schildert, bestand oder nicht, ist verhältnismäßig gleichgültig. Wichtig ist, daß die Regierung – wie aus zahlreichen Verhaftungen im ganzen Lande und aus der Welle von »Entlarvungen« von Feinden innerhalb verschiedener Parteiorganisationen wie zum Beispiel in Dnjepropetrowsk, Saransk, Rostow hervorgeht – die Bestrafung des Kirow-Mordes in eine Aktion gegen die Unzufriedenen schlechthin erweitert hat.
Selbstverständlich handelt es sich nicht um die allgemeine Unzufriedenheit, sondern um deren ganz bestimmte und für die Sowjetregierung besonders gefährliche Formen. Stalin hat sich in

seiner großen Rede auf dem 17. Parteikongreß vor einem Jahr mit den Angriffen der innerpolitischen Gegner gegen seine »Generallinie« auseinandergesetzt.
Die gegen Stalin erhobenen Vorwürfe laufen im wesentlichen auf zweierlei hinaus. Einmal: Verrat am Sozialismus durch staatskapitalistische Maßnahmen wie Akkordlöhne, Differenzierung des Lebensniveaus, die seit Abschaffung der Brotkarten noch verstärkt wird, durch das enge Zusammenarbeiten mit dem reaktionären Frankreich, dem schwerkapitalistischen Amerika und dem Völkerbund, durch Preisgabe der Weltrevolution; diese Angriffe wurden besonders von radikalen Gruppen der Jugend erhoben, zu denen bezeichnenderweise auch einige der Toten vom »Leningrader Zentrum« und wahrscheinlich auch Nikolajew gehörten. Und zweitens: Erstickung der freien Meinungsäußerung in der Partei, »Bonapartismus«, wie es auch manchmal genannt wird.
Der letzte Parteikongreß hat vor Jahresfrist eine neue Satzung der Partei geschaffen. Ihr Hauptgesichtspunkt war die völlige Einheit der Partei, die unbedingte Festlegung auf die Generallinie Stalins. Sie enthält neue und sehr scharfe Bestimmungen gegen die Bildung von Oppositionsgruppen. Die interessanteste Stelle der Anklageschrift ist daher sicher Nikolajews Ausspruch über das entscheidende Motiv seiner Tat: »Wir konnten nicht erwarten, die Parteiführung mit den Methoden der innerparteilichen Demokratie zu ändern. Es blieb also nur ein Weg – der Weg terroristischer Aktionen.«
Diese beiden Sätze zu drucken, war für die Sowjetmachthaber recht gefährlich. Der erste Satz ist eine hier jedermann geläufige Binsenwahrheit. In dem zweiten aber wird eine Schlußfolgerung nahegelegt, die bisher die wenigsten gezogen haben. Ein Grund mehr zu der Annahme, daß das Vorhandensein einer Verschwörung nicht das bloße Hirngespinst einer übereifrigen GPU ist.

Sinowjew und Kamenew

Wie offiziell von Sowjetseite zugegeben wird, sind Sinowjew und Kamenew ohne persönliche Schuld Opfer des Leningrader Schusses geworden. Es hätte dieser Feststellung nicht weiter bedurft. Kein Mensch hat ohnehin angenommen, daß Sinowjew,

dessen Feigheit stadtbekannt ist, oder sein rundlicher Freund Kamenew sich in solche Abenteuer einlassen würden. Längst waren die beiden von ihrer einst stolzen Höhe in ein Leben voll erniedrigender Demütigungen abgesunken.
Beide sind heute 51 Jahre alt und seit 33 Jahren in der Partei. 1918 bis 1926 war Sinowjew Vorsitzender des Leningrader Sowjets und etwa während derselben Zeit Leiter der Komintern; Kamenew spielte eine entscheidende Rolle in Moskau und war außerdem zeitweise Stellvertreter Lenins im Vorsitz des Rates der Volkskommissare. Nach Lenins Tode ging die Macht zunächst an das »Dreigespann« Sinowjew, Kamenew, Stalin über. Bald kam es zu schweren Auseinandersetzungen – schon damals ging es um die »innerparteiliche Demokratie« –, und alles spitzte sich mehr und mehr zu auf den Kampf Stalins einerseits, Sinowjews, Kamenews, Trotzkis andrerseits, der mit dem Siege Stalins endete.
Im Dezember 1927 war die Opposition völlig zertrümmert. Trotzki wurde nach Turkestan verbannt und 1929 aus der Sowjetunion ausgewiesen. Sinowjew und Kamenew gaben Reueerklärungen ab. Sie wurden daher milder behandelt und mit kleineren Posten betraut. Ihre Reueerklärungen wurden seither zu einer stehenden Einrichtung, die von Zeit zu Zeit, das letzte Mal vor einem Jahr, wiederholt wurden.
Nein, von ihnen war eine Verschwörung nicht zu erwarten. Sie wurden zusammen mit anderen in Moskau am 16. Verhafteten auch nicht vor Gericht gestellt, sondern »auf administrativem Wege« verbannt. Wohin, ist nicht bekannt.

117

Anders ist es mit den übrigen Opfern. Wenige Stunden nach dem Mord fuhren Stalin und Woroschilow nach Leningrad. Unmittelbar darauf verschwanden acht der führenden Leningrader GPU-Leute von ihren Posten und wurden für »Schlamperei« dem Gericht übergeben. Es ist zwar kaum anzunehmen, daß wir von dem Ergebnis dieses Gerichtes jemals etwas erfahren werden.
Immerhin, die GPU mußte sich rehabilitieren. Aus ihrem Vorrat an Verhafteten übergab sie in Leningrad 39 und in Moskau 32,

wie bereits am zweiten Tag nach dem Mord mitgeteilt wurde, unter der Anklage der Vorbereitung von Terrorakten gegen führende Persönlichkeiten dem Kriegskollegium des Obersten Gerichts. Da inzwischen – auch noch am Abend des Mordes – das Zentral-Vollzugskomitee ein Gesetz erlassen hatte, das Terroristen gegenüber einen gerichtlichen Ausnahmezustand schuf, konnte bereits am 5. abends mitgeteilt werden, daß von den 71 Verhafteten 66 erschossen seien.

Von da ab ging es Schlag auf Schlag: am 7. übergab die GPU zwölf in Weißrußland verhaftete Terroristen dem Obersten Gericht, am 11. wurden neun von ihnen erschossen. Am 10. erhielt das Oberste Gericht von der GPU die Akten von 37 ukrainischen Terroristen, am 15. waren 28 von ihnen tot. Am 29. wurden Nikolajew und die 13 Angeklagten vom »Leningrader Zentrum« erschossen. In toto: 117 Leichen. Dabei ist es ganz eindeutig, daß sie – abgesehen von den 14 Mann vom »Leningrader Zentrum« – mit dem Mordfall Kirow nichts zu tun hatten. Sie waren offensichtlich schon geraume Zeit vor dem Mord festgenommen worden. Die GPU teilte mit, daß sie großenteils über die Randstaaten Polen und Rumänien in die Sowjetunion gelangt waren und Revolver und Handgranaten besaßen.

Der geheimnisvolle Konsul

Am 18. brachte die »Iswestija« einen aufsehenerregenden Leitartikel, in dem von Beziehungen der Verschwörergruppe zum Ausland, und zwar zum Faschismus – der hier nicht als italienischer, sondern als Weltfaschismus betrachtet wird – die Rede war. Offenbar wollte man, nachdem einmal der Mordfall ins politische Fahrwasser geraten war, auch auf die beliebte und immer wieder zugkräftige Version von den Angriffsplänen des Auslandes nicht verzichten. In der am 29. bekanntgegebenen Anklageschrift hieß es schon konkreter, Nikolajew habe gestanden, von einem ausländischen Konsul in Leningrad 5000 Rubel erhalten zu haben, wofür er ihm Angaben über sowjetfeindliche Vorgänge in Rußland machte. Der Konsul habe sich auch freundlicherweise bereiterklärt, die Verbindung der Verschwörer mit Trotzki herzustellen.

Neun Staaten sind in Leningrad durch Konsulate oder Generalkonsulate vertreten. Es setzte also ein eifriges Raten ein, welches sich die Sowjetregierung als Sündenbock ausgewählt hätte. Einige Tage später wurde bekannt, daß Lettland seinen Konsul, einen ehemaligen russischen Staatsangehörigen, aus Leningrad abberufen habe. Es ist denkbar, daß Nikolajew zu seinem Bekanntenkreise gehört und von ihm vielleicht auch einmal Geld erhalten hat. Das wäre dann eine Ungeschicklichkeit des Konsuls, die aber kein politisches Gepräge zu haben braucht. Zudem sind Angriffe gegen das Ausland unentbehrliches Inventar der hiesigen Regierungskunst und sollen, abgesehen vom Betroffenen, nicht zu ernst genommen werden.
Ein anderes Gesicht erhielt jedoch für uns das Ganze, als die »Prawda« in einem Leitartikel vom 5. Januar die Beschuldigung gegen Deutschland erhob, daß es hinter jenem kleinen Konsul mit dem ganzen Gewicht seiner interventionistischen und sowjetfeindlichen Absichten stehe, und dies mit völlig sinnlosen und geradezu komisch anmutenden Argumenten zu »beweisen« suchte.
Wir müssen uns auf das schärfste dagegen verwahren, daß in so leichtfertiger Weise die Beziehungen zwischen zwei großen Staaten zur innigen Freude der an einem Streit zwischen ihnen höchlich interessierten Dritten aufs Spiel gesetzt werden. Wir verstehen diese Entgleisung der »Prawda« aus ihrem Wunsch, die Folgen innerer Unzufriedenheit als vom bösen kapitalistischen Ausland inspirierte Aktionen darzustellen, und wünschen im Interesse der Beziehungen zwischen Deutschland und der Sowjetunion, daß es damit sein Bewenden hat.

Schlußbild

Das blutige Drama, daß mit dem Schuß im Smolnyj-Institut seinen Anfang nahm, ist abgerollt und zu einem gewissen Abschluß gekommen. Gleichgültig welche Motive es im einzelnen waren, die den Schuß auslösten, er ist von links gekommen. Die bolschewistische Regierung hat feststellen müssen, daß selbst sie ihre Jakobiner besitzt.
Die Masse der Bevölkerung freilich will Ruhe haben und muß

bedauern, daß durch den Mord der Prozeß der innerparteilichen und innerrussischen Stabilisierung, der seit einiger Zeit festzustellen war, wieder jäh ins Stocken geraten und durch neue Unruhe, neues Mißtrauen, neue Verhaftungen abgelöst wird.
Die Regierung hat sofort zugeschlagen und einen Teil ihrer Feinde vernichtet, es ist nicht anzunehmen, daß sie sich in ihrem Kurs beeinflussen läßt. Trotzdem war es für sie ein erschütterndes Ereignis, als ein Parteigenosse einen andern erschoß und damit die inneren Spannungen in der Partei offenbarte. Der Schatten des ermordeten Kirow wird noch lange über dem ruhelosen Lande lasten.

Der rote Zar

Moskau, 4. Juli [1935]

Gegenwärtig läuft in allen Kinos Moskaus und in unzähligen **1935**
Kinos der ganzen Sowjetunion als eine Art Wochenschau ein etwa zehn Minuten langer Stalinfilm. Schon diese Tatsache allein ist eine Sensation. Im Gegensatz zu anderen Staatschefs hat sich Stalin bisher stets im Hintergrund gehalten. Während in Deutschland fast ein Dutzend Stalinbücher veröffentlicht wurden, deren Verfasser die Handvoll tatsächlichen Materials mit Hilfe einer reichen Phantasie auswalzten, gibt es in der Sowjetunion selbst keine einzige Biographie dieses Mannes. Niemand weiß etwas über ihn als Mensch, in welchem Teil des Kremls er wohnt, welches sein Landhaus oder sein Auto ist. Ein einziges Mal drang ein Stück seines Privatlebens an die Öffentlichkeit, als er vor einigen Jahren seine Frau beerdigte. Kaum einem Moskauer ist bekannt, daß in den Elementarklassen einer der hiesigen Schulen ein Sohn und eine Tochter des Herrschers über ein Sechstel der Erde unterrichtet werden.
Obgleich es keine Rede und keinen Zeitungsartikel ohne zahlreiche Zitate Stalins gibt, obgleich alles, was geschieht, ihm zugeschrieben wird (»auf Initiative des Genossen Stalin« ... ist die stehende Formel), und obgleich sein millionenfach gebrauchter Ehrentitel »Woshd« (Führer) lautet, ist er für das Volk kein un-

mittelbar wirkender Führer, sondern mehr eine legendäre Figur, nicht unähnlich der märchenhaften Ferne des Zaren in früherer Zeit. Moskau verläßt er fast nie, eine einzige Ausnahme seit langer Zeit war die Fahrt nach Leningrad am Tage der Ermordung Kirows. Aber auch das Volk von Moskau sieht ihn gewöhnlich nur zweimal im Jahr, am 1. Mai und am Revolutionsfeiertag (7. November), wenn es in einem Zwei-Millionen-Strom über den Roten Platz flutet, wo er in seinem langen Soldatenmantel auf dem Mausoleum Lenins die Parade abnimmt. Reden hielt er ganz selten – seine ganzen Werke, einschließlich aller Reden, füllen nur zwei mäßige Bände –, und wenn er sprach, dann geschah es nie vor der Öffentlichkeit, sondern vor bestimmten, gewöhnlich zahlenmäßig sehr begrenzten Gremien. Es ist auch kein Zufall, sondern entspricht seinem Wesen, daß er kein Staatsamt bekleidet und sich mit dem bescheidenen Titel »Generalsekretär der Partei« begnügt.

Aber nicht nur, daß jetzt auf einmal ein Stalinfilm läuft, ist eine Sensation, sondern erst recht, was dieser Film zeigt. Stalin – der Mann von Stahl hat er sich ja selbst genannt, sein eigentlicher Name ist Dshugaschwili –, der sachliche, wortkarge, immer ernste, der von wenigen geliebte, bestenfalls bewunderte, von allen aber gefürchtete Diktator, zeigt sich im Film von einer scherzhaften, freundlichen, ja landesväterlichen Seite. Der Film stellt die Festversammlung der Arbeiter und Arbeiterinnen dar, die die am 15. Mai eröffnete erste Linie der U-Bahn in Rekordzeit bauten. Zunächst waren Reden gehalten, Orden an die besten Arbeiter und Ingenieure verteilt worden, und jetzt heißt es auf einmal: Stalin hat das Wort. Stalin tritt ans Pult. Begeisterter Beifall. Dann Totenstille. Stalin erklärt, er hätte zwei Zusatzanträge zu stellen. Man habe eine Reihe von Leuten mit Orden und mit Urkunden belohnt. »Aber«, fährt er fort, »es entsteht die Frage: was ist mit den andern, die nicht schlechter als die Belohnten arbeiteten, die ihre Arbeit, ihr Können, ihre Kräfte gleich jenen einsetzten? Was ist mit ihnen? Mir scheint, die einen sind zufrieden, die andern aber fragen sich: warum haben die Schurken mich vergessen?« Lautes Lachen dröhnt durch den Saal.

Es gibt in der russischen Sprache zwei nicht sehr salonfähige Ausdrücke, mit denen jeder, der sie anwendet, bei seinen Zuhörern einen unzweifelhaften Lacherfolg erzielt, Schurke (Swolotsch) und Hundesohn. Indem Stalin einen der beiden gebrauchte und auf die Regierung anwandte, drückte er in nicht sehr gewählter, aber drastischer und einprägsamer Form besser als durch eine lange Rede folgenden Gedankengang aus: Liebe Kinder, ich bin ja gar nicht so, wie ihr euch das vorstellt, ich bin ein guter Kerl, der einen Spaß versteht und dem es nicht darauf ankommt, die Regierung als Schurken zu titulieren.

Und während eine Salve von Lachen und Klatschen durch den Säulensaal des ehemaligen Adelshauses braust, steht der Herr über Leben und Tod von 170 Millionen, mit dessen Namen Ereignisse verknüpft sind wie die »Liquidierung« einer ganzen Klasse, des Großbauerntums, mit rund sechs Millionen Menschen innerhalb von zwei Jahren, steht Stalin gleichsam ein wenig überrascht über diesen Erfolg seines Scherzes, in der hochgeschlossenen Militärjoppe, die er immer trägt, und streicht sich höchst menschlich, gar nicht olympisch, selbst lachend, mit der rechten Hand mehrfach wie verlegen über die Backe. Dann trägt er die beiden Vorschläge vor: Erstens, allen Arbeitern und Arbeiterinnen am U-Bahn-Bau namens der Regierung die Dankbarkeit auszusprechen und zweitens, die Moskauer Komsomol-(Jungkommunisten-)Organisation, die Tausende ihrer Mitglieder zum Bau kommandierte, mit dem Leninorden auszuzeichnen. »Das ist freilich nicht viel«, schließt er, »aber etwas Besseres wußten wir nicht. Wer etwas Besseres weiß, soll es sagen.«

Während der immer und immer wieder aufbrausenden Beifallstürme steht Stalin freundlich lächelnd da, und wenn aus der Masse eine helle Mädchenstimme tönt »dem Genossen Stalin ein Komsomol-Hurra«, lacht er übers ganze Gesicht und zeigt auf die Ruferin mit einer Miene, als wolle er sagen: Sieh mal an, der nette kleine Frechdachs.

Dieses Auftreten Stalins vom 14. Mai [1935] und der Film sind lediglich ein vorläufiger Höhepunkt einer bereits seit drei Monaten festzustellenden Entwicklung: Stalin will populär werden. Es begann damit, daß Stalin auf dem Kolchoskongreß Mitte Februar selbst zwischen den Hunderten von Bauern aus der ganzen Union saß und mit ihnen gemeinsam, gleichsam als sei er ihresgleichen, die neuen Satzungen für die Kollektivwirtschaften ausarbeitete. Am 1. Mai sprach er vor den Teilnehmern der Maiparade im Kreml und unterstrich die Bedeutung der Parteilosen, am 4. Mai vor den Absolventen der Kriegsakademien, wobei er an die Stelle der von ihm selbst vor einigen Jahren aufgestellten Losung »Die Technik entscheidet alles« die neue Parole setzte »Die Kader (das heißt die Menschen) entscheiden alles«, die Ausmerzung des »seelenlosen bürokratischen und geradezu skandalösen Verhaltens zum Arbeiter« forderte und Sorgfalt gegenüber dem Einzelmenschen predigte, da der Mensch das wertvollste Kapital sei.

Und da in der Sowjetunion alles stoßweise geht, wird auch diese Popularisierungskampagne mit großem Nachdruck geführt. Anfang Mai besuchte Stalin einige Fliegerformationen, und ein Pilot, dessen Aufgabe darin besteht, neue Maschinen einzufliegen, schrieb in der Zeitung, Stalin habe ihm gesagt, er solle notfalls abspringen und die Maschine opfern, »denn dein Leben ist uns wichtiger als alle Maschinen«. Einige Tage später – zum erstenmal seit den Tagen seiner Herrschaft – ging Stalin nur in Begleitung von Woroschilow und Molotow durch die Straßen. Ein Augenzeuge schilderte es am nächsten Tag in der Zeitung:

»Von allen Seiten erklangen begeisterte Rufe ›Wir grüßen unsern Stalin! Hurra! Es lebe unser teurer geliebter Führer!‹ Wie ein erregtes Meer wogte die Masse. Wir schlossen uns ihr an. Genosse Stalin ging im Gespräch mit seinen Begleitern, irgendein Kind im Arm, und schaute lächelnd auf das Volk, das ihm wie eine Lawine folgte. Die Masse wuchs. Es wurde schwer, weiterzugehen. Da bildeten wir eine lebende Kette, faßten uns fest bei den Händen und bewegten uns so mit Stalin langsam in der Richtung nach dem Großen Theater. Auf der Mitte des Platzes rief er noch einen Knaben zu sich, umarmte ihn und schritt mit den beiden Kindern im Arm weiter. Irgendeine Frau wußte sich beim Anblick des heißgeliebten Stalin vor Erregung nicht zu fassen. Genosse Stalin blieb stehen, rief sie zu sich und beruhigte sie. Unsere Freude kannte keine Grenzen. Wir wollten diese unvergeßlichen Augenblicke möglichst verlängern. Aber schon waren wir am Theatereingang. Genosse Stalin betrat die Stufen, wandte sich zu uns um, lächelte, machte eine Abschiedsgeste mit der Hand und trat ins Theater.«

Als die U-Bahn eröffnet wurde, fuhr er zusammen mit dem übrigen Volk in einem Waggon über die Strecke – auch das wäre früher undenkbar gewesen –, und vor wenigen Tagen ereignete sich wieder ein bezeichnender Fall. Der bekannte Filmregisseur Dowshenko, der einen von Stalin selbst vorgeschlagenen Film mit einem Bürgerkriegshelden als Mittelpunkt vorbereitet, hatte Audienz bei Stalin. Stalin empfahl ihm vor allem, im Film den reichen Schatz von Volksliedern aus jener Zeit zu verwerten, von denen viele auf Platten aufgenommen seien, und fragte, ob Dowshenko die Platten kenne. »Nein«, sagte dieser, »ich habe kein Grammophon.« – Kaum war der Regisseur nach Hause gekommen, als ihm eine Kiste gebracht wurde – ein Grammophon von Stalin.

Diese Häufung von noch vor kurzem völlig undenkbaren Handlungen zeigt deutlich, daß es sich um eine ganz bewußte Aktion handelt, mit dem Ziel, Stalin aus seiner abstrakten olympischen Ferne zu einem dem Volke nahen und von ihm geliebten Führer zu machen. Es wird interessant sein zu beobachten, wieweit gerade bei einem so stark gefühlsmäßig bestimmten Volk wie dem russischen diese Methode Erfolg haben wird.

Nach dem Zweiten Weltkrieg

Als Augenschein nicht möglich war – die Jahre bis 1955

Im Jahre 1946 kehrte Mehnert – nach Jahren im Ausland (Kalifornien, Hawaii, Schanghai) – in das zerstörte und desolate Nachkriegsdeutschland, nach Stuttgart, zurück. Schon bald wandte er sich wieder sowjetischen Themen zu. Zwar waren Auslandsreisen damals kaum möglich, schon gar nicht nach Moskau, doch gab es immerhin die »Prawda« und auch russische literarische Zeitschriften und Bücher – Romane, Erzählungen, Gedichte, die Mehnert stets als Quelle schätzte; für bestimmte Bereiche war sie damals oft auch die einzige – gerade für Fragen, die im Vordergrund seines Interesses standen, vor allem für seine ewige Frage nach dem »lebendigen Menschen«, danach, ob es gelungen war, einen »neuen Menschen« zu schaffen.
Die drei ersten Aufsätze Mehnerts in der von ihm 1951 wiederbegründeten und geleiteten Zeitschrift »Osteuropa« sind solchen Fragen gewidmet. Diese drei Beiträge – »Der Sowjetautor und sein Held«, »Scharonow oder der neue Mensch« und »Der Fall Tschakowskij« – sind thematisch eng miteinander verbunden und bilden gleichsam eine Einheit. Von besonderem Interesse ist, daß Mehnert hier auf Werke zurückgreift, die zum Teil noch während des Zweiten Weltkrieges veröffentlicht wurden, und damit eine Zeit beleuchtet, die – zumindest im Hinblick auf die Literatur – noch wenig untersucht ist.
Konstantin Simonows Gedicht »Wart' auf mich«, das den Wunsch so vieler in ergreifender Form zum Ausdruck brachte, gehört zu den berühmtesten der Kriegszeit. Noch während des Krieges wurde es ins Deutsche übersetzt, und auch mancher deutsche Soldat trug es mit sich.
Mehnert war einer der ersten, der schon Mitte der dreißiger Jahre auf den sich rasch ausbreitenden Personenkult um Stalin hinwies. Er nannte seinen Aufsatz damals »Der rote Zar«. Sein Stalin-Aufsatz aus dem Jahre 1950 trägt den Titel: »Ein neuer Gott«.

»Shdi menja«
Ein Lied der wunden Herzen

1949 Während des Krieges lebten wir in einer Stadt mit einer in die Zehntausende gehenden, fast ausschließlich aus politischen Emigranten bestehenden russischen Bevölkerung – Schanghai. Diese Menschen erlebten damals eine tiefe Krise. Sie waren antibolschewistisch und wünschten daher die Niederlage der Roten Armee. Sie waren russische Patrioten, denen jeder neue deutsche Sieg einen Stich ins Herz versetzte. Bald bildeten sich feindliche Gruppen. Sie sangen verschiedene Lieder, lasen verschiedene Bücher und Zeitungen, gingen in verschiedene Klubs, Filme und Theaterstücke und wurden dadurch innerlich noch zerrissener und unglücklicher. Da tauchte, unbekannt auf welchem Wege, ein Gedicht aus Rußland auf – »Shdi menja« hieß es, »Wart' auf mich«. Erst hörte man nur ein paar Wendungen, dann einige Zeilen, schließlich das ganze Gedicht. Über die trennenden ideologischen Grenzen hinweg bildete es ein einigendes Band. Bolschewistische und antibolschewistische Russen konnten es mit gleich gutem Gewissen rezitieren. In Hunderten von Abschriften machte es die Runde durch die russische Kolonie. Gleichzeitig erfuhr man aus den nach Ostasien gelangenden Sowjetzeitungen, daß dort die Menschen erst recht mit dem Gedicht einen wahren Kult trieben. Auch unter den Ostarbeitern in Deutschland lief es von Mund zu Mund. Sogar bei den deutschen Kriegsgefangenen in Rußland hat es ... einen tiefen Eindruck hinterlassen.
Die Verse stammten von Konstantin Simonow und enthielten in ganz einfachen und rührenden Worten die Gedanken eines Soldaten an die ferne geliebte Frau. Sie endeten:

»Wart' auf mich, ich kehr zurück,
Aber warte sehr,
Harr' in Trübsal auf dein Glück,
Wenn ich wiederkehr.
Denn was mich am Leben hielt,
Weißt nur du und ich:
Wie es niemand sonst gekonnt,
Wartest du auf mich.«

Wir halten nicht viel von Simonow. Er ist ein höchst begabter Opportunist, der jeweils das schreibt, was die Generallinie fordert – gewöhnlich etwas früher als seine Kollegen. Im Westen ist er besonders bekanntgeworden durch sein antiamerikanisches Tendenzstück »Die amerikanische Frage«, das künstlerisch wertlos ist. Besser ist sein Kriegsbuch »Tage und Nächte«. Das Theaterstück »Wart' auf mich«, das er nach dem Riesenerfolg seines Gedichtes verfaßte, ist schon längst wieder vergessen, in dem Gedicht aber war es ihm gelungen, etwas einzufangen, das in den Herzen ungezählter Millionen unseres grimmigen Jahrzehnts Saiten zum Schwingen brachte. Ist nicht die Trennung von Mann und Frau – durch Krieg, Konzentrationslager, Kriegsgefangenschaft, Internierung, Entfernung des Berufs vom Wohnort – eines der Merkmale unserer Zeit? Für die Dauer der Minuten, in denen Simonow die simplen Verse dieses Gedichtes niederschrieb, lag seine Hand am Puls unserer Zeit.
Wir mußten daran denken, als wir in dem kürzlich in Amerika erschienenen Buch des von den Sowjets im vorigen Jahr wegen angeblicher Spionage ausgewiesenen amerikanischen Journalisten Magidoff »In Anger and Pity« die folgenden Sätze lasen – Sätze, in denen, wie uns scheint, die menschliche Tragik des KZ-Häftlings stärker zum Ausdruck kommt als in den meisten Greuelschilderungen. Magidoff erzählt das Schicksal eines russischen Bekannten und dessen Frau, Sinaida, die verhaftet und in zwei verschiedene Konzentrationslager verbannt wurden. Über das Frauenlager schreibt Magidoff:
»Das Problem, das alle weiblichen Gefangenen beschäftigte, war, wie man einige Tropfen Fett ergattern könnte, um damit vor dem Schlafengehen das Gesicht zu massieren. Ein Feind wurde von den Frauen noch mehr gefürchtet als der MWD [so nannten sich damals die sowjetischen Staatssicherheitsorgane] – das Alter. Alle Gedanken konzentrierten sich auf den Tag, an dem sie frei sein und ihre Lieben wiedersehen würden. Und sie wußten, daß an jenem Tage das Alter das Teuerste, das sie besaßen, die Liebe des Gatten, bedrohen könnte.
Die meisten Gefangenen waren Mitte oder Ende der Dreißiger oder, wie Sinaida Mironowna, Anfang der Vierziger. Sie sahen das Gespenst des Alters vor sich, sie waren der sengenden Hitze

und der harten Arbeit ausgesetzt, es fehlte ihnen an Wasser – und doch kämpften sie verbissen und leidenschaftlich darum, jedes Restchen von Jugend in ihren Gesichtern festzuhalten. Fast alle Gespräche drehten sich darum. Sie tauschten ihr Wissen aus, quälten die Ärzte um Ratschläge und bestürmten jeden Neuankömmling, weil sie hofften, etwas Neues über Mittel gegen graue Haare und Runzeln zu erfahren. Eines Tages erklärte eine Neue, man bleibe länger jung, wenn man den Kopf beim Schlafen hoch lege. Die Ärzte wiesen diesen Gedanken ab, aber seit jenem Tag verbrachten viele Frauen ihre unruhigen Nächte nach zwölfstündiger Sträflingsarbeit in fast sitzender Stellung und stopften, was sie nur fanden, unter ihre Kopfkissen.

Das einzige Mittel gegen Runzeln, das alle kannten und anwenden konnten, war das Massieren des Gesichts vor dem Schlafengehen. Nicht alle hatten Fett für diese Prozedur. Wer in der Landwirtschaft arbeitete, konnte gelegentlich ein Stückchen Butter stehlen und es aufs Gesicht reiben, ehe es in der Hitze geschmolzen war. Wurden sie dabei durch ihr glänzendes Gesicht verraten, so erhielten sie eine Strafe. Andere vollbrachten Wunder an Erfindungskraft, um die winzigen Fetttröpfchen, die auf der Suppe schwammen, zu kondensieren und die Flüssigkeit verdampfen zu lassen, um dann mit dem fettigen Rest die Runzeln um Augen und Stirn zu massieren.

Als die Frau, die über drei Jahre mit Sinaida Mironowna im Konzentrationslager gewesen war, wieder in die Freiheit kam, hatte sie von Sinaida nur einen einzigen Auftrag: das Gedicht ›Shdi menja‹ auf ein Blatt Papier zu schreiben, es an ihren Mann ins Konzentrationslager zu schicken und hinzuzufügen, daß es von Sinaida komme.«

Ein neuer Gott

1950 Moskau 1935. Als am Vorabend des Weihnachtsfestes die Ausländer die von ihren Gesandtschaften besorgten Tannenbäume nach Hause trugen, begegneten ihnen auf der Straße überraschte, nachdenkliche – neidische Augen. Wo immer in den Tagen danach durch die Eisblumen der Fenster weihnachtlicher Lichterglanz aus Ausländerwohnungen auf verschneite Moskauer Straßen fiel, zog er scheue, verlangende Blicke an. Der Sowjetbürger durfte sich keinen Weihnachtsbaum aufstellen, denn der galt als »Religions-Symbol«.

Einige Tage später erschien eine kleine Notiz auf der letzten Seite der Zeitungen: Bei einem Gang über die Märkte Moskaus, so schrieb der Berichterstatter, habe er zu seiner Überraschung nirgends Neujahrsbäume zum Verkaufe aufgestellt gesehen. Die Russen haben gelernt, zwischen den Zeilen zu lesen. So wirkten diese wenigen Worte auf das Land wie die Berührung eines Zauberstabs. Die Bevölkerung erfuhr aus ihnen zweierlei: erstens, daß Weihnachtsbäume wieder erlaubt sind, zweitens jedoch nur in Form von »Neujahrsbäumen«. Es folgte eine wahre Volkserhebung. Innerhalb von 24 Stunden bewegten sich auf Hunderten und Tausenden von Schlitten Hunderttausende, ja Millionen von Tannenbäumen aus dem flachen Land in die Städte. Die wenigsten gelangten bis in ihre Zentren, schon auf der Fahrt durch die Vororte stürzten sich die Käufer auf sie. Ein paar Tage später noch eine kleine Zeitungsnotiz: In den Geschäften gäbe es keinen Baumschmuck zu kaufen; welche Schlamperei! Also war auch das Schmücken der Bäume erlaubt. Unverzüglich packten die Geschäfte alles, was klein war und sich hängen ließ, in Bergen auf ihre Tische, und es entstand um sie ein Gedränge wie noch nie. In der Silvesternacht 1935 standen in allen russischen Familien und auf vielen Plätzen und Fabrikhöfen geschmückte Tannenbäume – mehr als je vor der Revolution! –, und wie zufällig blieben sie noch einige Tage stehen bis zum russischen Weihnachtsfest, das nach dem alten orthodoxen Kalender dreizehn Tage nach dem westlichen gefeiert wird.

Der Staat hatte also eingesehen, daß die Weihnachtsgefühle der Menschen noch nicht tot waren, und ihnen ein Ventil gegeben. Die ganze »weltliche« Seite des Weihnachtsfestes – Tannenbäume, Lichterglanz, Verwandten- und Freundesbesuche, festliches Essen – sollte von Weihnachten auf Neujahr verlagert werden und dadurch ein neues, seiner religiösen Verbindung entkleidetes Fest entstehen. Es hat sich in diesen Formen in der Tat in den letzten vierzehn Jahren fest eingebürgert. Aber Weihnachten hat auch noch eine andere Seite – die religiöse. Weihnachten ist die Feier der Geburt des Herrn. Es ließ sich voraussehen, daß der Kreml eines Tages auch daraus die Folgerungen ziehen würde. Ein glücklicher Zufall kam ihm zu Hilfe: Stalins Geburtstag fällt auf den 21. Dezember. Jetzt, da Stalin Siebzig wurde, ist dieser Tag zum erstenmal als Fest gefeiert worden, das – sicherlich bewußt – darauf angelegt war, den fast am gleichen Tag in aller Welt begangenen Weihnachtsfeiern ein ähnlich weltweites Fest gegenüberzustellen, in dem auch die Geburt eines Retters der Menschheit zu deren Freudentag erhoben wird. Wie bei den Schwarzen Messen des Mittelalters die Elemente der Heiligen Messe in ihr Gegenteil verkehrt wurden, so auch hier. Kaum etwas fehlt:

Die Könige aus dem Morgenlande eilen herbei, an ihrer Spitze der Weise Mao Tse-tung. Zur Verehrung der Gebärerin des neuen Heilandes ruft der bekannte Autor Scholochow auf: »Wir wollen uns verneigen vor dem geheiligten Staub einer kleinen, bescheidenen georgischen Frau, der Mutter, die der Welt vor 70 Jahren den Menschen geschenkt hat, der der Größte der Menschheit, unser Führer und Vater, geworden ist.« Neue Lieder erklingen zum Lobe des Geburtstagskindes, zum Teil nach den Motiven alter russischer Kirchengesänge verfaßt. Dichter besingen den Gefeierten als »Propheten« und Friedensfürsten (»Die Welt hat nur eine Hoffnung auf Frieden – Stalin«; »Wenn du den Namen Stalins aussprichst, ist es dasselbe, als sagtest du: Friede auf Erden«). Unzählige Gratulanten nennen ihn das »Licht der Welt«, den »Unsterblichen«, den Allwissenden (»Sein Auge kennt vorausschauend die Geschicke der Millionen«; »Er sieht die Zeiten vor sich aufgeschlagen«), den Schöpfer (»Vater des Schaffens«), den Allgegenwärtigen (»Er lebt auf übermenschlichen Höhen, von denen aus er die ganze Menschheit und alle Ereignisse auf Erden überschaut«; »Sein Name ist im Weltraum eingetragen«), den, der das Leid der Welt trägt (»Er kennt den Gram der Erde«), den, welchem nichts verborgen bleibt (»Er hört, wie in der Erde das Saatkorn wächst«), den Weltenrichter (»der das Genesende scheidet von dem Verwesenden, bei dem sich Künftiges scheidet vom Gewesenen«).

Wir bringen diese Aufzählung, die sich noch fortsetzen ließe, nicht, um unsere Leser zu unterhalten, sondern um sie auf eine wichtige Entwicklung aufmerksam zu machen. Es ist oft genug gesagt worden, daß der Bolschewismus manche Züge einer Staatsreligion an sich trage. Die Feiern zum 70. Geburtstag Stalins bedeuten einen Schritt auf diesem Wege, der über alles Bisherige weit hinausgeht. Warum tat man ihn? Kaum weil Stalin den Weihrauch zu seinem Wohlergehen persönlich dringend braucht. In den nunmehr fast fünfundzwanzig Jahren seiner absoluten Herrschaft dürfte er längst überwunden haben, was er aus früheren Jahren an gekränktem Ehrgeiz mit sich herumtrug. Die Bedeutung des Vorgangs liegt gerade darin, daß er sich auf einen Mann bezieht, der von allen Diktatoren der scheueste, zurückhaltendste und jedem öffentlichen Auftreten abholdeste ist. Wir haben es hier also nicht mit der Spezialität eines Mannes namens Stalin zu tun, sondern mit einem Wesenszug des modernen Massenstaates, den wir ja in seinen Anfängen auch in Deutschland kennengelernt haben und der nicht nur das Herausstellen, sondern bereits die Vergöttlichung des Führers erforderlich macht.

Ein kluger amerikanischer Beobachter schrieb vor einigen Tagen: »Was wir in der Sowjetunion vor uns sehen, ist eine theokratische Gesellschaft mit einem Menschen-Gott an der Spitze, einer bevorrechteten, die staatliche Verwaltung kontrollierenden priesterlichen Kaste unter ihm, und – am Fuß der Pyramide – den arbeitenden, namenlosen, gesichtslosen Massen, deren einzige Funktion die Glorifizierung des Menschen-Gottes durch ihre Arbeit in Frieden und Krieg ist ... Wie im alten Peru und in Ägypten ist dies in Rußland durch die Entwicklung der Technik möglich geworden. Die Macht der Inkas und der Pharaonen entstammte ihrer Kontrolle über das Bewässerungssystem, von dem das Leben ihrer Länder abhing. Die Macht Stalins beruht auf seiner Kontrolle aller Dinge, auf denen die Existenz der Sowjetbürger aufgebaut ist.«

Es genügt nicht, schadenfroh darauf zu deuten, daß mit dieser Heroisierung und Deifizierung des Führers der ganze Materialismus, auf dem der Bolschewismus ruht, ad absurdum geführt wird. Es war schon vorher bekannt, daß der Bolschewismus sich nicht scheut, Wege zu gehen, die Erfolg versprechen, auch wenn

sie in entgegengesetzter Richtung laufen als die Lehrmeister wünschten. Vermutlich wird der Kreml auch mit diesem neuesten Schachzug den Erfolg haben, daß er seine Herrschaft über die Massen verstärkt. Freilich nicht ohne einen teuren Preis zu zahlen: Je weiter sich die Sowjetunion von ihrer ideologischen Grundlage entfernt, desto deutlicher wird sie – auch in den Augen ihrer Jünger, mindestens derer des Auslandes – zum reinen Machtstaat. Wir haben hier ein dialektisches Paradox: Je lauter die Gottähnlichkeit Stalins verkündet wird, desto unverhüllter wird die Geist- und Gott-Ferne seiner Herrschaft.
Noch ein Letztes lehrt uns das Verhalten der Millionen, die am 21. Dezember – zum Teil aus Zwang, zum Teil in gläubiger Verzücktheit – Stalins Geburtstag begingen: Die Sehnsucht nach dem Licht wurzelt tief im menschlichen Herzen. Sie hat die alten heidnischen Sonnwendfeiern geschaffen, und es ist nicht anzunehmen, daß diese göttliche Sehnsucht, der Funke aus dem Licht der Wahrheit, im Menschen erlischt. Darin liegt Gefahr und Hoffnung zugleich; die Gefahr, daß die Sehnsucht sich dem verblendenden und falschen Licht zuwendet, und die Hoffnung, daß das falsche Licht sich vor der Wahrheit als falsch erweist.

Der Sowjetautor und sein Held

1951 Schon im 19. Jahrhundert, in der großen Zeit der russischen Literatur, bestand zwischen Schriftstellern und Kritikern in Rußland eine engere und bedeutsamere Wechselwirkung als bei anderen Völkern. Wer in das russische Geistesleben jener Zeit eindringen will, kann sich nicht auf das Studium der Literatur beschränken; er muß es ständig durch das der Literaturkritik ergänzen. Das gilt heute ebenso – so weit sich auch in vielerlei Beziehung die sowjetische Literatur von der russischen Klassik unterscheidet, so sehr sich seither die Gestalt des Kritikers sowohl als des Dichters gewandelt hat. Wer also die Sowjetliteratur des letzten Jahrzehnts nur »an sich« betrachtet und als eintönig, grau und uninteressant empfindet, wird vermutlich seine Ansicht ändern, sobald er sie im Zusammenhang mit der sowjetischen Literaturkritik liest. Literatur und Literaturkritik liefern gemeinsam viele aufschlußreiche Hinweise auf die ideologische Entwicklung der UdSSR. Der zähe und vor aller Augen ausgetragene Kampf zwischen Dichtung und Kritik bietet eine der wenigen – eine der letzten – Möglichkeiten, Einblick zu gewinnen in den psychologischen Zustand der Bewohner der Sowjetwelt, ihrer geistigen Köpfe und ihrer politischen Führer.

Um eines vorwegzunehmen: im Mittelpunkt der heftigen Auseinandersetzung zwischen Autor und Kritiker steht die Aufgabe des Schriftstellers, den *homo sowjeticus* dichterisch zu gestalten. Die Bemühung um die Erfüllung dieser Aufgabe ist der Inhalt der zeitgenössischen Literatur. Das zeigt mit voller Deutlichkeit ein Blick auf die Sowjetliteratur der Kriegsjahre.

Der Kommissar

Nach Ansicht der Sowjetkritiker in den ersten Jahren des Krieges war der Kommissar Bogarjow in Wassilij Großmans Roman »Das Volk ist unsterblich« die hervorragende literarische Gestalt der Sowjetliteratur. Das 1943 veröffentlichte Buch behandelt die Ereignisse des Herbstes 1941. Der Verfasser beschreibt Bogarjow mit folgenden Worten:

»Vor dem Kriege war Bogarjow Professor für Marxismus-Leninismus an einer Moskauer Universität. Er liebte vor allem die Forschung. Sein Hauptinteresse galt einer Forschungsarbeit, die er zwei Jahre früher begonnen hatte. Wenn er abends von der Arbeit nach Hause kam und sich zum Essen setzte, holte er das Manuskript aus der Mappe und las. Seine Frau fragte ihn, ob ihm das Essen schmeckte, ob genügend Salz im Rührei sei. Er gab dann eine zerstreute Antwort, die sie ärgerte. Er aber sagte zu ihr: ›Weißt du, Lisa, heute hatte ich ein richtiges Vergnügen. Ich las einige Briefe von Marx an Lafargue. Sie sind kürzlich in einem alten Archiv aufgestöbert worden.‹ Sie hörte ihm zu und freute sich trotz ihres Ärgers über sein Vergnügen und seine Erregung. Sie liebte ihn und war stolz auf ihn. Sie wußte, wie sehr seine Kollegen ihn schätzten.«

Nach dem Ausbruch des Kriegs wurde Bogarjow politischer Kommissar im Heer und ging an die Front. Bogarjow ist also überaus geeignet, die Zentralfigur eines sowjetischen Kriegsromans zu sein – ein überzeugter Marxist-Leninist in Uniform. Seine Fronterlebnisse sind der Inhalt des Romans. Die Einzelheiten der Erzählung brauchen hier nicht wiedergegeben zu werden. Der Roman – das trifft auch auf die meisten anderen Kriegsgeschichten jener Zeit zu – hat kaum eine Fabel, sondern enthält im wesentlichen Kampfschilderungen, die durch die Person des Helden zusammengehalten werden.

Zwei Leistungen des Helden werden vom Verfasser besonders betont. Das Regiment, zu dem Borgarjow gehört, hat einen Sieg erfochten. Der Regimentschef, ein Oberst, ist höchst befriedigt und erwartet eine Auszeichnung. Bogarjow aber macht ihm Vorwürfe, weil es den Deutschen gelang, ohne besondere Verluste aus ihrer schwierigen Lage herauszukommen. Er sagt zum Obersten:

»Die Bataillone handelten jedes für sich allein. Im Regiment besteht nicht die notwendige Koordination. Sie sind ein tapferer Mann, der sein Leben nicht schont, aber Sie führen Ihr Regiment schlecht. Ich möchte nicht, daß Sie glauben, alles sei bei Ihnen in Ordnung und Sie hätten nichts mehr zu lernen.«

Bogarjow verurteilt den Obersten auch dafür, daß er in einem kritischen Augenblick der Schlacht mit einem Gewehr in der Hand seinen Soldaten vorauslief statt »scharf nachzudenken, bis ihm der Schweiß auf der Stirn stand, und dann rasch klare Entscheidungen zu fällen«.

Bogarjows zweites, besonders hervorgehobenes Verdienst ist sein persönlicher Einfluß auf das zeitweilig von den Deutschen abgeschnittene Bataillon, vor allem auf eine völlig apathische und demoralisierte Kompanie. Als Bogarjow entdeckt, daß der Kompaniechef seine Rangabzeichen abgenommen hat, damit die Deutschen in ihm bei der Gefangennahme nicht gleich einen Offizier erkennen, schreit er ihn an:

»Stillgestanden! Was ist los mit Ihnen! Wie erscheinen Sie vor Ihrem Vorgesetzten? Bringen Sie sich und Ihre Leute sofort in Ordnung. Kein einziger Mann unrasiert oder in zerrissener Uniform. Machen Sie sich Ihre Abzeichen an. Ihre Kompanie tritt in zwanzig Minuten zur Parade an!«

Die Truppe reißt sich zusammen und kämpft sich frei.

Der Partisan

Nicht alle Hauptfiguren der modernen Sowjetliteratur sind Professoren für Marxismus-Leninismus, aber viele von ihnen sind Mitglieder der Partei, so zum Beispiel Stepan, der Held des Romans »Die Unbeugsamen« von Boris Gorbatow. Das Buch, das 1943 zum erstenmal veröffentlicht wurde, war in seiner ersten Auflage von einer halben Million rasch verkauft. Es erschien kurz darauf auch auf französisch, polnisch, rumänisch und chinesisch. Der Roman beschreibt das Leben in einem von den deutschen Truppen besetzten Gebiet. In seinem Mittelpunkt steht die Familie des alten Arbeiters Taras Jatsenko. Taras hält nicht viel vom Partisanenkampf gegen die Deutschen. Sein Vertrauen in die Rote Armee ist durch deren überstürzten Rückzug schwer erschüttert. In seiner Verzweiflung packt er seine Habseligkeiten auf einen Schubkarren und flieht. Aber auf seinem schwierigen Treck trifft er unerwartet seinen Sohn Stepan, den die Partei hinter die deutsche Front entsandt hat, um Partisanentätigkeit zu organisieren.

»Keiner der Männer unter Stepan fragte ihn oder fragte sich, auf Grund welchen Rechtes dieser bärtige Bursche, der wie ein Vagabund aussah, ihnen Befehle gab. Sie wußten, was hinter ihm stand. Das Vaterland? Nein, das Vaterland stand hinter ihnen allen. Aber nur hinter Stepan stand die Partei. Die Partei hatte ihm Macht gegeben über ihre Seelen. Als der Vorsitzende der Geheimversammlung Stepan vorstellte, sagte er: ›Diesen Mann hat uns die Partei geschickt.‹ Und alle hoben ihre Augen zu Stepan auf.«

Der Matrose

In L. Solowjows Roman »Iwan Nikulin – ein russischer Matrose« ist die Rolle der Partei und insbesondere Stalins noch mehr unterstrichen. 25 Matrosen, die der Zufall zusammengebracht hat, kämpfen sich aus der deutschen Umzingelung heraus. Geführt werden sie von Iwan Nikulin, einem gewöhnlichen Matrosen. Je schwieriger seine Aufgabe wird, desto stärker empfindet er seine Verantwortung, desto mehr muß er gegen Anfälle von Mutlosigkeit ankämpfen. Immer häufiger wenden sich seine Gedanken zu

Stalin, bis er schließlich mit solcher Intensität an Stalin denkt, daß dieser ihm in einer Vision im Traum erscheint und neuen Mut einflößt. So kämpft Nikulin weiter.

Der Hauptmann

Leben und Gefühle einer Einheit der Roten Armee in den Tagen von Stalingrad schildert Konstantin Simonow in »Tage und Nächte«. Das Buch, im wesentlichen eine Kampfchronik, enthält ein Zwiegespräch zwischen dem Helden – Hauptmann Saburow – und dem Bataillonskommandeur Wanin. Diesmal ist es der Offizier, der dem Kommissar die Meinung sagt.

»Wir können uns nicht an den Gedanken gewöhnen, Hauptmann, daß das Bataillon kein Bataillon mehr ist. Wir reden immer noch von Kompanien und Zügen. Alle miteinander sind wir schon längst nicht mehr als eine Kompanie. Aber wir können uns nicht daran gewöhnen«, beklagte sich der Kommissar.

»Das brauchen wir auch nicht«, sagte Saburow. »Wenn wir uns an die Idee gewöhnen, mein Lieber, daß wir nicht ein Bataillon sind, sondern nur eine Kompanie, dann müßten wir zwei von den drei Gebäuden räumen. Mit einer Kompanie können wir drei Gebäude nicht verteidigen. In dem Augenblick, in dem wir uns der Tatsache bewußt werden, daß wir nur eine Kompanie sind, wird uns die Puste ausgehen.«

»Auch so geht sie uns manchmal aus.«

»Sie scheinen dem Pessimismus zu erliegen.«

»Ein wenig. Aber was soll man machen? Ist es etwa gegen die Vorschriften?«

»Ja, es ist gegen die Vorschriften.«

Während Simonow das Schicksal eines Bataillons beschreibt, nimmt Ju. German Leben und Kämpfen eines Kriegsschiffes und seines Kommandeurs Ladynin zum Thema seines Buches »Das kalte Meer«. A. Twardowskij verherrlicht in einem langen Gedicht »Wassilij Tjorkin«, einen gemeinen Soldaten der Roten Armee, und Margarita Aliger in dem Dichtepos »Soja« – dem berühmtesten der Kriegsjahre – ein achtzehnjähriges Komsomol-Mädchen, eine Studentin, die sich den Partisanen anschloß und von den Deutschen hingerichtet wurde.

Die Meinung der Kritiker

Dies also sind Themen und Helden einiger der bekanntesten, in riesigen Auflagen gedruckten und von ungezählten Millionen gelesenen Kriegsromane der UdSSR. Wer nur diese Bücher liest und ihre von den Sowjets mit allen Mitteln geförderte weite Verbreitung – auch in Deutschland – berücksichtigt, müßte denken, daß der Kreml mit ihnen zufrieden ist. Ihre Verfasser haben weder an Farben noch an Phantasie gespart, um die bolschewistischen Helden ihrer Romane im hellsten Schein erstrahlen zu lassen. Aber die Sowjetkritiker sind anderer Meinung. Ein paar Beispiele:

»Unsere Autoren haben die typische Gestalt des ›Helden unserer Zeit‹ noch nicht geschaffen.« (Bolschewik, 1944, Nr. 10/11, S. 48.)

»Unter den zahlreichen Kriegsbüchern, die bei uns seit langem und mit vollem Recht eine allgemeine Popularität genießen, gibt es kein einziges, in dem der neue Menschentyp der Stalinepoche sein wahres und vollständiges Bildnis gefunden hätte. Nach dem Namen welches literarischen Helden werden die Menschen der Zukunft die vierziger Jahre unseres Jahrhunderts nennen?« (»Wo ist der literarische Held unserer Zeit?«, Komsomolskaja prawda, 13.5.1944.)

»Die Sowjetverfasser waren bis jetzt nicht imstande, eine heldische Gestalt zu schaffen.« (Snamja, 1943, Nr. 9, S. 295.)

»Ein Held unserer Zeit«

Im Sommer 1951 feierte die UdSSR den 110. Jahrestag des Todes Lermontows, dessen Werk »Ein Held unserer Zeit« einer der Schätze der russischen Literatur ist. Dieser Held – er heißt Petschorin und trägt viele Züge des Dichters – hat in der russischen Geistesgeschichte eine bedeutende Rolle gespielt. Er hat nicht nur Lermontow und seine Zeitgenossen verkörpert. Er hat auch zur Formung des russischen Menschentyps beigetragen, indem er von der Phantasie der Russen Besitz ergriff und – selbst ewig jung und durch die Generationen weiterlebend – ihre Ansichten beeinflußte. Die russische Literatur hat auch noch andere »Helden

unserer Zeit« hervorgebracht – Puschkins Eugen Onegin zum Beispiel oder Turgenjews Basarow (»Väter und Söhne«) oder Gontscharows Oblomow. Den Sowjetkritikern schweben also bei ihrer Forderung nach »Helden unserer Zeit« ganz bestimmte Erfahrungen der russischen Geschichte vor.
Warum aber vermögen sie in den Hauptgestalten der erfolgreichsten Kriegsbücher die Helden ihrer Zeit nicht zu finden? Mögen sie dies selbst erklären.
Über Bogarjow schreiben sie:
»Der Roman ›Das Volk ist unsterblich‹ hat ausgezeichnete lyrische Stellen, ein interessantes Thema, aber keinen Helden ... Bogarjow gibt manches richtige Wort von sich. Seine Reden sind klug und bedeutsam, voll von Idealen und Grundsätzen. Seine Handlungen sind makellos ... Aber der Roman gibt kein echtes Bild Bogarjows, keine Erklärung seines Charakters. Der Verfasser bescheinigt ihm lediglich seine Fähigkeiten als Kommissar, und Bogarjow tut dann alles, was er kann, um dieser Verpflichtung nachzukommen.« (Oktjabr, 1943, Nr. 6/7, S. 193.)
Über Gorbatows »Die Unbeugsamen« sagt der Kritiker:
»Gorbatow macht uns bekannt mit den edlen Beweggründen eines prächtigen Vertreters unserer jüngeren Generation. Aber er stattet ihn nicht mit einem eigenen Gesicht aus, mit einem eigenen Schicksal. Gorbatows Helden haben kein wirkliches individuelles Schicksal, keinen wirklichen individuellen Charakter.« (Snamja, 1944, Nr. 3, S. 159.)
Auch Simonows Held besitzt nach Ansicht der Kritiker keine eigene Individualität:
»Was dem Bildnis Saburows fehlt, ist das Detail, die Individualität. Die zurückhaltende, fast geizige Beschreibung Saburows, seine Wortarmut lassen sein Porträt blaß erscheinen ... Saburows Liebesgefühle werden als freudlos-monumental dargestellt, ohne Heiterkeit, ohne zarte Menschlichkeit; sie sind manchmal ganz unüberzeugend.« (Literatura i isskustwo, 1944, Nr. 42.)
Auch Ju. German hat nicht mehr Glück:
»Ladynin ist durch den Krieg unbeeinflußt geblieben. Der Krieg stellt für ihn nur eine Gelegenheit dar, die Grundsätze anzuwenden, die er schon in seiner Jugend predigte ... Er ist als ›komplett‹ dargestellt und macht den Eindruck eines Automaten ...

Man muß sich geradezu fragen, ob Ladynin, den der Autor als schweigsamen Menschen darstellt, nicht schweigsam ist, weil er einfach nichts zu sagen hat.« (Literatura i isskustwo, 1944, Nr. 24.)
Sogar das millionenfach abgedruckte Epos »Soja«, das ja immerhin einen Menschen beschrieb, der wirklich gelebt hatte und schon allein aus diesem Grunde von den Sowjetkritikern eine besondere Behandlung erfahren sollte, ist weit davon entfernt, einen »Helden unserer Zeit« wiederzugeben:
»Sicherlich liegt die Schwäche des Epos ›Soja‹ in der Tatsache, daß es seiner Verfasserin nicht gelang, ein lebendes Menschenbild hervorzubringen, in dem die allgemeinen Merkmale des Volkes und die einmaligen individuellen Merkmale der Persönlichkeit verschmolzen sind ... Was im Leben Sojas individuell, persönlich, einmalig ist, dem ist verhältnismäßig wenig Raum gegeben worden.« (Snamja, 1943, Nr. 9/10, S. 296f.)
Wir begnügen uns hier zunächst damit, diesen erstaunlichen Kontrast zwischen der scheinbaren Heldenhaftigkeit der Hauptgestalten der russischen Kriegsliteratur und der diese Heldenhaftigkeit leugnenden sowjetischen Literaturkritik festzustellen. Den Gründen für diese Unzufriedenheit der Kritiker wird später nachgegangen werden [u. a. im Aufsatz über den Fall Tschakowskij]. Bis zu einem gewissen Grade sind sie bereits in den hier wiedergegebenen Zitaten kritischer Besprechungen angedeutet.

Scharonow oder der neue Mensch

Alle Sowjetautoren setzten in den Jahren des Zweiten Weltkrieges ihr Bestes daran, auf den Seiten ihrer Romane den roten Kriegshelden zu verherrlichen. Aber so sehr sie sich auch abmühten – immer war die Kritik unzufrieden mit ihrem Werk. »Unsere Autoren haben die typische Gestalt des Helden unserer Zeit noch nicht geschaffen«, erklärte »Bolschewik« noch im Sommer 1944 ...
Aber die Kriegsliteratur der UdSSR bestand nur zum Teil aus Büchern, die an der Front oder im Partisanengebiet spielten. Auch in den Monaten des weitesten deutschen Vormarsches be-

fand sich die Mehrheit der Sowjetbevölkerung außerhalb des unmittelbaren Kriegsbereiches. Auf der ihnen aufgetragenen Suche nach dem »Helden unserer Zeit« wandten sich daher die Autoren auch den Menschen hinter der Sowjetfront zu. Aber um es vorwegzunehmen: Nach Ansicht der Sowjetkritiker fanden sie ihn dort sowenig wie an der Front.

»In den Tagen des Krieges wurde das Sowjetvolk hinter der Front in unserer Literatur sehr schwach dargestellt.« (Propagandist, 1944, Nr. 6, S. 25.)

»Das Land hinter der Front hat offensichtlich kein Glück. Viele Autoren haben lange tief im Innern gelebt, und doch haben sie nichts oder fast nichts Wertvolles über die Menschen hinter der Front geschrieben.« (N. Tichonow, Vorsitzender des Sowjet-Schriftstellerverbandes, Bolschewik, 1944, Nr. 3/4, S. 36.)

Wie kamen solche bitteren Urteile zustande? Werfen wir einen Blick auf die Hauptgestalten der meistgelesenen und erfolgreichsten Werke jener Jahre.

Wart' auf mich

Nachdem Konstantin Simonow, der im wesentlichen während des Krieges seine schriftstellerische Karriere machte, mit seinem volksliedhaften und zu Herzen gehenden Soldatengedicht »Wart' auf mich« einen ungeheuren Erfolg hatte (selbst unter den weißrussischen Emigranten in Schanghai hörte ich während der zweiten Hälfte des Krieges diese Verse in vieler Munde), schrieb er ein Theaterstück unter demselben Namen. Ein junger Sowjetoffizier geht an die Front und bittet seine Frau beim Abschied: »Wart' auf mich.« Aber schon in den ersten Sätzen des Theaterstücks, noch ehe der Offizier fort ist, fragen ihn bereits seine besten Freunde: »Bist du wirklich so sicher, daß sie dir treu bleiben wird? Hast du nicht bemerkt, daß sie sich schon recht sonderbar benimmt?« In der Tat befindet sich die Frau nach der Abreise ihres Mannes an die Front ununterbrochen in Versuchung, ihm untreu zu werden. Und wenn sie auch im Gegensatz zu ihrer besten Freundin dieser Versuchung nicht erliegt, so gewinnt ihr Mann sowohl als der Leser den Eindruck, daß er dies mehr seinem Glück als dem Charakter seiner Frau verdankt.

»Das Problem der Sowjetfamilie ist von Simonow in diesem Stück auf den Kopf gestellt worden ... Simonow versucht, eheliche Treue einem geliebten Menschen gegenüber als eine heldenhafte Leistung darzustellen, welche den Leser mit Bewunderung erfüllen soll.« (Nowyj mir, 1943, Nr. 4, S. 122.)

Die Ehefrau

Vielleicht unter dem Einfluß der ungünstigen Kritiken über Simonows Stück unternahm Valentin Katajew den Versuch, der Offiziersfrau in seiner Erzählung »Die Ehefrau« ein schöneres Denkmal zu setzen. Ein Kriegskorrespondent trifft durch Zufall eine junge Frau in der Nähe der Front, die ihm ihre Seele öffnet und die Geschichte ihres Lebens und ihrer Ehe erzählt. Sie berichtet, wie sie ihren Mann, einen jungen Fliegeroffizier, in einem Krim-Kurort vor dem Kriege kennengelernt und sich in ihn verliebt hatte, sie offenbart, wie sie glücklich verheiratet waren und wie dann der Krieg das Glück zerstörte und ihr den Mann raubte. Nun ist sie auf dem Wege, sein Grab zu besuchen. Über sich selbst sagt sie:
»Man hat mir gesagt, ich hätte ein offenes und unkompliziertes Wesen. Das ist wahr. Während jener wunderbaren, unvergeßlichen Zeit war ich ein heiteres Komsomol-Mädel, das gerne unter Menschen weilte. Ich hatte eine Menge Freunde. Besser gesagt: Jedermann war mein Freund. Ich liebte alle, und alle liebten mich.«
Die Kritiker bemerken:
»Diese Worte sind alles, was wir erfahren über den Charakter der Heldin dieser Geschichte, einer führenden Komsomolzin. Man kann sich kaum vorstellen, daß solch ein gedankenloses Lämmchen in unserer Wirklichkeit aufwuchs.« (Snamja, 1944, Nr. 4, S. 148.)

Feuer

In ihrem Roman »Feuer« beschreibt Anna Karawajewa – wie ihr Kollege Katajew schon aus den zwanziger Jahren berühmt – die Verschmelzung zweier industrieller Werke, einer alten Ural-Fabrik und eines modernen Betriebes, der infolge des Krieges aus der Ukraine in den Ural evakuiert wurde. Das Thema des Romans ist der Konflikt zwischen den Ural-Leuten und den Evakuierten, und dieser Konflikt wird auf verschiedenen Ebenen gezeigt: auf der Ebene der Geschäftsführer der beiden Werke, der Meister, der Arbeiter, ihrer Frauen. Besonders leidenschaftliche Auseinandersetzungen gibt es zwischen dem Generaldirektor der Ural-Fabrik – er vertritt die alte Schule der im Ural grau gewordenen Arbeiter – und dem Generaldirektor des evakuierten Werkes, einem energischen Ingenieur der neuen Schule, der moderne Methoden einführt.

Es kommt zu einem Ausbruch der aufgestauten Leidenschaften. Nicht einmal der Parteisekretär Plastunow vermag den Streit zu schlichten. Ein *deus ex machina* – in des Wortes wahrster Bedeutung – muß eingreifen: Stalin. Der uralische Generaldirektor hört eine Radiorede Stalins und beschließt unter ihrem Eindruck, den Haß gegen den hereingeschneiten Nebenbuhler zu überwinden.

Über dieses Buch schreibt ein Kritiker:

»Wir finden in diesem Roman Gespenster einer längst toten Vergangenheit, aber keine echten Konflikte, aus denen neue Formen menschlicher Beziehungen und Charaktere hervorwachsen ... Die einzelnen Gestalten des Romans bringen ihre Zeit damit zu, sich und dem Leser zu beweisen, daß zwei mal zwei vier macht, daß die Mathematik eine nützliche Wissenschaft ist, daß man einen Fehler begeht, wollte man allem Neuen feindselig gegenüberstehen usw.« (Literatura i isskustwo, 1944, Nr. 34.)

Der Schwur

Endlich, im Sommer 1944, erschien ein Roman, dessen Held, Scharonow, vor den strengen Augen der Sowjetkritiker Gnade fand:

»Das dichterische Pathos, von dem Scharonows Arbeit durchdrungen ist, ist die Weltanschauung eines neuen Menschen, die ihn grundlegend von den Menschen früherer Zeiten unterscheidet ... Der Autor läßt hier ein neues Phänomen sichtbar werden, das nur in unserem Lande vorhanden ist und das aus dem Charakter von Menschen entstand, die auf neuem, auf sowjetischem Boden heranwuchsen.« (Oktjabr, 1944, Nr. 5/6, S. 148.)

Es wird also zwar nicht ausdrücklich gesagt, daß Scharonow der »Held unserer Zeit« ist. Immerhin wird er als ein neuer Menschentyp bezeichnet.
Wer den Sowjetkritikern auf ihrer langen und oft enttäuschten Suche nach dem neuen Menschen in der modernen Literatur gefolgt ist, der vertieft sich voll Erwartung in die Lektüre des also gelobten Romans. Es ist »Der Schwur«. Dieser Roman hat einen Altmeister der Sowjetliteratur, Fjodor Gladkow, zum Autor und trägt den Untertitel »Tagebuch des Metallarbeiters Nikolaj Scharonow«. Darin werden die Erfahrungen und Gefühle des Leningrader Facharbeiters Scharonow geschildert, der mit seiner Fabrik 1941 nach Osten evakuiert wurde, während Frau und Kind in Leningrad blieben. Scharonow schreibt:
»Achtzehn Jahre lang, also mein halbes Leben, habe ich an der Maschine gestanden. Ohne meine Fabrikarbeit zu unterbrechen, habe ich einen Kurs in der Abendschule absolviert und Stunden im Literatur- und Sprach-Institut genommen. Ich habe versucht, Verse und Geschichten zu schreiben; aber daraus ist nichts geworden. Doch waren die Referate, die ich über literarische Themen hielt, nicht schlecht. Seit meiner Kindheit habe ich eine Leidenschaft für Bücher, und dieser Leidenschaft werde ich treu bleiben bis ans Ende meiner Tage ... Ich liebe meine Maschine. Ich liebe es, eine gute Arbeit zu leisten und das Werk meiner Hände wie ein Kunstwerk blitzen zu lassen. Wenn ich ein von mir hergestelltes Werkstück in die Hand nehme, packt mich manchmal eine wahre Aufregung. Ich kenne kein größeres Vergnügen als das Gefühl, daß diese von mir hergestellten Gegenstände nicht einfach mechanisch von einer Maschine produzierte Metallteile sind, sondern ein Stück meiner Seele ... Wenn ich in den Maschinensaal trete, fühle ich sofort eine Verbindung mit meiner Maschine. Ich sehe sie schon von weitem, und sie grüßt mich, als wenn sie lebte, mit ihrem blitzenden Schein und ihrer irgendwie besonderen Wärme. Es scheint mir, als habe meine Seele, meine Natur, meine geistige Unruhe seit langem in dieser Maschine gelebt.«
Der Leser erfährt auch, daß Scharonow technische Verbesserungen ausdenkt, die es ihm ermöglichen, seine Tagesleistung erst auf das Siebzehnfache, später sogar auf das Vierzigfache der

Norm zu steigern. Er hilft anderen Arbeitern, ihre Leistung zu steigern, und trägt dazu bei, daß ein Saboteur erwischt wird.
Dies also ist der neue Menschentyp, der, um mit den Worten des Kritikers zu sprechen, grundlegend verschieden sein soll vom Menschen einer früheren Zeit und nur auf dem Boden der Sowjetunion entstehen konnte.
Unterstellen wir, daß es Scharonow gibt, mit all den Vorzügen, mit denen ihn sein Autor ausgestattet hat. Dann aber fragen wir uns, ob es wirklich diesen Menschentyp noch nie und noch nirgends zuvor gegeben hat. Wir sahen, daß Scharonows Hauptwesenszug in der Liebe zu seiner Arbeit zu finden ist, daß er sich mit ihr und dem Werk seiner Hände identifiziert. Kann man sagen, daß dieser Menschentyp neu ist? Anfang der dreißiger Jahre habe ich einmal ein halbes Jahr in einer Zeche des Ruhrgebiets gearbeitet. Dort gab es Dutzende von Scharonows, von Männern, die ihre Arbeit liebten und sich eins fühlten mit ihrer Maschine. Wer hat nicht ähnliche Erfahrungen in den verschiedensten Berufen gemacht? Und waren die Steinmetzen, welche die Kathedralen schufen, nicht schon – in dieser Beziehung – die Scharonows des Mittelalters? Man hat im Abendlande Männer dieses Schlages von alters her als selbstverständlich angesehen; niemand kam auf den Gedanken, sie als Helden einer neuen Zeit, als Vorbilder für eine leidende Menschheit zu preisen. Auch ihre geistigen Interessen hatten – und haben – sie nicht minder als Scharonow.
Übrigens tritt in dem Roman ein alter Ural-Arbeiter auf, der noch unter dem Zarenregime seine Ausbildung erhalten hatte.
»Der Arbeiter Tichon sprach von Stahl wie von einem lebenden Wesen, als erzähle er ein Märchen: ›Schlecht ist der Stahlmeister, der kein Gefühl hat für die Seele des Metalls‹, pflegte er zu sagen. ›Er muß die winzige Sekunde fangen, in der der Guß reif ist, um das Metall im rechten Augenblick zu befreien ... Wir Ural-Leute haben das in unserem Blut.‹«
Was also der Sowjetkritiker in der Zeitschrift »Oktjabr« am Beispiel Scharonows als etwas grundlegend Neues schildert, ist nach Ansicht des Autors selbst bereits im Blut der alten russischen Arbeiter aus der Zarenzeit zu finden.
Scharonow, die einzige Gestalt der russischen Romanliteratur der Kriegszeit, die von den Kritikern als eine gelungene Verkör-

perung des neuen sowjetischen Zeitalters dargestellt wird, hat also Eigenschaften, die weder neu noch spezifisch sowjetisch genannt werden können. Nicht einmal in seinen Nuancen ist Scharonow ein neuer Menschentyp oder ein neues Vorbild für die Menschheit.

Das Versagen des Sowjetautors

Das Versagen des Sowjetautors gegenüber der ihm vom Staat gestellten Zentralaufgabe, nämlich der Darstellung des »Helden unserer Zeit«, und die Gründe für dieses Versagen werden noch deutlicher werden, wenn in einer späteren Untersuchung [über den Fall Tschakowskij] der Blick auf die sowjetische Nachkriegsliteratur gelenkt werden wird. An dieser Stelle sei noch eine andere Frage gestreift.

Bis zum Zweiten Weltkrieg hatten die Bolschewiken unter der Illusion gelebt, daß der rote Held in der Sowjetliteratur bereits längst verkörpert sei. Wer sich an die bolschewistischen Romane und Dramen der zwanziger und dreißiger Jahre erinnert, weiß, daß sie von »neuen Menschentypen« geradezu wimmelten – von Mitgliedern landwirtschaftlicher Kommunen, von Parteimännern in Lederjacken, von Kolchosbauern, roten Fabrikdirektoren, von Arbeitern in der Rolle von Bürgerkriegskommandeuren, von Volkskommissaren usw. Alle diese Gestalten, die zum Teil auf den ausgezeichneten Moskauer Bühnen oder in den frühen Sowjetfilmen zu eindrucksvollem Leben gebracht worden waren, erschienen in der Tat als neue Menschentypen; sie lebten und starben unter Bedingungen, die früher nicht bestanden hatten. Aber kaum war der Glanz der Neuheit verblichen, da wurde es offenkundig, daß nicht die Menschen neu waren, sondern nur die Umstände, unter denen sie auftraten.

Wie aber kam es, daß die Bolschewiken dies ausgerechnet während des Zweiten Weltkrieges feststellten und daß sie den wahren »Helden unserer Zeit« plötzlich so dringend brauchten? Warum übten sie einen solchen Druck auf die Autoren aus, diesen Helden hervorzubringen, obgleich ihnen doch deutlich gewesen sein muß, daß ihre dauernde und fruchtlose Forderung nach dem roten Helden sein Nichtvorhandensein nur um so deutlicher unterstrich?

Brauchten sie den roten Helden für die Propaganda im Ausland? Kaum. Die Bolschewiken sind kluge Psychologen; sie mußten sich sagen, daß die ein schweres Schicksal tragenden Massen Griechenlands etwa oder Frankreichs kaum durch das Vorbild des braven Mechanikers Scharonow zu revolutionärer Tat begeistert werden konnten, erst recht nicht die Arbeiter Deutschlands. In der Tat sind die bolschewistischen Romane, die vor 20 oder 25 Jahren über die ersten Schritte der Revolution verfaßt wurden und die von revolutionärem Feuer brannten, auch heute noch viel geeigneter für die Revolutionierung westlicher Völker als die musterhaftesten Super-Scharonows der letzten Jahre.

Der eigentliche Grund für die fast verzweifelte Intensität, mit der die Bolschewiken während des Krieges nach dem »Helden unserer Zeit« Ausschau hielten, ist nicht im Ausland zu suchen, sondern bei ihnen im Lande. Der Krieg hat auf Millionen von Russen und Sowjetbürgern, und gerade auf die jüngere Generation, einen gewaltigen Einfluß ausgeübt. In einem der Kriegsromane jener Zeit wird das so ausgedrückt:

»Wenn du an der Front daliegst und gespannt jede Minute darauf wartest, was jetzt kommen wird – vielleicht dein unmittelbarer Tod –, dann denkst und fühlst du viele Dinge aufs neue, darunter Dinge, die vielleicht in den Jahren des Friedens nie deine Gedanken beschäftigten ... *Und alles erscheint dir anders, als es vorher war, selbst noch vor zwei Jahren.*«

Der Krieg hat Millionen von Sowjetbürgern veranlaßt, viele Dinge aufs neue zu denken und zu fühlen. Das hat solche Unruhe und Unsicherheit in ihre Seelen gebracht, daß ihre Führer, je länger der Krieg dauerte, desto intensiver die ideologische Trommel rühren mußten. Diese Führer sahen ein, daß die durch das Kriegserlebnis hervorgerufene ideologische Krise viel zu tief ging, als daß man ihr nur mit marxistisch-leninistischen Schulungskursen beikommen konnte. Sie wandten sich an die Dichter. Denn es ist eine Sache, den Marxismus zu lehren, und eine ganz andere Sache, vielen Millionen von Menschen ein zwingendes Vorbild vor Augen zu stellen, ihre Phantasie zu gewinnen und sie mit dem Wunsch zu beseelen, in der von der Partei vorgeschriebenen Richtung zu marschieren. Gemessen an dieser Aufgabe haben die Dichter versagt.

Der Fall Tschakowskij

In Schanghai, auf der Avenue Joffre, gab es eine russische Buchhandlung, die während des Krieges als einzige im japanischen Bereich Ostasiens von den Behörden die Genehmigung hatte, Bücher, Zeitschriften und Zeitungen aus der Sowjetunion zu importieren. Im Laufe der Zeit besorgte sie mir neben anderem alle wichtigen Romane jener Jahre. Aus ihnen und den Besprechungen in den literarischen Zeitschriften wurde eines deutlich: Die Sowjetschriftsteller waren fieberhaft bemüht, den »Helden unserer Zeit« hervorzubringen. Daß keine einzige literarische Gestalt der eigentlichen Kriegsromane vor den strengen Kritikern als Held anerkannt wurde, ist [bereits oben] dargelegt worden. Und [im vorstehenden Aufsatz] wurde berichtet, daß der schließlich von der Kritik als neuer Held begrüßte Scharonow (in einem Roman der Heimatfront) in Wirklichkeit gar nicht neu war. **1952**

Was allen diesen Gestalten abging, war das echte, pulsierende, überzeugende Leben; sie waren konstruierte, papierene Figuren – so lautete fast durchweg mit Recht die Ansicht der Sowjetkritiker; es waren Figuren, wie man sie in lehrhaften Traktaten, aber nicht in den Werken der Dichter findet. Aber war es denkbar, daß in dieser Flut von Büchern des literarisch hochbegabten russischen Volkes nicht auch – und sei es aus Versehen – ein echtes Kunstwerk unterlief? Angesteckt von der Suche nach dem russischen »Helden unserer Zeit«, erwartete ich geradezu mit Spannung jede neue Büchersendung. Und ganz kurz vor Ende des Krieges – als schon aus der Mehrzahl der weißrussischen Wohnungen täglich die Siegesfanfaren des Sowjetsenders tönten – traf eine 1943 erschienene Erzählung aus Moskau ein, in der ich endlich den Helden unserer Zeit fand. Sie hieß »Es war in Leningrad« (Eto bylo w Leningrade) und hatte einen bis dahin unbekannten Alexander Tschakowskij zum Verfasser.

Sawin, ein junger Kriegskorrespondent, wird in das damals von den Deutschen eingeschlossene Leningrad geschickt. Er ist glücklich über den Auftrag, denn in Leningrad lebt Lida, die er liebt und von der er schon lange ohne Nachricht blieb. Der Roman schildert, wie er Lida unter den hungernden, kämpfenden Bewohnern der belagerten Stadt sucht. Lida ist der Mittelpunkt all seiner Gedanken, der Sinn seines Lebens. Nach vieler Mühe findet er heraus, daß sie als Krankenschwester auf dem gefrorenen Ladogasee eingesetzt ist, über dessen Eis die einzige Verbindung zwischen der Stadt und dem sowjetischen Hinterland läuft. Er gelangt bis zum Feldlazarett, doch ist Lida schon wieder in Leningrad; sie ließ sich versetzen, weil sich der Lazarettarzt in sie verliebt hatte. Als Sawin und Lida sich schließlich doch noch in der zerschossenen Stadt finden, ist ihr Glück von kurzer Dauer: Er erhält einen neuen Auftrag und muß Lida und Leningrad verlassen.

Nicht nur die beiden Romanhelden, auch die übrigen Gestalten sind lebendige, überzeugende Menschen. Wie war es möglich, daß dem unbekannten Tschakowskij gelang, worum sich die berühmtesten Sowjetautoren umsonst gemüht hatten? Die Antwort ist – von Tschakowskijs literarischem Talent ganz abgesehen – sehr einfach: Er hat geschrieben als ein Dichter, nicht als ein dichtender Lehrmeister oder Politiker. Gewiß, auch seine Gestalten leben nicht in einer poetischen Traumwelt, sondern in der harten und konkreten Wirklichkeit des Krieges und einer tapfer leidenden Stadt. Aber sie sind nicht Puppen, die an den ideologischen Fäden der Partei zappeln und sich in »Prawda«-Leitartikeln unterhalten. Der junge Leutnant im Feldlazarett stirbt, ohne politische Propagandareden zu halten; die hungernden Bürger Leningrads ermutigen sich nicht gegenseitig mit Stalin-Zitaten; und der Korrespondent, der wenige Stunden nach dem mit solcher Inbrunst ersehnten Wiedersehen einen neuen Auftrag erhält, verläßt seine Lida, ohne auch nur ein einziges bolschewistisches Schlagwort von sich zu geben. Mit anderen Worten, Tschakowskijs Gestalten benehmen sich genauso, wie sich in jenen schweren Jahren Millionen Menschen in allen am Kriege beteiligten Ländern benommen haben, jeder auf seine Art sein Leben führend und die Pflicht gegenüber seinem Vaterland erfüllend. Oder wie sich einige Jahre später die Bewohner einer andern Stadt benahmen, die gleichfalls einen Blockadewinter mutig durchstand, Berlins.

Die für diesen ersten Roman Tschakowskijs charakteristische Hinwendung zum Menschlichen, die radikale Vermeidung von allem Politisch-Propagandistischen, läßt sich schon aus einigen

Beispielen ersehen. Etwa aus der Episode vom Piloten, der sich weigert, Sawin in seiner ohnehin überlasteten Maschine nach Leningrad mitzunehmen, obgleich dieser sich auf einen wichtigen dienstlichen Auftrag berufen kann.
»Aber Sie haben das andere nicht gehört!« rief ich [Sawin] fast verzweifelt aus. »In Leningrad habe ich ... einen Menschen ... meine Frau. Vielleicht ist sie schon tot.«
Der Flieger nahm die Pfeife aus dem Mund und blickte mich aufmerksam an. Dann sagte er:
»Steigen Sie ein.«
Oder aus dem Wort über den Musiker, der in dieser Stadt, in der täglich Tausende verhungern und erfrieren, immer noch am Leben ist und auf einem Flügel im Hotel Astoria spielt.
»Er ist des Flügels wegen nicht gestorben«, sagte Kosotschkin. »Wenn man irgend etwas sehr stark liebt, stirbt man nicht.«
Oder aus diesen Zitaten:
»Mir will scheinen, daß ich nicht schlecht gearbeitet habe, obwohl ich nicht die Fabrik, sondern mein Haus, meinen Mann, meine Liebe als das Wesentliche in meinem Leben empfand.«

»Eben brach das neue Jahr an. Irina hat mich gefragt: ›Wofür leben wir?‹ Und ich habe ihr geantwortet: ›Um glücklich zu sein.‹«

»Können Sie sich auf das Hohelied besinnen?« fragte Kosotschkin. »Oder auf das Buch Jeremiä?«
Ich erwiderte, daß ich mich auf Salomo besinne, auf Jeremia aber kaum.
»Lesen Sie es doch mal durch«, sagte Kosotschkin. »Es ist sehr schön. Eine große Lebensfreude ist darin und eine starke Leidenschaft. Und ohne diese kann man jetzt in Leningrad nicht leben.«

»Diese ganze Zeit über hat nur der Gedanke an diesen Menschen mich am Leben erhalten.«

»›Weißt du, Lieber, wir wollen ganz und gar nicht vom Krieg reden. So, als ob gar nichts wäre – gar kein Krieg. Ich bleibe so

mit geschlossenen Augen sitzen, und du schließe die deinen auch.‹
Von weitem ertönten Abschuß, Pfeifen und ferne Detonationen, doch ich tat, als höre ich nichts, und auch er sagte nichts.«

»Um sich wiederzusehen und sich nie wieder trennen zu müssen, muß man siegen.«

»Weißt du, Lida«, sagte sie, »ich beobachte die Mädchen und mich selbst auch; wir brauchen irgendwelche Freude, verstehst du, Freude! Sie ist uns notwendiger als alle Vitamine. Gestern bekam Galja – du weißt doch, die Blonde – einen Brief von ihrem Mann von der Front. Jetzt habe ich eine Zeitlang keine Angst um sie. Sie ist allem nicht mehr so ausgesetzt. Sie lebt von ihrer Freude.«
Diese Zitate sind doch nichts Besonderes, mag der Leser denken. Doch, für die bolschewistische Literatur sind sie etwas sehr Besonderes. Aus jedem einzelnen dieser Sätze weht der Atem des Menschlichen. Nicht Stalin (dessen Name in dem ganzen Roman überhaupt nicht vorkommt), nicht die Weltrevolution, nicht die Erhöhung der Stahlproduktion sind die Triebkräfte dieser Helden Tschakowskijs, sondern Liebe, simple, menschliche Liebe. Gerade im Vergleich mit den Gestalten Tschakowskijs wird die Künstlichkeit der Helden in den anderen Romanen erst recht offenbar.
Wenn es den führenden Sowjetschriftstellern nicht gelang, den *Bolschewistischen* Menschen (mit dem großen B, so wie die Parteiführung ihn von den Dichtern fordert) glaubhaft darzustellen, während der Neuling Tschakowskij den *menschlichen* Menschen gleich in seinem ersten Versuch prall und lebendig vor seine Leser stellt, so kann man daraus wohl nur einen Schluß ziehen: Der Bolschewistische Mensch läßt sich nicht darstellen, weil er gar nicht existiert. Den menschlichen Menschen aber gibt es, auch im Land der Sowjets und trotz all ihrer Bemühungen, sein Wesen zu ändern; es gibt ihn mit all seinem menschlichen Hoffen, Lieben, Fürchten, Kämpfen und Leiden, den Menschen, der nicht an die von seinen Befehlshabern immer wieder anders interpretierten Gesetze des Materialismus glaubt, sondern an die uralten menschlichen Werte.

Kein Sowjetkritiker kam auf den Gedanken, in den Gestalten Tschakowskijs den Helden unserer Zeit zu erkennen. Doch das Buch bedurfte keiner Reklame. Es ging von Hand zu Hand und wurde ein echter Erfolg. Was aber wurde aus Tschakowskij? In dem Augenblick, in dem er berühmt geworden war, geriet auch er in den Bannkreis des politischen Druckes, in dem sich alle seine prominenten Kollegen bereits seit Jahren befanden. Ob er diesem Druck erlag, ob er von sich aus den Wunsch nach Anpassung empfand – wer will das von außen beurteilen? Was sich beurteilen läßt, sind seine weiteren Bücher.

Sawins Schuld und Sühne

Einige Jahre nach Kriegsende erschien sein neuer Roman »Friedliche Tage« (Mirnyje dni). In ihm findet der Leser die ihm aus dem ersten Roman vertrauten Gestalten des Kriegskorrespondenten Sawin und seiner Lida. Aber was ist aus ihnen geworden! Der Krieg ist zu Ende. Sawin kehrt nach Leningrad zurück, wo Lida in einem Großbetrieb arbeitet, und wird hochgeschätzter Mitarbeiter der Werkszeitung dieser Fabrik. Sawin und Lida sind glücklich. Aber nicht für lange. Es stellt sich nämlich heraus, daß alles, was Sawin und die andern Gestalten des ersten Romans taten und für richtig hielten, vom Übel ist. Das muß Sawin nun – oder richtiger gesagt, das muß Tschakowskij nun in der Gestalt seines Helden Sawin – entsprechend bereuen und sühnen. Schon in der ersten Szene des Romans wird Sawin darüber belehrt. Als er voll freudiger Erwartung Leningrad und Lida entgegenfährt und beim Anblick der ihm vom Kriege her vertrauten Gegend die Meinung äußert: »Andere Forderungen, andere Gesetze sind jetzt in Kraft getreten, die Gesetze des Friedens, nicht mehr des Krieges«, antwortet ihm »plötzlich und unerwartet heftig« ein Major:

»Nein, nein, ich glaube nicht daran! In unserem Leben kann es nicht zwei so verschiedene Gesetze geben! Für uns Sowjetmenschen gibt es nur ein Gesetz, und diesem Gesetz folgen wir sowohl im Krieg als auch im Frieden, ganz gleich, wo wir uns gerade befinden, auf dem Festland oder auf dem Wasser, im warmen Winkel oder auf die Hörner des Teufels gespießt.«

Lida hat das – im Unterschied zu Sawin – längst erkannt. Die Einführung der hochfrequenten Härtung von Stahl in ihrer Fabrik, das ist es, was sie vor allem erfüllt. Daß ihr Mann davon nicht ebenso ergriffen ist wie sie, erscheint ihr unbegreiflich. Alle Freunde und Mitarbeiter wenden sich von Sawin ab, selbst der 22jährige Redaktionsgehilfe, der alsbald erkennt, daß für Sawin die Fabrik nicht A und O seines Lebens ist. Es kommt zu einer Aussprache zwischen Sawin und Lida. Sawin sagt:
»Im Krieg haben die Menschen in einer Anspannung gelebt, die ihre Kräfte überstieg. Es gab kaum eine Minute, in der sie nicht vom Tode bedroht wurden. Und jetzt willst du auch das friedliche Leben in einen Kampf verwandeln ... Hoffentlich bist du nicht der Meinung, ich mißverstünde den Sinn unserer Nachkriegsaufgaben. Beruhige dich, schon im Kriege habe ich genau gewußt, daß es eine Ruhepause weder geben wird noch geben kann, daß allein schon der Wiederaufbau alle Anstrengungen erfordert. Was ich meine, ist etwas anderes: Jenes harte Leben an der äußersten Grenze, das du predigst und dem du dich hingibst. Es arbeiten täglich Millionen von Menschen, dir aber genügt diese Arbeit noch nicht. Du brauchst eine Art Sonderarbeit, etwas, das dein Leben über jedes normale Maß hinaus beanspruchen müßte.«
Lidas Reaktion darauf lautet: »Unsere Liebe ist bedroht!«
Der Eindruck, der dem Sowjetleser übermittelt werden soll, ist: Lida hat recht; Sawin ist ein verächtlicher, schwächlicher, genußsüchtiger Mensch. Auch in Sawin beginnt diese Erkenntnis aufzudämmern. Eines Tages sagt er zu Lida:
»›Liduschka, vergessen wir doch das alles! Verglichen mit dem, was wir einander sind, ist es doch wirklich eine Lappalie. Einfach lächerlich, darüber zu sprechen. Wenn nur zwischen uns beiden alles in Ordnung ist, werden wir auch das überwinden. Selbst der Krieg hat unserer Liebe keinen Abbruch getan. Soll sie denn etwa an der Frage der Stahlhärtung scheitern?‹
Ich verstummte unter Lidas Blick und begriff, wie gering ihr alles erschien, wovon ich so gefühlvoll sprach. Lida sah gleichsam durch mich hindurch und sagte kein Wort mehr.«
Der elfjährige Pflegesohn Kolja erträgt die Hohlheit Sawins nicht mehr und läuft davon. Lida verläßt ihn und quartiert sich be

einer Freundin ein. Und jetzt erkennt Sawin, daß etwas überaus Ernstes im Gange ist. Er kriecht zu Kreuze, geht – ein stereotyper Vorgang unzähliger moderner Sowjetromane – zum Parteisekretär Kargin und schüttet ihm sein Herz aus:
»Früher vielleicht liebte sie mich, doch jetzt verachtet sie mich!«
Ich hatte das Gefühl, wie ein Dreikäsehoch losheulen zu müssen.
»Ist denn mein Vergehen so schwer, daß es so hart gesühnt werden muß?«
»Genosse Sawin«, sagte Kargin und schüttelte den Kopf. »Ihre Frau verurteilt Sie nicht deshalb, weil Sie dies oder jenes nicht richtig gemacht haben, sondern weil Sie nicht das getan haben, was sie von Ihnen erwartete. Der Sowjetmensch muß mehr leisten, als er soll, schreitet er doch der ganzen Menschheit voran ... Sonst verwandelt sich Ihr Leben in eine sinnlose und unwürdige Existenz ... Sie sollten nicht einfach die Löcher flicken, damit machen Sie es nicht besser. Von Grund auf müssen Sie Ihr Leben umstellen.«
Sawin geht in sich, bereut aufrichtig und ändert sich.
Schlußapotheose: Bei der Anlage des Leningrader Siegesparks pflanzen Sawin, Lida und Kolja Arm in Arm Eichen und Ahornbäume.

Auch der Roman »Bei uns ist schon Morgen« (U nas ushe utro) ist ganz und gar Teil der sowjetischen Gebrauchsprosa, deren Aufgabe es ist, dem Sowjetbürger Anweisungen zu geben für sein tägliches Leben, in diesem Falle beim Fischfang und in der Konservenindustrie von Südsachalin. (Alle drei hier behandelten Romane Tschakowskijs sind auch in Deutsch erschienen.) Doronin, ein im Kriege vielfach ausgezeichneter Major, wird gegen seinen Wunsch von Leningrad nach Sachalin versetzt und zum Direktor eines »Fischereikombinats« ernannt. Wie er seinen neuen Beruf erst erlernt, dann sich in ihm durchsetzt und zu guter Letzt das Herz der Vizedirektorin gewinnt, ist der Inhalt des Romans. Der Leser findet in ihm geradezu eine Dienst- und Verhaltensanweisung für die Fischindustrie; er erfährt alles Nötige über Wind, Wetter und Strömungen; er lernt, daß die Behälter in der Konservenfabrik sauber ausgewaschen werden müssen. Mit einem Wort, ein Fischkonservenkurs in Romanform.

Die Gestalten sind wieder hübsch an den ideologischen Fäden aufgereiht und deklamieren, wie es sich gehört. Schon auf der zweiten Seite. Es ist Frühling, so erfahren wir dort, und ein Mann steht am Meer. Hören wir – auszugsweise –, was er tut:

»Der Mann schweigt. Niemand kann sagen, woran er jetzt denkt. Könnte man aber Gedanken belauschen, so würden wir hören:

›Meine Freunde, liebe Menschen der Sowjetunion! Kommt zu uns nach Südsachalin! Auf Sachalin, das doppelt so groß ist wie Griechenland und anderthalbmal so groß wie Dänemark, hat jedes Gebiet sein Klima. Beim ersten Anblick unseres Landes wird euch sein rauhes Antlitz vielleicht erschrecken. Aber habt keine Angst vor dem rauhen Land; es scheint nur so. Habt keine Angst vor der Entfernung. Überall, wo die Sowjetmacht steht, ist für den Sowjetmenschen Heimat. Hier, auf dieser von den Japanern zerquälten russischen Erde, werdet ihr ein neues sowjetisches Leben gestalten. Neue sowjetische Städte werdet ihr bauen, und vor allem wird in euren Herzen das Bewußtsein lebendig sein, daß hier ein Vorposten der Sowjetmacht steht, daß ihr auf heimatlichen Boden tretet. Sehr nötig brauchen wir Menschen, ehrliche, kühne Sowjetmenschen.‹

Der Mann dreht sich der Sonne zu, und ihre schrägen Strahlen legen sich weich auf sein Gesicht.

Der Morgen beginnt.«

Es werden Stalin die üblichen Reverenzen erwiesen, so z. B., wenn über Doronin – dessen Versetzungsdekret von Stalin persönlich unterzeichnet worden war – gesagt wird:

»Alles, worüber er in Moskau vor der Abfahrt so viel nachgedacht hatte, stand jetzt besonders anschaulich vor seinen Augen. Wieder fühlte er, daß alles, was er in den letzten 24 Stunden gesehen hatte, Teile eines großen, wohlüberlegten Planes waren, in dem alles vorherbedacht war, vom Bergmann bis zum Fischer und Künstler, vom Traktor bis zur Sämaschine und zum Taschenspieler.

Und nicht mehr nur in der Überlegung, sondern ganz körperlich fühlte sich Doronin als Teil dieses großen Staatsplans, der sich vor seinen Augen verwirklichte.«

Im ersten Roman hatte Tschakowskij nichts Böses über die Deutschen gesagt. Hier aber nennt er einen Japaner »diese zum Menschen gewordene Kröte«. Ja, von den Japanern heißt es sogar, daß sie »überdimensionale Wanzen« haben. Immer wieder wird die Eroberung Südsachalins als große Leistung Stalins gepriesen (»Russen hatten diese Insel entdeckt, Russen hatten sie erforscht und dafür ihr Leben hingegeben«). Von dem Parteisekretär von Sachalin heißt es: »Als die Sowjetunion Japan den Krieg erklärte, wußte Russanow, daß die langersehnte Stunde gekommen war, die größte Stunde seines Lebens.«

Aus dem Dichter Tschakowskij ist der Fall Tschakowskij geworden, ja, vielleicht sollte man sagen: der Fall Tschakowskijs.

Aber daß es den Dichter Tschakowskij von 1943 überhaupt gab, schon das ist Grund zur Freude und Grund, nach weiteren Tschakowskijs Ausschau zu halten.

Sowjetunion 1955–1970
Von der Adenauer-Reise bis zum Moskauer Vertrag

September 1955. Ein Jahrzehnt ist seit dem Ende des Zweiten Weltkriegs vergangen. Bundeskanzler Konrad Adenauer reist nach Moskau zu den ersten Verhandlungen mit der Sowjetführung nach dem Krieg, deren Ergebnis unter anderem die Rückführung der deutschen Kriegsgefangenen aus der Sowjetunion und die Aufnahme der diplomatischen Beziehungen zwischen Bonn und Moskau war. Der Süddeutsche Rundfunk entsendet Klaus Mehnert zur Berichterstattung über die Verhandlungen nach Moskau – ein erstes Wiedersehen mit Rußland nach fast zwanzig Jahren.

Über seine Eindrücke schrieb Mehnert damals für »Christ und Welt« eine siebenteilige Aufsatzreihe, die nachstehend gekürzt wiedergegeben wird. Von den Verhandlungen ist hier nicht die Rede, vielmehr befaßt sich Mehnert wiederum und vor allem mit dem Sowjetmenschen und mit seinem Leben.

In den Jahren nach 1955 reiste Mehnert noch häufig in die Sowjetunion. So war er auch im Februar 1956 in Moskau, zu einer Zeit, als der XX. Parteitag der KPdSU stattfand, auf dem Stalin posthum gestürzt wurde – ein Ereignis mit vielen Folgen, die zum Teil bis heute nachwirken. Als besonders wichtig erscheinen auch seine Eindrücke über die Sowjetjugend, die Mehnert 1959 aus Moskau mitbringen konnte. Der Aufsatz von 1967 zum Thema »Die Deutschen und die Sowjetmenschen« zieht eine Art Bilanz des Verhältnisses zwischen beiden Völkern – 50 Jahre nach der Oktoberrevolution.

Der Moskauer Vertrag von 1970 ist in mancher Hinsicht grundlegend für die Beziehungen zwischen der UdSSR und der Bundesrepublik Deutschland. Eine ausführliche kritische Analyse sowohl der Vorgeschichte des Vertrages als auch des Vertragswerkes selbst schrieb Mehnert für »Osteuropa« (auch damals war er übrigens in Moskau). Dieser letzte Aufsatz des Kapitels fällt insofern etwas aus der Reihe, als er sich mit der politischen Dimension eines Problems befaßt, nicht aber mit der menschlichen. Der Bedeutung des Vertrages wegen und auch als Beispiel für die politische Betrachtungsweise Mehnerts wurde er dennoch in diesen Band aufgenommen.

Wiedersehen mit Rußland

1955 Im Laufe der Zeit habe ich die russische Grenze dreiundzwanzigmal in der einen oder anderen Richtung überschritten, darunter zweimal »zum letzten Mal«, 1914 und 1936. Ich bin als Sohn reichsdeutscher Eltern 1906 in Moskau geboren. Am Tage nach der Ermordung des Erzherzogs Franz Ferdinand fuhr mein Vater nach Deutschland, um im Falle eines Krieges seiner Pflicht als deutscher Reserveoffizier zu genügen; drei Jahre später ist er in Flandern gefallen. Meine Mutter und wir Brüder folgten im Oktober 1914, auf dem Wege über Finnland und Schweden, nachdem wir die blutigen antideutschen Pogrome glücklich überstanden hatten. Finnland war damals noch Teil des russischen Reiches. Als unser Schiff an den Holzbauten von Åbo [Turku] entlang der Ostsee zusteuerte, wußte keiner der Passagiere, unter denen manche deutschen Frauen und Kinder waren, daß sie den letzten Blick, wenn nicht auf Rußland, so doch auf das Reich des Zaren warfen.

Fünfzehn Jahre vergingen. 1929 betrat ich auf meiner ersten Reise um die Welt (auf dem Rückweg von einem Jahr als Austauschstudent in Amerika) in Wladiwostok wieder russischen Boden. Danach besuchte ich die Sowjetunion jedes Jahr. Erst verdiente ich mir meine Reisen mit gelegentlichen Artikeln. 1931 bis 1934 bereiste ich die Sowjetunion als Schriftleiter der Berliner Zeitschrift »Osteuropa«. Anfang 1934 siedelte ich für eine Gruppe deutscher Zeitungen (»Münchener Neueste Nachrichten«, »Leipziger Neueste Nachrichten«, »Hamburger Fremdenblatt«) ganz nach Moskau über. Russisch sprach ich bald wieder akzentfrei. Das waren Jahre, in denen man noch im Lande reisen konnte – nach Norden bis ans Eismeer, nach Süden bis an den Tien Schan, der Rußland von China trennt. Allmählich wurde jedoch eine Berichterstattung aus der Sowjetunion immer unerfreulicher; Anfang 1936 gab ich meine Tätigkeit in Moskau auf und startete in östlicher Richtung zu meiner zweiten Reise um die Welt.

Zwanzig Jahre vergingen

Wenn in jenen Tagen ein Mitglied der Ausländerkolonie Moskaus abreiste, bereiteten ihm die zurückbleibenden Freunde einen »Bahnhof«. Botschafter und Prominente erhielten einen »großen Bahnhof«. Wir anderen hatten nur einen »mittleren Bahnhof«, aber es waren gute Freunde, die wir hinterließen, denn in keiner anderen Hauptstadt der Welt sind Ausländer so aufeinander angewiesen und zum Zusammenbleiben geneigt wie in Moskau. Sogar einige russische Freunde gaben uns das Geleit. Einige Monate später wäre dies nicht mehr möglich gewesen, da dann der Terror der Schauprozesse bereits eingesetzt hatte. Wir fuhren in östlicher Richtung, acht mal vierundzwanzig Stunden auf der Transsibirischen Bahn bis zur mandschurischen Grenze in Otpor, bei wahrhaft »sibirischer Kälte«; am Baikalsee zeigte das Thermometer 55 Grad minus, und die Fenster trugen eine Eisschicht von Fingerdicke. Wir hatten 35 Stunden Verspätung. Als wir in die schmälerspurigen japanischen Wagen umstiegen, hatte ich das Gefühl, daß ich Rußland sehr lange nicht, wenn überhaupt je, wiedersehen würde. Hitler hatte kein Hehl gemacht aus seinen Plänen. Ein Krieg mit der Sowjetunion auf Leben und Tod war im Bereich des Möglichen.

Fast zwanzig Jahre vergingen. Welche Jahre im deutsch-russischen Verhältnis! Und dann kam die Einladung Moskaus an den Bundeskanzler. In den ersten Tagen des September 1955 brach ich wieder nach Moskau auf.

Eine Taxe mit Lizenz für den Ostsektor [Berlins] bringt mich für zwölf Mark zum »Ostbahnhof«. Früher war das der Schlesische Bahnhof. Aber seit es Schlesien »nicht mehr gibt«, gibt es auch keinen Schlesischen Bahnhof mehr, übrigens aus demselben Grund auch keinen Stettiner Bahnhof, der heute »Nordbahnhof« heißt. Der letzte Kilometer zum »Ostbahnhof« führt wie durch eine Mondlandschaft. Trümmer überall ...

Auf dem Bahnsteig stehen viele Sowjetoffiziere mit ihren breiten, brettartigen Epauletten, von Familien begleitet. Aus allen Abteilen klingt ohrenbetäubende Musik. Erst später entdecken wir den Knopf, an dem man den Lautsprecher des Abteils abstellen kann. (»Der wichtigste Knopf im ganzen Zuge«, sagt einer.)

Pjotr Iwanowitsch

Ein Mann in grauer Eisenbahneruniform windet sich durch den von Menschen vollen Gang mit einem Strauß roter Nelken in der Hand. Sein Gesicht ist so typisch russisch, als hätte man es aus tausend russischen Gesichtern synthetisch zusammengesetzt. Gleich nach der Abfahrt stellt er sich in jedem Abteil, in dem Ausländer sind, mit seinen paar deutschen Brocken als Zugführer vor. Sein Name: Pjotr Iwanowitsch, sein Rang: Ingenieur-Kapitän; auf seinen Epauletten blitzen drei Sterne.

Wir sind noch keine fünf Minuten unterwegs, da schlägt er mir vor, den Zug zu besichtigen. Also schön. Jeden einzelnen Wagen muß ich mir ansehen, obgleich es nur zwei Arten gibt: zweite (oder weiche) und dritte (oder harte) Klasse. Er öffnet unzählige Abteiltüren; ich komme mir vor, als besuche ich einen Bekannten zum ersten Mal in seinem neuen Haus. Bis zum Gepäckwagen gehen wir. Ich erkundige mich nach dem Speisewagen. Es gibt keinen. »Der Speisewagen wird in Brest angehängt (also an der Sowjetgrenze), von dort ab wird es kulturno«, sagt Pjotr Iwanowitsch beruhigend-selbstbewußt.

Ich blicke aus dem Fenster. Märkische Heide, märkischer Sand. An den Bahnhöfen rote Spruchbänder: »Zum zehnten Jahrestag des Übergangs der Eisenbahn in das Eigentum der Arbeiter und Bauern: Laßt uns den Plan vorzeitig erfüllen!« (Wie hieß der Kapitalist, dem die Deutsche Reichsbahn vorher gehört hatte? Ich komme nicht auf den Namen ...) Dann schon Frankfurt/Oder. Berlin liegt sehr nahe an der »Friedensgrenze«. Frankfurt ist fast ein Vorort.

DDR-Zollbeamte. Auf dem Bahnsteig vor jedem Waggon ein sowjetischer Grenzpolizist, das Gewehr auf dem Rücken, Kolben nach oben. Niemand darf auf den Bahnsteig, auch nicht zu der kleinen Bahnsteigverkaufsbude, keine drei Meter von unserem Wagen entfernt. Langsam fahren wir über die Oder. Bald darauf wieder Halt. Kunowice, das heißt Kunersdorf. Polnische Beamte kontrollieren die Pässe. Niemand schaut nach unserem Gepäck. Es dunkelt. Wenig Hütten, viele Ruinen, selten ein Bauer auf dem Felde.

Pjotr Iwanowitsch scheint froh zu sein, daß er einen Ausländer gefunden hat, der Russisch spricht. Er setzt sich zu mir und erzählt von seiner Familie. Er habe in Moskau eine Wohnung mit Telefon. Er ist Jahrgang 1916, seit 23 Jahren bei der Eisenbahn, und schon seit einigen Jahren auf der Strecke Moskau–Berlin. »Bald werden wir auch bis Bonn fahren und dann eines Tages bis Paris«, plaudert er, »es sind bessere Zeiten angebrochen, die internationalen Beziehungen sind freundlicher geworden; so viele Ausländer fahren zu uns! Ich habe schon Angehörige von 27 verschiedenen Nationen in meinen Zügen gehabt.« Jede Fahrt Moskau–Berlin–Moskau dauert fünf Tage, danach hat er fünf Tage Pause, dann wieder fünf Tage Fahrt und so fort. Jedesmal, wenn der Zug ohne Verspätung nach Moskau zurückkommt, erhält er 150 [»alte«] Rubel Prämie.

Am folgenden Tag fahren wir bis in den Nachmittag durch Polen. Wenige Stationen. Am längsten stehen wir in Siedice. Terespol ist der letzte polnische Bahnhof. Wieder kurze Kontrolle. Über den Bug. Brest. Pjotr Iwanowitsch tritt in jedes Abteil, in dem sich Ausländer befinden, salutiert und sagt (auf russisch): »Ich begrüße Sie auf der russischen Erde.«

Auch eine »Friedensgrenze«. Brest-Litowsk (»das litauische Brest«) heißt jetzt nur noch Brest. Hohe Wachtürme mit Posten. Viel Militär. Wir halten auf der polnischen Seite des Bahnhofs mit der schmaleren europäischen Spur. Vier Stunden Aufenthalt zum Umstellen der Waggons auf Rädergestelle der russischen Spur.

Der Bahnhof ist vor einem Jahr fertiggestellt worden, hat aber immer noch fensterlose Teile. Irgend jemandem ist die Puste ausgegangen. Moderner russisch-sowjetischer Stil, monumentale Säulen, ein Turm, wie er heute jedes größere Sowjetbauwerk ziert. Der erste Bau auf sowjetischer Erde soll imponieren. In einem großen Hof ein Garten mit Blumen, die gegen Abend ausgiebig gesprengt wurden.

Ich ging erst Geld wechseln. 100 DM – 95 Rubel, also miserabel für uns, da der Rubel nicht viel wert ist. Die Staatsbank hat eine Filiale im Bahnhof. Dort sitzen zwei Mädchen. Die eine schaut zum Fenster hinaus, die andere liest. Offenbar verirren sich nicht viele hierher, die meisten wechseln ihr Geld wohl erst in Moskau. Ich plaudere mit ihnen ein wenig. Was sie lese, frage ich die eine. »Scholochows, ›Stillen Don‹«, sagt sie, »zum vierten Mal.« Scholochow gehört in Rußland heute schon zu den Klassikern wie Tolstoj oder Gorkij. Was es im Film Gutes gäbe? Nach Brest, sagen die Mädchen, kommen die guten Filme erst spät. Der schönste Film in Moskau, den ich unbedingt sehen müßte, der aber noch lange nicht nach Brest kommen würde, sei »Prinzessin Mary« (nach dem »Held unserer Zeit« von Lermontow, reine Romantik). Von der Decke und den Wänden des Zimmers blättert der Stuck ab.

Dann schicke ich ein Telegramm nach Hause. Das Mädchen am Postschalter ist ziemlich aufgeregt über dieses Abenteuer und holt erst einen älteren Mann. Der verlangt, ich müßte das Land angeben. »Warum?« frage ich. »Stuttgart gibt es nur einmal in der Welt.« – »Weiß ich«, erwidert der Alte, »aber das muß so sein. Außerdem weiß ich nicht, wie Sie jetzt Ihr Land nennen.« Also schreibe ich DEUTSCHLAND. (Es ist angekommen.)

Der Weg in die Stadt führt über die Geleise auf einem Hunderte von Metern langen Steg. Dort sehe ich die ersten Betrunkenen, drei junge Burschen, unsicher wankend, untergehakt, singend.

Brest hat im Kriege sehr gelitten, aber es gibt noch alte Häuser, einstöckige Holzbauten, braun und unansehnlich. In der Mitte der Stadt eine breite Allee, mit Bänken und einem Sandweg. Am Rande der Allee die Kirche. Vor einem Jahr renoviert, waschblau gestrichen. Der Zaun um den Kirchgarten ist neu. Auf den Bänken im Garten sitzen einige alte Leute, auch Männer. In der Kirche vier betende, kniefallende, ikonenküssende Frauen.

»Wo ist der Markt?« frage ich auf der Straße eine Frau mit leerem Marktnetz. »Kommen Sie mit«, sagt sie. Der Markt ist hinter der Kirche. Ich frage, wie das Leben in Brest ist: »Nun, es geht«, sagt sie. »Mehl gibt es, aber keinen Zucker. In Leningrad gibt es Zucker, das hat mir meine Schwester geschrieben. Wohin fahren Sie? Nach Moskau? Na, da brauchen Sie gar nicht erst auf unseren Markt gehen! In Moskau gibt es Zucker. Aber womit sollen wir in Brest das Obst einmachen ohne Zucker? Eier gibt es, 7 Rubel für zehn Stück, Butter gibt es auch. Aber Zucker müßte man haben, gerade jetzt, wo das Obst reif ist.« Auf dem Markt haben die Bäuerinnen kleine Häufchen von Äpfeln und Tomaten aufgeschichtet. Das Kilo Tomaten 3 Rubel. Auf dem Rückweg kommen wir an einer Plakatsäule vorbei; Filme, Konzerte, ein

großes Plakat: »Bürger, meldet Euch zur Arbeit in den Wäldern der Provinz Chabarowsk [ferner Osten]. Meldet Euch beim örtlichen Büro des Holzministeriums.« Das Plakat zeigt eine Anzahl von Bildern, Fotos, auf denen man mechanische Sägen, Lastautos zum Abschleppen des Holzes usw. sehen kann.
Im Schuhladen gibt es mehr leere als volle Fächer und offenbar nur die wenig gebrauchten Größen; ich höre, wie mehrere Männer auf ihre Anfragen die Antwort »Haben wir nicht« erhalten. Die vorhandenen Schuhe sehen schlecht aus, vermutlich Ziegenleder. Schräg gegenüber ist ein »Gastronom«-Geschäft. Es gibt Zigaretten, Marmeladen, Spirituosen, Konditoreiwaren, Fischkonserven, alkoholfreie Getränke. Hundert Meter weiter ein Stoffgeschäft. Baumwollstoffe für Frauensommerkleider, Qualität und Muster schlecht. Ein Anzugstoff für Männer – der einzige im Laden – 500 Rubel für den Meter (einen Meter breit).
In Brest steigen zwei Russen zu, ein Mann und eine Frau. (Wenn es sich so ergibt, werden Angehörige verschiedener Geschlechter ungeniert in dasselbe Abteil gelegt.) Sie ist Musikerin und mit ihrem Mann auf einer Gastspielreise; er blieb noch etwas länger, und sie fährt zurück nach Moskau. Sie erzählt über ihre neunjährige Tochter, die sie eine Weile nicht gesehen hat. Während das Kind klein war, hat sie sieben Jahre nicht gearbeitet, jetzt hat sie eine Wärterin namens Katja angestellt, die das Kind sehr liebt, so daß die Mutter auf sie ein wenig eifersüchtig ist. Die Kleine hat den Eltern nach Brest geschrieben. Die Frau liest aus dem Brief vor: »Liebes Väterchen, liebes Mütterchen! Uns geht es hier gut mit Katja. Die Schule hat wieder angefangen. In der Nachbarschaft wird ein Hund verkauft. Er kostet 200 Rubel. Eure Marussja.« Mama ist überzeugt, daß der ganze Brief nur geschrieben wurde wegen dieses letzten Satzes. Offensichtlich will Marussja einen Hund haben. Mama hätte nichts dagegen, aber Papa will nicht. (Mama vermutet, daß Marussja sich zuletzt durchsetzen wird.)

Erziehung und Moabiter Gedichte

Der neu zugestiegene Mann ist Techniker: Er hatte in Brest beim Elektrizitätswerk zu tun und fuhr nun wieder heim nach Moskau.

Auch er spricht über Kinder und äußert seine Sorgen. Die Kinder von ihm und seinen Freunden wüchsen mit allzugroßen Ansprüchen heran, meint er. Sie würden von ihren Eltern gehätschelt und verwöhnt, und glaubten, alles sei nur für sie da. Regelrechte Bartschuki seien das, Herrensöhnchen. Die Frau gibt ungewollt eine Illustration dazu: Vor einiger Zeit sei sie zum Klassenlehrer ihrer Tochter gegangen und habe von ihm verlangt, daß er Marussja einen anderen Platz anweist, weil sie nach allem, was sie von ihrer Tochter über den Jungen, der neben ihr sitzt gehört habe, annehmen müsse, daß er aus einer schlechten Familie stamme und auf ihr Kind einen ungünstigen Einfluß ausübe.

Die Orte, durch die wir am folgenden Tag fahren, klingen wie ein Heeresbericht von 1941 (oder 1944). Orscha, Smolensk, Dorogobush, Wjasma und – als letzter Halt vor Moskau – Moshaisk.

Einmal auf dem Rückweg vom Speisewagen, sah ich, wie eine der Schaffnerinnen in ihrem Abteil auf dem Bett saß und las. Ich setzte mich zu ihr. Sie las Gedichte aus einem dünnen Heftchen mit dem sonderbaren Namen »Moabiter Gedichte«. Der Verfasser war ein russischer Gefangener, der während des Krieges in Moabit saß und dann hingerichtet wurde; seine Gedichte waren kunstlos und pathetisch. Die Schaffnerin war ein vergnügtes Ding um die Dreißig. Sie wußte, daß ich Deutscher war, aber schien mich gar nicht mit den in den Gedichten dargestellten Ereignissen in Verbindung zu bringen. Als ich ihr sage, ein Freund von mir (Albrecht Haushofer) habe in demselben Gefängnis gesessen, dort die »Moabiter Sonette« geschrieben und dann auch sein Leben lassen müssen, meint sie: »Ja, ja, es sind viele Menschen umgekommen« und läßt es dabei bewenden. Offenbar liest sie nur aus Langweile ohne innere Anteilnahme. Sie hat eben ihren Urlaub gehabt und ihn bei ihren Eltern auf einem Dorf nicht weit von Moskau verbracht. Die Ernte sei nicht schlecht gewesen, mit Ausnahme des Maises, den man auf Befehl (von Chruschtschow) zum ersten Mal angebaut habe. Das sei ja auch nichts, so weit nördlich Mais zu pflanzen. Die Mutter habe bis voriges Jahr gearbeitet und sei jetzt siebzig. Der Vater, vierundsiebzig, arbeite immer noch, als Wächter bei einer Maschinen-Traktoren-Station.

Solange wir durch Polen fuhren, sagte das Begleitpersonal zu den Russen, die im Pyjama auf den Bahnsteigen herumspazierten: »Genossen, das darf man nicht. Eto njekulturno.« Aber seit wir auf russischem Boden sind, kümmern sie sich nicht mehr darum. Die Stationen sind fast durchweg neu gebaut, viele in dem neuprotzigen Stil wie in Brest.

Moskau kündigt sich an durch große Neubauten rechts und links der Geleise. Wir stehen am Fenster. Den beiden Russen ist inzwischen zum Bewußtsein gekommen, daß sie, wenn sie sich mit mir unterhalten, nicht mit einem Landsmann plaudern. Ich erlebe an ihnen etwas, das mir in den folgenden Wochen noch sehr oft entgegentrat: Das Selbstbewußtsein, das die Russen jedem Ausländer gegenüber zur Schau tragen, ist mit einer innerlichen Unsicherheit verkoppelt. So fordern sie immer wieder vom Ausländer die Bestätigung ihres Wertes. Die letzten zehn Minuten unserer Bahnfahrt höre ich nichts als überschwengliches Selbstlob (»Von dieser ganzen Häusergruppe war vor einem Jahr noch nichts zu sehen ...« usw.), mit Pausen, die mir Gelegenheit geben sollten, zu sagen: »So etwas hat die Welt noch nicht gesehen!« Ich sage es nicht. Daher kommt schließlich die gleichsam nebensächlich geäußerte Frage: »Haben Sie in Westdeutschland nach dem Kriege auch Wohnungen gebaut?«, die ich mit nicht minder nebensächlichem Ton beantwortete: »Ja, jährlich zwischen 300000 und einer halben Million.« Betroffene Pause. Dann sagt die Frau: »Mit amerikanischem Gelde.« Ich: »In den ersten Jahren nach dem Kriege waren wir glücklich, von den Amerikanern brüderliche Hilfe zu erhalten (ich wähle das Wort, das die Russen für ihr Verhältnis Rotchina gegenüber so gerne anwenden), aber seit vielen Jahren hat uns niemand mehr etwas zu schenken gebraucht.«

Dieses Gespräch wenige Minuten vor dem Eintreffen auf dem Weißrussischen Bahnhof Moskau stört die freundschaftliche Atmosphäre, in der wir uns bisher unterhalten haben. Und der Abschied wird so förmlich, daß ich spüre: Die wenigen Worte, die ich über den deutschen Wiederaufbau sagte, hatten eine schmerzhafte Stelle bei den beiden Russen berührt. Statt ihr Selbstbewußtsein zu bestätigen, hatte ich es erschüttert. Fast taten sie mir leid.

Drang nach Selbstbestätigung

Erlebnisse in Amerika fielen mir ein. Mit nichts hatte ich mich dort unbeliebter gemacht, als wenn ich auf die Frage, ob ich schon den Antrag auf Einbürgerung gestellt hätte, die Antwort gab: »Ich beabsichtige, deutscher Bürger zu bleiben.« Der Amerikaner möchte, es solle selbstverständlich sein, daß jeder Mensch nur den einen Wunsch hat, amerikanischer Bürger zu werden; dadurch sieht er sich in seiner Überlegenheit bestätigt. Ein Ausländer, der anders denkt, trifft ihn im Kern seines Selbstvertrauens. In den letzten Jahren hat sich dies freilich verändert; das amerikanische Selbstbewußtsein ist so stark geworden, daß es der fortwährenden Bestätigung durch die anderen nicht mehr bedarf.

In Rußland aber, wo das Minderwertigkeitsgefühl gegenüber dem Westen seit Jahrhunderten ein wichtiger Zug der geistigen Entwicklung ist, scheint das Bedürfnis nach Selbstbestätigung stärker denn je zu sein. Indem ich mir dies überlege, fällt mir auf, daß die Menschen in der Bundesrepublik, die im letzten Jahrzehnt wahrlich Gewaltiges geleistet haben, kein Bedürfnis zu haben scheinen, dies jedem ausländischen Besucher so lange unter die Nase zu reiben, bis er uns unsere Tüchtigkeit bescheinigt. Aber ehe ich Überlegungen anstellen kann, warum das bei uns so ist, fahren wir in die Moskauer Bahnhofshalle ein.

Die Russen sind nette Leute, aber ...

1955 Mein Wiedersehen mit Moskau war ein Wiedersehen zugleich mit dem Moskau von 1914, das meine Familie bei Ausbruch des Ersten Weltkrieges verlassen hatte, und mit dem Moskau der dreißiger Jahre, in denen ich mich als Vertreter deutscher Zeitungen dort aufhielt. Manches hatte sich in der ganzen Zeit kaum verändert, etwa das Hotel National, in dem die meisten deutschen Presse- und Rundfunkleute untergebracht waren; über seiner Eingangstüre steht die Jahreszahl 1907, und auch die Inneneinrichtung ist, selbst wo sie in der Zwischenzeit erneuert wurde, im alten Stil erhalten.

Verändert hat sich das Stadtbild um den Kreml, mehr noch seit 1936 als in den zwei Jahrzehnten nach dem Ausbruch des Ersten Weltkrieges. Es ist viel entrümpelt worden. Zwischen dem Hotel National und der alten Universität auf der einen Seite, dem Kreml auf der anderen, standen einst viele kleine Häuser. Sie sind verschwunden, ein großer Platz gibt den Blick frei zum Kreml und zum Roten Platz. Die Brücken, die an beiden Enden des Kreml über die Moskwa führen, sind durch mächtige Konstruktionen ersetzt, die in hohem Bogen den Fluß überspringen. Das Haus, das mein aus Schwaben eingewanderter Großvater gebaut hatte und in dem meine Mutter aufgewachsen war, sah einst ganz stattlich aus. Heute ist es wie erdrückt von einem der Brückenbögen, in dessen Nähe es steht. Vielleicht habe ich es zum letzten Mal gesehen, denn allenthalben entstehen in der Umgebung des Kreml moderne Repräsentationsbauten.

Viele Kirchen sind dem Baueifer – und nicht nur ihm – zum Opfer gefallen oder Museen geworden; Museen vor allem die drei großen Kirchen im Kreml. Das Haus, in dem ich als Kind aufwuchs, lag nicht weit vom Kreml, jenseits der Moskwa. Mit Vorliebe ging meine alte russische Wärterin, die »Njanja«, bei schönem Wetter im Garten des Kreml spazieren. In jenen Jahren stand der Kreml immer offen. (Die Zaren lebten in Petersburg, dem heutigen Leningrad; nur wenn sie in Moskau zu Besuch weilten, war der Kreml geschlossen.) Die alte Njanja war sehr fromm. Ihre Lieblingskirche war die Blagoweschtschenskaja. Ich ging in diese Kirche nur ungern mit wegen des großen Freskos: Der Walfisch verschlingt den Jonas. Dieser Fisch erschien mir grauenerregend und riesengroß und begleitete mich in meine kindlichen Träume. Als ich jetzt, mit den nötigen Papieren und Eintrittsausweisen versehen, zum ersten Mal wieder den Kreml betrat, lenkte ich stracks meine Schritte zum Propheten Jonas. Ich habe ihn kaum wiedererkannt. Der mächtige Walfisch meiner Erinnerung war zu einem – sagen wir: Hecht zusammengeschrumpft; so geht es ja oft mit den Erinnerungen der Kindheit. Während ich vor dem Fresko stand und der guten Njanja einige freundliche Gedanken nachsandte, gingen viele russische Kreml-Besucher an mir vorbei. Aus den Gesprächen sah ich, daß sie von dem Gegenstand des Bildes keine Ahnung hatten. Einmal kam eine Mädchenklasse. »Schauen Sie, Anna Petrowna«, rief ein Mädchen der Lehrerin zu und zeigte auf das Fresko, »was bedeutet denn das?« – Die Lehrerin warf einen Blick auf das Bild. »Da frißt ein Fisch einen Menschen«, erklärte sie. Die Mädchen gingen weiter.

Immer wieder zog es mich zu den Spuren meiner Kindheit. Wie sah es dort heute aus? Ich besuchte das Dorf, wo meine Eltern vor dem Ersten Weltkrieg sommers ein Bauernhaus zu mieten pflegten. Von der Bahnstation war es noch eine halbe Stunde zu Fuß. Das Bauernhaus gab es nicht mehr; in der Nähe war eine Fabrik entstanden, und der Straße, die dort hingelegt worden war, mußte ein Teil des Dorfes weichen. Links der Straße standen die neuen und doch schon Verfallszeichen aufweisenden Arbeiterwohnblocks, rechts die heruntergekommenen Bauernhäuser in ihren Gärten.

Ich unterhielt mich mit den Leuten, die – es war Sonntag – vor ihren Häusern in der Nachmittagssonne saßen. Einige erinnerten sich noch an uns. Vor vierzig Jahren hatte ihr Leben bei aller Armut eine harmonische, festumrissene Geschlossenheit besessen, im Rhythmus der Jahreszeiten und der Feldarbeit, der Kirchenfeste und Jahrmärkte. Heute ist es völlig desorganisiert. Es könnte sein, daß auf großen Kolchosen in den Agrargebieten der Ukraine oder Westsibiriens ein neuer und auch wieder in sich geschlossener Lebens- und Arbeitsstil entsteht, der Stil einer »Getreidefabrik«; ich weiß es nicht, denn ich hatte keine Gelegenheit, solche Kolchosen zu besichtigen. Aber hier, in der Umgebung der Großstadt, hat das ländliche Leben jegliche Ordnung verloren. Die Männer arbeiten in den Fabriken; viele kommen nur selten ins Dorf. Auch zahlreiche jüngere Frauen ziehen die Fabrik vor.

Ein Teil der Familie bleibt im Dorf, um die Ansprüche auf das Haus, die Privatkuh und das vom Staat jedem Kolchosnik bewilligte kleine Stückchen Privatgarten nicht zu verlieren; in Notzeiten hatten sich diese Gärtchen für viele als Lebensretter erwiesen. Auch lassen sich mit ihren Erzeugnissen auf den städtischen Märkten ganz gute Preise erzielen. Die Gartenarbeit, die Fahrt zum Markt, das Herumsitzen dort – das alles kostet Zeit, die der eigentlichen Kolchos-Arbeit entgeht. Der Kolchos aber muß sein

Soll erfüllen. Er drückt also auf die Dorfbewohner und verlangt von ihnen die Ableistung bestimmter Normen. Mit alledem greift er unvergleichlich tiefer und brutaler in das Leben der Bauern ein als der Grundbesitzer vor der Revolution. Es herrscht eine ungute, mißmutige Atmosphäre ohne Arbeits- und Lebensfreude. Keine Lieder klangen. Die Alten unterhielten sich mit mir unbefangen. Die in den mittleren Jahren atmeten auf – so schien es mir –, als ich mich wieder verabschiedete. Es war immer dasselbe, wenn ich einen meiner alten russischen Bekannten wiedertraf. Die erste Reaktion war nicht: großartig, daß man sich nach so langen Zeiten einmal wiedersieht, sondern war ein Zusammenzucken. Die Zeiten, da jeder Kontakt mit einem Ausländer lebensgefährlich war, liegen nur kurz zurück; keiner weiß, ob sie nicht plötzlich wiederkehren, und ob ihm dann nicht aus irgendeiner zufälligen Begegnung mit einem Fremden ein Strick gedreht wird.

Mit der Bahn fuhr ich wieder in die Stadt zurück. Es war schon dunkel, und der Zug vollbesetzt. Fast auf den Tag 41 Jahre zuvor, im Herbst 1914, war ich als Achtjähriger auch an einem Sonntagabend dieselbe Strecke gefahren. Mein Vater war noch kurz vor Kriegsausbruch, da er deutscher Reserveoffizier war, nach Deutschland aufgebrochen. Die Mutter und wir Brüder hatten uns, während sich in Moskau die antideutschen Pogrome abspielten, für einige Zeit ins Dorf begeben. Dann fuhren wir in die Stadtwohnung zurück, um uns zur Ausreise nach Deutschland vorzubereiten. Es war uns eingeschärft worden, im Zuge nur russisch zu sprechen. In dem überfüllten Wagen, in dem, wie überall damals, die Spannung des kurz zuvor ausgebrochenen Krieges zu spüren war, erschallte plötzlich auf russisch die laute und helle Kinderstimme meines fünfjährigen Bruders: »Mein Väterchen ist deutscher Offizier.« Eine überraschte Stille trat ein. Meine Mutter lachte gezwungen. Ich schloß mich an, und auch das Publikum lachte; es hielt den Ausspruch für einen Witz. Noch einmal war es gutgegangen. Wie oft mögen seither auf dieser Bahnstrecke Eltern mit Kindern gefahren sein, in Angst, sie könnten unversehens etwas über die häuslichen Dinge oder Ansichten ausplaudern und ein Unglück für die Familie heraufbeschwören.

In der letzten Zeit ist mir häufig die Frage gestellt worden, ob ich auf der Rußlandreise im Herbst 1955 ständig beobachtet worden sei. Auf diese Frage kann ich nur eine Antwort geben: Ich weiß es nicht. Bemerkt habe ich nie etwas; überdies waren die Sowjets äußerst bemüht, sich allen Deutschen, die im Zusammenhang mit dem Kanzlerbesuch nach Rußland gekommen waren, von der allerbesten Seite zu zeigen und den Polizeistaat so wenig als irgend möglich in Erscheinung treten zu lassen.
Wohl als erster deutscher Staatsbürger seit Juni 1941 habe ich den alten deutschen Friedhof am Rande der Stadt besucht. Er war in recht guter Ordnung. Viele der alten Grabsteine mit ihren deutschen Namen sind erhalten. In den Zwischenräumen liegen zahlreiche neue russische Gräber, mit Jahreszahlen bis in die jüngste Zeit. Es war daher ein ständiges Kommen und Gehen. Von den neuen Gräbern sind viele gepflegt; so hat der ganze Friedhof ein freundliches Aussehen. Das mag die in Deutschland lebenden Angehörigen der einst Zehntausende umfassenden deutschen Kolonie Moskaus freuen.

Die Blonde und die Kontrolleurin

Solange die Verhandlungen des Bundeskanzlers dauerten, mußten wir aus Zeitgründen fast ständig Taxen benutzen. Später habe ich mich vorzugsweise der allgemeinen Verkehrsmittel bedient. Es interessierte mich nicht die unleugbare, wenn auch für uns übertriebene (und neuerdings auch von den Sowjetführern heftig kritisierte) Pracht der Untergrundbahnhöfe, sondern die Menschenmenge, die durch sie flutete oder in den anderen Verkehrsmitteln fuhr. Die Last des Bolschewismus ruht besonders auf den Schultern der Frauen, die sich unter den harten Lebens- und Arbeitsbedingungen im doppelten Dienst der Familie und des Staates verzehren. Man sieht viele abgehärmte Gesichter.
Aber die Jugend wächst frisch nach. Einmal abends war ich nach dem Theater noch ein Stück Weges zu Fuß gegangen und hatte dann einen Autobus zum Hotel bestiegen. Es ist in Moskau üblich, daß man hinten ein- und vorne aussteigt. Die Schaffnerin steht am hinteren Eingang und verkauft die Fahrscheine. Ich löste mir meinen. (Für diese Strecke: 30 Kopeken; Verkehrsmittel

und Zeitungen – 20 Kopeken – sind die billigsten Dinge, die es in Rußland gibt.) Ziemlich weit hinten fand ich einen freien Platz. Nach zwei Haltestellen stieg vorne eine Kontrolleurin ein. »Genossen«, sagte sie, »bitte Fahrscheine zur Kontrolle vorzeigen.« Dann begann sie von vorne nach hinten ihren Inspektionsgang.
Zwei Reihen vor mir saß eine Blondine. Als die Kontrolleurin aufgetaucht war, erhob sie sich und ging nach hinten.
»Wohin, wohin, Bürgerin?« rief die Kontrolleurin.
»Einen Fahrschein lösen«, erwiderte die Blondine, die etwa 17 Jahre alt sein mochte.
»Wo sind Sie eingestiegen?« fragte die Kontrolleurin durch den ganzen Bus hindurch mit strenger Stimme.
Die Blondine murmelte etwas, was ich nicht verstand, aber ich wußte, daß sie schon im Autobus saß, als ich ihn bestieg. Die Schaffnerin verschränkte die Arme, sie wollte dem Mädchen keinen Fahrschein verkaufen. Die Fahrgäste blickten interessiert auf den weiteren Verlauf der kleinen Affäre.
An der nächsten Haltestelle stiegen wieder einige Leute ein, während sich das Hin und Her zwischen der Blondine und der Kontrolleurin fortsetzte. Unter den Neueingestiegenen waren drei junge Leute, vielleicht Studenten, die rasch die Situation erkannten und vier Fahrscheine kauften. Der Schaffnerin fiel dies gar nicht besonders auf, da sie mechanisch so viele Fahrscheine ausgab wie man ihr bezahlte und überdies mehr auf den Streit achtete als auf die neuen Passagiere. Als die Kontrolleurin bei dem Mädchen angelangt war, schaute sie streng drein und sagte: »Fünf Rubel Strafe, Bürgerin.« Da aber hielt ihr die Blondine einen Fahrschein hin, den ihr einer der jungen Leute zugesteckt hatte. Die Kontrolleurin wurde wütend. »Das geht nicht!« rief sie. »Sie hatten keinen Fahrschein, als ich den Wagen betrat. Fünf Rubel Strafe.« Der Blonden war das Ganze recht unangenehm, aber sie wollte die fünf Rubel offensichtlich nur sehr ungern zahlen; vielleicht hatte sie sie auch nicht. Etwas unentschlossen hielt sie den Fahrschein in der Hand. Die Kontrolleurin machte den drei jungen Leuten Vorwürfe, weil sie einem Passagier aus der Patsche helfen wollten, der sein Fahrgeld nicht bezahlt hatte und »als Hase« (so nennt man in Rußland von alters her die blinden Passagiere) mitgefahren war.

Mittlerweile hatte erst ruhig, dann heftiger ein Volksgemurmel unter den Passagieren eingesetzt. »Das gehört sich nicht«, »Eto besobrasije«, tönte es. Die Leute, die gezahlt haben, dachte ich mir, wenden sich also nun gegen den blonden Hasen, und wartete gespannt, was weiter geschehen würde. Da aber merkte ich zu meiner Überraschung, daß sich das Volksgemurmel nicht gegen die Blonde, sondern gegen die Kontrolleurin richtete. Ich hörte: »Das Mädchen hat einen Fahrschein, also ist alles in Ordnung.« – »Was geht es die Kontrolleurin an, woher die den Fahrschein hat?« – »Sie hat einen und basta.« – »Soll man sich diese bürokratischen Methoden gefallen lassen?« Die erboste Kontrolleurin wandte sich dem Publikum zu und setzte sich zur Wehr. Aber es half ihr nichts, sie hatte die Stimmung gegen sich. Der Autobus hielt. Das Mädchen stieg rasch aus. Hinterdrein lachend die drei jungen Leute. »Schaut euch das an, Bürger«, rief die Kontrolleurin triumphierend. »Man wird ja noch sehen, wohin dies führt! Wenn ein junges Mädchen von fremden Männern Geld annimmt, wie soll das noch enden?« Sie stieg aus und blickte böse der Blondine und ihren drei Kavalieren nach.

Die ganze Episode hatte nicht mehr als vier oder fünf Minuten gedauert. Ich habe sie mit allen Einzelheiten berichtet, weil sie – so wie unzählige andere ähnliche Eindrücke – eines zeigt: Auch nach 38 Jahren Bolschewismus sind die Russen Menschen, sie sind – in ihrem täglichen Leben – »Menschen wie du und ich«. Man findet bei ihnen sogar ausgesprochen viel Freundlichkeit und Hilfsbereitschaft, gleichgültig, ob man als Fremder erkannt oder als Russe angesehen wird. Immer wieder ist man geneigt zu sagen: Die Russen sind nette Leute.

Aber dasselbe und noch manches andere Gute läßt sich von den Deutschen auch sagen; trotzdem sind sie auf Hitlers Befehl marschiert. Das russische Volk will den Frieden. Wer will ihn nicht? Aber die Entschlüsse, von denen die Entscheidung über Krieg oder Frieden abhängen können, der Entschluß der Berliner Blokkade zum Beispiel oder der Korea-Entschluß, diese Entschlüsse werden in den Köpfen einer winzigen Gruppe gefällt – und die netten Russen gehorchen ihnen.

Darum muß sich der Blick immer wieder von dem Volk abwenden und auf seine Machthaber richten. Wir sahen sie in Moskau mehr als einmal, vor allem während des Kreml-Empfanges für Grotewohl [des damaligen Ministerpräsidenten der DDR, der wenige Tage nach Adenauers Abreise ebenfalls zu Verhandlungen nach Moskau gekommen war]. Er dauerte über drei Stunden. Wenige Meter entfernt von der langen Tafel, an deren Rückseite, mit dem Gesicht zu den übrigen Gästen, die Hauptpersonen saßen.

Da ist erstens die alte Garde: An ihrer Spitze gegenwärtig Chruschtschow und Bulganin, ferner der Staatspräsident Woroschilow, dann der fähige, immer wieder mit schwierigen und oft nicht angenehmen Aufgaben betraute Kaganowitsch, und natürlich Molotow (der allerdings am Grotewohl-Empfang nicht teilnahm, da er kurz zuvor zur UNO-Sitzung nach New York geflogen war). Mit Ausnahme des alten, verbrauchten, sauertöpfischen Molotow, schienen sich die anderen Mitglieder der alten Garde in ihrer Haut sehr wohl zu fühlen. Sie tranken viel, schwatzten und lachten, bekamen rote Bäckchen, kümmerten sich nicht allzusehr um die Gäste aus Pankow und benahmen sich wie »bessere ältere Herren« am Stammtisch.

Chruschtschow und Bulganin waren bemüht, aller Welt zu zeigen, wie sehr sie miteinander harmonieren; »Wie mein Freund Chruschtschow gesagt hat« und ähnliche Ausdrücke kamen immer wieder. Ich selbst gewann freilich den Eindruck, daß von diesen beiden Männern, die sich in ihrem Temperament, in ihren Begabungen und Schwächen sicherlich gut ergänzen, der Erste Parteisekretär gegenwärtig der Tonangebende ist. Als er seine Rede mit den scherzhaften Worten begann: »Ich bin im Staate nur eine Privatperson«, da sprang Bulganin sofort halb auf und rief in einer Form, die etwas Devotes an sich hatte: »Wir sind anderer Ansicht«, worauf Chruschtschow selbstgefällig lachte.

Die zweite Gruppe bilden die relativ neuen Männer wie Perwuchin, Saburow, Suslow. Sie entsprechen mehr dem Typ, der in der Welt durch Gromyko besonders bekannt geworden ist, wenn sie auch, vor allem Perwuchin, nicht so griesgrämig sind wie jener. Sie betrugen sich im Unterschied zu den Alten nicht wie Hausherren, sondern wie Gäste.

Die dritte Gruppe waren die Marschälle. Shukow hatte einen Platz am Haupttisch, allerdings weit von der Mitte. Konjew und

Sokolowskij sah ich unter den übrigen Gästen an den langen Stehbüffets. Ich mag mich irren, aber es schien mir – und ich stand ihnen etwa eine Viertelstunde unmittelbar gegenüber –, daß sie nicht ganz zufrieden waren, so unter »ferner liefen« stehen zu müssen. Als sich der Empfang schon dem Ende näherte, forderte Shukow seine beiden Kollegen auf, neben ihm Platz zu nehmen.

Die vierte Gruppe besteht nur aus einem einzigen Mann: Malenkow, der völlig aus dem Rahmen fällt. Er saß halbwegs zwischen den Ehrenplätzen und dem Tischende. Sein rundes, etwas wächsernes Gesicht, das gar nicht so pfannkuchenartig ist, wie es auf Bildern immer erscheint, war unbeweglich. Das glänzend schwarze Haar mit der Stirnlocke, die dunklen Augen verliehen ihm einen etwas melancholischen Ausdruck. Er würde auffallen, auch wenn man gar nicht wüßte, wer er ist. Während sich der ganze übrige Tisch lebhaft unterhielt, und später auch einzelne aufstanden und die Plätze wechselten, erschien Malenkow als Außenseiter. Er sprach kaum, aß wenig und blickte vor sich hin. Die Finger der rechten Hand waren in ununterbrochener Bewegung und drehten etwas, das mattgrün glänzte. Als er einmal kurz innehielt, sah ich, daß es ein von grünem Stanniol umwickelter Weinkorken war. Gegen Ende des Empfanges, als sich die Männer an der Mitte des Tisches erhoben und die anderen ihrem Beispiel folgten, blieb Malenkow zunächst sitzen, in Gedanken versunken. Einige Sekunden vergingen. Dann fiel ihm wohl irgend etwas auf, er blickte um sich, sah, daß seine Nachbarn fort waren und daß sich auch alle anderen schon erhoben hatten, stand auf, blickte ein wenig unschlüssig herum und stellte sich dann zu einer der Gruppen. So kann es kaum bleiben, dieser Mann wird entweder wieder steigen oder fallen.

Die weitaus interessanteste Rede an jenem Abend hatte Chruschtschow gehalten. Davor hatte er sich eine Weile unter die Diplomaten gemischt und mit den meisten von ihnen getrunken. Der volle Wortlaut seiner Rede wurde nicht veröffentlicht, aber ich habe gut zugehört. Die entscheidende Stelle lautete: »Es wird viel herumgerätselt in der Welt, ob unser Genfer Lächeln echt ist oder nicht. Ich versichere Ihnen: Unser Lächeln ist echt. Aber wer daraus den Schluß ziehen sollte«, so rief Chruschtschow mit

erhobener Stimme in den St.-Georgs-Saal, »daß wir unser Endziel aufgegeben haben, den Sieg des Kommunismus in der ganzen Welt, der hat sich gewaltig verrechnet.«
Wir sollten uns diesen Satz gut merken.

Die neue Oberschicht

Fast zwanzig Jahre lagen zwischen jenem Abend im Frühjahr **1955**
1936, an dem ich Moskau nach mehrjähriger Tätigkeit als deutscher Journalist verlassen hatte, und dem Besuch im September 1955 anläßlich der Reise des Bundeskanzlers. Daher lautete die Frage, die sich mir auf dieser letzten Reise vor allem stellte: Was hat sich in diesen zwanzig Jahren besonders verändert?
Es schiene mir falsch, wollte ich nicht mit dürren Worten feststellen, daß sich in diesen zwei Jahrzehnten eine Konsolidierung, eine Festigung der Sowjetmacht vollzogen hat. Verantwortlich dafür scheinen mir vor allem vier Gründe:
Erstens: Der sowjetische Patriotismus, den es in den dreißiger Jahren erst in seinen Anfängen gab, ist inzwischen zu einem wichtigen Kitt des Sowjetstaates geworden. Wir wollen uns nicht verhehlen, daß der sowjetische Patriotismus das Ergebnis vor allem des Krieges Hitlers gegen die Sowjetunion ist. Daß es dem Sowjetstaat gelang, den Ansturm der deutschen Divisionen auszuhalten ... und schließlich seine Panzer durch das Brandenburger Tor rollen zu lassen, das ist die stärkste und überzeugendste Legitimation der Sowjetmacht vor ihren Bürgern. Man kann über das Zustandekommen dieses Sieges der Sowjets, über die Rolle der anderen, die auf ihrer Seite kämpften, durchaus streiten, aber an der Tatsache des Sieges, der die Sowjetfahne auf die Wartburg und bis vor die Tore Lübecks pflanzte, ändert dies nichts.
Allenthalben tritt einem heute ein starker Patriotismus entgegen, der zwar gar nicht in die Vorstellungswelt von Karl Marx paßt, der aber ganz ohne Zweifel eine wichtige Stütze des Sowjetregimes darstellt und den wir Deutschen durch den Krieg gegen die Sowjetunion entscheidend gefördert haben. Wie in den Wohnun-

gen unserer Großeltern Reproduktionen jenes berühmten Bildes hingen, welches die Gründung des Deutschen Reiches am 18. Januar 1871 im Spiegelsaal von Versailles darstellt, so findet man heute in Sowjetwohnungen Reproduktionen eines russischen Gemäldes von der Erstürmung des Reichstages in Berlin durch die Rote Armee.

Unter Stalin haben die Sowjethistoriker ein Bild der russischen und sowjetischen Geschichte zurechtgezimmert, welches in schnurgerader Linie vom Kiewer Reich über Iwan den Schrecklichen und Peter den Großen zu Stalin führt. In dieses Bild ist alles einbezogen, was sich nur überhaupt verwenden läßt. Zur Kremlbesichtigung schloß ich mich einer russischen Exkursionsgruppe an. Der Führer behandelte die Schätze in den Rüstkammern des Zaren ebenso wie die in Museen verwandelten Kirchen als selbstverständliche Bestandteile dieses russisch-sowjetischen Geschichtsbildes. Bei der Führung durch die Hauptkathedrale im Kreml erklärte er zum Beispiel:

»Und dort, in jener Ecke, Genossen und Genossinnen, sehen Sie die Grabstätte eines großen russischen Patrioten.« Alle wandten wir uns dem Grabmal zu, und ich überlegte, wen er wohl meinen könnte; weder Kutusow noch Suworow waren hier beigesetzt. Er fuhr fort: »Dort ruhen die Gebeine des Patriarchen Hermogen, der im Jahre 1612 nach heldenhaftem Kampf von den polnischen Eindringlingen umgebracht wurde.« Kein Wort also von der Rolle dieses Kirchenfürsten bei der Unterdrückung des Bauernaufstandes von 1606.

Gewöhnung an Staatsläden

Die zweite wichtige Stütze des Regimes ist die Gewohnheit. Der größere Teil der Bevölkerung hat sich mit dem Sowjetsystem abgefunden, und es wäre auch sonderbar, wenn er sich mit ihm nicht abgefunden hätte, nun, da bereits 38 Jahre seit dem Sieg dieses Systems vergangen sind. Auf Spuren von echtem Enthusiasmus für das System bin ich kaum gestoßen, ständig dagegen auf Anzeichen dafür, daß die Menschen es hinnehmen, daß sie sich in ihr Schicksal fügen. Die meisten können sich andere Verhältnisse gar nicht mehr denken. Einmal abends ging ich mit einem Bekannten durch die Stadt. Er wollte sich noch ein halbes Pfund Butter kaufen. Während wir einem jener staatlichen Lebensmittelgeschäfte in der Gorkij-Straße zuschritten, sagte er: »Bei Ihnen in Deutschland gehören solche Läden Privatleuten? Wissen Sie, ich kann es mir überhaupt nicht vorstellen, daß man in einen Laden geht, der nicht dem Staat, sondern einem Privatmann gehört.«

Ehe ich zur Erwiderung Zeit hatte, standen wir vor dem Ladentisch. Auf seine höfliche Frage, ob er ein halbes Pfund Butter haben könnte, erhielt er von der Verkäuferin in der nicht sehr sauberen weißen Schürze nichts als ein ruppiges »Njet«. Er zuckte die Achseln und wir gingen wieder hinaus.

»Nun, wie gefällt Ihnen Ihre Staatswirtschaft?« fragte ich ihn.

»Erstens ist es ein schlechtes Zeichen, wenn in einem Lande von dem natürlichen Reichtum der Sowjetunion führende Geschäfte der Hauptstadt keine Butter haben. Aber schön, das kann vorkommen. Wenn man aber schon keine Butter hat, sollte man Ihnen wenigstens höflich antworten. Besuchen Sie mich einmal in Deutschland, dann gehen wir in einen beliebigen Laden und Sie werden am eigenen Leibe den Unterschied merken zwischen Ihrem und unserem System. Die Ausschaltung jeglicher Konkurrenz hat bei Ihnen nicht nur zu einer Verbürokratisierung und damit zu einer Verteuerung des Handelsapparates geführt, sie hat auch den Verkäufer von aller Höflichkeit gegenüber dem Kunden entbunden.« Aber – wie gesagt – der Sowjetbürger ist es gar nicht mehr anders gewöhnt.

Eine Klassengesellschaft entsteht

Als dritte Stütze des Regimes muß man die Aufbauleistung seit Kriegsende bezeichnen, die zwar mit den Mitteln des Zwangsstaates erreicht wurde und viele Opfer gekostet hat, deren Ergebnisse aber unbestreitbar sind. Die Sowjetunion hat sich zu der nach Amerika zweiten Industriemacht der Erde entwickelt. Noch liegt sie ein gutes Stück hinter Amerika zurück, aber der Abstand verringert sich von Jahr zu Jahr. Die Bevölkerung, welche die ihr auferlegten Opfer in ihrer großen Mehrzahl nur widerwillig bringt, sieht, daß aus diesen Opfern etwas entsteht, was vor einigen Jahren noch nicht vorhanden war. Zum mindesten gilt dies für die Industrie. Ich bin der Meinung, daß wir in der Bundesrepublik durch die Entfesselung der Initiative, Schaffenslust und Verantwortungsfreudigkeit des einzelnen in den Jahren seit 1948 pro Kopf der Bevölkerung ganz ohne Zwangsmittel weit mehr geleistet haben als die Sowjetbevölkerung unter der Faust Stalins und seiner Nachfolger. Aber die Bewohner der Sowjetunion können ihr Heute nicht mit anderen Ländern, sie können es nur mit ihrem eigenen Gestern vergleichen.

Die Sowjets bedienen sich einer bestimmten Methode, welche die Aufbauleistung noch größer erscheinen läßt, als sie in Wirklichkeit ist: Sie schaffen Aufbau-Schwerpunkte und richten auf diese das Licht ihrer propagandistischen Scheinwerfer mit solcher Intensität, daß im Volke vielfach die Vorstellung entsteht, der Aufbau in den weiten Teilen des Landes, die außerhalb der Scheinwerferkegel liegen, sei nicht minder gewaltig.

Viertens hat auch noch zur Stabilisierung beigetragen, daß sich der entsetzliche Druck, der in der Stalinperiode auf der Bevölkerung lastete, unter seinen Nachfolgern verringert hat. Noch freilich sitzt allen die Angst jener Jahre in den Knochen, und niemand weiß, ob diese Verhältnisse nicht schon morgen wiederkehren werden. Einmal unterhielt ich mich mit einigen Russen, die sich für mein Tonbandgerät interessierten; sie fragten mich, was ich denn alles schon damit aufgenommen hätte. »Zum Beispiel war ich damit im Kreml bei dem Empfang für unseren Kanzler, um die Reden aufzunehmen«, sagte ich und fügte in einem Nachsatz hinzu: »Daß ein Fremder mit so einem sonderbaren Kasten ungefragt bis auf wenige Meter an eure politische Prominenz herankommen kann, wäre unter Jossif Wissarionowitsch [Stalins Name und Vatersname] wohl nicht möglich gewesen.« Dieser harmlose Satz führte zu einer Versteinerung der Mienen um mich, zu einem eisigen Schweigen, das sich nur zögernd wieder löste, als ich das Thema wechselte und den Mechanismus des Tonbandgerätes zu erklären begann.

Eine Begleiterscheinung und ein entscheidend wichtiger Bestandteil der Stabilisierung des Sowjetregimes, dessen Gründe ich hier darlegte, ist die Entstehung einer neuen Klassengesellschaft. Aus der gleichförmigen, wogenden Masse in den ersten Jahren nach der Revolution hat sich eine soziale Pyramide gebildet, deren Spitze von der neuen Oberschicht und deren breite Basis von der Masse gebildet werden. Es ist eine Pyramide, die sich immer mehr verfestigt – durch wachsende Unterschiede der Einkommen und des Lebensniveaus, durch die Einführung des Erbrechtes oder des Schulgeldes für die Oberklassen usw.

Die Sowjets leugnen das Bestehen eines Klassenstaates. Sie geben zwar zu, daß es bei ihnen Klassen gibt, aber sie verstehen darunter heute nicht Klassen im echten Sinne des Wortes, sondern Berufsgruppen (Arbeiter, Bauern, Intelligenzia). Was das entscheidende Merkmal des Klassenstaates betrifft, daß er nämlich aus einem Oben und Unten besteht, so tun die Sowjets, als gäbe es das nicht oder wenigstens als ginge es sie gar nichts an. Sie sagen: Da es bei uns kein Privateigentum an Produktionsmitteln gibt, kann es auch keine Oberschicht geben.

Die erste Hälfte dieses Satzes stimmt; die zweite ist grundfalsch. Wir wissen längst, daß es im 20. Jahrhundert nicht so sehr auf das Eigentum an den Produktionsmitteln als auf das Verfügungsrecht über die Produktionsmittel ankommt. Es gibt im Westen genug Generaldirektoren mit großer wirtschaftlicher Machtfülle, denen keine einzige Aktie des von ihnen geleiteten Unternehmens gehört. Die Macht ihrer Sowjetkollegen übertrifft die ihre noch um ein Vielfaches, da in einem Staatsbetrieb der Generaldirektor nicht nur der Wirtschaftsführer, sondern zugleich der Vertreter des Staates ist und damit geradezu Herr über Leben und Tod. Während bei uns Freizügigkeit für die Arbeitenden besteht, während der Arbeiter in einer Auseinandersetzung mit dem Generaldirektor die Gewerkschaft, den Betriebsrat, die Presse, die unabhängigen Gerichte für sich sprechen lassen kann, ist im Sowjetstaat das obligatorische Arbeitsbuch, das für jeden Arbeiter geführt wird, das Schicksal, dem er nicht entrinnen kann.

Sind Sie Genosse Rechtsanwalt?

Am deutlichsten läßt sich das Vorhandensein eines Oben und Unten im Verhältnis von Oberschicht und Masse ablesen. Hier, so scheint mir, hat sich in den zwanzig Jahren meiner Abwesenheit die größte Veränderung vollzogen. Das Lebensniveau, das in den Jahren nach der Revolution für alle einigermaßen gleich – damals gleich schlecht – war, hat sich für die verschiedenen Schichten auseinanderentwickelt. Es gibt wieder Arme und Reiche. Die einen verdienen 500 [»alte«] Rubel im Monat, was bei dem geringen Wert des Rubels herzlich wenig ist, darben und stehen Schlange. Die anderen nehmen im Monat 5000, 10000, 20000 Rubel ein und genießen außerdem noch zahlreiche weitere Vergünstigungen wie Dienstwagen, Dienstwohnungen usw. Die einen leben in halbverfallenen Elendswohnungen in grauenhafter Enge, die anderen in großen Wohnungen moderner Hochhäuser, in Privatvillen mit Dienerschaft.

In einer der Hauptgeschäftsstraßen Moskaus, dem Kusnezkij Most, den die alte deutsche Kolonie in Moskau in seiner wörtlichen Übersetzung »Die Schmiedebrücke« nannte, liegen zwei Geschäfte unmittelbar einander gegenüber. Das eine ist ein Modesalon; vor seiner Türe halten elegante Autos; Chauffeure reißen den Schlag auf; Frauen, Töchter oder Bräute der neuen hohen Herren steigen aus, um sich für Tausende von Rubeln aus importierten Stoffen von hochherrschaftlichen Schneiderinnen die Abendtoilette individuell nähen zu lassen. Gegenüber ist ein Konfektionshaus, wo man »von der Stange« kauft. Ich stellte mich eine Weile in einen der Räume, in dem nun, da der Sommer zu Ende ging, Kleider aus wärmeren Stoffen verkauft wurden. Der eigentiche Verkaufsraum war durch eine Holzbarriere abgetrennt, vor der Frauen in langer Schlange standen. Jenseits der Barriere waren fünf Verkäuferinnen am Werk. Immer, wenn eine Kundin abgefertigt war, ging sie durch ein Pförtchen in der Barriere hinaus, und die nächste Kundin rückte nach. Die Verkäuferin fragte: »Ihre Größe, Genossin?« Die Kundin nannte eine Ziffer und wurde an das Gestell geschoben, an dem die Kleider dieser Größe hingen. Es waren nur drei oder vier Farbtöne und nur ebenso viele verschiedene Modelle. Wenn die Kundin etwas unschlüssig, aber der Ungeduld ihrer wartenden Schicksalsgefährtinnen bewußt, auch nur einen Rockzipfel anfaßte, um den Stoff zu prüfen – schwapp, holte die Verkäuferin das Kleid heraus und wies die Kundin in eine der kleinen Kabinen. Nach einer Minute kam sie wieder heraus und stellte sich vor den Spiegel unter den anfeuernden oder abfälligen Bemerkungen der außer-

halb der Barriere in einer Ecke des Raumes gespannt und dicht gedrängt wartenden Ehemänner (auch ich gesellte mich zu dieser Gruppe). Murmelte sie dann zaghaft: »Könnte ich nicht noch ein anderes ...«, so fiel ihr die Verkäuferin ins Wort. »Entschließen Sie sich, Genossin, entschließen Sie sich! Die anderen wollen auch noch einkaufen!« Die wenigsten hatten die Energie, sich eine zweite oder gar dritte Anprobe zu erzwingen.
Anfang der dreißiger Jahre fiel man als Ausländer in Moskau allein schon durch seinen Anzug auf. Das ist jetzt nicht mehr der Fall, jedenfalls nicht bei Männern. Ich trug gewöhnlich – von den Abendempfängen abgesehen – einen Anzug, der nicht mein bester und nicht mein schlechtester ist und der mich in den Augen der Bevölkerung als erfolgreichen und wohlhabenden Sowjetbürger erscheinen ließ. Dies kam mir vor allem zum Bewußtsein, als ich einmal ganz ohne Begleitung ein Moskauer Gerichtsgebäude betrat. Auf der Liste der für diesen Tag vorgesehenen Verhandlungen sah ich, daß auf zehn Uhr ein Fall von »Chuliganstwo« (von dem englischen hooligan, d. h. Rowdy), also ein Fall von Rowdytum angesetzt war. Ich ging in den entsprechenden Raum. Einige Menschen saßen schon da, aber die Verhandlung hatte noch nicht begonnen. Die Sekretärin des Gerichts eilte mir, als sie meiner ansichtig wurde, mit den Worten entgegen: »Sie sind wohl der Genosse Rechtsanwalt?« – »Nein«, sagte ich, »ich bin das Publikum«, und setzte mich auf eine der hinteren Bänke. Da ich nicht glaube, das typische Gesicht eines Rechtsanwaltes zu haben, kann sich die Vermutung der Sekretärin nur auf meine Kleidung bezogen haben, die offenbar so war, wie sie sich die Kleidung eines Genossen Rechtsanwaltes vorstellte. Es beruhigte mich, daß sie mich nicht für den »Chuligan« gehalten hatte.

Ärger über das Dämchen

Einen Abend verbrachte ich im Kleinen Theater, wo das zur Zeit meistdiskutierte Stück »Flügel« von Kornejtschuk gegeben wurde. Das Stück behandelt ausschließlich die Problematik der neuen sowjetischen Oberschicht; es werden in ihm einige Exemplare dieser Schicht gegeißelt, die alle schlechten und keine der guten Eigenschaften einer Oberschicht besitzen. Ich war direkt

von unterwegs ins Theater gekommen und ging in der Pause in den Waschraum. Dort geriet ich in eine ziemlich laute Szene. Drei junge Männer, offenbar Arbeiter eines Betriebes, die in einer Art von KdF-Unternehmung mit ihren Vorgesetzten ins Theater gegangen waren, äußerten in drastischen und im vollen Wortlaut nicht wiederzugebenden Ausdrücken ihren Unwillen:
»Wenn wir das gewußt hätten, wären wir nicht gekommen! So eine Schweinerei! Unsere Bosse (natschalstwo) sitzen unten im Parkett und sehen alles, und uns haben sie Plätze weiß der Teufel wo gegeben, von denen man weder etwas hören noch sehen kann! Ein Glück, daß den Bossen in diesem Stück eins reingewürgt wird! Hoffentlich merken sie es auch! Aber länger zu bleiben, hat keinen Sinn; wir gehen jetzt nach Hause.«
Einer rief, mit vor Ärger rotem Gesicht: »Und wißt ihr, was das Tollste war? Damit ich wenigstens die Füße der Schauspieler sehen konnte, mußte ich mich über meine Vordersitzerin beugen. Und was glaubt ihr wohl, was dieses Dämchen (damotschka) gesagt hat? Sie sagte: Wer riecht hier so nach Schweiß? Das schlug bei mir dem Faß den Boden aus!« Es war der typische Fall von kochender Volksseele.
Szenen dieser Art habe ich nur selten erlebt. Noch ist die Bildung des Klassenstaates nicht abgeschlossen. Noch bestehen Aufstiegsmöglichkeiten von unten nach oben, wenn sie auch in dem Maße abnehmen werden, in dem sich die oberen Etagen der Pyramide mit festen Bewohnern füllen, die wiederum das Bestreben haben, die Zugänge zu diesen oberen Etagen, also zu den Annehmlichkeiten der Oberschicht, ihren eigenen Kindern zu reservieren. Wie in Amerika die These »vom Zeitungsjungen zum Millionär«, die auch nicht mehr die Regel ist, der Ausbildung eines Klassenbewußtseins entgegensteht, so wird in der Sowjetpublizistik jedes Beispiel raschen Aufstieges als Beweis für die unbegrenzten sozialen Möglichkeiten der Bevölkerung verwandt. Überdies wird auch hier mit Schwerpunkten gearbeitet, die man als Wohlstandsschwerpunkte bezeichnen könnte. Es ist der Sinn der übertrieben pompösen und jedermann für wenige Kopeken zugänglichen Untergrundbahn, in den Massen der Moskauer Bevölkerung den Eindruck hervorzurufen, daß sie – jedenfalls in der Untergrundbahn – schon ein vorweggenommenes Stück der herr-

lichen Zukunft mit genießen. Um so größer ist der Abstand zwischen der städtischen Bevölkerung, die am Vorteil eines solchen Wohlstandsschwerpunktes teilnimmt, und der Masse der Bauernschaft ...
Im ganzen also: eine Konsolidierung der Sowjetmacht in der UdSSR, aber um den Preis des Entstehens eines Klassenstaates, der seine eigenen inneren Widersprüche entwickelt.

Stalins posthumer Sturz: Der XX. Kongreß der KPdSU

Auf Jahre hinaus werden die Ergebnisse des XX. Parteikongresses der KPdSU das Leben jedes einzelnen Sowjetbürgers auf das tiefste beeinflussen. Um so erstaunlicher war es, daß der Kongreß im Leben Moskaus, in dessen Zentrum er stattfand, kaum zu spüren war. Dabei gibt es nirgends in der Welt eine Partei, die emsiger und lauter verkündet, das ganze Volk zu repräsentieren, und die mit größerer Macht ausgestattet ist. **1956**
Nur an zwei Stellen sah ich quer über die Straße gespannte Transparente, die auf den Parteitag Bezug nahmen. Eines Morgens stellte ich mich vor Beginn der Sitzung an das Borowizkij-Tor des Kreml, um mir die Auffahrt Hunderter von Limousinen mit den Kongreßdelegierten anzusehen. Ich war der einzige, der sich dort postiert hatte. Die Moskauer, die auf dem Weg zur Arbeit vorüberkamen, warfen flüchtige Blicke auf die großen Wagen mit ihren weißen Gummireifen und eilten weiter. Zu Ehren des Kongresses wurde im großen Saal des »Hauses der Sowjetarmee« das Stück »Moskau – Kreml« aufgeführt, das mit einem Aufwand von hundert Schauspielern und riesigen Dekorationen Ereignisse aus der Revolution und dem Leben Lenins darstellte. Ich ging zur Premiere. Das Theater war nur zu zwei Drittel gefüllt, eine Seltenheit in dem theaterfreudigen Moskau. Der Sowjetgeneral auf dem Sitz neben mir bezeichnete die vielen leeren Plätze an einem solch festlichen Abend als eine Schande.
Obgleich ich sehr viel die öffentlichen Verkehrsmittel benützte, habe ich während des Kongresses nur zweimal um mich herum

Gespräche gehört, die sich auf den Parteikongreß bezogen. In beiden Fällen waren es alte Leutchen, die sich über den Vorschlag unterhielten, die Altersrenten heraufzusetzen.
Daß der Kongreß tagte, sah man in erster Linie an den ungewöhnlich dicken Zeitungen, die sämtliche Reden in vollem Wortlaut brachten. Die ganze Moskauer Bevölkerung las die wichtigsten der Reden, vor allem die Eröffnungsrede Chruschtschows. Sah man sich die Menschen an, die sich in der Untergrundbahn oder beim Anstehen in einer Schlange in diese Lektüre vertieften, so hatte man den Eindruck, Studenten vor sich zu haben, die vor einem Examen ein Lehrbuch durchackern. In Betriebsversammlungen und Schulen, überall wurde das Material des Kongresses durchgepaukt. Einmal hörte ich mir an, wie dies in der zehnten Klasse einer Schule gemacht wurde. Es war ein reines Auswendiglernen ohne nur den leisesten Ansatz einer Diskussion über die in den Reden steckende Problematik.
Der Kongreß begann am 14. Februar und endete am 25. Februar. Die Tagesordnung umfaßte vier Punkte: 1. Rechenschaftsbericht des ZK der Partei (N. S. Chruschtschow), 2. Rechenschaftsbericht der Zentralen Revisionskommission der Partei (P. G. Moskatow), 3. Direktiven zum sechsten Fünfjahrplan (N. A. Bulganin), 4. Wahlen der Zentralorgane der Partei.
Zusammensetzung des Kongresses und Wahl der wichtigsten Parteifunktionäre brachten keine besonderen Überraschungen. Soweit sich Veränderungen in den oberen Etagen der Parteiführung ereignet hatten, hatten diese bereits in den Monaten vor dem Kongreß, vor allem auf den örtlichen Parteitagen stattgefunden. Was die führenden Sekretäre der Republiken und größeren Provinzen betraf, so waren Veränderungen eher die Ausnahme als die Regel. In den unteren Etagen war der Personalwechsel größer.
Im Verlauf des Parteikongresses sprach die gesamte oberste Führungsschicht, auch die Chefs der Kommunistischen Parteien des Auslandes. Unter den Rednerinnen fiel vor allem die Erste Parteisekretärin von Moskau-Stadt auf, Je. A. Furzewa, die später durch ihre Wahl ins Präsidium der Partei zu der politisch am meisten herausgestellten Russin wurde. Die heute 45jährige Furzewa, eine Moskauerin, hatte, soweit bekannt ist, die typische

Laufbahn einer Parteifunktionärin. 1924 trat sie als 14jährige dem Komsomol bei, 1930 der Partei. Seit damals scheint sie Parteifunktionärs-Stellungen von allmählich zunehmender Wichtigkeit in Moskau bekleidet zu haben, abgesehen von der Kriegszeit, als sie sich zur Chemikerin ausbilden ließ. 1950 wurde sie zweite Sekretärin von Moskau-Stadt und Abgeordnete des Obersten Sowjets, 1952 Kandidatin des ZK, 1954 Erste Sekretärin von Moskau-Stadt. Bereits im Oktober 1953 sprach sie auf dem Parteikongreß. Mehr noch fiel sie dadurch auf, daß sie 1954 den Ersten Sekretär der Gesamtpartei, Chruschtschow, erst nach Prag, dann nach Peking begleitete. Bei einer der großen Paraden des vorigen Jahres wurde sie von Chruschtschow für eine Weile als einzige Frau auf den Ehrenplatz auf dem Lenin-Stalin-Mausoleum gerufen. Mit ihrem Einrücken ins Präsidium und ins Sekretariat ist der mehrfach geäußerten Absicht entsprochen worden, Frauen innerhalb der Partei mehr in den Vordergrund zu rücken. Die Furzewa ist seit einiger Zeit mit dem derzeitigen Sowjet-Botschafter in Jugoslawien, Firjubin, verheiratet. Auf Kremlempfängen hatte ich mehrfach Gelegenheit, mit ihr zu sprechen, und gewann den Eindruck einer starken Persönlichkeit, bei der im Unterschied zu manchen ihrer männlichen Kollegen auch das Menschliche spürbar blieb.

Der Kongreß brachte eine Fülle von Bekenntnissen zur kollektiven Führung und herbe Kritik an der Vernachlässigung dieses Grundsatzes durch Stalin. Damit sollte der Eindruck geschaffen werden: Die Parteiführung ist wie eine eng verbundene, in sich harmonische Familie; soweit es räudige Schafe in ihr gegeben hatte, sind sie längst beseitigt, und nun ist alles eitel Eintracht. Die beiden Männer des innersten Kreises, die in der letzten Zeit angegriffen wurden, Malenkow und Molotow, saßen daher im Präsidum des Kongresses und hielten ihre Reden, wobei sie beide von den Standpunkten, um derentwillen sie angegriffen worden waren, scharf abrückten. So erklärte Molotow, dem man zum Vorwurf gemacht hatte, er habe den in der Sowjetunion bereits erreichten Grad des Sozialismus unterschätzt, in den ersten Sätzen seiner Kongreßrede: Schon vor dem Kriege haben wir die sozialistische Gesellschaft aufgebaut.

Diktatur neuen Stils

Die äußeren Formen des Stalinismus mit ihrem byzantinistischen Führerkult werden, das kann man nach dem Kongreß mit ziemlicher Sicherheit sagen, bis auf weiteres nicht wiederkehren. Die Art, in der man den Konflikt mit Malenkow handhabte, weist darauf hin, daß nach der Erschießung Berijas ein weiteres Merkmal des Stalinismus, die physische Liquidation des Gegners, von den Nachfolgern abgelehnt wird. Jedenfalls wenn es sich um Gegner handelt, die zum allerinnersten Kreise gehören; zweitrangige – wie Rapawa und andere – sind bis in die jüngste Zeit an die Wand gestellt worden.

In den Jahren seit Stalins Tod ist das Zentralkomitee viel häufiger einberufen worden als es in den letzten Jahrzehnten Stalins üblich war, auch hat man dem ZK jeweils die wichtigsten Fragen vorgetragen. Man hat zum erstenmal seit einem Vierteljahrhundert Kommissionen eingesetzt, die Resolutionen über die Hauptreden des Kongresses abfaßten und dem Kongreß vorlegten, während auf den letzten Parteikongressen die Delegierten die Reden anhörten und wieder heimgingen.

Die Frage, ob sich nur die Äußerlichkeiten verändert haben oder das Regime selbst, ist schwer zu beantworten. Wir wissen, daß zu Stalins Zeiten Stalin sich die Meinungen seiner Mitarbeiter anhörte und dann sagte: So und so soll es sein. Und daß es dann so war. Noch wissen wir nicht, wie es jetzt ist. Wir wissen, daß es in den letzten Jahren mehrfach Meinungsverschiedenheiten zwischen den Sowjetführern gab, und wir wissen, daß sie zugunsten der von Chruschtschow vertretenen Ansicht gelöst wurden; wir wissen auch, daß von den rund fünfzig Rednern, die zum Referat Chruschtschows sprachen, keiner auch nur in einem einzigen Punkt eine andere Meinung vertrat oder in einer noch so geringen Schattierung von der Generallinie abwich; wir wissen schließlich, daß die Kommission des Kongresses, welche die Resolution über die Chruschtschow-Rede ausarbeiten sollte, Chruschtschow selbst zum Vorsitzenden hatte und in jedem Punkt den von Chruschtschow entwickelten Thesen zustimmte.

Mag ein einzelner Diktator Stalin oder ein Kollektiv von rund einem Dutzend Leuten die Diktatur ausüben, dies ändert doch wenig oder nichts am Charakter der Diktatur. Eine Fortentwicklung von der Diktatur könnte nur dann stattfinden, wenn die Kontrolle der Diktatoren von unten her einsetzen würde. Dies ist bis jetzt nicht der Fall. Zwar haben die kollektiven Diktatoren sich selbst gewisse Beschränkungen auferlegt, und sie haben ein wichtiges Instrument der Stalinschen Diktatur, den Terrorapparat der Geheimpolizei, in den Hintergrund gerückt und wohl auch etwas stumpf werden lassen. Aber sie haben, wenn sie dies wollen, die Möglichkeit, zu den Methoden Stalins zurückzukehren. Soweit sich eine Veränderung im Charakter der Diktatur feststellen läßt, hängt sie, so scheint mir, weniger damit zusammen, daß jetzt anstelle eines einzelnen ein Dutzend die Diktatur ausübt, als damit, daß die heutigen Inhaber der diktatorischen Gewalt aus eigener Einsicht und aus Rücksicht auf die Umwelt vorsichtiger als Stalin vorzugehen gesonnen sind. Man könnte, um einen Vergleich aus der Geschichte zu nehmen, von Anzeichen dafür sprechen, daß sich der reine Absolutismus einem aufgeklärten Absolutismus zu nähern beginnt.

Parteimann und Manager

Befaßt man sich mit den oberen Etagen der Parteihierarchie, so stößt man seit Jahren zunehmend auf die Frage nach dem gegenseitigen Verhältnis zwischen Parteiapparat und Managertum. In der ersten Zeit nach der Revolution war das kein Problem. Die Fachleute und Manager wurden mit ganz geringen Ausnahmen als Klassenfeinde betrachtet; sie wurden entweder beseitigt, oder man ließ sie weiterarbeiten mit einem Parteimann zur Seite, der jeden ihrer Schritte überwachte. Als die Sowjetunion in die Periode der Fünfjahrpläne eintrat, sich zu industrialisieren begann und die Landwirtschaft kollektivierte, handelte es sich auch noch um verhältnismäßig einfache Vorgänge, die der Parteifunktionär zu bewältigen vermochte. Aber in den letzten beiden Jahrzehnten und vor allem in den letzten Jahren ist der wirtschaftliche Vorgang immer komplizierter geworden. 1955 hat die Sowjetunion den Weg der wirtschaftlichen Verwendung der Atomenergie und der Automation ihrer Wirtschaft beschritten, einen Weg also, der größte Fachkenntnis und Spezialisierung erfordert. Je komplizierter die Wirtschaft wird, desto komplizierter auch die Kontrolle der Partei über sie. Sogar die Landwirtschaft befindet sich so stark in einer inneren Entwicklung zur Kompliziertheit, daß ein aus der Stadt aufs Land geschickter Parteimann mit dem guten Willen und dem gesunden Menschenverstand allein nicht allzuweit kommt.

Kürzlich habe ich in Moskau einen Film gesehen, der auf dem Dorf spielt. Den ziemlich primitiven Liebeskonflikt mit seinem Happy-End haben sicher alle Zuschauer verstanden, aber die übrigen Konflikte, um die die Fabel des Films gebaut war, gingen so in die Einzeilheiten von Bodentemperatur, Einstellung der Pflüge, Aussaatmethoden, daß außer mir – wie ich aus den Gesprächen der Umsitzenden hörte – auch viele andere den Faden verloren. Je weiter die technische Entwicklung in Stadt und Land fortschreitet, desto schwerer hat es der Parteifunktionär in seinen Auseinandersetzungen mit dem Fachmann – dem Agronom, dem Chefingenieur, dem Hauptbuchhalter. Die traditionelle Rolle des Parteimannes in der Sowjetunion ist die des Mannes, der den Fachmann treibt – zur Erfüllung, zur Übererfüllung des Planes, zu größerem Tempo usw. Die traditionelle Rolle des Fachmanns überall in der Welt ist die des Mannes, der das Problem von allen Seiten kennt, der daher zu Vorsicht rät und vor Überstürzung warnt. Für die ganze Entwicklung der Sowjetwirtschaft war bisher die Antithese Fachmann-Parteimann ein wichtiger, ja ein unerläßlicher Bestandteil der ganzen Maschinerie. In der westlichen Wirtschaft ist der Druck der Konkurrenz und der Kampf um Selbstbehauptung der Motor der Wirtschaft, der den Fachmann zu immer größeren Leistungen ansporn. Da dieser Motor in der Sowjetunion fehlt, muß er durch einen anderen ersetzt werden: den Plan und den Parteimann, der dessen Erfüllung und Übererfüllung verlangt. Diese Antithese wird auch weiterhin bleiben, aber die Stellung des Parteifunktionärs wird dem Fachmann und Manager gegenüber von Jahr zu Jahr schwieriger und, wie mir scheint, schwächer. Natürlich versucht die Partei den Mythos wachzuhalten – vor allem auf der Bühne –, daß Parteimitglied gleich Parteimitglied ist, ob als Parteifunktionär oder Fachmann. In Wirklichkeit aber entwickeln sich die beiden Typen voneinander weg.

Die KPdSU ist sich durchaus des Problems bewußt, das in der Antithese Fachmann-Parteifunktionär steckt. Das hat der XX. Parteikongreß deutlich gezeigt. Zwei Redner (Kaganowitsch und Sniečkus) forderten, daß die Parteileute, die man als Funktionäre aufs Land schickt, künftig technische und agronomische Kenntnisse haben müßten. Aus der Rede Chruschtschows erfuhren wir jedoch, daß die Parteifunktionäre wenig Neigung verspüren, sich wieder auf die Schulbank zu setzen. »Es gibt Leute«, sagte Chruschtschow, »die der Meinung sind, Parteiarbeit sei *eine* Sache und Wirtschafts- oder Staatsarbeit sei eine *andere* Sache, und die sich darüber beschweren, daß man sie von der – wie sie es nennen – reinen Parteiarbeit wegreißt und zum Studium von Nationalökonomie, Technik, Agrotechnik zwingt.« Um diesen Widerstand der Parteifunktionäre zu überwinden, machte Chruschtschow sogar den Vorschlag, die Gehälter der Parteifunktionäre abhängig zu machen vom Wirtschaftsertrag des Betriebes, an dem sie als Funktionäre tätig sind, also sozusagen einen Teil ihrer Gehälter in Tantiemen zu verwandeln. Dieser merkwürdige Vorschlag, der im Gegensatz steht zu der bisherigen Theorie und Praxis der Bezahlung von Parteifunktionären, der aber durchaus logisch erscheint in Anbetracht der Entwicklung, ist zwar bei den späteren Rednern nicht wieder aufgetaucht, aber es ist schon bezeichnend, daß er überhaupt gemacht wurde. Selbst wenn es gelingen sollte, die Parteifunktionäre zu Fachleuten zu machen, und also zwei Eigenschaften in ihnen zu vereinigen, so ist es fraglich, ob damit das Problem gelöst wird. In vielen Fällen wird man nur erreichen, daß der Parteifunktionär dann angekränkelt werden wird von des Fachwissens Blässe und die für die Weiterentwicklung der Sowjetwirtschaft so notwendige Antithese Parteifunktionär-Fachmann verschwindet.

Daß sich der Typ des Parteimitgliedes, das in erster Linie Parteifunktionär ist, von dem Typ des Parteimitgliedes unterscheidet, das in erster Linie Fachmann ist, konnte man auf dem Parteikongreß deutlich sehen, wenn man die rund 50 Redner, die nach Chruschtschow sprachen, mit den über 30 Rednern verglich, die nach Bulganin das Rednerpult bestiegen. Die erste Gruppe bestand vorwiegend aus reinen Parteifunktionären, den Parteibullen könnte man sagen, die zweite Gruppe in ihrer Mehrzahl aus Fachleuten wie zum Beispiel den Ministern für den Bau von Traktoren und landwirtschaftlichen Maschinen, für Erdölindustrie, für Eisen, für Buntmetalle, für das Verkehrswesen usw., aus lauter Männern also, die sich mit Detailfragen ihrer Wirtschaftszweige befaßten und zum Teil sehr tief in die Einzelheiten einstiegen. Quantitativ herrschte auf dem Parteitag die Wirtschaft bei weitem vor ...

Soldaten und Dichter

Das Militärische wurde im Zeichen des Lächelns auf dem Kongreß wenig betont. In der Rede Shukows fiel jedoch die massive Drohung des Kreml an das Washingtoner Pentagon auf. Aus der Militärsprache in die gewöhnliche Sprache übersetzt, sagte Shukow: Die Amerikaner machen einen Unterschied zwischen dem taktischen und dem strategischen Einsatz der Atomwaffe. Sie glauben, es sei möglich, die Atomwaffe nur taktisch einzusetzen und von deren strategischer Verwendung abzusehen (also z.B. bei einem Konflikt um Formosa rein örtlich mit Atomwaffen vorzugehen). Diese Auffassung lehnte Shukow ab. Wer die Atomwaffe in irgendeiner Form einsetze, der müsse damit rechnen, daß er selbst unter die volle – also auch strategische – Wirkung der Atomwaffe gerät.

Aus den im ganzen eintönigen Reden hob sich die Kontroverse zwischen den Schriftstellern Surkow und Scholochow ab.

Surkow, Sekretär des Schriftstellerverbandes der Sowjetunion, ist ein Lyriker von mäßigem Rang. Seine Rede war die eines Verbandssekretärs. Er sprach über »Umfang und Tempo der Zunahme der Produktion von Literatur«; davon, daß die Schriftsteller ihre Aufgaben im sechsten Fünfjahrplan ehrenvoll erfüllen würden; von der »ständigen Zunahme der Nachfrage der Bevölkerung nach ästhetischen Werten«; Surkow sprach von der »Kampffähigkeit der Literatur« und brüstete sich damit, daß im Verlage der Sowjetschriftsteller die Zahl der neuen Buchtitel von 104 im Jahre 1953 auf 173 im Jahre 1955 gestiegen sei. Kurz und gut, man hätte denken können, der Redner vertrete einen Industrieverband; es fehlte nur, daß er Produktionsziffern für die Zukunft festlegte.

Nach Surkow sprach Scholochow, der berühmte Autor des »Stillen Don«, der Mann, der in den letzten Jahren von allen Sowjetschriftstellern wohl das größte Ansehen im Lande genießt und ein wenig in die Rolle hineinzuwachsen beginnt, die einst Maxim Gorkij unter seinen Landsleuten innehatte. In seiner unmittelbaren und frischen Art wandte sich Scholochow gegen die Erfolgsmeldungen Surkows und las seinen literarischen Kollegen die Leviten. »Es gibt in der letzten Zeit«, sagte er, »keine Bücher bei uns, welche die Herzen und die Liebe der breiten Leserschichten zu gewinnen vermochten.« Und dann entwickelte Scholochow ein mit bitteren und sarkastischen Worten gemaltes Bild des zeitgenössischen Sowjetschriftstellers. 1200 Schriftsteller und Dichter leben in Moskau, sagte er, aber was tun sie? Sie bewegen sich in einem verwunschenen Dreieck, in dem Dreieck Moskau – Datsche – Kurort; Kurort – Datsche – Moskau. Nicht einmal mit einem Traktor könne man sie aus diesem Kreislauf herausreißen. Dem echten Leben seien sie fern und fremd.
Soweit hat Scholochow recht. Ich habe in den letzten Jahren immer und immer wieder den Anlauf genommen, um zeitgenössische Sowjetromane zu lesen, und ging in Moskau in diesen Monaten in Dutzende zeitgenössischer sowjetischer Theaterstücke und Filme. Und ich kann nur bestätigen, daß das Bild Scholochows vom Zustand der Sowjetliteratur stimmt. Aber ich glaube nicht, daß Scholochow die Gründe für diesen Zustand richtig sieht, und ich glaube daher auch nicht, daß das von ihm genannte Rezept zu einer Besserung führen wird. Scholochow meint nämlich, die Schuld am niedrigen Stand der Sowjetliteratur sei darin zu suchen, daß die Schriftsteller in Moskau und Leningrad sitzen, wo allzuviel sie von der Arbeit abhalte, statt in den Kolchosen und in den Fabriken zu leben und sich auf deren Themen und Probleme zu konzentrieren. Dann entwickelt er den Gedanken, man müsse den Schriftstellern in wichtigen Produktionszentren der Industrie und Landwirtschaft Häuser bauen, wo sie mit ihrer Familie leben und das wirkliche Leben studieren können. Mir scheint, Scholochow hat mit seinen Ansichten doppelt unrecht. Die Nähe zum Produktionsprozeß hat noch keine Dichter gemacht, und die Schaffung privilegierter Lebensverhältnisse auch nicht. Balzac hat weder in der Fabrik noch im Dorf

gearbeitet, und Tschechow hat seine Werke geschrieben, während er sich mit seinem Arztberuf durchschlug. Das Geheimnis der Leistung dieser beiden, die in der Sowjetunion so hoch geschätzt werden, und vieler anderer Dichter ersten Grades liegt darin, daß sie bedeutende Menschen waren und ausschließlich unter der Leitung ihres künstlerischen Gewissens schrieben.

Die Verdammung Stalins

Was das Ausland an dem XX. Parteikongreß am stärksten beschäftigte, war sein ideologischer Aspekt – die These vom »friedlichen Übergang zum Sozialismus«. Vor allem jedoch war es die Verurteilung Stalins, die in aller Welt elektrisierend wirkte. Sie war – recht maßvoll – in der Eröffnungsrede Chruschtschows zu spüren; als dieser in seinen ersten Worten der prominenten Toten seit dem letzten Parteikongreß gedachte, nannte er Stalin in einem Atemzug mit Gottwald und Tokuda, die beide nicht gerade zu den welthistorischen Figuren gerechnet werden können; den Namen Tokudas hatte kaum jemand früher gehört. Mit sarkastischer Schärfe wandte sich Chruschtschow dann gegen den Persönlichkeitskult, und wenn er auch noch keinen Namen nannte, so war es doch einem jeden klar, an wen er dachte. Die Schale seines Zornes goß er aus über die, welche einen einzelnen Politiker in einen »Helden und Wundertäter« verwandelten und damit die Rolle des Kollektivs, der Partei, herabsetzten. Selbst als Chruschtschow über die Minderheitenfrage sprach, die nun wirklich ein Spezialgebiet Stalins gewesen ist und bis zum heutigen Tage auf der Grundlage seiner Lehren behandelt wird, nannte er Stalin nicht, sondern berief sich auf Leninzitate. Besonders auffallend waren Chruschtschows Worte über Stalins Hauptwerk, den Kurzen Lehrgang der Geschichte der Partei, den Generationen von Kommunisten – und nicht nur in Rußland – auswendig lernen mußten. Chruschtschow sagte zwar nichts gegen das Buch, aber er forderte ein neues Buch über die Geschichte der Partei, ein Buch, das sich – wie Chruschtschow sagte – »auf Tatsachen und auf den Marxismus stützen« sollte, womit er indirekt zum Ausdruck brachte, daß das Buch Stalins weder den Tatsachen noch der marxistischen Lehre entsprach.

Noch schärfer äußerte sich Mikojan. Er sprach in seiner Rede, als seien die drei Jahrzehnte zwischen Lenins und Stalins Tod gar nicht gewesen, und schloß mit den Worten: »Wie würde sich Lenin freuen, wenn er jetzt, nach 32 Jahren, sehen könnte, welche organisatorische und politische Einheit in den Reihen der Partei und ihrer Führung herrscht, wie die Ideen des Marxismus-Leninismus aufblühen; wenn er sehen würde, daß wir nicht nur mit Worten auf ihn schwören (ein Seitenhieb auf die Zeiten Stalins), sondern auch mit allen Kräften die Ideen Lenins in die Wirklichkeit umsetzen und sein Vermächtnis als heilig erfüllen.«
Als die ersten unfreundlichen Bemerkungen über Stalin in der Eröffnungsrede Chruschtschows erklangen, da mochten diese noch als ein neues Bekenntnis zur kollektiven Führung angesehen werden, als eine Form der Beteuerung, daß es keine zweite Stalindiktatur geben wird. Man hätte denken können, es würde damit sein Bewenden haben. Schließlich hatte man in den letzten zwei oder drei Jahren Stalin Stalin sein lassen und sich damit begnügt, die Schuld, wo man eine zugeben wollte, auf Berijas Schultern zu legen. Aber die späteren Reden des Kongresses und vor allem die Mikojans und der Pankratowa gingen weit darüber hinaus. Was die von der Pankratowa angegriffene Geschichtsschreibung der Stalinzeit betrifft, so kann man für sie Berija nicht verantwortlich machen, mit Ausnahme einer Schrift über die Revolution im Kaukasus. Jeder Mensch weiß, daß Stalin höchstpersönlich in die Geschichtsschreibung eingegriffen hat, sowohl in die, welche mit Tinte geschrieben wurde (Stalin hat 1934 das Dekret über die neue Generallinie der Geschichtswissenschaft unterzeichnet und vermutlich auch entworfen), als auch in die, welche in den Jahren der Säuberungen aus blutigen Buchstaben bestand und durch die Vernichtung der »Volksfeinde« das Geschichtsbild wandelte. Nun deutete die Pankratowa an, daß diese Volksfeinde gar nicht Volksfeinde waren, sondern nur als solche bezeichnet wurden. Wenn die Männer, die Stalin als Volksfeinde bezeichnete oder bezeichnen ließ, keine Volksfeinde waren, was war dann Stalin?
Außenpolitisch interessant – wenn auch zunächst ohne praktische Auswirkungen – war die Erklärung Mikojans, die Sowjetaußenpolitik habe in der Epoche des Stalinismus Fehler gemacht.

Er gab sogar zu, daß in einigen Fällen die internationalen Beziehungen durch die Schuld der Sowjetregierung verschärft worden seien. Man möchte hoffen, daß diese späte Einsicht eines Tages noch etwas präzisiert wird.
Alle je an Stalin innerhalb der Sowjetunion geäußerte Kritik verblaßte jedoch völlig gegenüber der sogenannten Geheimrede Chruschtschows, die dieser am Ende des Parteitages vor den Delegierten der KPdSU (also, soweit bekannt ist, in Abwesenheit der ausländischen kommunistischen Delegationen) gehalten hat und die als die politische Sensation des Parteikongresses angesehen werden muß.
Schon die ersten Informationen über die Geheimrede, die zwei Wochen danach herauszusickern begannen, erst recht der vom US-Außenministerium Mitte Juni veröffentlichte Text ihres größten Teiles zeigen, daß es sich hier um einen Einschnitt in der Entwicklung der Sowjetunion handelt. Von wem der Entschluß zur Geheimrede stammte, ist nicht bekannt, ob vom gesamten »Führerkollektiv« oder nur von einem Teil oder gar nur von Chruschtschow allein. Daß die Dinge nicht völlig planmäßig verliefen und, wenn auch nicht die Rede als solche, so doch ihr Charakter und ihre Wirkung, nicht ganz vorgeplant waren, läßt sich daraus ableiten, daß bis wenige Stunden vor dieser Rede im Moskauer Stadtzentrum Vorbereitungen für eine Volksdemonstration auf dem Roten Platz zu Ehren der Parteiführer getroffen wurden und dann die Demonstration doch nicht stattfand. Die Geheimrede Chruschtschows ist – trotz den Vorbehalten des State Departments hinsichtlich ihrer vollen Authentizität – ein Dokument von solcher Bedeutung und wirft ein so bezeichnendes Licht auf Stalin, auf Chruschtschow und die ganze Sowjetunion, daß zweifellos jeder Leser von »Osteuropa« sie im vollen Wortlaut studieren wird.
Immer wieder ist die Frage aufgeworfen worden, warum sich die Distanzierung von Stalin, die in undramatischer Form bereits kurz nach seinem Tode einsetzte, in der Geheimrede zu einem solchen Furioso Fortissimo steigerte. Hätte es nicht ausgereicht und wäre es nicht richtiger gewesen, die Distanzierung auf der Linie, wie sie sich vom Tode Stalins bis zur Mikojan-Rede bewegt hatte, fortzusetzen und Stalin aus einem Übermenschen zu

einer gewöhnlichen, wenn auch bedeutenden historischen Gestalt zu machen? Vielleicht war dies die Absicht gewesen, vielleicht sind Temperament und Persönlichkeit Chruschtschows, die möglicherweise durch uns verborgene Vorgänge hinter den Kulissen des Parteitages aufgestachelt wurden, für das Ausmaß des Ausbruches verantwortlich. Jedenfalls muß die nicht-kommunistische Welt dem Ersten Sekretär der KPdSU höchst dankbar sein, daß er in dieser Weise endlich einen Mann und ein System entlarvte, an dem er und seine heutigen Führerkollektivsgenossen jahrzehntelang intensiven Anteil nahmen und das zu preisen sie bis zum Tode des Meisters keine Gelegenheit vorübergelassen hatten.

Wenn es auch schwer ist, eine rationale Erklärung für das Ausmaß des Angriffs gegen Stalin zu finden, für die Distanzierung der heutigen Sowjetführung von Stalin liegen plausible Gründe vor. Aus dem Verhalten großer Teile der Sowjetbevölkerung in den ersten Monaten des deutsch-sowjetischen Krieges und aus den Berichten von Heimkehrern, die eng mit gefangenen Sowjetbürgern zusammengelebt hatten, wissen wir, daß sehr viele der Untertanen Stalins ihm und seinem Regime mit Haß gegenüberstanden, während ihnen Lenin, verklärt durch die Jahrzehnte seit seinem Tod, als ein wahres Väterchen erschien. Um auf dem bolschewistischen Wege besser voranzukommen, entschlossen sich die Nachfolger Stalins, den Ballast abzuwerfen, den die Abneigung gegen Stalin im Volk bildete. Die Verurteilung Stalins geht Hand in Hand mit einer Glorifizierung Lenins, die alles überschattet, was bisher auf diesem Gebiet in der Sowjetunion getan worden war. Man könnte geradezu sagen: Das Gesamtvolumen des »Führerkults« hat sich nach der Diskreditierung Stalins nicht vermindert, nur verlagert; während in den letzten Lebensjahren Stalins Lenin an diesem Volumen nur zu 10 und Stalin zu 90 Prozent beteiligt waren, kommt es heute zu 100 Prozent Lenin zugute.

Ebensosehr – ja vielleicht noch mehr – war es die Rücksicht auf das Ausland, welche zur Distanzierung von Stalin führte. Seine Nachfolger hatten erkannt, vermutlich schon zu seinen Lebzeiten, daß es nicht zuletzt der diktatorische Herrschaftsstil Stalins war, der viele ausländische Kommunisten zu Exkommunisten gemacht hatte, zu bitteren Feinden des Sowjetstaates. Die Gegner des Bolschewismus im linksliberalen und sozialistischen Lager setzen sich vor allem aus zwei Gruppen zusammen: aus denen, die den von den Bolschewiken gepredigten Weg des gewaltsamen Umsturzes ablehnen, und aus denen, welche das Stalinsystem unerträglich fanden. Da der Kreml bestrebt ist, möglichst viele Menschen unter seine Fahnen zu sammeln, ist es logisch, wenn er den Versuch macht, nicht nur die These von der Möglichkeit eines friedlichen Weges zum Sozialismus zu propagieren, sondern auch die Stalindiktatur zu verdammen. Was der Verurteilung des toten Diktators freilich viel von ihrer Wirksamkeit in der übrigen Welt nimmt, ist die Tatsache, daß sie von Männern geübt wird, die ein Leben lang mit ihm durch dick und dünn gegangen sind.

Die Sowjetjugend macht sich Gedanken

1959 An einem Nachmittag war ich im Kino gewesen, in dem Film »Jugendjahre« (Gody molodyje). Die Heldin Natascha, ein niedliches kleines Ding, tritt unmittelbar vor ihrer Reise aus der Provinz nach Kiew als Tänzerin einer Liebhabertruppe in einer Lausbubenrolle auf. Infolge verschiedener Abenteuer kommt sie zu spät, also noch in ihrer Jungenaufmachung, zum Bahnhof, zudem ohne Fahrkarte, so daß sie als »Hase« (d.h. schwarz) auf dem Dach eines Waggons die Fahrt zurücklegen muß; dort trifft sie einen gleichfalls schwarz reisenden jungen Mann, der sie – entsprechend ihrer Kleidung – für einen Buben hält. Es folgen die üblichen Verwechslungen: sie sieht ihn in Kiew sowohl in ihrer Jungenverkleidung als auch als Mädchen, wobei sie sich als Zwillingsschwester des angeblichen Jungen ausgibt, in die sich der junge Mann prompt verliebt – und so weiter. Happy-End auf dem Dnjepr nach einem blitzdurchzuckten Gewitter, als ihr – das heißt ihm – die Perücke verrutscht und der junge Mann entzückt erkennt, daß sein angeblich männlicher Mit-Hase und die geliebte Natascha ein und dieselbe Person sind. Kein Wort von

Politik, von Lenin oder Chruschtschow, von Sozialismus oder Kommunismus, dafür um so mehr Gesang, Tanz, Komik, Sonnenuntergang.

Neben mir hatte ein junger Mann gesessen. Wir hatten unsere Meinungen über den Film ausgetauscht. »Nichts dran. Spielerei. Nutzloser Zeitvertreib«, war sein Urteil gewesen. Anschließend spazierten wir noch eine Weile durch den klaren Märztag.

Was mich an dem Gespräch mit ihm vor allem fesselte, war die Intensität, mit der er – ein junger Arbeiter, der in ein oder zwei Jahren auf die Hochschule zu gehen beabsichtigte – mit der Entwicklung im Westen Schritt zu halten suchte. Obgleich ein ernsthafter und eher etwas schwerfälliger Typ, interessierte er sich zum Beispiel sehr für den Hula Hoop. Er konnte sich keine rechte Vorstellung von dieser neuen Erfindung des Westens machen. Irgendwo hatte er eine abfällige Bemerkung darüber gelesen, neigte jedoch zu der Annahme, daß mit dem Hula Hoop doch irgendein Sinn gymnastischer Art verbunden sein müsse. Er fragte mich genau aus. Dann wollte er mehr über Hemingway wissen.

Danach erzählte er mir von dem Ansturm, den es einige Tage zuvor bei der Eröffnung des ersten Sowjetgeschäfts für chemische Textilien auf der Gorkij-Straße gegeben habe; die Leute seien wie verrückt darauf aus gewesen, mit eigenen Augen Dinge zu sehen, die sie bislang nur vom Hörensagen als ausländischen Luxus kannten. Ihm sei es gar nicht gelungen, in den Laden hineinzukommen.

Interesse für Tiefseetauchen

Als nächstes erfuhr ich von ihm, daß sich seine Altersgenossen in hohem Maße für das in Amerika entwickelte, seit ein paar Jahren auch in Westeuropa beliebte Tiefseetauchen interessieren. Einige seiner Freunde hätten nur darum ihren Urlaub ans Schwarze Meer verlegt, um dort diese neue Sportart auszuprobieren. Aber leider sei das Schwarze Meer zu seicht, um auf wirklich große Tiefen zu gelangen. Überdies gebe es in den Sportgeschäften nur lächerlich wenig Geräte für diesen Zweck; manchmal könne man ein paar Masken kaufen und sonst nichts, und ein anderes Mal gebe es ein paar Flossen, aber keine Masken – von Harpunen ganz zu schweigen. Freilich sei es verständlich, daß der Staat diese Dinge nur in beschränktem Maße herstelle; den Bedarf könnte er doch nur befriedigen, wenn er Zehntausende solcher Ausrüstungen herstellte. Aber wenigstens solle man in den Läden dafür sorgen, daß die paar Ausrüstungen, die man verkauft, komplett sind. Sonst kommt es so, wie es in der letzten Zeit war: der eine hat die Maske, der andere die Flossen.

Als wir auf Malerei zu sprechen kamen, zählte er mir auf, in welchen Museen Moskaus und Leningrads Gemälde von van Gogh, Gauguin, Matisse und Chagall hingen. Die Lebendigkeit seines Interesses für die Welt jenseits der Grenzen war um so frappierender, wenn man bedenkt, wie klein der Spalt ist, durch den der Sowjetbürger ins Ausland blicken darf.

Er war aber keineswegs ein Nur-Westler, im Gegenteil, er zeigte sich auch über die geistige Entwicklung im eigenen Lande gut informiert, hatte zahlreiche Theaterstücke während der letzten Saison in Moskau gesehen und viele neue Sowjetromane gelesen. Er hielt nicht allzuviel von ihnen, aber er wollte auf dem laufenden bleiben. Unter den Lyrikern liebte er vor allem den verfemten und von den Bolschewiken umgebrachten Gumiljow; er stellte ihn noch über Jessenin. Mehrfach kam er auf die polnische Ausstellung zu sprechen und empfahl mir dringend, sie zu besuchen.

Die polnische Ausstellung

Die polnische Ausstellung war in der Tat im Frühjahr 1959 das Sehenswerteste, was Moskau zu bieten hatte, nicht wegen der dort ausgestellten Bilder, sondern wegen der Art, in der die Besucher, vor allem die jüngeren, auf sie reagierten. Die polnischen Säle waren Teil einer Schau der »sozialistischen Länder«, die in der ehemaligen Manege im Zentrum Moskaus bis zum 25. März gezeigt wurde. Während die übrigen Länder brav Bilder und Skulpturen vom Typ »sozialistischer Realismus« vorführten, hatten die Polen gewagt, ganz moderne Sachen zu schicken. Jedesmal, wenn ich in die Manege kam – ich verbrachte dort insgesamt an die zehn Stunden –, fand ich dasselbe Bild: verhältnismäßig wenige Besucher in den übrigen Räumen, aber ganze Knäuel diskutierender Gruppen bei den Polen.

Der Streit ging besonders um die Werke Dunikowskis, die den ersten Raum der polnischen Abteilung füllten. Dunikowski gehört zur alten Garde der polnischen Künstler, ein Mann in den Achtzigern, Maler und Bildhauer von großer Vitalität und Gestaltungskraft. An der einen Wand hingen Großgemälde, auf denen archaische Steinfiguren weiblicher Gestalten auf grünem Hintergrund dargestellt waren; den Vorwurf zu diesen Bildern hatten Steinbilder gegeben, welche man in der Nähe Warschaus fand. Ferner eine Serie rein abstrakter Bilder unter dem Namen »Mensch im Raum«, farbige Keile und Linien ohne erkennbare Gegenständlichkeit; an der Wand gegenüber ein hohes schmales Gemälde, »Erscheinung« genannt, mit einer gotisch anmutenden, etwas engelhaften Gestalt, und daneben drei expressionistische Gemälde aus dem Zyklus »Auschwitz«; in diesem Lager hatte der Künstler fünf Jahre als Gefangener zugebracht und vermutlich Schreckliches erlebt, unter anderem Erschießungen zur Blasmusik, von Häftlingen gespielt (auf einem der Gemälde dargestellt). Höher an den Wänden, fast an der Decke, waren Kolossalköpfe angebracht, Entwürfe für ein Denkmal auf dem Annaberg. Gleich am Eingang stand die Riesenbüste eines Rotarmisten, die nicht gerade von besonderer Liebe für die »Befreier Polens« zeugt. Ähnliches Aufsehen erregten die abstrakten Gemälde Marczynskis im nächsten Saal.

Die diskutierenden Gruppen bestanden, grob gesprochen, aus drei Typen. Da waren einmal die Gegner des Neuen. Zu ihnen gehörten die angestellten Vertreter des amtlichen Standpunktes; diese saßen hinter Tischen, auf denen Täfelchen mit der Aufschrift »Konsultant« standen; ihre Aufgabe war es vor allem, die neue Kunst madig zu machen und die Zweifel derer zu nähren, die sich fragten, ob denn das wirklich Kunst sei. Sie erhielten mancherlei Zustimmung, vor allem von Älteren, die für diese Bilder alle möglichen harten Worte fanden, bis hin zu dem Urteil: »Eto isdewatelstwo!« (Das ist eine Beleidigung.)

Die zweite Gruppe bestand aus den Fragenden, die durch diese Bilder unsicher geworden waren. Ein Mädchen zum Beispiel, mit Zopf, höchstens siebzehn Jahre alt, sagte mit einem so leisen Stimmchen, daß ich nur mit Mühe verstehen konnte: »Aber wenn die polnischen Genossen diese Bilder hierherschicken, dann müssen sie sie doch schön finden.« Das war ein Gesichtspunkt, der immer wieder vorgebracht wurde. Auf ihn hatte die Konsultantin keine rechte Antwort; sie zog sich im wesentlichen darauf zurück, daß Dunikowski, dessen Werke in diesem Raum hingen, in Polen ein hoch angesehener Künstler sei und man offenbar aus Verehrung für seine Person besonders viele seiner Werke geschickt habe.

»Aber in den anderen polnischen Sälen hängen doch noch mehr solche Bilder, von anderen Künstlern. Also ist Dunikowski nicht der einzige. Also müssen in Polen solche Bilder ihre Anhänger haben«, sagte die mit den Zöpfen. Die Konsultantin wich wieder aus. Fragen wie die, welche dieses Mädchen stellte, zeigten mir, daß viele junge Leute angesichts dieser Bilder einfach unsicher geworden waren und ein Mißbehagen empfanden, weil es da etwas gab, was offenbar andere Völker ernst nahmen, was also für diese irgendeinen Sinn haben mußte, was aber in der Sowjetwirklichkeit gar nicht unterzubringen war.

Die Oppositionellen

Und dann gab es die dritte Gruppe, die für mich weitaus interessanteste, die Oppositionellen, die sich mit Feuer für die neue Kunst einsetzten und nach immer neuen Argumenten für ihre Verteidigung suchten. Sagte etwa ein Gegner der Abstrakten: »Bei diesen Bildern weiß man nicht einmal, wo oben noch unten ist«, so erwiderten sie prompt: »Es ist ein Merkmal der alten Kunst, daß sie Dinge darstellt, die es in der Natur gibt; da ist es klar, daß sie die Füße unten und den Kopf oben malt und man das Bild entsprechend aufhängen muß. Aber die Abstrakten stellen ja keine Gegenstände dar. Daher muß man ihnen gegenüber andere Kriterien anwenden.«

Daß die Anhänger der neuen Kunst so viele Gesichtspunkte vorzubringen wußten, war das eigentlich Überraschende. Denn diese jungen Leute fochten ja nicht von der Position einer festen und bis ins einzelne ausgearbeiteten Theorie aus, sondern waren Suchende und Fragende, Pioniere in einem Niemandsland, ohne jede Möglichkeit, sich im Kreise Gleichgesinnter auszusprechen und Argumente zu entwickeln. Ihre Forderung nach der Freiheit des Künstlers wurde auch noch dadurch erschwert, daß sie in Verteidigung einer Kunstrichtung sprachen, die natürlich nicht auf spontane Zustimmung in breiten Kreisen rechnen konnte, in Verteidigung also einer gewiß nicht besonders populären Sache. Es war daher wohl auch weniger eine Sympathieerklärung für die abstrakte Kunst, der ich hier beiwohnte, als eine Forderung nach der Freiheit künstlerischen Schaffens.

Die Verfechter der neuen Kunst blieben nie eine Antwort schuldig und fanden zum Teil hervorragende Formulierungen. Einmal zum Beispiel fragte ein Gegner einen jungen Mann: »Genosse, beantworten Sie mir klar diese Frage: Finden Sie wirklich, daß diese polnischen Bilder Kunst sind? Oder sagen Sie das nur aus Opposition?«

Er antwortete: »Ob das Kunst ist? Das wird sich vielleicht erst in Jahrzehnten herausstellen. Ich weiß es nicht. Ich weiß nur, daß die zeitgenössische Sowjetkunst mich langweilt; es ist dort immer wieder dasselbe dargestellt. Wiedergaben unserer Wirklichkeit, die wir ohnehin kennen. Illustrationen. Aber Kunst? Nein. Daher bin ich dafür, daß man dem Künstler die Möglichkeit gibt zu suchen. Und nicht nur dem Künstler, auch dem Publikum. Wir sind ein erwachsenes Volk, wir wollen nicht wie Kinder behandelt werden, denen die Erwachsenen sagen: Das ist schön und das ist nicht schön. Wir wollen selbst unseren Geschmack entwickeln.«

»Wir sind ein erwachsenes Volk«

Er hatte ganz ruhig gesprochen, auch die drei entscheidenden Worte: *my wsroslyj narod* – wir sind ein erwachsenes Volk. Diese drei Worte standen nun da wie eine gewaltige Herausforderung an alle geistige Tyrannei. Mir klangen sie im Ohr wie jene drei Worte Schillers aus dem Don Carlos: »Geben Sie Gedankenfreiheit«, mit denen eine neue Epoche abendländischer Geschichte einsetzte. Die Konsultantin blickte den jungen Mann einen Augenblick mißbilligend an, dann kehrte sie wieder zu ihren Schlagworten zurück.

Ich ging in den nächsten Saal, der auch zur polnischen Abteilung gehörte. Vor den abstrakten Bildern Adam Marczynskis standen diskutierende Gruppen. In der einen führte ein Mädchen Anfang

Zwanzig das Wort, in einem braunen Kleid, an dem das Komsomol-Abzeichen befestigt war. Sie richtete sich an einen jungen Mann, der sie um anderthalb Kopf überragte. Er hörte eine Weile still zu. Dann sagte er: »Wahrscheinlich hat es gar keinen Sinn, daß wir uns streiten. Wir werden uns doch nicht verstehen. Ich werde Ihnen jetzt etwas sagen, wonach Sie die Diskussion mit mir abbrechen werden.«

Der Idealist

»Wir haben alle in der Schule gelernt, daß es im Grunde nur zwei Philosophien gibt, die materialistische, bei der die Materie das Primäre, der Geist das Sekundäre ist, und die idealistische, die glaubt, daß zuerst der Geist kommt und dann die Materie. Sie sind Materialistin, materialistisch ist auch die Einstellung unseres Staates. Wer Materialist ist, der will natürlich die gegenständliche Kunst, den Kolchos und das Stahlwerk, das verstehe ich gut. Ich aber bin Idealist und daher bedeutet mir Kunst etwas anderes als Ihnen.«

Das Mädchen war einen Augenblick sprachlos. Was er gesagt hatte, war etwa so, wie wenn einer in Spanien der Inquisition erklärt hätte, er glaube nicht an Gott. Die Gesichter der übrigen blieben interessiert, aber ohne Parteinahme.

»Was sagen Sie? Sie sind ein Idealist? Dann können wir freilich nicht miteinander diskutieren, dann stehen wir auf völlig verschiedenen Positionen.«

»Sehen Sie«, sagte er, »das habe ich Ihnen ja gleich am Anfang unseres Gesprächs gesagt. Es geht hier nämlich gar nicht so sehr um Kunst als um Philosophie.« Die Komsomolzin stand noch einige Sekunden. Dann zuckte sie die Achseln, drehte sich um und ging.

Ich sagte dem jungen Mann: »Ihre Worte über den Idealismus führen im Endeffekt zur Religion.«

Er sah mich ruhig an und erwiderte nur ein Wort: »Zweifellos« (Besuslówno).

»Gehen Sie in die Kirche?« fragte ich weiter.

»Nein. Lebte ich in einer anderen Zeit oder in einer anderen Gesellschaft, so täte ich das sicher. Hier aber kann ich das nicht –

nicht aus äußeren Gründen, sondern aus inneren. Also schaue ich mir solche Bilder an.«
Ein junger Mann, ein Student vermutlich, mischte sich ein: »Wenn man denkt wie Sie, wo bleibt dann das Kollektiv?«
In seiner ruhigen, völlig unprovokativen Art sagte der »Idealist«: »Wir werden uns darüber nicht einigen können. Für mich besteht die Menschheit nicht aus Kollektiven, sondern aus Individuen; jeder muß selbst mit sich und seinem Schicksal und den großen Fragen fertig werden.« Der andere sah ihn an, nicht feindlich, aber überrascht und offenbar nicht ganz sicher, ob jener im Ernst mit ihm sprach oder sich einen Scherz erlaubte. Aber nichts in dem Gesicht des Jünglings deutete auf einen Scherz. Kopfschüttelnd wandte der andere sich ab.
Dafür fragte ein Mann in den Dreißigern: »Sagen Sie bitte, wie paßt denn Kandinskij in das Bild, das Sie vorhin hier entwarfen? Der hat doch schon vor langer Zeit solche Bilder gemalt.«
»Ich bin kunstgeschichtlich nicht sehr gebildet«, sagte der »Idealist«. »Ich habe nur die Zehnjahrschule besucht. Aber soviel ich weiß, hat Kandinskij schon vor dem Ersten Weltkrieg und im Kriege mit solchen Bildern experimentiert. Nun, was war das für eine Zeit? Eine Zeit, in der die Menschen suchten, eine Übergangszeit, wo die alten Dogmen – religiöser oder sonstiger Art – nicht mehr galten und die neuen noch nicht feststanden. In genau einer solchen Zeit leben wir heute wieder; daher fühlen sich so viele Menschen von dieser Art von Bildern angesprochen.« Es hatte sich wieder ein kleiner Kreis gebildet. Einer sagte: »Es stimmt nicht, daß diese Bilder vielen gefallen. Mir zum Beispiel gefallen sie gar nicht, ich finde sie abscheulich und wie eine Beleidigung für den normalen Menschen. Ich bin dafür, daß die Regierung alle diese Bilder erwirbt und dann der Öffentlichkeit zum Kauf anbietet. Es würde sich bald herausstellen, daß kein Mensch in Moskau solche Bilder kaufen würde, und das wäre ein Beweis dafür, daß Sie unrecht haben.«
Ein Mann, nicht so jung wie die meisten, mit einem weichen Gesicht und ein wenig melancholischen Augen, mischte sich ein: »Wissen Sie, auch von unseren Sowjetgemälden wird wenig gekauft. Ich bin selbst Maler, in Leningrad. Ich weiß, daß die Leningrader Maler von tausend ausgestellten Bildern an Privat-

personen nur siebzig verkauft haben. Die staatlichen Käufe rechne ich nicht, die sagen nichts aus über den Geschmack des Publikums.«

»Die Menschen haben eben kein Geld, um Bilder zu kaufen!« lautete ein Einwand.

»Geld gibt es genug«, sagte der Leningrader, »es kommt nur darauf an, wofür man es ausgibt. Hunderttausende stehen Schlange nach Autos!«

»Wer besitzt schon ein Privatauto?« Das war wieder die Stimme von eben. »Der nicht«, er zeigte mit der Hand auf den Idealisten, »und der nicht«, auf einen zweiten, »und der nicht«, mit der Hand auf mich weisend. Ich schwieg und dachte, mein VW wird es mir hoffentlich nicht übelnehmen, daß ich ihn hier verleugne, aber ich war zum Hören und nicht zum Reden gekommen.

»Ach, diese Jugend ...

Von den Autos kam das Gespräch wieder auf die Bilder. Ein neuer Verteidiger der Abstrakten war aufgetaucht und warf sich mit frischem Schwung ins Getümmel. Bald gesellten sich einige Männer in den Vierzigern und ein Graukopf dazu, die sich scharf gegen die abstrakte Malerei aussprachen. Der Verteidiger stritt ein Weilchen mit ihnen, ohne daß neue Argumente auftauchten, dann sah ich ihn plötzlich abbrechen und davonlaufen, auf ein Mädchen zu, das er erspäht hatte. Einige lachten über den raschen Wechsel seines Interesses.

»Ach, ach«, sagte der Graukopf, »das ist nicht nur zum Lachen. Unsere Jugend macht mir Sorge. Wie kann sie nur solche Bilder schön finden?«

»Sie findet sie auch gar nicht schön«, meinte einer von den Älteren. »Sie tut nur so, um sich wichtig zu machen.«

»Da bin ich nicht so sicher«, meinte der dritte. »Sie ist sehr anfällig, unsere Jugend. Kaum weht etwas vom Westen zu uns herüber, und schon fällt sie in Verzückung und ist begeistert über das Fremde.«

... ist eine Fronde«

Ein schmächtiger Mann mit einem Mausgesicht und einem kleinen Schnurrbart erklärte mit betonter Langsamkeit, die seinen Worten eine besondere Bedeutung geben sollte: »Sie sprechen von der ›Jugend‹; es handelt sich nur um eine kleine Minderheit. Ich komme manchmal hierher und kenne fast alle Enthusiasten für abstrakte Kunst, die sich hier herumtreiben. Es sind vielleicht fünfzig!«
»Aber diese fünfzig stecken Hunderte an!« sagte einer der Älteren.
Und ein anderer: »Hunderte, aber nicht Hunderttausende. Und überhaupt ist das Ganze eine jugendliche Eselei. Wir sind auch einmal jung gewesen.«
Das Mausgesicht war anderer Meinung. »Das ist mehr als eine verrückte jugendliche Eselei; das ist auch mehr als Begeisterung für eine Kunstrichtung. Hier geht es um politische Dinge. Diese Burschen sind eine Fronde (er gebrauchte das Fremdwort ›Fronda‹), eine politische Fronde.« Niemand widersprach. Auch ich nicht; in einer Diktatur hat in der Tat sogar eine »Abweichung« in Fragen der Ästhetik politische Bedeutung.
Die Gruppe löste sich auf. Ich ging weiter. In einer Ecke sah ich den »Frondeur« mit einem Mädchen. Er redete auf sie ein, und sie lachte.

Licht und Schatten über Moskau

Seit ich das letzte Mal in Moskau war, ist auf dem Platz, wo die Gorkijstraße den ehemaligen Gartenring schneidet, ein Denkmal für Wladimir Majakowskij errichtet worden. Der Dichter, der 1930 in tragischem Selbstmord endete, steht in der obligatorisch optimistischen Pose auf dem Sockel. Als ich eines Tages im Sonnenschein vorüberkam und eine Aufnahme machte, hörte ich hinter mir die Worte: **1959**
»Das ist empörend.«
Ich drehte mich um und sah zwei junge Leute um die Zwanzig.

»Was ist denn so empörend?« fragte ich.
»Na, natürlich die Inschrift.«
Ich muß gestehen, ich hatte noch gar nicht auf sie geachtet. Jetzt las ich die Worte:

Dem Dichter der Revolution
und des Proletariats,
Wladimir Majakowskij,
von der Sowjetregierung.

Ich verstand immer noch nicht und schaute die beiden fragend an. Einer sagte: »Wieso ›... von der Sowjetregierung‹? Man baute doch das Denkmal aus dem Arbeitsertrag des Volkes! Wenn hier stünde ›... vom Sowjetvolk‹, wäre alles in Ordnung, aber ›... von der Sowjetregierung‹ – das ist doch Quatsch und überdies empörend.«
Eine solche Bemerkung einem Wildfremden gegenüber wäre zu Stalins Zeiten undenkbar gewesen. Wenn sie heute fallen kann, so beweist dies das gesteigerte Selbstbewußtsein des Sowjetbürgers, vor allem der jungen Generation.
Mit dem Selbstbewußtsein wächst auch die Abneigung, sich zu verstellen. Seit Jahrzehnten lebten die Menschen in der Sowjetunion gleichsam schizophren: sie dachten das eine und sagten das andere. Auch wir kennen das aus einer nicht weit zurückliegenden Vergangenheit, und siebzehn Millionen Deutsche leiden noch heute täglich darunter, etwa wenn Eltern in Leipzig oder Rostock ihren Kindern einschärfen: »In der Schule mußt du das so sagen; aber wir sind anderer Meinung, doch das darfst du nicht sagen.«

Rebellion gegen die Verstellung

Ich habe mich manchmal gefragt, wie sich Menschen auf die Dauer zu solchem Zwang verhalten. Muß die Doppelbödigkeit des Denkens sie nicht vergiften? Oder gewöhnen sie sich eines Tages ganz daran? Bei diesem letzten Besuch in der Sowjetunion hatte ich zum erstenmal den Eindruck, daß die Menschen gegen diesen Zwang zur Verstellung rebellieren.
Einmal unterhielt ich mich mit einem Studenten. Er äußerte eine

Reihe recht kritischer Ansichten über den Sowjetstaat. Ich fragte:
»Haben Sie denn nicht Angst, so offen gegenüber einem Ihnen fremden Ausländer zu sein?«
Da trat eine plötzliche Heftigkeit in sein Gesicht und er sagte:
»Ich habe es satt, Angst zu haben. Mein ganzes Leben sollte ich Angst haben – Angst, daß man mir einen öffentlichen Verweis erteilt; Angst, daß man mein Stipendium kürzt; Angst, daß man mich von der Hochschule weist und nach Sibirien kommandiert; immer Angst! Ich will nicht immer Angst haben, ich muß auch einmal sagen, was ich auf dem Herzen habe.«
Daß dies nicht eine zufällige Einzelerscheinung ist, sah ich einige Tage später im Theater bei einer Aufführung des Dramas »Das Fabrikmädel«. Die junge Titelheldin war ein *enfant terrible;* immer sagte sie, was ihr auf der Zunge lag. Zum Schluß verlor sie ihre Stellung in der Fabrik, ihr Bett im Frauenschlafheim. Als all dies Unglück über sie hereinbrach, sagte sie:
»Ich weiß, wieso das so gekommen ist, ich habe einen großen Fehler: Ich kann mich nicht verstellen; immer sage ich, was ich denke. Die anderen, die sich verstellen können und die das eine denken, das andere aber sagen, haben es viel leichter als ich.«
Und dieses Mädchen ist die Heldin des Dramas – im Sinne des Autors, des Regisseurs, des Publikums und eine der populärsten Gestalten auf der Moskauer Bühne. Seit der Uraufführung ist an diesem Stück manches gemildert worden, doch war auch noch die verwässerte Version, die ich sah, deutlich genug.
Daß die Zensur solche Dramen erlaubt, entspringt wohl ihrem Bestreben, den angestauten Gefühlen einige legitime Ventile zu lassen. Zugleich freilich geht der Staat gegen diese und ähnliche freiheitliche Tendenzen an, aber nicht frontal, sondern indirekt, nicht indem er sie als solche angreift, sondern indem er sie als »Chuliganstwo« deklariert und bekämpft.

Das russische Rowdytum

»Chuliganstwo« (von dem englischen hooligan = Rowdy, also Rowdytum) ist eine der zur Zeit meistgebrauchten Vokabeln geworden. Man kann kaum die Zeitung aufschlagen, ohne auf sie zu stoßen. »Chuliganstwo« ist auch die Hauptzielscheibe der zahlreichen außergerichtlichen Maßnahmen, die vor allem seit dem Herbst eingeführt worden sind. Man errichtete unter anderem die »Arbeitermiliz«, die »Komsomol-Patrouillen«, die »Brigaden der Zusammenarbeit mit der Miliz« (O-sod-milowzy, von Otrjady sodejstwija milizii) und die freiwilligen Mannschaften (drushiny). Am 1. März veröffentlichten die Sowjetzeitungen einen Beschluß des ZK und des Ministerrats »Über die Beteiligung der Werktätigen am Schutz der gesellschaftlichen Ordnung«. Überall (»in den Betrieben, auf den Bauplätzen, im Transportwesen, in den Behörden, in Sowchosen, Kolchosen, Hochschulen, Hausverwaltungen«) sollen solche freiwilligen Mannschaften gebildet werden. Geleitet wird ihre Tätigkeit von Kreis- bzw. Stadt-Stäben, die sich aus Vertretern der Partei- und Sowjetorgane, der Gewerkschafts- und Komsomolorganisationen sowie der »Kommandeure« einzelner »drushiny« zusammensetzen.

Welche Bedeutung diesen Dingen zukommt, geht auch daraus hervor, daß zwei tüchtige Autoren bereits ein Drama gegen »Chuliganstwo« auf die Bühne gebracht haben; es heißt »Zwei Farben«. Ihm liegt eine wahre Begebenheit zugrunde: die Ermordung eines Komsomolzen im März 1957 in einer Kleinstadt unweit Moskaus; im Stück heißt das Städtchen Kassatkino. Der Held – jenem ermordeten Komsomolzen nachgebildet – ist Schura, der sozusagen amtliche Idealtyp eines jungen Sowjetbürgers, ein guter Arbeiter, ein tüchtiger »Obschtschestwennik« (Organisator in allerlei Kollektiven). Als er hört, daß die junge Arbeiterin Sina wieder ins Dorf zurückkehren will, weil sie jeden Abend auf dem Wege aus der Fabrik ins Frauenwohnheim von einem »Chuligan« belästigt wird, überredet er sie zu bleiben und verspricht, sie täglich vom Fabriktor nach Hause zu begleiten.

Von den »Zwei Farben« ist die eine das Rot des Sowjetstaates, die andere das Schwarz der Unterwelt; diese besteht aus einem Gangster mit niedriger Stirn und dicken Muskeln, Repa (Rettich) genannt, einem fiesen Kerl namens Gluchar und dem Chef der Bande, Glotow, der eben erst zwei Jahre abgesessen hat. In Abhängigkeit von dieser Bande befindet sich auch ein Kamerad Schuras, der junge Arbeiter Fedka. Fedka hatte im Kartenspiel Geld an die Gauner verloren. Sie erließen ihm die Schuld, wenn er ihnen – er ist Schmied – einen bestimmten Nachschlüssel herstellt. Mit diesem Schlüssel wird ein Raub begangen. Aber die Polizei weiß nicht, von wem der Schlüssel stammt; denn Fedka schweigt und die Gauner auch. So geht Fedka frei aus, lebt aber in ständiger Furcht, doch noch verpfiffen zu werden. Er hat nicht die Kraft, sich loszureißen oder selbst zur Polizei zu gehen.

Unter den Mädchen, die mit Sina im Frauenwohnheim leben, befindet sich auch Schuras Freundin Katja, eine schöne Blondine; Schura verliert sie, als ein junger Rechtsanwalt mit gemütlicher Junggesellenwohnung ihr den Hof macht.

Das Chuligan-Unwesen in Kassatkino ist so schlimm geworden, daß der Komsomol besondere Patrouillen einrichtet. Da Schura der Leiter der Patrouillen ist, wird er von den Gangstern gehaßt. Als er veranlaßt, daß Repa und Gluchar auf die Miliz abgeführt werden, weil sie Mädchen belästigten, schwören die beiden Rache. An einem der nächsten Abende – Schura hat Sina wie an den Tagen zuvor zum Wohnheim begleitet und ist nun selbst auf dem Weg nach Hause – fallen sie über ihn her und bringen ihn um. Apotheose. Schura erscheint vor dem Vorhang und spricht mahnende Worte an das Publikum, gegen das Chuligan-Unwesen anzukämpfen.

Mädchen und Mord

»Zwei Farben« ist ein Gangsterstück à la Sovietique. Wie in den entsprechenden amerikanischen Stücken gibt es: auf Mädchen und Mord erpichte Schurken; eine schöne Blondine, einen wackeren, aber nicht allzu erfolgreichen Polizisten; ein willenloses Gangsteropfer, das sich vergeblich von der Tyrannei des Bösen freizumachen sucht; und natürlich den Helden, der sich als Amateur dem Übel entgegenstellt und diesem auf den Grund zu kommen sucht. Nun gibt es zwar auch in Amerika Gangstergeschichten, die den Leser zum Kampf gegen das Schlechte anregen sollen (das war sogar der Sinn der klassischen Gangstergeschichten), aber dieser Typ ist schon seit einiger Zeit überwuchert von jenen Büchern und Filmen, in denen der Kampf gegen das Böse nur noch ein sehr dünner Anstandsschleier ist, unter dem der eigentliche Inhalt – »Sex and Murder« – nur allzu aufdringlich sichtbar ist. Das gilt zum Beispiel von den Büchern eines Micky Spillane, die Schule gemacht und eine Flut von Schundliteratur dieser Art hervorgerufen haben.

Ein Protest der jungen Generation

»Zwei Farben« dagegen ist noch eine Gangstergeschichte alten Typs, ausschließlich gegen das Böse – in Gestalt der Chuligany – gerichtet. Der Mord vollzieht sich – für den Zuschauer unsichtbar – hinter einer Mauer, und von Sex ist auch nicht viel zu sehen, erst recht, da Katja recht unbeholfen spielt und weder ihre anfängliche Liebe zu Schura noch die anschließende große Liebe zu dem Rechtsanwalt Boris glaubhaft zu machen versteht.

Boris selbst nimmt in dem Stück eine wichtige Stellung ein. Er erweist sich als tüchtiger junger Rechtsanwalt, aber er ist – wie vermutlich viele junge Rechtsanwälte in der Sowjetunion – der Meinung, den Kampf mit dem Verbrechertum müßten die dafür zuständigen Behörden führen, nicht Amateure wie Schura. Während des – wie gesagt, nicht sichtbaren – Todeskampfes Schuras geht Boris über die Bühne; er hört ein unterdrücktes Stöhnen und bleibt horchend stehen. Aus den Reihen des Publikums vernimmt man Anzeichen der Erleichterung über diese unerwartete Verstärkung für den um sein Leben kämpfenden Schura. Als Boris nach einigen Augenblicken gleichgültig weitergeht, geht eine Welle der Entrüstung durch das Theater. Das ist genau, was die Verfasser wollten: Es gibt nur zwei Farben, Schwarz und Rot; wer nicht aktiv für Rot kämpft, ist für Schwarz. *Tertium non datur.*

Neben der Gleichgültigkeit, wie sie Boris verkörpert, ist Feigheit der zweite Bundesgenosse der Gangster. Ein junger Arbeiter begleitet sein Mädchen abends nach Hause. Auf dem Wege werden die beiden von den drei Halunken angehalten. Um den jungen Mann zu demütigen und die Macht der Bande zu beweisen, wirft Gluchar einen Groschen in den Schmutz und befiehlt seinem Opfer, es aufzuheben. Als der sich gehorsam bückt, weil er sich mit den Chuliganen nicht einlassen will, schlägt ihm Gluchar die Brille von der Nase. Schließlich findet das Mädchen den Groschen und beide dürfen weitergehen.

Interessant ist das in dem Stück gezeigte, ständig weiter um sich greifende Rotwelsch der Gangster, die – ähnlich wie in Amerika – eine eigene Sprache entwickeln. »Drück mal 'n Roten« zum Beispiel heißt: »Gib mir Feuer.«
Das eigentliche Versagen des Stückes, von dem aber bezeichnenderweise in den Kritiken nichts steht, liegt darin, daß die Zuschauer nichts über das Entstehen des Chuligantums erfahren. Die Gangster sind eben einfach da. Die Frage, wie es im 42. Jahr nach der »menschenbefreienden Revolution« in der Sowjetunion Gangster à la Chicago geben kann, wird nicht beantwortet, sie wird nicht einmal gestellt. Und das ist verständlich, denn man müßte sonst zugeben, daß das Chuliganstwo in allen seinen Erscheinungen nur zu einem begrenzten Prozentsatz rein krimineller Natur ist, daß es im übrigen eine Form des Protestes von Teilen der jungen Generation gegen die allzu eng begrenzte Bewegungsfreiheit des einzelnen im Sowjetstaat darstellt.

Förderung der Selbstbetätigung

Ich habe hier von einigen im Sinne des Sowjetstaates negativen Erscheinungen gesprochen. Zu den positiven gehört das eifrige Bemühen um die Förderung der Talente, vor allem in den Bestrebungen, die man drüben »Samodéjatelnost«, wörtlich: Selbsttätigkeit nennt. Samodéjatelnost ist eines der im Erziehungswesen besonders häufigen Worte und bezeichnet eine sehr gute Sache: die Förderung der Selbstbetätigung auf jeweils dem Gebiet, für das der einzelne Talent und Lust mitbringt. Es gibt die Samodéjatelnost in der Schule, in zahlreichen Krushki (Kreischen), in der Hochschule, im Betrieb – überall. Außerdem gibt es Institutionen, die sich speziell der Samodéjatelnost annehmen, vor allem die Jugendorganisationen der »Pioniere«.
Ich habe mir in Moskau und in Iwanowo die Pionierhäuser angesehen und hatte einen sehr guten Eindruck. Das Moskauer ist natürlich prächtiger und größer. Aber das in Iwanowo dürfte dem Durchschnitt der Provinzstädte entsprechen. Das Moskauer hat 4500 Kinder, das von Iwanowo 1400 Kinder in 21 Krushki, die je nach Größe in Gruppen (gruppy) zerfallen. Die Gruppe soll möglichst nicht mehr als 25 oder 30 Kinder umfassen. Die

Krushki gehören in ihrer Mehrzahl entweder der künstlerischen oder der technischen Richtung an.

Bei den Mädchen (beziehungsweise ihren Eltern) ist Ballett-Schulung höchst populär. In Moskau und Iwanowo habe ich mir die Arbeit je eines Ballett-Kreises angesehen. In beiden Fällen waren es Kinder im Alter von etwa sieben Jahren; ein reizender Anblick: alle in kurzen, weißen Kleidchen, mit weißen Schleifchen im Haar und weißen Ballettschuhen. Eine Pianistin begleitete, eine Ballettmeisterin unterrichtete. Wie Schneeflöckchen wirbelten sie herum. Nebenan übte der Chor. Einige Zimmer weiter Musizieren mit Volksinstrumenten, Balalaika vor allem. Daneben Volkstänze. In einem Zimmer für sich die Akkordeonspieler; ein Zimmer weiter lernen die Mädchen sticken; nebenan spielen Jungen Schach. Dann Malstunde: Ein Dutzend Kinder ist dabei, ein Stilleben zu zeichnen (Teddybär mit Ball), später wird mit Wasserfarben gemalt. Ein »Krushok« modelliert.

In der technischen Abteilung ist die Auswahl noch reicher: Radiobasteln (neuerdings auch Fernsehen; der erste von Kindern gebaute Apparat wurde mir gezeigt); Flugmodellbau (mit kleinen Kompressormotoren, die bis zu drei Minuten arbeiten; gerade war man dabei, zusammen mit den Radiobastlern ein Modell zu bauen, das ferngelenkt werden kann); Schiffmodellbau; Foto (mit zahlreichen eigenen Dunkelkammern); »Geschickte Hände« (für die Jüngeren; Geschicklichkeitsspiele aller Art); Tischlerei (die Buben waren dabei, Kulissen für Schneewittchen zu machen, die dann vom »Krushok« für Malerei bemalt werden sollen); Elektromechanik; Botanik (mit eigenem Wintergarten); Zoologie (mit Kaninchen, Vögeln). Das Moskauer Pionierhaus hat 130 Mitarbeiter. Manche von ihnen sind fest angestellt und haben keine andere Beschäftigung; andere arbeiten anderwärts und kommen nur von Zeit zu Zeit, unter ihnen Kapazitäten, sogar aus der Akademie der Wissenschaften, zum Beispiel ein Fachmann für Farbfotografie, die jeweils die neuesten Entwicklungen lehren. Es gibt Bibliothek, Lesezimmer, Sportplatz, Schwimmbassin. Die Beteiligung ist kostenlos.

Man mag einwenden, daß es sich bei vielen dieser »Krushki« auch wieder nur um Berufsausbildung handle. Das ist richtig, aber schon die Möglichkeit, sich frei für einen Krushok, auch für einen technischen, zu entscheiden, ist wichtig und anregend. Erst recht die Tätigkeit in den künstlerisch-kulturellen Krushki.

Folgerungen des Westens

Also immer wieder Licht und Schatten – für den Sowjetstaat und für uns. Wir müssen das wissen, um uns keinen falschen Vorstellungen hinzugeben.

Weltsieg ohne Weltkrieg – so wurde in einem der vorausgegangenen Aufsätze [der hier nicht abgedruckt ist] das Ziel Chruschtschows bezeichnet ... Welche Folgerungen ergeben sich für unser und des Westens Verhalten? Wir müssen stark sein, nicht so sehr, um mit dieser Stärke etwas zu sein, sondern um mit ihrer Hilfe etwas zu *verhindern* – unsere Unterjochung nämlich. Wir wissen aus den Erfahrungen der letzten Monate, daß Chruschtschow zurückzuckt, wenn er sich dem festen Willen des Westens gegenübersieht. Wir wissen also, daß es lohnt, stark zu sein. In Berlin müssen wir fest bleiben. Wenn wir verhandeln, dann nur, um – durch Nachgeben auf *beiden* Seiten – etwas zu erreichen, die Wiedervereinigung Deutschlands vor allem, nicht um etwas ohne Gegenleistung zu verschenken.

Auch müssen wir weiterhin viel und hart arbeiten, um den Lebensstandard der westlichen Völker, insbesondere der breiten Massen, stetig zu erhöhen und um die Entwicklung der neutralen Staaten in der afro-asiatischen Welt zu fördern. Wir stehen mitten in einem gewaltigen Wettkampf zwischen unserer und der roten Welt. Um in ihm bestehen zu können, müssen wir alle unsere Kräfte – auch die des Geistes und der Seele – wecken und vor allem weit mehr als bisher den Aufstiegswilligen aus allen Schichten des Volkes den Weg nach oben freimachen; wir können es uns nicht leisten, daß auch nur eine einzige Begabung verlorengeht.

Chruschtschow selbst nimmt das Wort vom Wettkampf häufig in den Mund. Aber man hat es in Moskau nicht gern, wenn im Westen diese Herausforderung ernsthaft aufgegriffen wird und bei uns der Ruf erschallt, diesen Wettkampf mit allen uns zu Gebote stehenden friedlichen Mitteln durchzustehen. Das ist

auch der Grund, warum ich, der ich diesen Ruf seit Jahren erhebe, in der Sowjetpresse immer wieder angegriffen werde, auch jetzt wieder mehrfach während meines Aufenthaltes in Moskau. Gerade daß ich trotz meinen Sympathien zum russischen Volk das bolschewistische System mit aller Entschiedenheit ablehne und zum energischen Wettkampf mit ihm auffordere, nimmt man mir übel. Wahrscheinlich würde man es sogar vorziehen, wenn ich ein bornierter und unglaubwürdiger Russenfresser wäre.
Aber auch nach dieser meiner dreizehnten Reise in die Sowjetunion bin ich so überzeugt wie je, daß unsere besten Bundesgenossen bei den Bemühungen um die Erhaltung des Friedens und um die Ausbreitung der Freiheit die Sowjetmenschen selbst sind. Ich leugne nicht die ernsten Gefahren, denen sich die Menschheit gegenübersieht; die schwierigsten Jahre stehen uns sogar erst bevor – die sechziger Jahre, noch etwa ein Jahrzehnt. Wir müssen sehen, daß wir sie ohne Krieg und ohne Verlust der Freiheit überstehen. Während dieser Frist wird zwar die Macht der Sowjets wachsen, noch rascher aber wird, so hoffe ich voll Zuversicht, die Abneigung der Sowjetmenschen zunehmen, diese Macht gegen die Freiheit einzusetzen, da sie ja selbst die Freiheit zunehmend für sich erstreben.

Die Deutschen und die Sowjetmenschen

1967 Auch frühere Jahrzehnte und Jahrhunderte haben zum heutigen Verhältnis zwischen den Deutschen und den Bewohnern der Sowjetunion beigetragen: verwandtschaftliche Beziehungen der Fürstenhäuser; Bewunderung der beiderseitigen Kulturleistungen (der deutschen Philosophie in Rußland, der russischen Literatur und Musik, auch des russischen Theaters, in den geistigen Schichten Deutschlands); Bereitschaft, an eine Gemeinsamkeit der Interessen – gegenüber Polen und dem Westen! – zu glauben, bei den Staatsmännern, vor allem der Bismarckschule, aber auch wachsender Argwohn – in Petersburg vor der engen deutsch-österreichischen Zusammenarbeit auf dem Balkan und in Berlin vor der Annäherung Rußlands an das als revanchistisch angesehene Frankreich; Abneigung gegen die forcierte Russifizierungspolitik der russischen Regierung bei den – in der öffentlichen Meinung Deutschlands einflußreichen – baltendeutschen Untertanen der Zaren und gegen den rasch wachsenden und tief in den Balkan reichenden russischen Panslawismus, wie umgekehrt auf russischer Seite gegen den expansiven Pangermanismus; Verachtung der russischen »Unterentwicklung« durch das deutsche Bürgertum, aber auch Angst vor der ungeschlachten »russischen Dampfwalze«, und eine leicht ironische Abwertung der als spießig empfundenen deutschen »Akkuratnost« von seiten der »breiten Natur« der Russen, gemischt mit Furcht vor der überlegenen Tüchtigkeit und unverständlichen Arbeitswut der Deutschen.

Aus der Sicht des Schuljungen, der 1914 mit seiner deutschen Familie aus Rußland ins Reich gekommen war, schienen mir die russischen Vorstellungen vom Deutschen im ganzen positiver als umgekehrt. Meinen Schulkameraden und deren Eltern galten die Russen als Halbwilde mit barbarischen Sitten. Die zahlreichen, in den Dörfern als Landarbeiter tätigen Kriegsgefangenen fügten dann dem Bild der Primitivität die Züge der Gutmütigkeit hinzu. Ich erinnere mich an einen »Iwan«; ihm las meine Mutter während unserer Sommerferien im Schwarzwald im dritten Jahr seiner Gefangenschaft – er war Illiterat – einen Brief seiner Frau vor, der im wesentlichen aus einer Kette von »Auch grüßt Dich Deine Mutter Marja Petrowna, auch grüßt Dich Dein Vater Iwan Iljitsch« usw. bestand und mit »auch grüßt Dich Dein neugeborener Sohn Viktor« endete, was er mit einem gleichmütig erstaunten Räuspern zur Kenntnis nahm. In den Kinderstuben deutscher Bauernhäuser fanden sich Holzspielsachen, die russische Gefangene mit ihren klobigen Fingern gebastelt hatten.

Von alledem ist noch einiges lebendig im gegenseitigen Bild der beiden Völker und in ihren heutigen Beziehungen. Weit stärker sind diese aber durch die Ereignisse des letzten halben, insbesondere des letzten Vierteljahrhunderts geprägt worden, und da vor allem durch zehn Faktoren.

Deutschland und Lenin

Vielleicht hätte es in Rußland auch ohne Deutschland eine Revolution gegeben, sicherlich aber keinen Lenin, wie ihn die Geschichte kennt. Lenins ganze intellektuelle und revolutionäre Entwicklung ist eng verbunden mit der intellektuellen und revolutionären Entwicklung Deutschlands, besonders nach seinem ersten Besuch dort im Jahre 1895. Während seines sibirischen Exils (1897 bis 1900) schickten ihm seine Freunde die »Frankfurter Zeitung« und das »Archiv für soziale Gesetzgebung und Statistik«. Mit Ausnahme einiger Russen wie Plechanow und russischer Juden wie Martow waren Deutsche Lenins wichtigste Lehrer, Bundesgenossen – und Feinde. Wer das zweibändige Register der Werke Lenins durchblättert (Berlin 1964, 696 S. und 378 S.), sieht auf den ersten Blick und kann es in Zentimetern nachmessen, daß – neben Marx und Engels – am häufigsten unter allen politisch-sozialen Denkern oder Akteuren Karl Kautsky, Rosa Luxemburg, Eduard Bernstein, Karl Liebknecht, August Bebel, Philipp Scheidemann genannt werden, auch Feuerbach, Hegel und Kant. In Deutschland und in den beiden deutschsprachigen Nachbarländern, in Österreich und der Schweiz, verbrachte Lenin den größten Teil seines Emigrantenlebens.

Gewiß, Lenins politische Weltanschauung war nicht ausschließlich deutsch-marxistischen Ursprungs; auch russische Traditionen und Gedankenschulen steckten in ihr. Aber auch unter den in Lenins Werken am häufigsten genannten russischen Revolutionären sind die durch den Marxismus und die deutsche Philosophie geformten bei weitem in der Mehrzahl. Es wäre töricht zu versuchen, eine genaue Prozentzahl zu errechnen, aber daß deutsches Denken im Denken Lenins den ersten Platz einnahm, unterliegt wohl kaum einem Zweifel. Chruschtschow hatte ganz recht, als er 1955 Bundeskanzler Adenauer in Moskau daran erinnerte, daß ja schließlich der Mann, der die Entstehung und Entwicklung der Sowjetunion entscheidend beeinflußt hatte, Karl Marx, ein Deutscher gewesen war (»... daß Sie Marx in die Welt gebracht haben und Engels auch! Wenn schon, denn schon. Wenn schon gekocht, dann auch selber essen!« – K. Adenauer, Erinnerungen 1953–1955, S. 519).

Eine unmittelbare Verantwortung für die bolschewistische Revolution übernahm die Reichsregierung, als sie Lenin und andere Bolschewiken im Frühjahr 1917 durch Deutschland nach Schweden (und Rußland) transportierte, um die russische Regierung aus dem Kriege herauszudrängen und so deutsche Armeen für die Westfront freizubekommen. Wieweit die deutsche Regierung Lenins Bemühungen vor und nach der Reise im »plombierten Waggon« finanziell unterstützte, ist immer noch nicht bis ins letzte geklärt. Aber es ist kein Zweifel, daß deutsches Geld eine Rolle spielte, und es ist ebenso klar, daß sich Lenin gegenüber der Reichsregierung dafür nicht im geringsten verpflichtet fühlte. (Vgl. die Untersuchungen von W. Hahlweg, 1957, und Z. A. B. Zeman, 1958.) Der Schatten, ein deutscher Agent gewesen zu sein, lastete noch lange auf Lenin.

Von den folgenden Ereignissen können wir – aus der Sicht von 1967 – die letzten Phasen des Krieges an der Ostfront und den Vertrag von Brest-Litowsk übergehen; es waren Episoden, die keine dauernden Spuren hinterließen. Zwar hat die Sowjetregierung in Brest die West- und Südgebiete des Zarenreiches – Finnland, Estland, Lettland, Litauen, Polen, Ukraine, Transkaukasien – aufgeben müssen, aber die fünf erstgenannten hätten ihre staatliche Unabhängigkeit wohl auch ohne den Brester Vertrag (wenn auch kaum ohne den Krieg mit Deutschland) errungen, und die beiden letzteren haben sie bald wieder verloren.

Der Bruch der russischen mit den deutschen Marxisten

Lenins geistige und politische Entwicklung vollzog sich in ständiger Auseinandersetzung mit den deutschen Sozialdemokraten; sie führte zum Konflikt und schließlich zur offenen Feindschaft. Dieser für die Zukunft Rußlands, seine Beziehungen mit Deutschland und mit der sozialistischen Weltbewegung so entscheidende Prozeß ist ausgiebig untersucht worden. (Eine knappe Zusammenfassung gibt Dietrich Geyer in Werner Markets »Deutsch-russische Beziehungen von Bismarck bis zur Gegenwart«, Stuttgart 1964.)

In den letzten Jahren haben wir ein zusätzliches Verständnis für diesen Bruch gewonnen, und zwar infolge des Bruches zwischen zwei anderen marxistischen Brüdern, den russischen und chinesischen Kommunisten. Wer die Angriffe Pekings – vor allem nach 1962 – liest, ist überrascht durch die außerordentliche Ähnlichkeit des antisowjetischen Vokabulars Maos heute mit dem Anti-SPD-Vokabular Lenins 45 Jahre zuvor. Einige der wichtigsten Erklärungen sind in der 1965 vom ZK der KP Chinas in Peking herausgegebenen Sammlung »Die Polemik über die Generallinie der internationalen kommunistischen Bewegung« enthalten; dort ist auch eine ganze Passage zu finden, welche die Sowjetführer als »Schüler von Bernstein und Kautsky« (S. 404ff.) attackiert und somit beschuldigt, heute denselben Weg zu gehen, den einst Lenin den deutschen Sozialdemokraten zum Vorwurf machte.

Auch das heute meistbenützte Schimpfwort der Chinesen gegen die russischen Kommunisten, Revisionismus, ist nur ein Echo der Anklagen Lenins gegen die deutschen Sozialisten; Lenins entsprechende Schriften, die auch gesammelt veröffentlicht wurden (»Gegen den Revisionismus«, Berlin 1959), sind die antisowjetische Bibel der Maoisten. Und so wie die deutschen Sozialisten in Lenins Augen aufhörten, »Genossen« zu sein, erging es in den letzten Jahren den russischen Kommunisten in den Augen Pekings. Für Lenin war die deutsche SPD zu einer revolutionsscheuen Organisation von Reformern und damit Verrätern geworden, und nicht anders lautet das Verdikt Maos gegenüber der KPdSU.

Lenin sprach damals von einer Ostwanderung des revolutionären Zentrums der Welt, und die Maoisten haben sich auch diese These zu eigen gemacht. Lenin hatte damals recht und Mao heute; freilich nicht, weil der Ostwind über den Westwind siegt (wie Mao im November 1957 vor Moskauer Studenten erklärte), sondern weil damals die Radikalen im unterentwickelten Rußland radikaler waren als die Radikalen im hochentwickelten Deutschland und – entsprechend – heute die Radikalen des unterentwickelten China radikaler sind als die Radikalen der hochentwickelten, großenteils saturierten Sowjetunion.

Friedrich Ebert, der sachlich-nüchterne Führer der SPD, mit seinem starken Gefühl der Verantwortung für sein Land und für den Frieden insgesamt, der Mann, der vor Übernahme seines

Amtes als Kanzler der deutschen Republik im Herbst 1918 gesagt hatte, er wolle keine soziale Revolution, da er sie »wie die Sünde« hasse, dieser Friedrich Ebert (ähnliches gilt von seinem österreichischen Kollegen Karl Renner) war ebenso ein Antipode von Lenin wie der Techno-Bürokrat Kossygin von Mao.

Als Lenin 1919 die Kommunistische Internationale im Gegensatz zu der SPD-geführten Sozialistischen Internationale gründete, zementierte er die bereits 1914 begonnene Spaltung innerhalb der sozialistischen Arbeiterbewegung und verewigte eine tiefreichende Feindseligkeit, die wir noch heute spüren, nicht zuletzt wenn wir an die beiden Männer denken, die sich viele Jahre in den beiden Hälften der vielgeplagten Stadt Berlin gegenüberstanden – der Sozialist Willy Brandt und der Kommunist Walter Ulbricht. Während all der Jahre der Weimarer und dann wieder der Bonner Republik waren die deutschen Sozialisten erbitterte Gegner der deutschen Kommunisten, in denen sie – mit viel Recht – eine Filiale Moskaus auf deutschem Boden sahen.

Die deutsche Rechte und Moskau

Während der Weimarer Periode war es nicht die sozialistische Linke, sondern die deutsche Rechte, besonders die Reichswehr, die im bolschewistischen Rußland Kontakte, ja sogar Bundesgenossen suchte. Die deutsche Rechte war aus Tradition antiwestlich und wurde es nach dem Vertrag von Versailles noch mehr; sie war auch – infolge der Gebietsverluste im Osten – antipolnisch. Aus diesen Gründen neigte sie zu Rußland. Einer der wirkungsvollsten Propheten der deutschen Rechten, Arthur Moeller van den Bruck, hatte in den Jahren 1906 bis 1914 eine 23bändige Dostojewskij-Ausgabe in deutscher Sprache veröffentlicht und dabei ausdrücklich darauf hingewiesen, daß die Deutschen diesen antiwestlichen Russen als ein Gegengewicht zu dem westlichen Einfluß brauchen (Bd. I, S. 1). Um dem Zusammenspiel Berlins mit Moskau eine ideologische Grundlage zu geben, wurde der Westen als dekadent, Rußland als »junges Volk« dargestellt.

Die deutschen Nationalbolschewiken, wie einige von ihnen sich nannten, haben die deutsch-russische Geschichte wenig zu beeinflussen vermocht, weil Lenin sich ablehnend verhielt; er folgte nicht dem Rat Karl Radeks, der für Zusammenarbeit mit den deutschen Rechtsnationalisten eintrat, da diese antiwestlich und im Grunde auch antikapitalistisch seien. Natürlich verstand Lenin, daß die Opposition der deutschen Nationalisten gegen Versailles und gegen den Westen nicht uninteressant war, aber er hielt nicht viel von dem politischen Gewicht der bald von Hitler völlig überspielten antiwestlichen deutschen Rechten, und er täuschte sich darin nicht.

Immerhin, die Sympathien der deutschen Rechten mit dem antiwestlichen Moskau sind nicht ganz verschwunden, nur finden sie sich – den veränderten Zeitumständen entsprechend – in einer abgewandelten Version: Die UdSSR übt infolge ihrer Stellung östlich der Elbe und Werra auf den heutigen deutschen Nationalismus keine Anziehungskraft aus; dieser fordert daher eine engere politische Zusammenarbeit mit dem antiwestlichen China.

Eine weit wirksamere und länger dauernde Form der Zusammenarbeit zwischen dem deutschen Nationalismus und der Sowjetunion lag in den Beziehungen zwischen Reichswehr und Roter Armee. Da illegitime Affären die Öffentlichkeit stets mehr faszinieren als legale, ist über dieses Thema in den letzten Jahrzehnten viel geschrieben worden. (Eine gute Zusammenfassung gibt F. L. Carsten in: Survey, Oktober 1962.) Heute kennen wir Gestalt und Ausmaß dieser Kooperation in allen Einzelheiten. »U stracha glasa weliki« [»Die Angst hat große Augen«], sagt ein russisches Sprichwort; in der Tat ließ die Furcht vor der militärischen Zusammenarbeit Berlins mit Moskau deren Umfang größer erscheinen, als er in Wirklichkeit war. Unwichtig war sie jedoch nicht. Für den jungen und von vielen Seiten bedrohten Sowjetstaat war es wichtig, daß die Deutschen ihm Rüstungswerke bauten; die Reichswehr andererseits konnte in Rußland heimlich ihre Offiziere an Flugzeugen und Panzern ausbilden, die in Deutschland verboten waren. Jahre später sollten Göring und Guderian erklären, ohne die langen Jahre der Vorbereitung auf sowjetischem Territorium hätte sich die deutsche Wiederaufrüstung nach 1935 nicht so rasch verwirklichen lassen (Profile bedeutender Soldaten, hrsg. vom Bundesarchiv/Militärarchiv, Bd. I: General Ernst Köstring, Frankfurt a. M., o.J. [1965], S. 47).

Eine andere Folge dieses Zusammenspiels hat sich im Laufe der Jahre auf natürlichem Wege fast völlig verflüchtigt: die enge persönliche Beziehung zwischen deutschen und sowjetischen Offizieren. Doch kenne ich heute noch einen hohen Bundeswehroffizier, der mit einigem Enthusiasmus und nicht ohne Wärme der Zeit gedenkt, die er Anfang der dreißiger Jahre bei der Ausbildung in Rußland verlebte. (Hitler unterband die militärische Kooperation mit der Sowjetunion im Jahre seines Machtantritts.) Freilich sind auf beiden Seiten nur noch wenige am Leben, und zu viel ist inzwischen geschehen. Immerhin, die beiden Bürgerkriegshelden der Sowjetunion, Woroschilow und Budjonnyj, zeigten spontan ein herzliches Lächeln, wann immer ich sie, auf Moskaubesuchen seit 1955, an diese alten Zeiten erinnerte.

Rapallo

Im Unterschied zur deutsch-russischen militärischen Zusammenarbeit war der Vertrag von Rapallo mehr ein Mythos als eine politische Kraft. Die eigentliche Bedeutung dieses am Ostersonntag 1922 unterzeichneten Dokumentes war symbolischer Natur: die beiden Parias Europas, wie Lloyd George sie genannt hatte, hatten den Weg zueinander gefunden. Der Vertrag selbst war harmlos und enthielt keine geheimen Artikel. Aber bis zum heutigen Tage symbolisiert der Name des kleinen Riviera-Kurortes, wo der Vertrag in großer Eile unterzeichnet wurde, eine antiwestliche deutsch-russische Zusammenarbeit, wenn nicht Verschwörung. So kam es, daß der Vertrag ein Gewicht erlangte, das ihm vom Inhalt her nicht zukam. Wie »München« ist »Rapallo« ein politischer Begriff geblieben, mit dem großen Unterschied freilich, daß das Abkommen von München weitreichende politische Konsequenzen hatte, Rapallo aber nicht.

Die bloße Tatsache der in Rapallo zustande gekommenen gegenseitigen diplomatischen Anerkennung hätte vermutlich nicht allzuviel bedeutet (sie bedeutete 1955 nicht allzuviel). Daß sie sich auswirkte (sicher mehr als die von 1955), war im wesentlichen das Verdienst eines deutschen Diplomaten, der durch seine bemerkenswerte Persönlichkeit und Willenskraft imstande war, das Abkommen als eine Art von Bündnis erscheinen zu lassen und einen Stil politischer Beziehungen zwischen Berlin und Moskau zu kreieren, der bis 1941 in Geltung blieb. Ulrich Graf von Brockdorff-Rantzau, ein exzentrischer Mann und kein einfacher Vorgesetzter, stellte während seiner sechs Jahre in Moskau einen hervorragenden Kontakt mit den Führern der sowjetischen Außenpolitik her, insbesondere mit dem Außenkommissar Georgij Tschitscherin; er schuf eine Tradition enger, offener und notfalls harter Beziehungen zwischen der Deutschen Botschaft in Moskau und dem Außenkommissariat, die von seinen Nachfolgern, Herbert von Dirksen und Werner Graf von der Schulenburg, fortgesetzt wurde. (Rudolf Nadolny war nur kurze Zeit Botschafter, ehe er in einem Streit mit Hitler und von Neurath zurücktrat.) Keiner dieser adligen Herren, das braucht wohl kaum betont zu werden, hatte die geringste Sympathie für den Bolschewismus oder für Stalin; aber sie alle waren fasziniert von ihrem Posten, von den Erscheinungsformen der russischen Revolution und des Sowjetstaates, und sie waren der Aufgabe hingegeben, zwischen ihrem Vaterland und dem sich reckenden Giganten im Osten ein enges Verhältnis herzustellen. Dies galt auch für ihre Mitarbeiter. Viele von diesen haben sich einen Namen gemacht: Gerhard Köstring, langjähriger Militärattaché, Verkörperer enger Beziehungen zur sowjetischen Generalität; Gustav Hilger (wie Köstring in Moskau geboren), die Seele der Deutschen Botschaft, persönlicher Freund vieler prominenter Sowjetführer, einschließlich Mikojans, und Autor eines Buches über deutsch-sowjetische Beziehungen (Wir und der Kreml, 1955); J. Herwarth von Bittenfeldt, später Botschafter der Bundesrepublik in London und Rom; Fritz von Twardowski, später Botschafter in Mexiko, noch immer in Bonn tätig für kulturelle Beziehungen mit dem Ausland; Otto Bräutigam, später Generalkonsul in Hongkong, publizistisch um die Verbesserung der Beziehungen zur Sowjetunion bemüht; Peter Pfeiffer, jetzt Leiter des weltweiten Goethe-Instituts in München; Otto Schiller, nach 1931 (und wieder nach 1956) Landwirtschaftsattaché in Moskau, führender Kenner der sowjetischen Landwirtschaft, jetzt Professor in Heidelberg und Vizepräsident der Deutschen Gesellschaft für Osteuropakunde; schließlich der verstorbene Herbert Dittmann, später Botschafter in Argentinien und Japan.

Aufs Ganze gesehen, war die Deutsche Botschaft während der fast zwei Jahrzehnte [ihres Bestehens] zwischen den beiden Weltkriegen die kenntnisreichste und kompetenteste unter den ausländischen Missionen in der Sowjethauptstadt; nur während der Periode Bullit–Kennan–Bohlen–Durbrow (1934–1937) war die Moskauer US-Botschaft für sie in dieser Hinsicht ein ernster Rivale.

Als 1955, beim Besuch Adenauers in Moskau, die Wiederaufnahme diplomatischer Beziehungen beschlossen wurde, erwachte diese Tradition rasch wieder zum Leben – unter Wilhelm Haas (später Präsident der Deutschen Gesellschaft für Osteuropakunde), dem kürzlich verstorbenen Hans Kroll, dessen Memoiren soeben erschienen, Horst Gröpper, der freilich das Pech hatte, in einer Periode besonders unfreundlicher Haltung Moskaus zu Bonn in der UdSSR zu wirken, und Gebhardt von Walther. Die beiden letzten hatten schon unter Schulenburg in Moskau gedient. Von Walther hat im Geist seines ermordeten Vorgesetzten mit einem von vielen Russen gern besuchten Haus den Tiefpunkt der offiziellen Beziehungen durchzustehen versucht.

Verständnisvolle Kritik

In der deutschen Publizistik der Weimarzeit ist die Sowjetunion außer auf Kritik auch auf viel Verständnis gestoßen, oft bei denselben Personen, etwa bei den drei bekanntesten deutschen Korrespondenten in Moskau: Paul Scheffer, Artur W. Just und Hermann Pörzgen, die alle auch mit Büchern hervorgetreten sind. Hier ist auch der treuen und sorgfältigen Berichterstattung eines Mannes zu gedenken, dessen Name der Öffentlichkeit weniger bekannt war, da er in der Anonymität einer Nachrichtenagentur arbeitete; es war Wilhelm Baum, der während des Zweiten Weltkrieges aus Verzweiflung über Hitlers Ostpolitik Selbstmord beging.

Verständnisvolle Kritik charakterisierte auch einen großen Teil der Rußland- und Osteuropastudien an den deutschen Hochschulen. Das war das Werk in erster Linie von Otto Hoetzsch, dem Professor für osteuropäische Geschichte und Landeskunde an der Universität Berlin, der treibenden Kraft in der unter seinem Einfluß 1913 gegründeten Deutschen Gesellschaft zum Studium Rußlands (später Osteuropas). In den zwanziger und dreißiger Jahren war Berlin *das* Zentrum des Fachgebietes, das heute Sowjetologie heißt; seine Absolventen sind in aller Welt zu finden; die von dort inspirierten Zeitschriften (»Osteuropa«, »Zeitschrift für osteuropäische Geschichte«, »Ostwirtschaft«) und Schriftenreihen besaßen einen guten Namen. Eine Bibliographie der in deutscher Sprache außerhalb der UdSSR bis 1932 veröffentlichten Bücher und Aufsätze über die Sowjetunion umfaßte unter 117 Stichworten 1900 Titel (Klaus Mehnert, Hrsg.: Die Sovet-Union 1917–32, Königsberg/Berlin 1933).

Die sowjetische Publizistik war gegenüber Deutschland – wie gegenüber der ganzen übrigen Welt – mehr kritisch als verständnisvoll eingestellt, doch erfreute sich die deutsche Wissenschaft in der UdSSR eines hohen Ansehens, und es bestanden zwischen sowjetischen und deutschen Gelehrten enge Beziehungen (engere als nach dem Zweiten Weltkrieg). Soweit sie auf unserer Seite von der Deutschen Gesellschaft zum Studium Osteuropas gefördert wurden (das traf für die meisten zu), sind sie in der zum fünfzigjährigen Jubiläum der Gesellschaft veröffentlichten Schrift aufgezählt (50 Jahre Osteuropa-Studien, Stuttgart 1964), auch die »Notgemeinschaft der deutschen Wissenschaft« tat viel auf dem Gebiet gemeinsamer Forschung, wovon der »Notgemeinschaftsgletscher« im sowjetischen Pamir zeugt. Der von Hoetzsch, seiner Gesellschaft und seiner Zeitschrift »Osteuropa« geschaffene Stil verständnisvoller Kritik wird bis zum heutigen Tage – jedenfalls außerhalb des Ostblocks – als das Merkmal der deutschen Ostforschung anerkannt.

Dabei waren die in den zwanziger und dreißiger Jahren in dieser Richtung in Deutschland tätigen Publizisten und Gelehrten alles andere als Salonbolschewiken; Hoetzsch selbst war hochgeachtetes Mitglied erst der Deutschnationalen, dann der Jungkonservativen Partei, die beide eindeutig rechts standen. Aber diese Männer sahen in der Sowjetunion eine für die Welt im allgemeinen und für die Deutschen im besonderen wichtige, zudem faszinierende und auf jeden Fall studierenswerte Tatsache.

Die deutschen Kommunisten

Während der ganzen fünfzig Jahre, die [hier] untersucht werden, war das Vorhandensein einer kommunistischen Partei in Deutschland eine Belastung für die Beziehungen zwischen den Deutschen und der Sowjetregierung. Ähnliches läßt sich natürlich über die Beziehungen so gut wie aller Staaten zur Sowjetunion sagen. Aber Weimar-Deutschland war – aus offensichtlichen Gründen – besonders unstabil und seine KP daher besonders wichtig.

Lenins Hoffnung, »das deutsche Proletariat« von der SPD zur KPD herüberzuziehen, verwirklichte sich nicht; seit Bismarck ist die SPD die Partei des deutschen Arbeiters. Das Drängen der KPD auf gewaltsame Revolution verhinderte ihre Popularität in einem Volk, das sich in seiner Geschichte als nicht sehr revolutionär erwiesen hat. Die mißlungenen Aufstände – besonders die von 1923 – brachten der KP viel Mißtrauen und Abneigung ein, auch in Kreisen der Arbeiterschaft. Erst in den Jahren der Weltwirtschaftskrise strömten die Massen, besonders die Arbeitslosen, der KPD zu; zu jener Zeit, da es in Deutschland fast sechs Millionen Arbeitslose und zusätzliche Millionen von Kurzarbeitern gab, gewann sie bis zu sechs Millionen Wählerstimmen.

Dies ist nicht der Ort, die Haltung der Deutschen insgesamt zur Demokratie zu untersuchen, doch besaß ohne Zweifel der deutsche Arbeiter eine lange demokratische Tradition; denn er hatte besonders nachdrücklich (und im ganzen erfolgreich) für die Erweiterung seiner demokratischen Rechte – gegen Bismarck und gegen Wilhelm II. – gekämpft und dabei seine Sache mit der der Demokratie identifiziert. Lenins antidemokratisches Verhalten, sein Nachdruck auf eine verschwörerische Elite als prädestinierte Führerin »der Massen«, der unerfreuliche Anblick eines Regimes, das nicht eine Diktatur *des* Proletariats, sondern *über* das Proletariat war (oder richtiger: eine Diktatur der selbsternannten Parteiführer über alle übrigen, auch über die Partei selbst), die zahlreichen Berichte über Gewalttaten, Terror und Zerstörung während der Revolution, des Bürgerkriegs, der Kollektivierung, der »Säuberungen« – dies alles war geeignet, die große Mehrheit der deutschen Arbeiterschaft abzustoßen; ihr mißfiel auch die seit

Mitte der zwanziger Jahre offenkundige, würdelose Servilität der KPD gegenüber den Befehlen Moskaus, die jede Kurve in der »Generallinie« Stalins ergeben mitmachte.

Früher als andere, entfernter gelegene Proletariate erkannte die deutsche Arbeiterschaft, daß die KPD – schon zu Zeiten Lenins, erst recht Stalins – eine Hilfstruppe des Kreml war, daß Stalin, und nicht Ernst Thälmann sie führte, daß sie nicht im Interesse des deutschen Arbeiters, nicht einmal in dem der Partei tätig war, sondern für Moskau. Zu einer Zeit, da der Nationalismus in der Luft lag, begannen sich eben jene entwurzelten »Massen« (nicht deren Funktionäre), die der KPD in den schweren Zeiten der Weltwirtschaftskrise zugeströmt waren, von der KPD abzuwenden und für den Mann zu stimmen und zu marschieren, der ihre nationalistischen Leidenschaften ansprach und überdies »Sozialismus«, Brot und Sicherheit versprach, während die SPD im ganzen nicht nur ihre Kader, sondern auch ihre Wähler zu halten vermochte.

Ein folgenschwerer Fehler Stalins verstärkte die Spannung zwischen KPD und SPD. Seit 1924 wiederholte er die von ihm damals aufgestellte These: »Sozialdemokratie und Faschismus sind Zwillinge« (Werke, Berlin 1952, Bd. VI, S. 253) und verhinderte so den Zusammenschluß der beiden Linksparteien im Kampf gegen Hitler.

In den KZs und im Exil kam es zu einiger Zusammenarbeit zwischen deutschen Kommunisten und Sozialisten. Aber kaum war Hitler geschlagen und tot, als der alte Kampf aufs neue entbrannte. Wolfgang Leonhard und andere, die jene erste Zeit nach dem Zusammenbruch in Berlin miterlebten, haben uns ausführlich über den neuen Bruch berichtet. Theoretisch hätten sich damals Kommunisten und Sozialisten ebenso zusammenschließen können wie Protestanten und Katholiken; diese letzteren hatten sich mehr als vierhundert Jahre bekämpft, während die Spaltung zwischen jenen nur ein Vierteljahrhundert gewährt hatte und unter den Mitgliedern beider Parteien nach dem Ende der Hitler-Diktatur der Wunsch nach Zusammenarbeit bestand. Aber das Bestreben der Gruppe um Ulbricht, die Macht in den Händen der Kommunisten zu konzentrieren, führte zu einer scharfen Reaktion der SPD; unter der Führung Kurt Schuma-

chers wurde sie in beiden Teilen Deutschlands zu einem entschlossenen Gegner Ulbrichts. Die SED aber wurde keine Einheitspartei, sondern eine KPD unter anderem Namen.
Man ist versucht, die Frage zu stellen: Was wäre geschehen, wenn die deutsche sozialistische Bewegung nicht erst durch Lenin und dann durch Ulbricht gespalten worden wäre (oder auch: wenn Mao nicht die kommunistische Weltbewegung zerbrochen hätte). Aber hypothetische Fragen bedürfen keiner Antwort.

Die deutsche Wirtschaft hilft beim Sowjetaufbau

Die wirtschaftliche Zusammenarbeit der beiden Parias, deren Grundlage eine Reihe von Abkommen war (das erste vom 6. Mai 1921), lief nur langsam an. Das Haupthemmnis – nach Revolution und Bürgerkrieg – war das sowjetische Außenhandelsmonopol, das dem Kreml einen Vorteil gegenüber seinen ausländischen Partnern verlieh – er besaß ein Staatsmonopol, das unzählige Einzelfirmen des Auslandes gegeneinander ausspielen konnte. Auf deutscher Seite schuf man später den Rußlandausschuß der deutschen Wirtschaft, der die Bemühungen der deutschen Firmen im Rußlandhandel durch Information und Koordination zu fördern suchte, aber keinerlei Macht besaß. Von 1926 an gewährte die deutsche Regierung den Firmen, die den Sowjets Kredite einräumten, Garantien; doch war Moskau ohnehin bemüht, seinen finanziellen Verpflichtungen nachzukommen, da bei jeder einzelnen Transaktion das Prestige und die Kreditfähigkeit der Sowjetunion insgesamt auf dem Spiele standen.
Erst in den frühen dreißiger Jahren erreichte die deutsch-sowjetische wirtschaftliche Zusammenarbeit große Ausmaße. Durch das gewaltige Tempo der Stalinschen Industrialisierung und durch die Wirtschaftskrise in der westlichen Welt wurden die sowjetische und die deutsche Wirtschaft zusammengeführt. Im Jahre 1931 gelangten sowjetische Aufträge im Werte von fast einer Milliarde Mark nach Deutschland, und die Deutsche Botschaft in Moskau mußte eine Schule für die Kinder der zahlreichen in der Sowjetunion tätigen deutschen Fachleute aufmachen. Als ich in den Jahren 1934 bis 1936 zahlreiche Betriebe des Ersten Fünfjahrplans besuchte, marschierte ich in den Werkshallen – so je-

denfalls scheint es mir in der Erinnerung – Kilometer um Kilometer an deutschen Maschinen vorbei.
Erstaunlicherweise setzte sich diese wirtschaftliche Zusammenarbeit auch nach Hitlers Machtantritt fort. Seine Regierung gab den Sowjets umfangreiche Kredite, die pünktlich zurückgezahlt wurden. Bekanntlich rollten lange Güterzüge aus der Sowjetunion nach Deutschland, als die Wehrmacht an jenem Junimorgen 1941 zum Angriff aufbrach.

Von Eisenstein bis Jewtuschenko

Nirgends außerhalb der UdSSR wurde die russische und sowjetische Kultur in den zwanziger Jahren höher geschätzt als in Deutschland, dem damaligen *clearing house* der geistigen Welt. (Diese Stellung hat Deutschland in den dreißiger und vierziger Jahren eingebüßt und in den fünfziger und sechziger Jahren – mit Ausnahme der Frankfurter Buchmesse – noch nicht wieder erlangt.) Damals gab es noch keine UNESCO, die Jahr um Jahr, Land für Land den kulturellen Austausch registrierte; wer aber zu jener Zeit in Berlin lebte, dem erschien die Stadt als Schaufenster russischer Kunst und Literatur. Das deutsche geistige Leben war kräftig und brauchte sich vor fremden Einflüssen – sei es aus Rußland oder sonst woher – nicht zu fürchten.
Sowjetische Bühnen, darunter die Stanislawskijs und Meyerholds, kamen nach Deutschland; sowjetische Filme, mit denen Eisensteins an der Spitze, füllten die deutschen Kinos; sowjetische Literatur wurde viel übersetzt und gelesen, und sie gelangte über Deutschland auch in andere Teile der Welt. Eine Reihe nichtkommunistischer deutscher und österreichischer Verleger spezialisierte sich auf Sowjetautoren, darunter Rowohlt, Zsolnay, Kiepenheuer, List, Wolff. Auch die russischen Klassiker – in Literatur und Musik – erlebten ihre Renaissance, nicht zuletzt dank den zahlreichen Emigranten, die sich in Deutschland niedergelassen hatten und ein Stück des alten Rußland repräsentierten. Die Donkosaken gehören zu den vielen Künstlern, die ihre frühesten Triumphe in deutschen Konzertsälen feierten.
Dieser oder jene Deutsche mag auf dem Wege über die Sowjetkunst zum Kommunismus gelangt sein. Für die große Mehrheit

traf dies nicht zu. Das nachwilhelminische Deutschland war bereit zu neuen Wegen und fasziniert von den Experimenten, die sich im künstlerischen Bereich im Rußland der zwanziger Jahre vollzogen.

Der Niedergang der Sowjetkultur in den Frostjahren des Stalinismus wurde in der deutschen Öffentlichkeit nicht in vollem Umfang erkannt, da diese damals selbst mit dem Verbieten und Verbrennen von Büchern beschäftigt war. Der Zweite Weltkrieg war der gegenseitigen kulturellen Beeinflussung nicht förderlich. Viele künstlerische und historische Schätze wurden zerstört, wenngleich nicht so viele willentlich, wie es die Sowjetpropaganda darstellt; Tolstois Gut Jasnaja Poljana haben die Deutschen nicht entweiht, sondern respektiert – die Beisetzung einiger gefallener deutscher Soldaten neben dem Grab Tolstois mochte in sowjetischen Augen Entweihung sein, sie war es nicht in denen der Deutschen, die ihre Kameraden beerdigten.

Nach dem Kriege besetzten die Sowjets zahlreiche geistige und historische Stätten der Deutschen, darunter Weimar und Potsdam, Wittenberg und die Wartburg, Leipzig und Dresden. Sie hatten damals eine ungewöhnliche Chance, auf die Deutschen kulturell einzuwirken, und sie versuchten, diese wahrzunehmen – ohne besonderen Erfolg. Zu Beginn waren die Deutschen nach Jahren der Abschließung von der übrigen Welt zwar bereit, alles zu verschlingen, was ihnen, auch von der Sowjetunion, geboten wurde; bald aber war es »des Guten zuviel«, und Überdruß setzte ein. In Westdeutschland war der kulturelle Druck von seiten der Besatzungsmächte weniger stark und ganz gewiß weniger einförmig; in der Sowjetzone aber ließ das Interesse sehr bald nach, sobald das graue Einerlei des Sozialistischen Realismus erkannt worden war. Als sich nach Stalins Tod eine Wende anbahnte, war der Reiz der Neuheit längst verschwunden.

Ohne paradox sein zu wollen, kann man sagen, daß das Interesse an sowjetischer Kultur in Westdeutschland heute größer und echter ist als in der Zone, eben weil bei uns niemand zu ihrem Konsum genötigt wird. Im Jahre 1965 wurden in der Bundesrepublik 59 Titel aus dem Russischen übersetzter Belletristik veröffentlicht, darunter freilich eine Anzahl von Klassikern. In beiden Teilen Deutschlands ist das Interesse geringer als in den zwanziger Jahren, weil der sowjetischen Kultur seit den dreißiger Jahren der Elan und die Faszination des Neuen fehlt. Gemäß einem Welttrend sind die »zornigen jungen Männer« besonders populär, unter ihnen an erster Stelle wohl immer noch Jewgenij Jewtuschenko, besonders bei der Jugend, zum Teil wohl wegen seines Auftretens in überfüllten deutschen Vortragssälen.

Die schwarzen Jahre

Hitler, sein Angriff gegen die Sowjetunion im Jahre 1941, das Furchtbare der folgenden Jahre, kurzum: die schwarzen Jahre von 1941 bis 1945 (samt deren Folgen) haben die heutigen deutsch-sowjetischen Beziehungen mehr beeinflußt als die anderen bisher aufgeführten Faktoren. Jahrhunderte freundschaftlicher Beziehungen und »traditioneller Freundschaft«, Bundesgenossenschaft im Befreiungskrieg gegen Napoleon, politische Zusammenarbeit in der Ära Bismarck, Dutzende von Fürstenehen, über hundert Jahre fruchtbarer gegenseitiger geistiger Stimulierung (von Schiller bis Rilke, von Puschkin bis Gorkij) und wissenschaftlicher Zusammenarbeit (seit Lomonossow) – dies alles ist vom Grauen jener Jahre überschattet, wenn nicht erdrückt worden.

Die große Mehrheit aller erwachsenen Russen trägt persönliche Erinnerungen an den Krieg mit sich herum, an die Leiden, den Kampf, die Flucht, das Marschieren; und ähnlich geht es Millionen erwachsener Deutscher, einschließlich der Frauen in den von den Sowjetarmeen gegen Kriegsende besetzten deutschen Gebieten. Dies alles braucht hier nicht im einzelnen ausgeführt zu werden. Es ist uns allen noch sehr gegenwärtig und wird zudem von der sowjetischen Publizistik – unvergleichlich mehr als von der unseren – lebendig erhalten.

Eines aber ist zu erwähnen: Trotz all dieser Not und Qual besteht – ein Wunder! – eine im ganzen überraschend freundliche Einstellung der Sowjetmenschen gegen die Deutschen und umgekehrt. Böse und abscheulich waren für die Russen Hitler, der Faschismus, die SS, die Lagerwachen, die Generäle und Kapitalisten, und für die Deutschen Stalin und Stalingrad, sibirische Gefangenenlager, unseriöse Prozesse, Plünderung und Vergewaltigung. Aber »der Iwan« – der ist in Ordnung, ein harter Kämp-

fer, ein gutmütiger Bursche, grausam jetzt und großmütig im nächsten Augenblick; kaum ein Deutscher, der durch die Hölle sowjetischer Gefängnisse und Arbeitslager gegangen ist, hat bittere Worte für das russische Volk und fast jeder nichts als Lob für die Lagerärzte, besonders die weiblichen. Und »der Fritz«? Der ist auch in Ordnung, auch ein harter Kämpfer, intelligent und methodisch; grausam und pedantisch zwar, aber auf seine Art gerecht. Zehntausende von Deutschen sind in den letzten Jahren als Touristen durch die Sowjetunion gereist, ohne von seiten der Bevölkerung Unfreundlichkeiten zu erfahren.
Wir erlebten ein ähnliches Phänomen mit unserem anderen wichtigen Nachbarn, mit Frankreich. Doch ist dies nicht ganz solch ein Wunder; die Franzosen wurden von Hitler nicht jahrelang so verteufelt wie die Russen, und Frankreich litt unter der deutschen Besatzung nicht so schwer wie die westliche Sowjetunion.

Die Teilung Deutschlands

Die dauerhaftesten Folgen der Hitlerschen Ostpolitik: die Verstümmelung des Deutschen Reiches und die Sowjetherrschaft über die deutschen Gebiete bis zur Elbe und Werra. Sie lasten schwer auf den heutigen Beziehungen zwischen der UdSSR und den Deutschen. Doch nicht alle Aspekte dieser Verstümmelung sind für unser Verhältnis zu den Sowjetmenschen von gleichem Gewicht. Gewiß, es fällt den Deutschen schwer, sich mit dem Verlust von Königsberg, der Wiege des preußischen Königreichs, der Lehrstätte Kants, an die Sowjetunion abzufinden. Aber sie denken nicht in erster Linie an Königsberg, wenn sie von den Verlusten im Osten sprechen, sondern an die Ostgebiete, die in Potsdam den Polen bis zur Friedensregelung in Verwaltung übergeben wurden. Millionen Deutscher aus Ost- und Westpreußen, aus Danzig, Pommern, Brandenburg und Schlesien gaben die Hoffnung nicht auf, eines Tages in ihre alte Heimat zurückzukehren. Sie wissen, daß es die Sowjetunion war, die darauf bestand, daß die Polen weite Gebiete Ostdeutschlands erhielten. Zugleich aber ist ihnen klar, daß es, so wie die Dinge heute liegen, bei der Zukunft der deutschen Ostgebiete weithin um eine Frage zwischen Deutschen und Polen geht.

Was das deutsch-russische Verhältnis heute am weitaus schwersten belastet, ist weder Königsberg noch die Oder-Neiße-Linie, sondern vielmehr die Herrschaft Ulbrichts über 17 Millionen Deutscher und sein Druck auf West-Berlin. Dieser oder jener in Deutschland mag für »zwei deutsche Staaten« sein, vielleicht auch diese oder jene Gruppe oder gar eines Tages diese oder jene Partei, aber nie werden sich die Deutschen als Nation mit ihrer Teilung als einer dauerhaften oder gar gerechten Tatsache abfinden, und sie werden nicht in Ulbricht, sondern im Kreml das eigentliche Hindernis auf dem Wege zur Wiedervereinigung oder – das Mindeste – zur Liberalisierung im »anderen Deutschland« sehen.

Auf der anderen Seite betrachtet Moskau den deutschen Drang nach Wiedervereinigung als »revanchistisch«. Der Kreml tut so, als sei der zeitweilig von Ulbricht beherrschte Teil Deutschlands ein Staat für sich, wie die Schweiz oder Österreich, und daher der deutsche Wunsch nach Wiedervereinigung eine »Aggression«, und bis zu einem gewissen Grade ist es ihm gelungen, diese Einstellung auch der Sowjetbevölkerung zu übermitteln. Moskau ist so sehr gegen die deutsche Wiedervereinigung, daß es alles Erdenkliche tut, um die Bundesrepublik zu verteufeln. Kein Sowjetführer öffnet seinen Mund über ein beliebiges Thema der Weltpolitik, ohne die Regierung der Bundesrepublik maßlos anzugreifen.

Diese kann nicht viel tun, um eine Änderung herbeizuführen. Selbst in der Anerkennung Ost-Berlins als Hauptstadt eines zweiten deutschen Staates würde der Kreml vermutlich nur eine neue Gemeinheit Bonns sehen, einen Versuch, mit anderen Mitteln als bisher die deutsche Wiedervereinigung herbeizuführen. Schließlich haben die Sowjets, als Bonn – wozu Moskau immer gedrängt hatte – seine Beziehungen mit Osteuropa zu verbessern begann und Botschafter mit Bukarest austauschte, alles unternommen, um die übrigen osteuropäischen Hauptstädte von der Befolgung des rumänischen Beispiels abzuhalten.

Die grundlegende Meinungsverschiedenheit über die Zukunft des deutschen Volkes hat bis jetzt die grundlegende Verbesserung der Beziehungen zwischen den Deutschen und den Sowjetmenschen verhindert. Lediglich ein Verzicht des deutschen Volkes (also nicht nur einer deutschen Regierung) auf das Gefühl der Zusammengehörigkeit könnte daran etwas ändern; mit einem solchen Verzicht ist nicht zu rechnen. Trotzdem ist es die Aufgabe der Bundesregierung, der deutschen Diplomatie, der deutschen Wirtschaft, der deutschen Wissenschaft, der deutschen Publizistik, zäh und geduldig den Faden – ein »Draht« ist es kaum – nach Moskau zu spinnen und zu knüpfen, auch wenn eine ins Gewicht fallende Wandlung der Beziehungen zunächst nicht abzusehen ist. Eine Lösung der Quadratur des Kreises und eine radikale Verbesserung des Verhältnisses der beiden Völker ließe sich am ehesten in einem Vereinigten Europa vorstellen, in dem beide Teile Deutschlands aufgingen und das mit den beiden Flügelmächten Europas eng zusammenarbeitete, mit den USA *und* der UdSSR.

Der Moskauer Vertrag

Die Entwicklung, die am 12. August 1970 in Moskau zum Ab- **1970**
schluß des »Vertrages zwischen der Bundesrepublik Deutschland und der Union der Sozialistischen Sowjetrepubliken« (hinfort »Moskauer Vertrag«) geführt hat, durchlief mehrere Phasen.

Unergiebige Initiativen aus Bonn

In der ersten Phase lag die Initiative bei der Bundesregierung. Sie begann mit der »Friedensnote« der Regierung Erhard an alle Staaten vom 25. März 1966. Ausgehend von dem Bestehen von Gewaltverzichtserklärungen zwischen der Bundesrepublik und einer Reihe westlicher Staaten schlug die Bundesregierung vor, »auch mit den Regierungen der Sowjetunion, Polens, der Tschechoslowakei und jedes anderen osteuropäischen Staates, der dies wünscht, förmliche Erklärungen auszutauschen, in denen jede Seite gegenüber dem anderen Volk auf die Anwendung von Gewalt zur Regelung internationaler Streitfragen verzichtet« (Bulletin des Presse- und Informationsamtes der Bundesregierung, hinfort: Bulletin, Nr. 42, 26. 3. 1966, S. 329–331).

In seiner Regierungserklärung vom 13. März 1966 griff der neue Bundeskanzler, Kurt Georg Kiesinger, diese Anregung seines Vorgängers auf, wobei er sie auch auf die aus der deutschen Teilung entstandenen Fragen ausdehnte:

»Die Bundesregierung wiederholt heute dieses auch an die anderen osteuropäischen Staaten gerichtete Angebot. Sie ist bereit, das ungelöste Problem der deutschen Teilung in dieses Angebot einzubeziehen.« (Bulletin, Nr. 157, 14. 12. 1966, S. 1265 bis 1270).

Der Austausch von Erklärungen zwischen Bonn und Moskau setzte am 7. Februar 1967 ein. Aus einer von der Bundesregierung im Sommer 1968 veröffentlichten Dokumentation (Presse- und Informationsamt der Bundesregierung: Die Politik des Gewaltverzichts. Eine Dokumentation der deutschen und sowjetischen Erklärungen zum Gewaltverzicht, 1949 bis Juli 1968, Bonn 1968, 47 S., hinfort: Dokumentation) geht hervor, daß die Verhandlungen zähflüssig verliefen und daß Moskau einen harten, von Mißtrauen erfüllten, unfreundlichen Standpunkt einnahm und, statt zu verhandeln, die bedingungslose Anerkennung seiner Forderungen verlangte. Dies zeigte sich besonders deutlich in drei Maßnahmen Moskaus:

1. In einem am 21. November 1967 datierten vertraulichen Memorandum führte der Kreml jegliches Gewaltverzichtsabkommen ad absurdum, indem er darauf hinwies, daß die Artikel 53 und 107 der UNO-Satzung (die sog. »Feindstaatenartikel«) der Sowjetunion das Recht zur Intervention und damit gegebenenfalls zur Anwendung von Gewalt geben. Der entscheidende Passus, der diesem Hinweis auf die beiden UNO-Artikel folgte, hieß:

»Somit behalten auch gemäß der UNO-Charta die von den Ländern der Anti-Hitler-Koalition unternommenen Handlungen und die von ihnen getroffenen Vereinbarungen im gegebenen Falle ihre volle Gültigkeit. Gegen die Wiederaufnahme der aggressiven Politik seitens eines ehemaligen feindlichen Staates können folglich entsprechende Maßnahmen getroffen werden.« (Dokumentation, S. 11)

In einer Anlage zu diesem Memorandum vom 21. November, nämlich dem Entwurf einer Gewaltverzichtserklärung der

UdSSR, stellte die Sowjetregierung fest, daß sie die »Bestimmungen und Prinzipien der Charta der Vereinten Nationen, insbesondere die in Artikel 2 der Charta enthaltene Verpflichtung, sich in den internationalen Beziehungen der Androhung oder Anwendung von Gewalt zu enthalten«, beachten werde (ebenda, S. 14). Die Berufung auf den Gewaltverzichtsartikel 2 der UNO-Charta läßt sich also in den Augen des Kreml ohne weiteres mit der Berufung auf die Gewaltandrohungsartikel 53 und 107 derselben UNO-Charta vereinbaren.

2. Bereits wenige Tage später, am 8. Dezember 1967, übergab der Stellvertretende Außenminister der UdSSR, W. Semjonow, dem deutschen Geschäftsträger in Moskau eine Erklärung, die der Bundesregierung vorwarf, sie habe sich auf den Weg der »Militarisierung« und »Faschisierung« begeben und gestatte, ja fördere, daß »Revanchismus und Militarismus immer breitere Bereiche des gesellschaftlichen und politischen Lebens« der Bundesrepublik erfaßten (ebenda, S. 17–23). Der Kreml machte damit klar, daß in seinen Augen der Tatbestand einer »Wiederaufnahme der aggressiven Politik«, welcher nach den Artikeln 53 und 107 »entsprechende Maßnahmen« rechtfertige, annähernd erreicht sei. Man mag angesichts dieser schon kaum noch verschleierten Interventionsdrohung des Kreml die Geduld der Bundesregierung (damals noch unter Kiesinger), mit der sie die Verhandlungen mit Moskau fortsetzte, für bewundernswert oder für übertrieben halten, erstaunlich war sie auf alle Fälle.

3. Am 11. Juli 1968 veröffentlichte Moskau, unter Bruch der gegenseitigen Verpflichtung zur Geheimhaltung, den vertraulichen deutsch-sowjetischen Notenwechsel, darunter auch jene Note, welche die Drohung mit den Feindstaatenartikeln der UNO-Satzung enthielt (Iswestija, 11. 7. 1968).

Diese grobe Indiskretion wog ungleich schwerer als zwei Jahre später die Veröffentlichung des vertraulichen Bahr-Papiers und anderer Dokumente in Blättern der Bundesrepublik, da sie nicht in der privaten Presse erschien, die es in der UdSSR nicht gibt, sondern im offiziellen Regierungsorgan der Sowjetregierung. Sie veranlaßte die Bundesregierung zur Veröffentlichung des bereits erwähnten Weißbuchs und führte zum Stillstand der Verhandlungen für die Dauer eines Jahres. Erst am 3. Juli 1969 nahm die

Bundesregierung ihre nach dem 11. Juli 1968 unterbrochenen Bemühungen wieder auf, und diesmal ergriff Moskau den aus Bonn kommenden Ball.

Vorbereitung von Verhandlungen

Am 12. September 1969 erfolgte das, worauf Bonn lange gewartet hatte: Die Sowjetregierung übergab der Deutschen Botschaft in Moskau eine Erklärung, sie sei bereit zu Verhandlungen über den Gewaltverzicht und über die Möglichkeiten, das beiderseitige Verhältnis auf vielen Gebieten zu verbessern (vgl. Archiv der Gegenwart, 1969, S. 14907).

Diese Erklärung war also an die Regierung Kiesinger gerichtet und erfolgte zu einer Zeit, als noch niemand den Ausgang der Bundestagswahlen voraussehen konnte. Sie ging freilich zunächst im Lärm des Wahlkampfs unter und erhielt ihre Antwort aus Bonn erst am 28. Oktober 1969 in der Regierungserklärung Brandts. Der neue Kanzler sagte:

»In Fortsetzung der Politik ihrer Vorgängerin erstrebt die Bundesregierung gleichmäßig verbindliche Abkommen über den gegenseitigen Verzicht auf Anwendung oder Androhung von Gewalt. Die Bereitschaft dazu gilt – ich darf es wiederholen – auch gegenüber der DDR. Ebenso unmißverständlich will ich sagen, daß wir gegenüber der uns unmittelbar benachbarten Tschechoslowakei zu den Abmachungen bereit sind, die über die Vergangenheit hinausführen. Die Politik des Gewaltverzichts, die die territoriale Integrität des jeweiligen Partners berücksichtigt, ist nach der festen Überzeugung der Bundesregierung ein entscheidender Beitrag zu einer Entspannung in Europa. Gewaltverzichte würden eine Atmosphäre schaffen, die weitere Schritte möglich macht.« (Bulletin, Nr. 132, 29. 10. 69, S. 1121–1128)

In derselben Erklärung wurde, wie bekannt, die »Existenz zweier Staaten in Deutschland« zugegeben und die Unterzeichnung des Vertrages über die Nichtverbreitung von Atomwaffen in Aussicht gestellt. Zwei Tage später informierte der neue Bundesaußenminister Scheel den Sowjetbotschafter Zarapkin, seine Regierung habe Botschafter Allardt in Moskau mit der Führung der Gespräche beauftragt. Diese fanden am 8., 11. und 23. Dezember 1969 in Moskau statt und veranlaßten die Bundesregierung zu dem Entschluß, einen Staatssekretär des Bundeskanzleramtes zu Gesprächen nach Moskau zu schicken und diesen damit einen höheren Rang zu verleihen. Daß die Sowjets diesen Kontakten große Bedeutung zumaßen, zeigte sich, als der sowjetische Verhandlungspartner bekannt wurde: der Außenminister Andrej Gromyko.

Die Wende

Was hatte den Kreml veranlaßt, von seiner schroffen und ablehnenden Haltung gegenüber dem deutschen Vorschlag eines Gewaltverzichts abzugehen und auf einen neuen Kurs einzuschwenken, der dann rasch zur Unterzeichnung eines wichtigen Vertrags zwischen Moskau und Bonn führen sollte? Hier ist ein kurzer Rückblick am Platze.

Die negative Haltung des Kreml hatte sich noch im Frühjahr 1969 deutlich feststellen lassen, nämlich in den wütenden Ausfällen gegen Bonn wegen der Einberufung einer Bundesversammlung nach Berlin zwecks Wahl eines Bundespräsidenten. Die Attacken erreichten ihren Höhepunkt am 2. März mit der Drohung von Zwischenfällen in den Luftkorridoren.

Dann machte sich eine Wende bemerkbar. Die Polemik gegen die Präsidentenwahl in Berlin brach ab, das Kommuniqué der Warschauer-Pakt-Konferenz in Budapest vom 17. März sprach von der Notwendigkeit »gutnachbarlicher Beziehungen«, von »Vertrauen und Verständigung«, von der »Verantwortung ... gegenüber der lebenden und den kommenden Generationen«, von der Lösung der Probleme »mit friedlichen Mitteln durch Verhandlungen und nicht durch Anwendung von Gewalt oder deren Androhung«, von der »Berücksichtigung aller Staaten und Völker Europas«.

Auf einer Jubiläumstagung anläßlich des fünfzigsten Jahrestages der Gründung der Komintern sprach M. Suslow am 25. März als erster Festredner über die Erfolge und auch über die aus Fehlern geborenen Mißerfolge der Komintern in dem vergangenen halben Jahrhundert. Auf die Fehler eingehend, sagte er:

Ungerechtfertigt war die These (Anfang der dreißiger Jahre), wonach die Sozialdemokratie (in Deutschland) die allergrößte

Gefahr darstellte, weswegen gegen sie in einer bestimmten Periode (von seiten der KPD) der Hauptstoß gerichtet war, was letzten Endes zum Sektierertum (der KPD) führte (Kommunist, 5/1969, März 1969, S. 9).
Die Revision des Geschichtsbildes, in dem bislang die SPD der Jahre 1918–1933 verteufelt worden war, konnte als ein freundlicher Wink an die SPD-Führung in Bonn verstanden werden.
Am gleichen Tag und auf derselben Veranstaltung kam Walter Ulbricht in Moskau zu Wort. Er fühlte sich durch Suslows Worte sichtlich getroffen, da er in der von diesem gemeinten Zeit die Politik der KPD maßgeblich mitgestaltet hatte. In längeren Ausführungen griff Ulbricht die SPD-Führung jener Jahre an; sie sei es auch gewesen, die sich der Zusammenarbeit mit der KPD verschlossen habe (Neues Deutschland, 27. 3. 1969, S. 4).
In Wirklichkeit waren die Angebote der KPD an die SPD aber erst erfolgt, als Hitler schon vor den Toren stand, also viel zu spät. Bis dahin waren die Sozialdemokraten, wie Suslow richtig sagte, Hauptzielscheibe der KPD-Angriffe; unter dem Schimpfwort »Sozialfaschisten« wurden sie als »Hauptfeind des revolutionären Proletariats« geschmäht und sogar noch im April 1933, als die SPD bereits in der Agonie lag, als »Hauptstütze der kapitalistischen Diktatur« gebrandmarkt.
Das »Neue Deutschland« mußte zwar wohl oder übel die Suslow-Rede bringen, doch tat es das nicht ohne eine kleine »Korrektur«: Während Suslow gesagt hatte, damals *war* der Hauptstoß gegen die SPD gerichtet, übersetzte das »Neue Deutschland«, es habe damals eine These gegeben, daß der Hauptschlag gegen die SPD gerichtet *sein müßte* – als habe es sich dabei nur um eine Diskussionsthese gehandelt, während es in Wirklichkeit eine voll durchgeführte Politik *war* (Neues Deutschland, 26. 3. 1969, S. 4).
Wir haben es hier also mit einem Fall zu tun, wo ein historisch bedeutsamer Vorgang von dem sowjetischen Chefideologen und dem SED-Vorsitzenden völlig verschieden interpretiert wird, was auch auf eine unterschiedliche Stellung zur SPD hindeuten könnte.

Am 28. April 1969 besuchte – zum ersten Mal seit 1958, als Mikojan an den Rhein gekommen war – ein sowjetisches Regierungsmitglied die Bundesrepublik, der Außenhandelsminister Patolitschew. Mit Bundeswirtschaftsminister Schiller sprach er auf der Messe in Hannover über das Geschäft Erdgas gegen Röhren, das neun Monate später – am 1. Februar 1970 – perfekt wurde. Die Sowjetunion stellt im Verlauf von zwanzig Jahren 52 Milliarden Kubikmeter Erdgas, die deutsche Industrie fast zweitausend Kilometer Großrohre. (Vgl. Archiv der Gegenwart, 1970, S. 15260.)

Am 10. Juli 1969, also wenige Tage nach der neuen Anregung Bonns für die Wiederaufnahme des Dialogs, hielt der sowjetische Außenminister Gromyko seine traditionelle Rede vor dem Obersten Sowjet. Im Hinblick auf die Bundesrepublik sprach er gemäßigt. Die Sowjetunion sei, sagte er, bereit, mit der Bundesrepublik über den Gewaltverzicht zu verhandeln zu dem Zweck, ein entsprechendes Abkommen abzuschließen. Zugleich äußerte er seine Bereitschaft, mit den westlichen Schutzmächten in der deutschen Frage Meinungen auszutauschen.

Im Juli und August schließlich wurde je eine Gruppe von FDP- und SPD-Parlamentariern in Moskau freundlich aufgenommen. Im Gespräch mit Helmut Schmidt sprach Gromyko davon, man müsse, wenn man einen Tunnel wolle, von *beiden* Seiten mit dem Graben beginnen. Und am 12. September erklärte sich Moskau zum Gespräch bereit, ohne zu wissen, worauf wir bereits hinwiesen, ob es dieses mit Kiesinger oder einem anderen Kanzler führen würde.

Der 2. März – an der Spree und am Ussuri

Die Sowjetführer werden sicher leugnen, daß sich im Frühjahr 1969 ein Wandel ihrer Deutschlandpolitik vollzogen hat; sie werden darauf bestehen, daß sie seit Jahrzehnten eine gradlinige Politik verfolgt haben, und insbesondere die hier folgende Interpretation ablehnen. Aber ein Wandel hat im Frühjahr 1969 stattgefunden; er wurde damals schon bemerkt und ist erst recht aus der heutigen Sicht unverkennbar. Er läßt sich sogar zeitlich genau fixieren: auf den 2. März 1969, als Moskau seine wilde Kampagne gegen die auf den 5. März angesetzte Abhaltung der Wahl des Bundespräsidenten in Berlin schlagartig abblies.

Seit Mitte Februar 1969 hatten sich die Angriffe aus Ost-Berlin und Moskau gegen Bonn ständig gesteigert: Am 11. Februar kam der Oberkommandierende der Warschauer-Pakt-Streitmächte, Marschall Jakubowskij, demonstrativ nach Ost-Berlin; am 13. überreichte Sowjetbotschafter Zarapkin dem Bundeskanzler Kiesinger ein Protestschreiben gegen den Wahlakt in Berlin; am 15. gab die Sowjetregierung eine Erklärung ab, in der Bonn auf das bitterste angegriffen wurde (»die Pfeiler des Friedens erschüttern«, »revanchistische und neonazistische Demonstration«, »Erscheinungsformen des Revanchismus und der Aggressivität«, Neues Deutschland, 16. 2. 1969); am 17. Februar wurde Walter Ulbricht von Breshnew und am 20. der DDR-Botschafter in Moskau von Kossygin empfangen; tags darauf die Abhaltung von sowjetisch-ostdeutschen Manövern »in den zentralen und westlichen Gebieten« der DDR mit »Kampfhandlungen verschiedener Arten« angekündigt; am 25. Februar der drohende Ton vom Regierungsblatt »Iswestija« aufgegriffen; am 28. die DDR-Regierung vom Kreml ersucht, den vom Bonner »Kriegsministerium« veranlaßten »heimlichen Transport« von »Rüstungsgütern« aus West-Berlin nach der Bundesrepublik zu unterbinden, und Ulbricht von Jakubowskij und dem Stellvertretenden Außenminister der UdSSR, dem Deutschland-Spezialisten Semjonow, besucht; am 1. März begannen die angekündigten Manöver und die Belästigungen auf den Interzonenstraßen; am 2. warnte der sowjetische Vertreter bei der Berliner Luftsicherheitszentrale, daß für Flugzeuge, in denen Mitglieder der Bundesversammlung nach Berlin reisen, keine Verantwortung übernommen werden könne. Ein Crescendo von Warnungen und Drohungen, das in der ganzen Welt mit Sorge verfolgt wurde. Aber am 3. März flogen viele Hunderte von Mitgliedern der Bundesversammlung ungehindert nach Berlin, und am 5. März fand der Wahlakt ohne Zwischenfälle statt.

Gab es am 2. März 1969 ein politisches Ereignis, durch das sich dieser Wechsel in der Sowjettaktik erklären läßt? Ja, der blutige Kampf, der am 2. März zwischen Russen und Chinesen am Ussuri stattgefunden hatte.

Gewiß ist ein zeitliches Zusammentreffen von zwei Ereignissen kein Beweis für deren kausale Verbindung; doch neigt der Autor zu der Annahme, daß die Vorgänge am Ussuri und an der Spree in einem inneren Zusammenhang stehen. Dies behaupteten sogar die Kommunisten, nur freilich mit umgekehrten Vorzeichen. Sie erklärten damals, es bestünde eine Verschwörung zwischen Deutschen und Chinesen, und Peking habe mit seinen Schüssen am Ussuri den Bonner Politikern Schützenhilfe für Berlin gegeben. Davon kann freilich keine Rede sein. Der Zusammenhang zwischen Ussuri und Spree liegt nicht darin, daß Chinesen und Deutsche unter einer Decke steckten, vielmehr – vermutlich – darin, daß Moskau das chinesische Gewehrfeuer am Ussuri zum Anlaß nahm, sein eigenes Propagandafeuer gegen die Bundesversammlung in Berlin einzustellen.

Daß Gustav Heinemann in Berlin mit den Stimmen der SPD und FDP gewählt wurde, dürfte im übrigen Moskau auf die Möglichkeit einer SPD/FDP-Regierung nach den Wahlen des Herbstes 1969 hingewiesen haben. Es ist wohl auch kein Zufall, daß es gerade FDP- und SPD-Politiker waren, die in Moskau – bald nach den sowjetisch-chinesischen Zusammenstößen Anfang Mai in Zentralasien – so gastfreundlich empfangen wurden.

Die Monate zwischen dem Abblasen der Kampagne gegen die Bundesversammlung in Berlin und der Sowjetnote vom 12. September über die Bereitschaft zur Wiederaufnahme eines Dialogs mit Bonn fallen also zusammen mit der überaus heftigen Spannung an der sowjetisch-chinesischen Grenze.

Weitere Beweggründe

Es gab während der zwölf Monate der Stagnation des deutsch-sowjetischen Gesprächs, die der provozierenden Veröffentlichung des geheimen Notenwechsels durch Moskau folgten, noch eine andere Entwicklung, die zum Einlenken des Kreml beigetragen haben mochte – die Tschechoslowakei. Der Aufstieg Dubčeks, der Ausbruch freiheitlichen Denkens in Prag, der sowjetische Einmarsch in die ČSSR, die Verkündung der Breshnew-Doktrin, die Bemühungen um die Sicherung der Moskauer Hegemonie in Osteuropa – das alles hatte nicht nur die Energien des Kreml voll in Anspruch genommen, das hatte den Kreml auch gezwungen, seine Lage in Europa neu zu durchdenken. Das Ergebnis dieses Nachdenkens scheint die Einsicht gewesen zu sein, der von Bonn angebotene Gewaltverzicht sei vielleicht doch nicht wertlos; ließe er sich gar mit der endgültigen Anerkennung der Grenzen koppeln, die man im Kreml seit Jahren anstrebte, so könnte er entlang den Westgrenzen der ČSSR und der DDR – und damit entlang der Westgrenze des Sowjetimperiums – zur Beruhigung und damit zur Sicherheit und Ordnung innerhalb des Imperiums beitragen.

Noch ein weiterer Grund mag zur Kurskorrektur Moskaus gegenüber Bonn beigetragen haben: die Enttäuschung über die wirtschaftliche und vor allem technologische Entwicklung im eigenen Lande. Während zum Beispiel die jährliche Zunahme der Produktion zurückging und im Planjahrfünft 1966–1969 mit 5,5 Prozent pro Jahr unter der mancher kapitalistischer Staaten lag, stiegen die militärischen Ausgaben in derselben Zeit von Jahr zu Jahr um 0,6, 1,1, 2,2, 1,0 und 0,2 Milliarden Rubel (Prawda, 8.12.1965, 16.12.1966, 11.10.1967, 11.12.1968, 17.12.1969). Die latent stets vorhandene Kontroverse über die Prioritäten (Schwer- oder Konsumgüter-Industrie?) verschärfte sich und wies auf Meinungsverschiedenheiten an der Spitze hin, wobei Breshnew mehr zu den »Eisenfressern« (um mit Chruschtschow zu sprechen) gehörte, während Kossygin, soweit bekannt, einer stärkeren Ausgewogenheit zuneigte und zudem der Wirtschaft größere Selbständigkeit gewähren wollte. Es scheint festzustehen, daß insbesondere die nie veröffentlichte »Geheimrede« Breshnews vor dem Plenum des Zentralkomitees am 15. Dezember 1969 rücksichtslos auf die Mängel der Sowjetwirtschaft hinwies und heftige Kontroversen in der Parteispitze über die Verantwortung für diesen Zustand auslöste. Jedenfalls hat sich die »Prawda« in einem Leitartikel vom 13. Februar 1970 unter Bezugnahme auf das Dezember-Plenum gegen eine Kritik an wirtschaftlichen Mängeln ausgesprochen, die zu »Streit und Nervosität«, zu »Heruntermachen (ochaiwanije) und Abkanzeln (rasnos)« der Kader führe. Zu deren Beseitigung bot sich zweierlei an: die Verminderung der Spannung in Europa und der mit ihr verbundenen hohen Rüstungsausgaben einerseits (SALT-Gespräche mit den USA!) und die engere Zusammenarbeit mit der leistungsfähigsten und modernsten Wirtschaft Europas, der bundesdeutschen.

Schließlich war der Wunsch vorhanden, die Bindungen der Bundesrepublik zum Westen, insbesondere zu den USA, zu lockern und auf diese Weise die westliche Integration zu bremsen, wenn nicht in ihr Gegenteil zu verkehren. Dieser Aspekt ist nie zugegeben und bei der Unterzeichnung des Moskauer Vertrages – nach den Worten des Kanzlers – sogar ausdrücklich verneint worden, wie übrigens auch der Gedanke, die Sorge vor China könnte bei den Moskauer Verhandlungen eine Rolle gespielt haben, von den Russen stets emphatisch abgelehnt wurde, was ihn freilich keineswegs als unrichtig ausweist.

Alle diese Überlegungen dürften zwischen März und September 1969 in Moskau zu dem Entschluß beigetragen haben, die Verhandlungen mit der Bundesrepublik ernsthaft aufzunehmen.

Bahr und Gromyko

Am 28. Januar 1970 traf der Staatssekretär im Bundeskanzleramt Bahr in Moskau ein. Zwei Tage später begannen seine Verhandlungen mit Gromyko.

An der Werra geboren, hatte Bahr einen Teil seiner Schulzeit in Berlin verbracht und auch nach dem Kriege vorwiegend in oder für Berlin gearbeitet, zunächst als Journalist (ab 1950 für den RIAS als Korrespondent in Bonn, schließlich als dessen Chefredakteur in Berlin). Zum engeren Kreis um Willy Brandt gehört er etwa seit seinem Eintritt in die SPD im Jahre 1957. 1960 machte Brandt den damals 38jährigen zum Leiter des Presse- und Informationsamtes von Berlin. Als Brandt Ende 1966 Außenminister unter Kiesinger wurde, nahm er ihn mit ins Auswärtige Amt und im Herbst 1969 ins Bundeskanzleramt.

Auf Grund seiner langen Verbundenheit mit Berlin hat sich Bahr seit Jahren für die deutsche Ostpolitik interessiert und für deren Aktivierung eingesetzt. Von ihm stammte das Wort vom »Wandel durch Annäherung« (1963), das – mit einigen anderen seiner Äußerungen – starke Kontroversen auslöste. Bahr betrat bei Verhandlungsbeginn keine *terra incognita*, denn die sowjetischen Maximalvorstellungen waren Botschafter Allardt in den Vorgesprächen im Dezember 1969 bereits mitgeteilt worden. Aber die eigentlichen Verhandlungen begannen erst mit seiner Ankunft.

Obwohl Bahr von seinen russischen Gesprächspartnern mit großer Aufmerksamkeit als das *alter ego* des Bundeskanzlers in Fragen der Ostpolitik behandelt wurde, gab er sich, wie in Moskau zu hören war, so unprätentiös, wie er sich kleidet und spricht. Gescheit, wie er ist, kennt er seine Grenzen, weiß, daß er kein Mann der großen Worte, des Pathos ist. Er verhandelt sehr nüchtern, klar in der Sache, ohne blendende Formulierungen, verbindlich, dem Gegenargument aufgeschlossen und unermüdlich, wenn es gilt, den Partner zu überzeugen. Was geht, was nicht geht, was wir wollen, aber nicht können, was wir können, aber nicht wollen, wird immer wieder und in immer neuen Varianten vorgetragen. Bahr ist kein Angreifer. Er hat in vierzig Verhandlungsstunden keinen Augenblick vergessen, daß die forscheste Widerlegung einer sowjetischen Behauptung auch die schlechteste gewesen wäre. Er wußte, daß seine Partner keiner Erinnerung an dunkle Stellen, schwache Positionen, Widersprüchlichkeiten in der sowjetischen Nachkriegsdiplomatie bedurften. Sie selbst hatten diese mitgestaltet und wußten, wieweit ihre Argumente auf festem Grund oder dünnem Eis standen. Sie schienen es geschätzt zu haben, daß Bahr nie der Versuchung erlag, das Eis durchtreten zu wollen, wohl aber stets bemüht blieb, es zum Schmelzen zu bringen. Sie wußten aber nach einiger Zeit auch, daß Bahr nicht deshalb die leise Art bevorzugte, weil er die laute gefürchtet hätte. Es soll, so hört man, Momente gegeben haben, die daran keinen Zweifel ließen.

Von Gromyko läßt sich heute schon sagen, daß er – zusammen mit Tschitscherin, Litwinow und Molotow – in die Reihe der bedeutenden Außenminister der UdSSR gehört. Mit dreißig Jahren trat er (nach einem Studium der Wirtschaftswissenschaften) 1939 in den Auswärtigen Dienst ein. Bis 1948 wirkte er in Washington, ab 1943 als Botschafter. 1949 wurde er Erster Stellvertreter des Außenministers, acht Jahre später Außenminister. Er ist ein harter Arbeiter aus der Schule Molotows, des Mannes also, dem seine Ausdauer bei Verhandlungen bekanntlich den legendären Ruf eintrug, eine Sitzfläche aus Gußeisen zu besitzen. Über Brillanz verfügt Gromyko sowenig wie sein Lehrmeister, aber er kennt die Technik seines Handwerks wie nur wenige. Die Weltmacht, die er vertritt, drückt sich in seinem bärbeißigen

Gesicht aus, das er oft zu zeigen beliebt. Aus der Nähe besehen, erkennt man dahinter einen differenzierten Mann, der neben kalter Härte, die nur selten und dann nur für Augenblicke sichtbar wird, viel Sinn für skurrile Geschichten und ein Histörchen hat. Damit beginnt fast jedes neue Treffen, bei denen er sich mit einem überraschenden Detailwissen als wohlvorbereitet erweist. Auch er macht keine großen Worte, ist kein Agitator. Er legt das, was er will, fast stets ruhig, mit dem sichtbaren Bemühen dar, verstanden zu werden. Wer meint, Diplomatie sei Kunst, gepflegt zu lügen, wird von Gromyko widerlegt. Was er will, sagt er klar, deutlich, trocken, mitunter überzeugend. Daß er mehr will, als er sagt, schwingt in Untertönen mit. Er hat nichts dagegen, wenn man auch diese hört.

Zwischen den beiden Verhandlungspartnern scheint sich schon nach wenigen Sitzungen ein recht guter Kontakt entwickelt zu haben. Ihre Ausgangslage freilich war denkbar verschieden. Hinter dem einen stand eine der beiden Weltmächte, bis an die Zähne gerüstet, indirekt Herr über die Hälfte des deutschen Vorkriegsterritoriums und über 17 Millionen Deutscher, hinter dem anderen ein »politischer Zwerg«. Auch ein Vierteljahrhundert nach Kriegsende traten sich immer noch Sieger und Besiegter gegenüber, der Besiegte zudem geteilt und mit der Hypothek West-Berlin belastet. Während Gromyko lediglich die Zustimmung einiger weniger Politbüro-Mitglieder brauchte, sprach Bahr im Auftrag einer Regierung, die im Parlament nur eine hauchdünne und ständig gefährdete Mehrheit besaß. Der eine hielt zahlreiche Pfänder in der Faust, der andere im Grunde nur eines: Er war frei in der Wahl, die sowjetische Forderung nach Anerkennung der Nachkriegsrealitäten entweder anzunehmen oder abzulehnen.

Die beiden Männer verhandelten in drei Runden: vom 30. Januar bis zum 17. Februar, wieder vom 3. bis zum 21. März und schließlich vom 12. bis zum 22. Mai 1970, insgesamt rund vierzig Stunden. Die Protokolle ihrer Gespräche liegen der Öffentlichkeit nicht vor, die Kommuniqués waren nichtssagend. Doch brachte Bahr von seiner dritten Gesprächsrunde ein Dokument nach Hause, das alsbald auf Grund von Indiskretionen bekannt wurde. Von seinen zehn Punkten veröffentlichte die »Bild-Zeitung« am 12. Juni die ersten vier; alle zehn Punkte erschienen ebenfalls dort (am 1. Juli) und in der Illustrierten »Quick« (am 8. Juli).

Der alsbald mit großer Wucht in der deutschen Öffentlichkeit und im Bundestag einsetzende Streit ging um zwei Fragen, eine formale und eine – aus vielen Unterfragen bestehende – inhaltliche.

Die formale Frage lautete: Als was ist das von Bahr mitgebrachte Dokument anzusehen? Es gab die unterschiedlichsten Antworten: sie reichten von »Notizen« über »Vertragsentwurf« bis zu »endgültiger Vertrag«. Einfachheitshalber bürgerte sich für das Dokument der völlig farblose Begriff »Papier« ein (eine in der Bundesrepublik – leider – üblich gewordene Übersetzung des angelsächsischen Allerweltswortes »paper«). Wie sich später herausstellte, enthielt das Bahr-Papier in seinen ersten vier Punkten den von Bahr und Gromyko ausgearbeiteten Vertragsentwurf, während die restlichen sechs als »Absichtserklärungen« bezeichnet wurden.

Den weit wichtigeren Streit entfachte der Inhalt des Dokumentes. Die Bundesregierung war insofern in einer peinlichen Lage, als sie nicht vom Bahr-Papier her argumentieren konnte, da sie dessen (wie wir jetzt wissen, im wesentlichen zutreffend wiedergegebenen) Inhalt weder zugeben noch dementieren konnte. Diese Schwäche zeigte sich insbesondere in den Bundestagsdebatten vom 27. Mai, 13. und 17. Juni, in denen es zu einer besonders harten und hoch emotionalen Kampfansage der beiden Unions-Abgeordneten Baron von Guttenberg und Kiesinger kam, welch letzterer den Kanzler davor warnte, zum »Befehlsempfang« in Moskau zu erscheinen.

Die Heftigkeit der Auseinandersetzung veranlaßte das Kabinett, die geplante Moskau-Reise des Außenministers zu verschieben. Erst am 17. Juli abends wurde bekannt, daß der Flug auf den 26. Juli angesetzt sei.

Scheel und Gromyko

Im Gepäck des Außenministers befanden sich die »Sechs Richtlinien«, die das Kabinett am 7. Juni für die Verhandlungen erlassen hatte und aus denen hervorging, welche Korrekturen am

Bahr-Papier die Bundesregierung noch wünschte. Begleitet wurde er von zwei Staatssekretären (Egon Bahr und Dr. Paul Frank), dem Stellvertretenden Sprecher der Bundesregierung, Rüdiger von Wechmar, zwei Parlamentariern (Karl Wienand, SPD, und Dr. Ernst Achenbach, FDP) sowie von Herren des Auswärtigen Amtes, zu denen auch unser Botschafter in Moskau Dr. H. Allardt gehörte, und einigen Völkerrechtlern. Außerdem flogen rund siebzig Journalisten aus der Bundesrepublik nach Moskau, deutsche – darunter der Verfasser – und andere. Der Außenminister wohnte in einer ihm von der Sowjetregierung zur Verfügung gestellten Villa auf den Lenin-Hügeln (nicht weit von der neuen Universität), die Herren seiner Begleitung im Hotel »Sowjetskaja«, in dem 1955 Adenauer mit Stab untergebracht war, die Journalisten – von NUR (Neckermann) und Intourist betreut – in dem gerade erst (und nur zum Teil) eröffneten Hotel »Intourist«.

Zur sowjetischen Delegation gehörten außer Außenminister Andrej Gromyko noch weitere Vertreter seines Ministeriums: W. M. Falin, A. G. Kowaljow, O. N. Chlestow, A. A. Tokowinin sowie Moskaus Botschafter in Bonn, S. K. Zarapkin.

Die Verhandlungen begannen am 27. Juli 1970. Die Delegationen kamen täglich zusammen, und zwar auf wechselnden Ebenen. Manchmal trafen sich nur die Delegationen in ihrer Gesamtheit, manchmal trafen sich nur die Minister und manchmal die stellvertretenden Delegationsführer, Frank und Falin, zu sog. Arbeitsgruppen-Sitzungen. Den Sonntag nachmittag (2. 8.) verbrachten Scheel und Frank auf der Datscha Gromykos. Zwischendurch informierten Scheel oder Bahr die Botschafter bzw. Geschäftsträger der drei Westmächte über den Verlauf der Verhandlungen.

Da Geheimhaltung vereinbart war, erhielt die Presse auf den täglichen »Briefings« im Russischen Saal des Hotels »Intourist« (Tagesmiete DM 1000,–) nur spärliche Informationen, was Herrn von Wechmar bei den Journalisten den Spitznamen »Stellvertretender Schweiger der Bundesregierung« eintrug. Trotzdem war deutlich, daß beide Delegationen darauf aus waren, die Verhandlungen bis zur Paraphierung eines Vertrages zu führen. Diese erfolgte am 7. August.

Der Vertrag bestand in seiner endgültigen Fassung aus fünf Artikeln (wobei der neu hinzugekommene fünfte lediglich Formalia enthielt) sowie einer längeren, ursprünglich in dieser Form nicht vorgesehenen Präambel. Außerdem wurde vereinbart, daß die deutsche Seite einen »Brief zur deutschen Einheit« übergeben und die sowjetische Seite diesen ohne Widerspruch entgegennehmen würde.

Am Abend der Paraphierung flog der Außenminister mit seiner Begleitung nach Bonn zurück; in der Tasche hatte er eine Einladung der Sowjetregierung an den Bundeskanzler, zur Unterzeichnung selbst nach Moskau zu kommen. Bereits am folgenden Tag (Samstag, 8. August) fand eine Sitzung des Bundeskabinetts statt, in der die Reise des Kanzlers beschlossen wurde.

Brandt und Kossygin/Breshnew

Nachdem das Bundeskabinett am 11. August morgens den Vertragstext gebilligt hatte, flog der Bundeskanzler – am gleichen Tage – mit dem Außenminister sowie dessen früherem Gefolge und rund hundert Journalisten nach Moskau. Er wurde auf dem Flughafen Wnukowo mit dem üblichen Zeremoniell (demselben wie fünfzehn Jahre zuvor Konrad Adenauer) vom Ministerpräsidenten Alexej Kossygin empfangen und in einer der Gästevillen untergebracht.

Am Vormittag des 12. August legte der Kanzler an dem erst einige Jahre alten Grabmal des unbekannten Soldaten (im Alexander-Park an der Kremlmauer) einen Kranz nieder. Anschließend unterhielt er sich zwei Stunden mit Kossygin. Die feierliche Unterzeichnung fand im Katharinen-Saal des Kreml statt, und zwar um 15 Uhr Moskauer (um 13 Uhr deutscher) Zeit. Sie wurde vom sowjetischen und vom deutschen Fernsehen wie auch von Sendern in zahlreichen anderen Staaten direkt übertragen.

Zur Unterzeichnung hatte sich der Generalsekretär der KPdSU, Leonid Breshnew, eingefunden, zusammen mit zehn Mitgliedern des Politbüros und des Parteisekretariats: Kirilenko, Masurow, Pelsche, Poljanskij, Schelepin, Andropow, Ustinow, Katuschew, Kulakow, Ponomarjow (so die Reihenfolge in den sowjetischen Verlautbarungen). Anschließend führten der Kanzler und der

sowjetische Parteichef ein vierstündiges Gespräch unter vier Augen (die Dolmetscher nicht gerechnet). Inzwischen war auch, wie vereinbart, der »Brief zur deutschen Einheit« im sowjetischen Außenministerium überreicht und sein Empfang offiziell bestätigt worden.
Am Abend gab die Sowjetregierung der deutschen Delegation ein Bankett im Kreml. Folgendentags setzten Brandt und Kossygin ihren Meinungsaustausch fort. Am frühen Nachmittag flogen die Deutschen nach Hause, wiederum in Anwesenheit von Kossygin mit dem üblichen Zeremoniell verabschiedet.

Wortlaut des Moskauer Vertrags

Vertrag zwischen der Bundesrepublik Deutschland und der Union der Sozialistischen Sowjetrepubliken

Die Hohen Vertragschließenden Parteien

in dem Bestreben, zur Festigung des Friedens und der Sicherheit in Europa und in der Welt beizutragen,

in der Überzeugung, daß die friedliche Zusammenarbeit zwischen den Staaten auf der Grundlage der Ziele und Grundsätze der Charta der Vereinten Nationen den sehnlichen Wünschen der Völker und den allgemeinen Interessen des internationalen Friedens entspricht,

in Würdigung der Tatsache, daß die früher von ihnen verwirklichten vereinbarten Maßnahmen, insbesondere der Abschluß vom 13. September 1955 über die Aufnahme der diplomatischen Beziehungen, günstige Bedingungen für neue wichtige Schritte zur Weiterentwicklung und Festigung ihrer gegenseitigen Beziehungen geschaffen haben,

in dem Wunsche, in vertraglicher Form ihrer Entschlossenheit zur Verbesserung und Erweiterung der Zusammenarbeit zwischen ihnen Ausdruck zu verleihen, einschließlich der wirtschaftlichen Beziehungen sowie der wissenschaftlichen, technischen und kulturellen Verbindungen, im Interesse beider Staaten,

sind wie folgt übereingekommen:

Artikel 1

Die Bundesrepublik Deutschland und die Union der Sozialistischen Sowjetrepubliken betrachten es als wichtiges Ziel ihrer Politik, den internationalen Frieden aufrechtzuerhalten und die Entspannung zu erreichen.
Sie bekunden ihr Bestreben, die Normalisierung der Lage in Europa und die Entwicklung friedlicher Beziehungen zwischen allen europäischen Staaten zu fördern, und gehen dabei von der in diesem Raum bestehenden wirklichen Lage aus.

Artikel 2

Die Bundesrepublik Deutschland und die Union der Sozialistischen Sowjetrepubliken werden sich in ihren gegenseitigen Beziehungen sowie in Fragen der Gewährleistung der europäischen und der internationalen Sicherheit von den Zielen und Grundsätzen, die in der Charta der Vereinten Nationen niedergelegt sind, leiten lassen.
Demgemäß werden sie ihre Streitfragen ausschließlich mit friedlichen Mitteln lösen und übernehmen die Verpflichtung, sich in Fragen, die die Sicherheit in Europa und die internationale Sicherheit berühren, sowie in ihren gegenseitigen Beziehungen gemäß Artikel 2 der Charta der Vereinten Nationen der Drohung mit Gewalt oder der Anwendung von Gewalt zu enthalten.

Artikel 3

In Übereinstimmung mit den vorstehenden Zielen und Prinzipien stimmen die Bundesrepublik Deutschland und die Union der Sozialistischen Sowjetrepubliken in der Erkenntnis überein, daß der Friede in Europa nur erhalten werden kann, wenn niemand die gegenwärtigen Grenzen antastet.

- Sie verpflichten sich, die territoriale Integrität aller Staaten in Europa in ihren heutigen Grenzen uneingeschränkt zu achten;
- sie erklären, daß sie keine Gebietsansprüche gegen irgend jemand haben und solche in Zukunft auch nicht erheben werden;
- sie betrachten heute und künftig die Grenzen aller Staaten in Europa als unverletzlich, wie sie am Tage der Unterzeichnung dieses Vertrages verlaufen, einschließlich der Oder-Neiße-Linie, die die Westgrenze der Volksrepublik Polen bildet, und

der Grenze zwischen der Bundesrepublik Deutschland und der Deutschen Demokratischen Republik.

Artikel 4

Dieser Vertrag zwischen der Bundesrepublik Deutschland und der Union der Sozialistischen Sowjetrepubliken berührt nicht die von ihnen früher abgeschlossenen zweiseitigen und mehrseitigen Verträge und Vereinbarungen.

Artikel 5

Dieser Vertrag bedarf der Ratifikation und tritt am Tage des Austausches der Ratifikationsurkunden in Kraft, der in Bonn stattfinden soll.

Geschehen zu Moskau
am 12. August 1970 in zwei Urschriften, jede in deutscher und russischer Sprache, wobei jeder Wortlaut gleichermaßen verbindlich ist.

Für die Bundesrepublik Deutschland
Willy Brandt
Walter Scheel

Für die Union
der Sozialistischen Sowjetrepubliken
Alexej N. Kossygin
Andrej A. Gromyko

Quelle: Bulletin des Presse- und Informationsamtes der Bundesregierung, Nr. 109, 17.8.1970

Vertrag und Bahr-Papier

Vorweg ein Vergleich zwischen dem Vertrag und dem Entwurf, den Bahr am 22. Mai aus Moskau mitgebracht hatte.

Neu ist die *Präambel,* allerdings nicht ihr Schlußteil (»In dem Wunsche ...«); dieser stimmt vielmehr weithin überein mit der vorletzten der sechs »Absichtserklärungen« (also dem neunten Punkt des Bahr-Papiers). Dort wurde vom »Fortentwickeln« der »wirtschaftlichen, wissenschaftlich-technischen, kulturellen und sonstigen Beziehungen« zwischen den beiden Staaten gesprochen, während in der Präambel von der »Verbesserung und Erweiterung der Zusammenarbeit ..., einschließlich der wirtschaftlichen Beziehungen sowie der wissenschaftlichen, technischen und kulturellen Verbindungen« die Rede ist; die »sonstigen« waren also unter den Tisch gefallen.

Artikel 1, erster Absatz, ist unverändert. Dagegen wurde im zweiten Absatz eine Umstellung vorgenommen. Im Bahr-Papier hatte dieser Absatz so geheißen: »Sie bekunden ihr Bestreben, die Normalisierung der Lage in Europa zu fördern, und gehen hierbei von der in diesem Raum bestehenden wirklichen Lage und der Entwicklung friedlicher Beziehungen auf dieser Grundlage zwischen allen europäischen Staaten aus.«

Vergleicht man diesen Wortlaut mit dem des Vertrages, so sieht man, daß es sich im wesentlichen um eine andere Anordnung derselben Wörter handelt. In beiden Fällen gehen die Vertragspartner bei ihren Bemühungen um die »Normalisierung der Lage in Europa« und um die »Entwicklung friedlicher Beziehungen« von der »in diesem Raum bestehenden wirklichen Lage« aus. Doch sind die drei Wörter »auf dieser Grundlage« fortgefallen, die als Festlegung auf eine unbefristete Teilung Deutschlands ausgelegt werden könnten.

Artikel 2 bleibt unverändert, abgesehen davon, daß im Vertrag nicht nur die »europäische Sicherheit«, sondern die »Sicherheit in Europa und die internationale Sicherheit« angesprochen werden, eine Formel, die aber bereits im ersten Absatz des Bahr-Papiers Verwendung gefunden hatte.

Wichtiger ist die Abänderung im ersten Absatz des *Artikels 3.* Dieser hieß ursprünglich: »Die Bundesrepublik Deutschland und die Sowjetunion stimmen in der Erkenntnis überein, daß der Friede in Europa nur erhalten werden kann, wenn niemand die gegenwärtigen Grenzen antastet.«

Durch die neue Fassung wird der erste Absatz auf den Schluß des Artikels 2 bezogen, das heißt, die Unantastbarkeit der Grenzen wird nicht absolut gesetzt, sondern in Zusammenhang gebracht mit dem Verzicht auf Androhung oder Anwendung von Gewalt. Es hat die deutsche Delegation, wie man weiß, nicht geringe Mühe gekostet, diese – gewiß nur kleine, aber nicht bedeutungslose – Abänderung durchzusetzen.

Im übrigen blieb der Wortlaut des Artikels 3 unverändert, nicht allerdings seine graphische Anordnung. Die drei Verpflichtungssätze stehen jetzt nicht mehr, wie im Bahr-Papier, selbständig untereinander, sie sind vielmehr graphisch dem ersten Absatz untergeordnet, der wiederum an den Schlußsatz des vorausgegangenen Artikels 2, also an den Grundsatz vom Gewaltverzicht, anschließt. Auf diese recht umständliche, aber letzten Endes einleuchtende Weise, die freilich von vielen in Moskau anwesenden Journalisten als Vertrags-Kosmetik bezeichnet wurde, hat die deutsche Delegation einmal mehr die Verpflichtung der Bundesrepublik im Hinblick auf die Grenzen mit dem Verzicht auf Gewaltanwendung oder -androhung gekoppelt.

Artikel 4 ist wieder identisch mit dem des Bahr-Papiers, nur wird jetzt vom »Vertrag« statt von einem »Abkommen« gesprochen.

Artikel 5 ist neu; er enthält aber lediglich eine Selbstverständlichkeit.

Die Unterschiede zwischen Vertrag und Bahr-Papier sind also, wie man sieht, gering. Doch beziehen sich einige von ihnen auf einen für uns sehr wichtigen Punkt, auf die »deutsche Option«.

»Die deutsche Option«

Die in dem Vertrag mehrfach (mit verschiedenen Vokabeln) erwähnte Unantastbarkeit der Grenzen Europas hat eine doppelte Bedeutung. Einmal bezieht sie sich auf die Grenzen als solche, zum zweiten – da auch die Grenze zwischen den beiden Deutschland gemeint ist – auf die deutsche Zukunft. Befassen wir uns zunächst mit diesem zweiten Aspekt, der im Laufe der letzten Monate das Stichwort »deutsche Option« erhielt, womit zum Ausdruck gebracht werden soll, daß die Deutschen eine Option, eine Verwirklichungsmöglichkeit, für ihren Zusammenschluß behalten wollen.

In diesem Punkt standen sich die Ansichten Moskaus und Bonns lange Zeit unversöhnlich gegenüber. Moskau forderte den Verzicht auf die deutsche Option und die Anerkennung der deutschen Teilung als einer Realität, an der nichts mehr geändert werden dürfe. In Bonn dagegen war man zwar bereit, die Teilung als eine Realität zu respektieren, aber eben nur als eine bedauerliche Realität; man weigerte sich, sie als unabänderlich hinzunehmen, und wollte sich lediglich verpflichten, sie nicht mit Gewalt »anzutasten«. Moskau verwies auf seine Verträge mit der DDR, Bonn auf den im Grundgesetz verankerten Auftrag, »die Einheit und Freiheit Deutschlands in freier Selbstbestimmung zu vollenden«. Die Sowjets wünschten die Festschreibung (um dieses in Mode gekommene Wort zu gebrauchen) einer ewigen Grenze zwischen den beiden deutschen Staaten, wir wollten die Festschreibung unseres Rechtes auf Wiedervereinigung. Die Sowjets wollten von uns den Wiedervereinigungsverzicht, wir von ihnen den Verzicht auf das Wiedervereinigungsverbot.

Eine Übereinstimmung zu finden, wäre einer Quadratur des Kreises gleichgekommen – wenn sich nicht beide Seiten in der Feststellung getroffen hätten, daß die Teilung (und die Teilungsgrenze) eine »Realität« sei, wobei freilich Moskau diese unabänderlich zu lassen wünschte, Bonn dagegen nicht.

Auf der Grundlage der Realität wurde dann auch schließlich der Kompromiß – fast könnte man sagen: linguistisch – gefunden. Die Sowjets erhielten von uns nicht den Verzicht auf die Wiedervereinigung, wir von ihnen nicht den Verzicht auf das Wiedervereinigungsverbot. Wir verpflichteten uns, die Grenze zur DDR nicht mit Gewalt zu verändern, wir haben aber keine Verpflichtung übernommen, sie überhaupt nicht zu verändern; wir können im Rahmen des Vertrages die Grenze verändern, jedoch nur, wenn dies in Übereinstimmung mit dem anderen Deutschland geschieht, wozu bis auf weiteres keine Aussicht besteht.

Es hat einen langen Streit bei der endgültigen Wahl der Wörter gegeben. Den Sowjets wäre es am liebsten gewesen, wenn der Vertrag im Hinblick auf die Grenzen die russischen Wörter für »unveränderbar« enthalten hätte (neizmennyj, nezyblemyj). Noch zu Beginn der Scheel-Verhandlungen setzten sich Redakteure der »Prawda«, mit denen einige von uns deutschen Journalisten ein längeres Gespräch führten, für diese Ausdrücke ein, und noch in der Botschaft Kossygins an die drei Westmächte vom 2. August 1970 (aus Anlaß des Jahrestages von Potsdam) war von der Unveränderbarkeit (nezyblemost') der Grenzen die Rede. Im endgültigen Vertragstext fehlen diese beiden russischen Wörter. Es heißt jetzt, man dürfe die Grenzen nicht »antasten«

(posjagat'), und die Grenzen seien »unverletzlich« (nerušimye). Im gewöhnlichen Sprachgebrauch mag man – an präzise Wortwahl nicht gewohnt – die Wörter unveränderbar und unantastbar fast als Synonyme verwenden. Die ausgiebige lexikalische Diskussion erst Bahrs, dann Scheels mit Gromyko scheint aber den Unterschied deutlich herausgearbeitet zu haben.

Die Bundesregierung, schon die der Großen Koalition, hat den Sowjets den Verzicht auf Gewalt angeboten (einen Verzicht, der uns nicht allzu schwerfällt, da die Anwendung von Gewalt unsererseits ohnehin außerhalb des Vorstellbaren oder Wünschenswerten liegt), und diese haben ihn nun akzeptiert.

Die »gesamtdeutsche Option« ist noch in einer Reihe weiterer Punkte des Vertragswerkes enthalten. In der – gegen sowjetischen Wunsch – während der Scheel-Runde in den Vertrag aufgenommenen Präambel wird auf den Abschluß des deutsch-sowjetischen Abkommens vom 13. September 1955 Bezug genommen. Zu ihm gehört bekanntlich auch der Briefwechsel Adenauer–Bulganin, in dem die beiden die »Wiederherstellung der Einheit eines deutschen demokratischen Staates« als Ziel bezeichneten (Heinrich Siegler: Dokumentation zur Deutschlandfrage, Bonn/Wien/Zürich 1961, Bd. 1, S. 389). Die Völkerrechtler des Auswärtigen Amtes sind uns freilich noch eine Erklärung schuldig, warum in diesem Zusammenhang in der Präambel nur von den »früher von der UdSSR und der Bundesrepublik *verwirklichten* vereinbarten Maßnahmen« die Rede ist (meine Hervorhebung – K. M.).

Auf den Fortfall der im Bahr-Papier enthaltenen drei Wörter »auf dieser Grundlage« und das Zusammenrücken des neuen Endes von Artikel 2 (Gewaltverzicht) und des Anfangs von Artikel 3 (Grenzen) wie auch auf dessen graphische Umgestaltung wurde bereits hingewiesen.

Vor allem aber wird die gesamtdeutsche Option durch den »Brief zur deutschen Einheit« bekräftigt, dessen Eingang vereinbarungsgemäß vom sowjetischen Außenministerium quittiert wurde. Dieser von Scheel an Gromyko am 12. August gerichtete Brief hatte diesen Inhalt:

»Im Zusammenhang mit der heutigen Unterzeichnung des Vertrages zwischen der Bundesrepublik Deutschland und der Union der Sozialistischen Sowjetrepubliken beehrt sich die Regierung der Bundesrepublik Deutschland festzustellen, daß dieser Vertrag nicht im Widerspruch zu dem politischen Ziel der Bundesrepublik Deutschland steht, auf einen Zustand des Friedens in Europa hinzuwirken, in dem das deutsche Volk in freier Selbstbestimmung seine Einheit wiedererlangt.«

In ähnlichem Sinne haben sich Bahr, Scheel und Brandt in den mündlichen Verhandlungen den Russen gegenüber geäußert, und der Kanzler hat – aus einem Moskauer Fernsehstudio über Ost-Berlin hinweg – zum deutschen Volk von der Mauer gesprochen und den Wunsch ausgedrückt, daß künftig »Menschen nicht mehr im Stacheldraht sterben müssen« und daß »die Teilung unseres Volkes eines Tages hoffentlich überwunden werden kann«.

Was die Grenzen als solche und insgesamt betrifft (also nicht nur die zwischen den beiden Deutschland), so muß sinngemäß für sie dasselbe gelten: Sie dürfen nicht mit Gewalt verletzt, sie können aber im gegenseitigen Einvernehmen verändert (bzw. aufgehoben) werden. Von Gromyko, heißt es, gebe es eine unzweideutige mündliche Erklärung in diesem Sinne; sicher wird die Bundesregierung sie zu gegebener Zeit offiziell zitieren. Damit wird auch die »europäische Option«, d. h. der Weg zum politischen Zusammenwachsen der Bundesrepublik mit Teilen Europas nicht versperrt.

Theoretisch gilt dies auch für die Oder-Neiße-Grenze, deren Veränderung durch ein deutsch-polnisches Arrangement (so unwahrscheinlich ein solches auch aus heutiger Sicht ist) im Vertrag nicht ausgeschlossen wird. Aber hier, in der Frage der alten deutschen Ostprovinzen, leistet die Bundesregierung im Moskauer Vertrag ihren einzigen, allerdings bedeutenden realen Verzicht; sie erklärt, »keine Gebietsansprüche gegen irgend jemand [zu] haben und solche in Zukunft auch nicht [zu] erheben« (Art. 3). Wir verzichten also nicht nur auf große Provinzen, wir verzichten auch auf jeden Anspruch auf sie. An diesem Punkt vor allem setzt die Kritik der Vertriebenen ein.

Die »Feindstaatenartikel« der Satzung der Vereinten Nationen vom 26. Juni 1945

Artikel 53

1. Der Sicherheitsrat zieht, wo es angezeigt ist, solche regionale Abkommen oder Organe heran, um Zwangsmaßnahmen unter seiner Autorität durchzuführen. Auf Grund regionaler Abkommen oder durch regionale Organe sollen jedoch keine Zwangsmaßnahmen ohne Ermächtigung durch den Sicherheitsrat ergriffen werden, *ausgenommen Maßnahmen gegen irgendeinen feindlichen Staat* im Sinne des Absatzes 2 dieses Artikels, wie sie im Artikel 107 oder in regionalen, gegen die Wiederaufnahme der Angriffspolitik eines solchen Staates gerichteten Abkommen vorgesehen sind, bis die Organisation auf Ersuchen der betroffenen Regierungen mit der Aufgabe betraut wird, weitere Angriffe durch einen solchen Staat zu verhüten.
2. Der im Absatz 1 dieses Artikels verwendete Ausdruck feindlicher Staat *bezeichnet jeden Staat, der während des Zweiten Weltkrieges der Feind irgendeines Signatars der vorliegenden Satzung gewesen ist.*

Artikel 107

Keine Bestimmung der vorliegenden Satzung macht Maßnahmen ungültig oder unanwendbar, die gegen einen Staat, der während des Zweiten Weltkrieges der Feind irgendeines Signatars der vorliegenden Satzung gewesen ist, als Folge dieses Krieges von den Regierungen ergriffen oder gestattet werden, welche die Verantwortung für solche Maßnahmen haben.

(Meine Hervorhebungen – K. M.)

Quelle: Franz-Wilhelm Engel, Hrsg.: Taschenbuch der Noten, Pakte und Verträge, Frankfurt am Main 1961, S. 578 und 592.

Feindstaatenartikel

Kann man von einem Gewaltverzicht zwischen zwei Staaten sprechen, wenn einer von beiden, eine Atom-Supermacht, dem anderen offiziell mitteilt (wie es die Sowjets in dem erwähnten Memorandum vom 21. November 1967 an Bonn getan hatten), er dürfe, wann immer er es für notwendig halte, bei ihm, also der

Bundesrepublik, intervenieren? Sicher nicht. Daher muß die Drohung mit den Feindstaaten-Artikeln ausgeräumt werden. Am überzeugendsten wäre das geschehen, wenn sich die Sowjetregierung ausdrücklich von ihnen losgesagt hätte, wie dies die drei anderen Siegermächte durch ihre Außenminister anläßlich der Unterzeichnung des Atomsperrvertrages durch die Bundesrepublik Deutschland am 28. November 1969 getan hatten. (Washington: »... klar, daß die Artikel 53 und 107 der Charta der UNO kein Recht gewähren, einseitig mit Gewalt in der Bundesrepublik Deutschland zu intervenieren«; London: »Artikel 53 und 107 der Charta der UNO verleihen kein Recht zu einseitiger gewaltsamer Intervention in der BRD«; Paris: »Wir schließen uns keiner Interpretation der Artikel 53 und 107 der Charta an, derzufolge diese Artikel bestimmten Ländern das Recht zu einseitiger gewaltsamer Intervention in der BRD verleihen würden.« – Archiv der Gegenwart, 1969, S. 15082.)

Leider haben dies die deutschen Unterhändler in Moskau nicht erreicht. Im Artikel 2 des Moskauer Vertrages heißt es lediglich, daß sich die beiden Seiten »gemäß Artikel 2 der Charta der Vereinten Nationen der Drohung mit Gewalt oder der Anwendung von Gewalt« enthalten werden. Der Bundesaußenminister ist der Meinung, die Feindstaatenartikel seien damit »vom Tisch«. Sind sie das wirklich? Von manchen Verteidigern des Vertrages ist gesagt worden, die beiden Artikel hätten ohnehin nur den Siegermächten *in ihrer Gesamtheit* das Kollektivrecht gegeben, in der Bundesrepublik (oder in einem anderen Feindstaat des Zweiten Weltkrieges, Japan zum Beispiel) zu intervenieren, nicht aber der Sowjetunion allein. Das wäre dann richtig, wenn es im Artikel 107 hieße, daß die Regierungen (die im Zweiten Weltkrieg gegen die Achsenmächte kämpften) nur »auf Grund eines gemeinsamen Beschlusses« bei uns intervenieren könnten. Im Artikel 107 ist aber lediglich von »den Regierungen« die Rede, wobei dahingestellt bleibt, ob »die Regierungen« kollektiv handeln müssen oder auch je einzeln für sich handeln können.

Man wird zweifeln können, ob der Hinweis auf den Artikel 2 der UNO-Charta die Drohung mit deren Artikeln 53 und 107 aus der Welt schafft. Artikel 107 stellt nämlich ausdrücklich fest, daß kein einziger Artikel der UNO-Charta (also auch nicht der Artikel 2!) eine Intervention gegen einen Staat ausschließt, »der während des Zweiten Weltkrieges der Feind irgendeines Signatars der vorliegenden Satzung [d.h. der UNO] gewesen ist«. Der Artikel 2 der UNO-Charta, auf den der Moskauer Vertrag verweist, wird also im Artikel 107 mit dürren Worten uns gegenüber aufgehoben. Es wäre vielleicht sogar besser gewesen, wenn im Moskauer Vertrag ohne Bezugnahme auf den Artikel 2 der UNO-Charta auf »Drohung mit Gewalt oder Anwendung von Gewalt« verzichtet worden wäre; denn jetzt verzichtet die Sowjetunion uns gegenüber auf Gewaltandrohung oder Gewaltanwendung unter Bezugnahme auf einen UNO-Artikel, den die gleiche UNO-Satzung in ihrem Artikel 107 als uns gegenüber ungültig bezeichnet.

Die Japaner, die bekanntlich auch noch keinen Friedensvertrag mit der UdSSR haben, sind erfolgreicher gewesen. Sie haben es erreicht, daß sich die Sowjetunion in der »Gemeinsamen Deklaration« mit Japan vom 19. Oktober 1956, Ziffer III, ausdrücklich dazu verpflichtet hat, »sich weder direkt noch indirekt, aus welchen Motiven wirtschaftlicher, politischer oder ideologischer Art auch immer, in die inneren Angelegenheiten des anderen einzumischen«. Zudem wird in derselben Ziffer III außer auf den Artikel 2 auch noch auf den Artikel 51 der UNO-Charta verwiesen, welch letzterer dem betreffenden Staat, in diesem Falle Japan, das Recht auf Selbstverteidigung gibt. Es wäre mir sehr viel wohler, wenn der Moskauer Vertrag ähnliche Formulierungen enthielte.

Aus Regierungskreisen in Bonn verlautet, Gromyko habe in Moskau erklärt, die Worte »ausschließlich mit friedlichen Mitteln« im Artikel 2 des Moskauer Vertrages besagten eindeutig, daß es eine Ausnahme davon nicht geben könne. Das wäre schön. Aber die Bundesregierung müßte uns das erst (und ohne Widerspruch aus Moskau) mitteilen. Bis dahin bleibt der Zweifel.

Im übrigen muß natürlich in den Berlin-Verhandlungen festgestellt werden, daß sich der Gewaltverzicht der UdSSR gegenüber der Bundesrepublik, wie immer er schließlich aussehen mag, auch gegenüber West-Berlin gilt, selbst wenn der Kreml bisher immer wieder betonte, daß West-Berlin nicht zur Bundesrepublik gehört.

Die Rolle der Siegermächte

Allen bisherigen Bundesregierungen war es wichtig, die Gültigkeit der früher mit unseren westlichen Bundesgenossen geschlossenen Verträge und Abkommen zu sichern und damit deren Position in Berlin und in der deutschen Frage insgesamt zu stärken. In späteren Jahren wird man sich vielleicht bei uns fragen, ob es richtig war, ein Vierteljahrhundert nach Kriegsende auf der Sicherung der aus der Niederlage des deutschen Reichs stammenden Rechte der Sieger zu beharren. Aber im Hinblick auf die prekäre Stellung West-Berlins ist diese Haltung der Bundesregierungen verständlich.

Die »Einbettung« der Bundesrepublik in die westliche Schutzgemeinschaft ist einmal durch den Artikel 4 des Vertrages gewährleistet, zum zweiten durch den Notenwechsel der Bundesregierung mit den drei Westmächten, der mit der Sowjetregierung zuvor abgesprochen war und der auch ein entsprechendes Zitat der Worte Gromykos enthält. Dieser Forderung Bonns haben also die Russen entsprochen, freilich auch aus eigenem Interesse, da sie ja ebenfalls ihre Verträge, mit der DDR vor allem, nicht beeinträchtigen lassen wollen.

Mit Recht ist die Frage aufgeworfen worden, warum Gromyko in seiner – in der deutschen Note zitierten – Äußerung nicht von den »Rechten der Vier Mächte« sondern nur von der »*Frage* der Rechte der Vier Mächte« sprach (meine Hervorhebung – K. M.). Auch das muß die Bundesregierung noch erklären.

Da eine Friedensvertrag-artige Regelung nach Artikel 79 des Grundgesetzes einer Zwei-Drittel-Mehrheit im Bundestag bedürfte, war die Bundesregierung durchweg bemüht, den Vertrag mit der UdSSR so abzufassen, daß er nicht als Vorgriff auf den Friedensvertrag bezeichnet werden könnte. Den Standpunkt der Regierung formulierte Staatssekretär Bahr so:

»Solange die Rechte der Vier Mächte bestehen, kann die Bundesrepublik Deutschland über diese Rechte nicht verfügen; sie kann die völkerrechtliche Anerkennung der Grenzen auf deutschem Boden nicht vornehmen, selbst wenn sie das wollte. Es gibt keinen Friedensvertrag, und das wirkt sich aus.« (Bulletin, Nr. 109, 17. 8. 1970, S. 1110).

Kritische Anmerkungen

Es empfiehlt sich nicht, in Verträge mit Staaten der kommunistischen Welt Wörter aufzunehmen, die bei uns und bei ihnen sehr verschieden ausgelegt werden. Das gilt zum Beispiel für das Wort Normalisierung im Artikel 1 des Vertrages. Wir verstehen unter normalen Beziehungen solche, wie wir sie zu den Weststaaten oder auch zu Jugoslawien unterhalten – ohne Mauern und Minenfelder, mit freier Bewegung von Menschen, Waren und Gedanken. Die Sowjetunion hat von diesem Wort, wie die Praxis zeigt, eine andere Vorstellung.

Angreifbar ist es auch, daß in einem Vertrag zwischen der Bundesrepublik und der Sowjetunion zwei Grenzen genannt werden, die die beiden nicht miteinander gemein haben, unsere Grenze zur DDR und die Oder-Neiße-Grenze. Indem wir der Nennung der Grenzen dritter Staaten in dem Vertrag zustimmten, haben wir der Sowjetunion eine Art von Schutzmacht-Funktion diesen Staaten gegenüber zugebilligt. Da in dem Vertrag einige Zeilen früher ohnehin von den »Grenzen aller Staaten in Europa« die Rede ist, hätten wir die Nennung einzelner Grenzen verweigern können.

Man könnte freilich auch andersherum argumentieren: Indem die Sowjetunion in ihrem Vertrag mit uns zwei Grenzen hervorhebt, behandelt sie diese als Sonderfälle, die sie ja in der Tat auch sind, die Grenze zur DDR insofern, als sie nicht zwei Völker scheidet, sondern zwei Staaten desselben Volkes, und die Oder-Neiße-Grenze, weil sie die Ostgrenze nicht nur der DDR, sondern des deutschen Volkes ist. Insofern ist die Hervorhebung dieser beiden Grenzen eine indirekte Anerkennung der Einheit des deutschen Volkes. Jedenfalls spricht die Erwähnung dieser beiden Grenzen nicht für die Behauptung, die Bundesrepublik und die DDR seien Staaten, die miteinander nicht mehr zu tun haben als – beispielsweise – die Bundesrepublik und die Schweiz.

Die fünf Absichtserklärungen

In den Ziffern 5 bis 10 des Bahr-Papiers wurden »Absichtserklärungen« der beiden Vertragspartner festgehalten.

Die *erste* (Punkt 5) erklärt, daß der Moskauer Vertrag und die noch zu schließenden Verträge mit den kommunistischen Staaten Europas ein »einheitliches Ganzes« bilden. Dieser Passus ließe sich dahin auslegen, daß wir auch hier der Sowjetunion eine Art Schutzmachtrolle gegenüber diesen Staaten zubilligen. Doch kann man aus dem Wortlaut ebenso ableiten, daß der Kreml beim Abschluß der noch offenstehenden Verträge seine guten Dienste im Geiste des Moskauer Vertrages nicht versagen darf, und bekanntlich wird in diesem die Oder-Neiße-Grenze nicht als ewig, sondern nur als unantastbar bezeichnet, und es steht in ihm auch nichts über eine völkerrechtliche Anerkennung der DDR durch Bonn, übrigens auch nicht in der *zweiten* Absichtserklärung (Punkt 6 des Bahr-Papiers), die sich ausschließlich mit der DDR befaßt.

In der *dritten* (Punkt 7) bekunden die beiden Regierungen »ihre Bereitschaft, im Zuge der Entspannung ... Schritte zu unternehmen, ... um den Beitritt der Bundesrepublik und der DDR zur UNO und zu deren Unterorganisationen« (WHO, UNESCO usw.) zu fördern. Hier handelt es sich also um die Erklärung einer Absicht, deren Verwirklichung nicht bedingungslos, sondern »im Zuge der Entspannung« in Aussicht gestellt wird.

Die *vierte* Absichtserklärung (Punkt 8) enthält die Absicht Bonns, den Streit über das Münchner Abkommen in einer »für beide Seiten [also Bonn und Prag] annehmbaren Form« zu regeln. Über die eigentliche strittige Frage (ab wann ist das Abkommen ungültig, von Anfang an?, seit Hitlers Einmarsch in Prag?) sagt die Absichtserklärung nichts.

Punkt 9, der sich auf die Förderung von wirtschaftlichen etc. Beziehungen zwischen der Bundesrepublik und der UdSSR bezieht, hat sich insofern erledigt, als er, wie schon vermerkt, in die Präambel des Vertrages aufgenommen wurde.

Bleibt also noch Punkt 10, der die *fünfte* Absichtserklärung der beiden Vertragspartner enthält, »den Plan einer Konferenz über die Fragen der Festigung der Sicherheit und Zusammenarbeit in Europa« zu fördern.

Was zu tun bleibt

Die Bundesregierung hat – auch in Moskau – verkündet, sie werde den Vertrag dem Parlament erst nach einer »befriedigenden Lösung« für Berlin vorlegen. Sie hat damit die Ratifizierung von einer Handlung abhängig gemacht, an der sie nicht direkt beteiligt ist, da Berlin in die Verantwortung der Siegermächte gehört. Bekanntlich haben diese am 26. März 1970 nach längerer Pause wieder Berlin-Gespräche aufgenommen, ohne jedoch voranzukommen; das war freilich auch vor Abschluß der Vertragsverhandlungen in Moskau nicht zu erwarten. Nach der Unterzeichnung des Moskauer Vertrages setzte am 30. September 1970 eine zweite Runde ein, deren Ausgang zur Stunde noch ungewiß ist. Auf westlicher Seite ist man sich weitgehend einig – auch mit der Bundesregierung –, was unter einer »befriedigenden Lösung« zu verstehen ist: Sicherung der Lebensfähigkeit von West-Berlin, Dauerregelung für die Zufahrtswege, Anerkennung der Doppelstellung West-Berlins (einerseits fällt es in die Verantwortung der drei Westmächte, andererseits ist es politisch, wirtschaftlich, finanziell und rechtlich mit der Bundesrepublik verbunden). Bei allen diesen Dingen handelt es sich lediglich um »Anerkennung von Realitäten«, wie sie die UdSSR seit langem von uns gefordert hat, oder – mit den Worten des Vertrages (Artikel 1) – um Anerkennung »der in diesem Raum bestehenden wirklichen Lage«. Außerdem sollten die West-Berliner endlich im Hinblick auf Besuche in Ost-Berlin und in der DDR den West-Deutschen gleichgestellt werden – eine Forderung nicht so sehr politischer als humanitärer Natur.

Regierung und Opposition dürften mit den Worten des Staatssekretärs Bahr übereinstimmen. Er erklärte:

»Niemand wird sicher sein, wenn Berlin nicht sicher ist. Es kann keine Entspannung in Europa geben, wenn es keine Entspannung in Berlin gibt.« (Bulletin, Nr. 109, 17. 8. 1970, S. 1110).

Mit jedem Tag, der vergeht, mehren sich die Stimmen der Interpreteure des Vertrages, auch von sowjetischer Seite (Jurij Shukow, der die Bundesrepublik im Herbst besuchte, ist einer von ihnen), die zur Verwirrung und Spekulation beitragen. Daher muß die Bundesregierung klar und offiziell, am besten vor dem

Bundestag und in einer Dokumentation, ihre eigene Interpretation bekanntgeben sowie die des sowjetischen Außenministers in den Verhandlungen mit Bahr und Scheel, vor allem, soweit es um die im Vertragstext nicht eindeutig beantworteten Fragen geht.

Die Opposition hat ihre endgültige Stellungnahme zum Vertrag von der Lösung, die für Berlin gefunden wird, und von der Beantwortung der offenen Fragen abhängig gemacht. Sie wird sich aber auch schon mit den Einzelheiten des bereits vorliegenden Vertrages als Partei oder als Fraktion auseinandersetzen müssen.

Schließlich haben die beiden Vertragspartner, wie wir sahen, den Moskauer Vertrag und die noch ausstehenden Verträge mit anderen kommunistischen Staaten in Europa als »einheitliches Ganzes« bezeichnet. Die Bundesregierung wird also um einen raschen Abschluß dieser zusätzlichen Verträge bemüht sein, und zwar, wie man auf Grund der ersten Absichtserklärung erwarten kann, mit kooperativer Unterstützung der UdSSR.

Abschließend zwei Fragen:

Hat Außenminister Scheel das Maximum des Erreichbaren in Moskau erreicht? Das kann niemand sagen, der die Protokolle nicht eingesehen hat. Der Verfasser wird den Verdacht nicht los, daß ein härterer Verhandler als Scheel ein besseres, vor allem ein klareres Ergebnis nach Hause gebracht hätte. Den Sowjets lag daran, einen Vertrag zu bekommen. Sie wußten, daß Scheel eine Regierung vertrat, die nur eine winzige Mehrheit im Parlament besaß und über einen von den Deutschen als unbefriedigend empfundenen Vertrag stürzen konnte. Warum hat Scheel zum Beispiel in bezug auf die Feindstaatenartikel im Jahre 1970 nicht wenigstens soviel erreicht wie die Japaner vierzehn Jahre zuvor, als die Sowjetunion noch keinen erbitterten Gegner an ihrer langen Südostgrenze kannte?

Und schließlich: War es richtig, überhaupt einen Gewaltverzichtsvertrag mit Moskau zu schließen? Um mit Radio Jerewan zu sprechen: Im Prinzip, ja.

Fünfundzwanzig Jahre nach Kriegsende und zwanzig Jahre nach Beginn unserer engen Zusammenarbeit mit dem Westen ist es erwünscht, auch im Osten zu einer Entspannung zu kommen. Freilich nicht um jeden Preis. Wenn wir die Realitäten anerkennen (an der Elbe/Werra und an der Oder/Neiße), dann müssen es auch die Sowjets (in West-Berlin); wenn wir auf Gewalt verzichten, dann müssen es die Sowjets auch (durch Preisgabe der Artikel 53 und 107). Unter diesen Voraussetzungen – freilich nur unter diesen – würde, wie es der Autor und sicher die Mehrzahl der Deutschen wünscht, der Vertrag zwischen Bonn und Moskau zu einer Entspannung in Europa und zu einer neuen Ära der deutsch-sowjetischen Beziehungen führen.

Sowjetunion 1970–1983

Das letzte Kapitel dieses Buches enthält verschiedene Berichte Mehnerts aus Moskau der Jahre 1974, 1976, 1980/81 sowie 1983.
Die drei Artikel von 1974 sind Teil einer Aufsatzreihe, die Mehnert für die Wochenschrift »Deutsche Zeitung/Christ und Welt« schrieb. Er erörtert darin Probleme, auf die er immer wieder – schon in den dreißiger Jahren – hingewiesen hatte: die Wohnungsfrage, die Familie, die Disziplin sowie das Streben nach Wohlstand. Der Leser hat die Möglichkeit, an Hand der hier veröffentlichten Aufsätze die Entwicklung in einigen dieser Bereiche nachzuvollziehen. »Von allen Veränderungen«, meint Mehnert, »die sich ... in der UdSSR vollzogen haben, sind die Folgen der Übersiedlung in eigene Wohnungen in meinen Augen die wichtigsten.«
Besondere Beachtung verdienen vor allem jene Beobachtungen, die Mehnert 1976 in Gesprächen mit vielen Vertretern der Intelligenzia machen konnte. Der Rückzug der Intellektuellen ins Private, ihre »Apolititschnost«, ihr »Leben in Kreisen« – das alles sind Entwicklungen, die bis heute andauern, ja sich vertiefen und in beträchtlichem Maße das Gesicht der Sowjetunion prägen.
Jedesmal, wenn Mehnert nach Moskau kam, gehörten Theater- und Kinobesuche zu seinem Programm, denn gerade diese beiden Medien (inzwischen natürlich auch das Fernsehen) vermögen es, besonders anschaulich die Situation, den Alltag und die Probleme des »lebendigen Menschen« zu vermitteln. Und da ihn vor allem das jeweilige Heute interessierte, schloß er Opern, Ballette und klassische Dramen von vornherein aus und schaute sich nur Gegenwartsstücke an. Es liegen zahlreiche Berichte von Mehnert über das sowjetische Theater und den sowjetischen Film vor – auch schon aus den dreißiger Jahren. Hier als Beispiel seine Eindrücke von der Theatersaison 1980/81 in Moskau.
Über alle bisherigen Reisen deutscher Bundeskanzler nach Moskau liegen Berichte aus der Feder Mehnerts vor. Im Juli 1983 flog er nach Moskau, um über die Gespräche von Bundeskanzler Helmut Kohl mit der Sowjetführung – Andropow war damals der Generalsekretär der KPdSU – zu berichten und um, wie stets, wieder einmal Moskauer Luft zu schnuppern und möglichst viele Leute zu sehen. Sein Bericht ist stark gekürzt; nur die allgemeineren Aspekte wurden einbezogen, die tagespolitischen hingegen weggelassen.
Es war Mehnerts letzte Moskau-Reise.

Der begehrte Wohnungsschlüssel

1974 Im Sommer 1934 lebte ich als Korrespondent deutscher Zeitungen in Moskau mit meiner Frau einige Monate in einer Sechszimmerwohnung unter neun Parteien: Zusammen teilten wir uns in eine Küche, ein Bad, eine Toilette. Mit geringen Ausnahmen waren solche Zustände damals die Regel. Als ich nach dem Zweiten Weltkrieg, im Herbst 1955, zum erstenmal wieder in die Sowjetunion kam, hatte sich noch wenig geändert; zunächst hatte man ja den im Kriege zerstörten Wohnraum ersetzen müssen. Aber Chruschtschow verstand, daß nichts so sehr zur Befriedigung der Menschen beitragen würde wie ein großzügiger Wohnungsbau.

Unter den Familien, die ich jetzt in Moskau wieder traf, lebt nur noch eine einzige in einer Vielparteien-Altbauwohnung; es ist eine Witwe mit geschiedener Tochter und Enkelkind, die von den acht Zimmern der einstmals herrschaftlichen Wohnung zwei kleine Zimmer innehat; in den übrigen sechs wohnen elf Menschen, ebenfalls mit gemeinsamer Küche und Badegelegenheit. Alle anderen Familien aus meinem Bekanntenkreis sind im Lauf der Jahre in Neubauwohnungen gezogen. Gewiß lassen diese, vor allem soweit sie aus dem ersten Jahrzehnt nach Stalins Tod stammen, viel zu wünschen übrig; sie haben oft schlecht schließende Fenster, Risse im Mauerwerk, tropfende Decken, undichte Leitungen, hellhörige Wände. Auch über Wohnungen neueren Datums hörte ich Klagen. Aber sie sind in sich abgeschlossen; auch die Einzimmerwohnung hat meist Vorplatz, Küche, Bad/Toilette. Es ist die eigene Wohnung! Man braucht sie mit niemandem zu teilen, außer mit Familienangehörigen. Von allen Gütern dieser Welt ist für die Masse der Russen der eigene Wohnungsschlüssel das kostbarste.

In den zwei Jahrzehnten seit Stalins Tod (1953) sollen rund 160 Millionen Menschen in der UdSSR in Neubauwohnungen eingezogen sein, also weit mehr als die Hälfte der Bevölkerung. Das ist nicht so unglaubwürdig, wie es auf den ersten Blick erscheinen mag, denn auch der Augenschein beweist, daß in dieser Zeit, in Stadt und Land, erstaunlich viel gebaut worden ist. Um den alten Moskauer Stadtkern liegen rund 300 Quadratkilometer neuer Stadtteile, darunter ganze Straßenzüge von Wohnungsgebirgen; eine einzige Hausnummer gilt oft für ein Dutzend Hochhäuser oder mehr; als Adresse gilt sie also für Tausende von Menschen. Ob die Neubauten schön sind oder häßlich, darüber mögen sich andere streiten. Hauptsache: es gibt sie.

Die Mieten sind niedrig, und der Erwerb einer Neubauwohnung ist billig; der Preis von etwa 8000 Rubel für eine Dreizimmerwohnung liegt kaum über dem für ein Auto. Aber für einen Russen mit einem Durchschnittseinkommen von 132 Rubel entspricht das immerhin dem gesamten Einkommen von rund fünf Jahren. Man wird Wohnungseigentümer, indem man – gemäß einem Gesetz vom 1. Juni 1962 – einer Wohnbaugenossenschaft beitritt. Das ist allerdings leichter gesagt als getan. Unzählige Behördengänge sind zu machen, unzählige »Papierchen« beizubringen, und zum Schluß bekommt man dann auch nicht mehr als neun Quadratmeter »Wohnfläche« pro Person (Küche, Vorplatz, Bad/Toilette nicht mitgerechnet).

Immerhin: Von den rund 35 Millionen Wohnungen, die laut sowjetischer Statistik seit Stalins Tod allein in den Städten gebaut wurden, sind etwa acht Millionen Privateigentum. Damit entstand neben dem des Automobils ein zweiter riesiger Privatsektor in einer prinzipiellen Staatswirtschaft. Das Ende der Abzahlung, die sich über viele Jahre erstreckt, wird von Familie und Freunden gebührend gefeiert.

Ein Sieg für die Familie

Zusätzliche Probleme bürdet die Beschaffung von Möbeln auf. Da die sowjetischen Erzeugnisse als schlecht gelten – sie werden auch in Karikaturen ständig bloßgestellt –, sucht man also Möbel aus den Nachbarländern; besonders beliebt sind die finnischen.

Der größte Nachteil der Neubauwohnung ist die Entfernung vom Stadtzentrum, in sehr vielen Fällen auch vom Arbeitsplatz. Wer in der Nähe einer Station der hervorragenden, strahlenförmig vom Zentrum in die Vororte verlaufenden Untergrundbahn wohnt, ist glücklich dran; die anderen müssen lange Anmärsche und unbequeme Busfahrten auf sich nehmen. Aber niemand wird deswegen auf die eigene Wohnung verzichten.

Manche der Neubauten sind durch mehrere Treppenhäuser mit eigenen Aufzügen unterteilt, so daß auf jedem Treppenabsatz nur etwa vier bis acht Wohnungen liegen. Andere weisen lediglich einen Aufgang und auf jedem Stockwerk einen langen Korridor auf, von dem aus die Türen rechts und links in die Wohnungen führen. Drinnen herrscht – im Vergleich zu den Altbauwohnungen – schon eine gewisse Anonymität, wie man sie früher nicht kannte.

Wenn schon ein Autobesitzer etwas anderes ist als ein Fußgänger, so unterscheiden sich Menschen, die in einer abgeschlossenen – ob nun eigenen oder gemieteten – Wohnung leben, erst recht von solchen, die dieselbe Wohnung mit vielen anderen Parteien teilen müssen. Von allen Veränderungen, die sich in den letzten zwei Jahrzehnten in der UdSSR vollzogen haben, sind die Folgen der Übersiedlung in eigene Wohnungen in meinen Augen die wichtigsten. Ob man freilich in Privatwohnungen »kommunistischer« ist als in überfüllten Gemeinschaftswohnungen? Auf jeden Fall ist man anders, wirkt zufriedener.

Wir kennen aus unserer eigenen jüngsten Geschichte den besseren Familienzusammenhalt in Zeiten der Enge. Trotzdem gilt im ganzen natürlich der Satz: rund drei Dutzend Millionen neuer Wohnungen in Städten und städtischen Siedlungen – das ist ein Sieg für die Familie.

Und doch ist auch die sowjetische Familie allmählich in den Sog der neuen Zeit geraten. Die Frauen der meisten meiner russischen Bekannten sind heute berufstätig. Ein Ehepaar hat einen heute zwölfjährigen Sohn, der zu Hause wohnt und den größten Teil des Tages sich selbst überlassen ist; ein anderes eine achtjährige Tochter, die während der Woche in einem anderen Stadtteil bei der Großmutter lebt, an den Wochenenden bei den Eltern, die »weniger streng sind«, sagt sie, »als die Babuschka«.

Wieder andere Eltern bringen ihr Kind für die Werktage in ein Kinderheim und holen es nur zum Wochenende zu sich. In einem Moskauer Theaterstück hörte ich folgende Anekdote: Der Vater bringt das Kind aus dem Heim zum Wochenende nach Hause; die Mutter sagt: »Was bringst du denn da an? Das ist nicht unser Kind!« Der Mann schaut genauer hin: »Tatsächlich, nicht unser Kind.« Aber gleichmütig fügt er hinzu: »Na, egal. Am Montag bringen wir's ja doch wieder weg.« Im Publikum schallendes, verständnisvolles Gelächter.

Eine Folge der zunehmenden Mobilität der Bevölkerung und wohl auch einer Lockerung der Sitten ist die starke Zunahme von Scheidungen. Hier ist der alte bolschewistische Traum vom Einholen Amerikas fast verwirklicht: 1970 gab es in den USA 715000 Scheidungen, in den UdSSR 625000. Aber die Russen gelten, mit Recht, als kinderlieb; auch Kinder geschiedener Eltern und »Schlüsselkinder« können in der Regel auf Zuneigung und Wärme rechnen. Der Vater jener achtjährigen Wochenend-Tochter erwähnte im Gespräch, er habe für den folgenden Mittag eine Einladung erhalten, die er eigentlich sehr gerne angenommen hätte. »Aber ich habe absagen müssen. Morgen hat unsere Tochter Geburtstag, da kann ich doch nicht weg!«

Die größte Veränderung in der Familie ist eine Folge des geradezu als dramatisch zu bezeichnenden Rückgangs der Kinderzahl. Wer Moskau wiedersieht, verspürt bald das Gefühl, daß etwas fehlt, und dann weiß er plötzlich, was es ist: Er sieht nicht mehr das Gewimmel spielender Kinder, die vielen schwangeren oder kinderschleppenden Frauen. Seit Ende der zwanziger Jahre, als ich die Sowjetunion zum erstenmal besuchte, ist die Geburtenrate in der UdSSR auf etwas über ein Drittel zurückgegangen (von 44 pro tausend Einwohner auf 17,5). Manche Gebiete im europäischen Rußland nähern sich der Nullrate; es sind, um mit Gunter Ipsens Aufsatz (in »Osteuropa«) über die neueste Bevölkerungsentwicklung in der UdSSR zu sprechen, »Räume versagender Reproduktion«. Die Hauptstadt Moskau hält ihre Einwohnerzahl (sieben Millionen) nur noch dank Zuzug von außen.

Daß sich die neue sowjetische Familie, die keine Kinder hat oder deren nur ein oder zwei, von der alten kinderreichen Familie im Wesen unterscheidet, braucht hier nicht ausgeführt zu werden. Das »einzige Kind« wächst unter Bedingungen auf, die sich mit denen eines Kindes mit vielen Geschwistern kaum vergleichen lassen. Wieder lasse ich die Frage offen, ob das Einzel- oder das Vielgeschwisterkind »kommunistischer« (oder glücklicher) ist.

Harmonie im Dunkeln

Nur soviel wage ich zu sagen: Insgesamt gesehen ist der Familienzusammenhalt in der Sowjetunion sicher schwächer als vor einigen Jahrzehnten, aber stärker als im Westen. An eine Erfahrung dieses Winters, die in meiner Beobachtung einigermaßen typisch ist, denke ich besonders gern zurück: Einen Abend verbrachte ich bei einem Schriftsteller. Die ganze Familie war anwesend – er, seine Frau, die beiden studierenden Kinder. Es war eine heimelige Atmosphäre. Wenn einer eine Meinung äußerte, sagte er »Wir« und meinte »Wir, die Familie«. Die Kinder halfen beim Kochen mit. »Wir« liebten auch dieselbe Dichterin. Ein Bändchen von ihr wurde geholt, der Vater las einige Verse, während alle zuhörten. Mittendrin setzte für eine Weile im ganzen Haus das Licht aus. Er ließ sich nicht stören und rezitierte auswendig weiter. Geriet er ins Stocken, so halfen ihm die übrigen Familienmitglieder aus.

Auch wir haben solche »intakten«, im gleichen Takt lebenden Familien. Aber die unseren sind ungleich mehr den Folgen der modernen Zivilisation ausgesetzt – ihrem Streß wie auch ihren Chancen. Da haben die Kinder oder ihre Freunde und Freundinnen vielleicht schon jedes einen eigenen Wagen und studieren in verschiedenen Städten, weil sie nicht auf die »Wohnfläche« der Eltern angewiesen sind. Der Zusammenhalt lockert sich unvermeidlich. Vergleiche hinken immer, aber vielleicht kann man sagen, daß die Sowjetfamilie sich heute in einer Verfassung befindet wie die deutsche kurz nach der Währungsreform: Man wohnte eng zusammen; es gab zwar schon dieses und jenes, aber doch nur wenig; man brauchte einander, wollte man sich aus den Ruinen herausarbeiten. Und natürlich hatte man noch keinen Wagen, erst recht keine zwei, und in den Ferien flog nicht der eine nach Mallorca und der andere nach Dubrovnik. Oder sollte ich das falsch in Erinnerung haben?

Die Erziehung des Russen zur Disziplin

Bei den Menschen, mit denen ich während meiner winterlichen Rußlandreise kürzlich zusammenkam – wohl auch in breiten Kreisen der übrigen Bevölkerung – ist der Patriotismus stark ausgeprägt. Man muß zwischen verschiedenen Formen unterscheiden. Die Führung spricht ständig vom »Sowjetpatriotismus« und meint damit ein alle Völkerschaften der UdSSR verbindendes Nationalgefühl. Dann gibt es die Patriotismen dieser einzelnen Völkerschaften – der Russen, Ukrainer, Letten, Georgier, Armenier ... Worauf man in Moskau aber vor allem stößt, ist jenes Nationalgefühl der an der Gesamtbevölkerung der UdSSR mit nur fünfzig Prozent beteiligten Russen im engeren Sinne des Wortes: Es besteht aus dem Stolz auf eine große, auch kulturelle und militärische Vergangenheit sowie auf die Leistungen der letzten Jahrzehnte, nicht zuletzt auf den Sieg im Zweiten Weltkrieg und auf die Weltmachtstellung von heute. **1974**

Nach der Verteufelung im Ersten Weltkrieg war der Patriotismus nach der Revolution, vor allem von Stalin, wiederentdeckt worden; zum Sieg von 1945 hat er entscheidend beigetragen: Man denke an Stalins berühmten Toast speziell auf das russische Volk. Seither wird der Patriotismus vom Regime ununterbrochen angefeuert – alles in der Sowjetunion ist besser, edler, größer, stärker, höher. Bei seiner Propagierung ertönen viele martialische Töne. Nirgends in der Welt (außer in China) wird die Wehrerziehung so offen betrieben, gibt es so viele militärische Spielsachen und Briefmarken, so viele militärische Bücher (von Marschall-Memoiren bis zu Weltkriegs-Jugendschriften), so viele militärische Filme.

Während die Erziehung des Russen zum Patriotismus nichts Neues ist – es gab sie schon unter den Zaren – hat der ungeheure Nachdruck auf Disziplin einen neuen Charakterzug ins Volk gebracht. »Kulturno« ist bekanntlich heute in der UdSSR eines der Worte, die mit besonderer Hochachtung ausgesprochen werden. Von wenigen Außenseitern abgesehen, gibt es wohl niemand dort, der nicht »kulturno« sein will, ein Kulturmensch also. »Ne (nicht) kulturno« ist eine der schlimmsten Rügen. Vor allem Disziplinlosigkeit ist »ne kulturno«.

Warten in Fünferreihen

Eine kleine Beobachtung. Die Moskauer Buchläden machen erst um zehn Uhr auf, dafür bleiben sie dann bis 20 Uhr geöffnet. Als ich eines Morgens einige Minuten zu früh vor dem modernsten von ihnen eintraf, auf dem Kalinin-Prospekt, warteten schon sechzig oder siebzig Käufer auf den Einlaß. Das Thermometer zeigte fünfzehn Grad unter Null; daher drängten sich die Menschen im Windfang zwischen der äußeren und inneren Tür. Beide waren unverschlossen, um dem Ladenpersonal den Eintritt zu ermöglichen. Aber keiner der Kunden trat auch nur einen halben Schritt über die Schwelle. Schulter an Schulter standen sie, als seien sie in Fünferreihen angetreten. Durch das schon aufgetaute Fenster sah ich von der Straße aus die wartende Menge und auch die Ladenuhr, auf die sich der Blick der Menschen richtete. Nichts rührte sich. Nur dann und wann schlüpfte eine Verkäuferin durch die Menge in den Raum. Erst als der große Zeiger die volle Stunde anzeigte, löste sich der Bann; mit einem Schlag kam Leben in die Kolonne, und schnellen Schrittes eilte jeder der Abteilung seiner Bücherwünsche zu. Diese Szene wäre früher undenkbar gewesen.

In gewisser Weise ist mit Patriotismus auch Antisemitismus verbunden. Offiziell wird natürlich jeglicher Rassenantagonismus als böse gebrandmarkt, also darf es auch einen Antisemitismus nicht geben. Aber der feine Unterschied zwischen dem offiziell abgelehnten Anti*semitismus* und dem offiziell verfochtenen Anti*zionismus* verwischt sich leicht.

Erstaunlich viele Russen kennen – aus ihrer Presse – den Namen des US-Senators Jackson, der die Gewährung von amerikanischen Krediten und anderen Handelserleichterungen für die UdSSR abhängig macht von der Freiheit der Auswanderung aus der UdSSR – was vor allem sowjetische Juden betrifft. Daß der Handel mit den USA, von dem man sich im Volk amerikanische Konsumgüter erhofft, wegen der Juden erschwert wird, nimmt man ihnen übel; ihr Drang nach Auswanderung verletzt patriotische Gefühle. Manche sagen: »Sollen doch alle Juden auswandern, dann sind wir diese Störenfriede endlich los!« und die anderen: »Was die bloß immer wollen? Es geht ihnen doch bei uns gut, zu Tausenden sitzen sie auf gutbezahlten Posten!« Dann werden Namen genannt, sogar die von Männern, die meines Wissens reine Russen sind wie Sacharow.

Noch mehr freilich als an den Juden entzünden sich patriotische Emotionen bei dem Gedanken an die Chinesen. Der Antisemitismus mag eine durch den Konflikt mit Senator Jackson geschürte Randerscheinung sein, der Anti-Maoismus ist mehr. Wenn die Bewohner der UdSSR (auch hier wiederum in erster Linie die Russen im engeren Sinne des Wortes) in einem Punkt übereinstimmen, dann darüber, daß Mao und seine Chinesen böse sind.

Mir wurden meine Kontakte mit Peking übelgenommen. Manchem meiner Gesprächspartner war noch ein Aufsatz in Erinnerung, der nach meiner Rückkehr aus China 1971 in einer Moskauer Zeitung unter der Überschrift erschien »Ihm standen alle Türen offen« und der mir allerlei vertrauliche Gespräche in China unterstellte, die ich gar nicht geführt hatte. Wer den Maoismus auch nur zu erklären versucht, wird schon als Verräter an den heiligsten Gütern der Menschheit gesehen. Mehr als einer ließ an mir seine Erbitterung gegen Mao aus und beruhigte sich erst, wenn ich erklärte: »Kein Chinese hat mir auch nur mit einem einzigen Wort die in der Tat moskaufreundliche Ostpolitik der Bundesregierung vorgeworfen; Sie aber attackieren mich wegen einer gar nicht vorhandenen, nur in ihrer Phantasie bestehenden Verschwörung mit Peking gegen Moskau.« China gilt eben zur Zeit als *der* Feind und ist in dieser Rolle gleichsam auf den Platz gerückt, auf den Moskau bis vor einigen Jahren die Bundesrepublik und Amerika gestellt hatte.

Spielplan geändert

Seit dem Moskauer Vertrag vom 12. August 1970 wird die Bundesrepublik vergleichsweise pfleglich behandelt, die US-Regierung sogar mit Samthandschuhen angefaßt; fällt in einem Gespräch der Name Watergate, so tritt peinliches Schweigen ein, als habe jemand ein unanständiges Wort ausgesprochen.

Der Patriotismus schließt Vorbehalte und Skepsis gegenüber der eigenen Führung nicht aus. Einmal, als ich mir eine Kinokarte

kaufte, stand ein Mann neben der Kasse und betrachtete kopfschüttelnd den Spielplan. Zum Fensterchen vordringend, fragte er die Kartenverkäuferin: »Was ist denn los? Es war doch überall angekündigt, daß Sie hier den ›Schapowalow‹ spielen?«
»Der Film ist nach zwei Tagen abgesetzt worden«, lautete die kurze Antwort. Der Mann wandte sich ab und sagte – mit hochgezogenen Brauen und vielsagendem Blick – halb zu sich und halb zu den andern: »Was steckt da wieder dahinter?« Er war gut gekleidet, hatte das Gesicht eines russischen Intellektuellen und mochte Mitte Fünfzig sein.
Einige Tage später bemerkte ich, daß der Film »Schapowalow« in einem anderen großen Kino lief; seine Absetzung in dem ersten Kino hatte also offensichtlich keinerlei politische Bedeutung. Aber die spontane Vermutung, hinter allem könne irgendeine Absicht, wenn nicht gar eine Teufelei stecken, ist nicht uncharakteristisch für manche Intellektuelle. (Übrigens ist auch »Schapowalow« ein Soldatenfilm; am Beispiel der Lebensgeschichte eines Mannes, der vom Bürgerkriegspartisanen zum General aufsteigt, zeigt er die Entwicklung der Sowjetarmee.)
Der Verdacht, es sei zensiert worden, kommt nicht von ungefähr. Man macht als Sowjetbürger seine täglichen Erfahrungen. Ich hatte mir den schon erwähnten Film über die Sowjet-Luftwaffe angesehen. Seine Vorführung war in der Reklame als Premiere bezeichnet worden; da er aber weder in Farbe noch technisch mit moderner Qualität hergestellt war, erkundigte ich mich bei meinem Nachbarn nach dem Grund der Premierebezeichnung. Seine Antwort:
»Der Film ist zwei oder drei Jahre alt. Aber erst jetzt haben sie ihn freigegeben – weiß der Teufel, warum. Ich habe nicht entdecken können, was die Verzögerung der Freigabe erklärt. Vielleicht haben sie was 'rausgeschnitten.«
Vielsagende Blicke also gibt es; dazu eine gewisse Widerborstigkeit, vor allem bei Jugendlichen, gegenüber dem sowjetischen Establishment, zu dem auch die Streitkräfte gehören. In zwei zeitgenössischen Theaterstücken, die ich sah, werden die Vertreter der Streitkräfte nicht in dem sonst üblichen günstigen Licht gezeigt. In beiden geht es darum, wer die jeweilige Jugendschöne erringt: Einmal ist es der arme Student und nicht der flotte,

gutverdienende Marineoffizier, der auch noch ein eigenes Motorboot für sich werben lassen kann; im zweiten Fall ist es ebenfalls der Student, ein Luftikus überdies, statt des uniformierten Offiziersanwärters; daß dieser sein Rendezvous abbricht, um rechtzeitig zum Zapfenstreich in die Kaserne zu kommen, trägt ihm den Verlust der Braut ein – und den Spott des jugendlichen Publikums. Sowohl Regie als auch Publikumsreaktion entbehren der Gehässigkeit, aber in beiden Stücken waren die Sympathien der Zuschauer nicht auf seiten der Uniformträger.

Das ändert nichts am Gesamteindruck: Patriotismus und Disziplin. Zu beidem trägt in hohem Maße die Sowjetschule bei. Seit den konservativen Reformen Stalins zu Anfang der dreißiger Jahre ist sie eine klare Lern- und Leistungsschule, ein ruhender Pol. Ohne große Übertreibung läßt sich sagen: Zur gleichen Stunde lernen in der ganzen Sowjetunion Millionen von Kindern aus denselben Schulbüchern dieselben Lektionen. (Die Gesamtzahl der Schüler in den Klassen eins bis zehn beziehungsweise elf beträgt heute rund 50 Millionen.)

Zum Stoff gehört natürlich auch Marxismus-Leninismus, aber er nimmt kaum mehr Raum ein als in meiner Jugend der damals obligatorische Religionsunterricht. In erster Linie wird ein solides Wissen in den klassischen Fächern, nicht zuletzt Geschichte, vermittelt. Disziplin wird großgeschrieben. Betritt ein Gast das Klassenzimmer, erhebt sich die Kinderschar mit einem Ruck, und wenn er »guten Morgen« sagt, schallt ihm derselbe Gruß in kräftigem Chor zurück. Ein großer Teil der Kinder, vor allem der Mädchen, trägt Schulkleidung, die sich von der im alten Rußland wenig unterscheidet.

Schule ohne Experimente

Gewiß, die Jugendlichen sind anders als ihre Vorgänger vor vier Jahrzehnten; damals war Lernendürfen für die Masse der Kinder noch ein unerhörtes Geschenk der Revolution. Aber auch heute wollen sie alle »etwas werden«; sie werden auch ständig dazu angespornt, und sie wissen, daß man in ihrem Land praktisch nur über Schule und höhere Bildung vorwärtskommen kann, daß nur gute Zeugnisse den Zugang zu der vom Numerus clausus ummau-

erten Hochschule eröffnen. Nach einer ersten Phase wilden Experimentierens in den zwanziger Jahren ist die Schule eine solide, kaum dem Wandel unterworfene Institution; der Schüler weiß, womit er es zu tun hat (die Eltern auch); von der Ausnahme der Chruschtschow-Zeit abgesehen, ist er nicht – wie bei uns – dem ständigen Experiment, dem parteipolitischen Wechsel in der Landesregierung, einer unsicheren und verwirrten Lehrerschaft ausgesetzt.
Um die Jahrtausendwende wird man sehen, welcher heutige Schultyp besser geeignet war, die Menschen für die Folgen der »wissenschaftlich-technischen Revolution« vorzubereiten – die autoritäre Sowjetschule, die mich in ihrer konservativen Thematik und Methode vielfach an mein Gymnasium der zwanziger Jahre erinnert, oder die ganz auf Modernität, auf Experiment, auf Wandel, auf In-Frage-Stellen und Sich-selbst-Entwickeln ausgerichtete, nervöse, fast schon formlose Schule des Westens, besonders Westdeutschlands. Daß die Sowjetunion heute eine Weltmacht ist, verdankt sie – wie einst Preußen und das Deutsche Reich – ihrer Armee und ihrer Schule.

Der Appetit auf den Wohlstand

1974 Der Appetit kommt beim Essen. Die Amerikaner drücken diese alte Volksweisheit mit einem moderner klingenden Schlagwort aus: Sie sprechen von der »Revolution der zunehmenden Erwartungen«. Für Stalin existierte diese Revolution noch nicht. Seit Chruschtschow aber ist sie in vollem Gange, und ein Ende zeichnet sich nicht ab.
Fünfunddreißig Millionen Neubauwohnungen in Städten und städtischen Siedlungen, darunter fast ein Viertel in Privateigentum; bald eine Million Automobile in privater Hand; Fernsehgeräte in etwa vierzig Millionen Wohnungen – wenn das keine Revolution ist! Niemand, der aus anderen Ländern die Wirkung von eigener Wohnung, eigenem Wagen, eigenem Fernsehgerät auf die Menschen kennt, wird daran zweifeln, daß sich der Sowjetmensch schon allein auf Grund dieser Entwicklung von dem der Stalinzeit unterscheidet.

Weitere Veränderungen kommen hinzu. Ohne mich auf das Glatteis einer Berechnung des Lebensstandards begeben zu wollen, kann ich zwei Feststellungen treffen: Erstens liegt der Lebensstandard der sowjetischen Bevölkerung von heute beträchtlich unter dem der bundesdeutschen; zweitens liegt er über dem der Stalinzeit. Nicht für die Jungen, von denen viele schon begehrliche Blicke auf den Wohlstand des Westens richten und für deren Geschmack der Konsum daheim viel zu langsam steigt, wohl aber für die Älteren ist die zweite Feststellung wichtiger als die erste. Sie vergleichen ihre heutigen Lebensumstände mit denen der Stalin-Periode, nicht mit denen im Westen. Und was sie dabei feststellen, macht Eindruck auf sie: Das Angebot an Waren ist breiter gefächert, die Qualität besser, die Zahl der Läden in den Städten doppelt so groß, das Einkaufen also nicht mehr ganz so mühsam wie einst. Während sich früher alles im Stadtzentrum drängte, kauft man heute manches besser und vor allem bequemer in den Läden der Vororte. Vor allem hat sich das öffentliche Transportwesen sehr verbessert; die hervorragende U-Bahn übertrifft die Pariser, Londoner und New Yorker weit an Qualität. Früher verlor ich bei jeder Rußlandreise in dem furchtbaren Gedränge der Straßenbahnen und Busse mehrere Mantelknöpfe, diesmal keinen einzigen.

Die Njanjas sterben aus

In den letzten Jahren ist es schwerer geworden, Geschenke mitzubringen. Einst konnte man mit einem Paar Nylonstrümpfe eine Frau glücklich machen, einen Mann mit einem Kugelschreiber. Heute sind die Menschen anspruchsvoller.

Und noch eine Beobachtung, die freilich wenig originell ist: Wie zuerst in Amerika, dann bei uns, sind nun auch in Moskau die Dienstboten praktisch verschwunden. Hat man Gäste, so steht nicht mehr eine Dunja oder Glascha in der Küche, sondern die Hausfrau selbst, auch wenn sie Professorin oder Schuldirektrice ist. Dunja und Glascha aber verdienen in der Fabrik bei freien Abenden und langen Wochenenden weit mehr als ihr früheres Dienstmädchengehalt. Auch die alten Njanjas (Kinderwärterinnen) sterben aus. Dies alles trägt natürlich zur bemerkenswerten Verminderung der Kinderzahl bei.

Lauter Anzeichen dafür, daß die Sowjetunion in eine Phase der Entwicklung eingetreten ist, die zur Konsumgesellschaft führt. Zum mindesten ist in der Bevölkerung sicher niemand zu finden, der nicht in Konsumkategorien dächte, der nicht gerne eine rasche Steigerung des Konsums bis zum westlichen Niveau erleben würde. Für die Sowjetunion freilich sind die Konsumwünsche der Bevölkerung nur eine Erwägung unter vielen, obgleich sie in der Nachfolge von Karl Marx die Überflußgesellschaft bevorzugt anstreben müßte.

Das richtige Ausland

Eine bewährte Methode bei der Beobachtung anderer Länder besteht darin, den Menschen dort die Frage vorzulegen: Was würden Sie ändern, wenn Sie die Macht hätten? In der UdSSR kommen heute die Antworten nicht ganz so flott wie vor zwanzig Jahren, weil eben doch manches besser geworden ist. Man kritisiert in erster Linie den immer noch niedrigen Lebensstandard, die schlechte Qualität der sowjetischen Konsumwaren, die mangelnde Versorgung mit frischem Fleisch, Gemüse und Obst, die immer noch vorhandenen Schlangen, die steigenden Preise (während Stalin nach dem Krieg in jedem Frühjahr Preissenkungen dekretierte) und ganz besonders den wuchernden Bürokratismus, der aus jeder Kleinigkeit völlig überflüssigerweise eine Haupt- und Staatsaktion macht, die dann oft ebenso unberechtigt mit einem sturen Njet endet.

Zum Glück beginnen die Sowjetmenschen zunehmend gegen den seelenlosen und unwürdigen Bürokratismus ihres Systems aufzumucken. Ein Sowjettourist hat kürzlich in einer Moskauer Zeitung seinem empörten Herzen Luft gemacht über die miserable Behandlung während einer Gruppenreise nach Sibirien. Warum, so fragte er zornig, behandle man Sowjettouristen, die ihre Reise teuer bezahlt haben, wie rechtlose Bittsteller und Fürsorgeempfänger, denen man alles zumuten könne und von denen zum Schluß noch ein Dankeschön verlangt werde.

Auch der Ausländer kann über den Sowjetbürokratismus manches Liedchen singen, nicht zuletzt bei der für ihn zuständigen Organisation, dem Intourist. Bei der Beantragung eines Drei-Wochen-Visums für den Dezember 1973 hatte ich angegeben, daß ich die ersten Tage beim deutschen Botschafter, dann im Hotel wohnen würde. Ich erhielt ein Visum für drei Wochen, übrigens – das gehört zum sowjetischen Ritual – nachdem ich eine Bescheinigung des Moskauer Intourist vorgelegt hatte, aus der hervorging, daß ich das Hotelzimmer für die entsprechende Anzahl von Tagen im voraus in D-Mark bezahlt hatte. Als ich aber nach der Ankunft in Moskau die Formalitäten für den Umzug ins Hotel erledigen wollte, hieß es, von der Reservierung eines Zimmers für mich sei nichts bekannt.

Nachdem ich anhand eines Telegramms des Moskauer Intourist an das deutsche Reisebüro die Bestätigung der Reservierung nachgewiesen hatte, fand sich ein neues Hindernis, das diesmal nicht in Nachlässigkeit, sondern in reinstem Bürokratismus seinen Grund hatte: Mein Visum, hieß es jetzt, sei mir auf Grund der Einladung des Botschafters, nicht aber der Bestellung des Intourist-Zimmers ausgestellt worden. Das war eine Unwahrheit. Dem sowjetischen Generalkonsulat in Bonn/Rolandseck hatte vor Ausstellung des Visums sowohl die Einladung des Botschafters als auch die Bescheinigung des Moskauer Intourist vorgelegen. Aber aus den Höhen der Intourist-Bürokratie wurde mir verkündet, ein Hotelzimmer könne ich mit meinem Visum nicht erhalten. Ob ich etwa nach Finnland reisen und mit einem anders aussehenden Visum wiederkommen solle, fragte ich. Ja, das sei eine Möglichkeit. Darauf habe ich allerdings verzichtet. Mir wurde weiterhin die Gastfreundschaft der Deutschen Botschaft gewährt; die sowjetische Staatsbank aber verlor gute D-Mark, und die Intourist-Leitung erwies sich als genau das, was sie zu sein so gerne leugnet: als uneinsichtig und in höchstem Maße bürokratisch. Von diesem Urteil nehme ich mit Nachdruck die Damen des Intourist aus, die fast alle bis an die Grenze ihrer Leistungsfähigkeit für die berechtigten Interessen »ihrer« Ausländer kämpfen und aufs peinlichste berührt sind, wenn sie von dem sturen Bürokratismus ihrer Oberen hören.

Je höher man auf der geistigen Stufenleiter der Gesprächspartner steigt, desto spürbarer wird eine ganz bestimmte Kritik – die Kritik an der Abschnürung von der Außenwelt. Gewiß gibt es Diplomaten, Handelsvertreter, Auslandsjournalisten oder Mitglieder verschiedener eng mit dem Westen zusammenarbeitender

Institutionen, die immer wieder ins Ausland kommen, und es gibt Fachleute, die in westliche Publikationen Einblick erhalten. Aber das ist eine winzige Gruppe im Vergleich zu den Millionen, die keine Aussicht haben auf eine Reise ins »Ausland«, womit sie das richtige Ausland meinen und nicht die Ostblockstaaten, oder für die regelmäßige Lektüre ausländischer Presseerzeugnisse, worunter sie ganz gewiß nicht das langweilige und ihnen dem Jargon nach nur allzu vertraute »Neue Deutschland« verstehen.

Appetit auf Information

Als treue Sowjetbürger versuchen sie, diese Hindernisse mit dem Hinweis auf den Mangel an Devisen zu erklären. Aber wenn ich erwähnte, daß die Bewohner der kleinen, an Bodenschätzen armen Bundesrepublik jährlich acht Milliarden D-Mark für 15 Millionen Auslandsreisen ausgeben und daß, ebenfalls jährlich, zweieinhalb Millionen Gastarbeiter Milliarden und Abermilliarden D-Mark an Ersparnissen frei in ihre Heimatländer transferieren, waren sie von der Durchschlagskraft ihres Arguments nicht mehr so ganz überzeugt. Die Behinderung der Kenntnis westlicher Länder und Geisteszeugnisse, die praktisch einem Verbot gleichkommt, ist mehr als alles andere dafür verantwortlich, daß sich die sowjetische (und übrigens auch die ostdeutsche) Intelligenzia als unwürdig behandelt, als gegängeltes und unmündiges Kind vorkommt, dem man nicht traut – im 57. Jahr nach dem Sieg der Revolution.

Ich spreche hier von durchschnittlichen Intellektuellen, nicht von Dissidenten wie Sacharow. Von diesen habe ich keinen gesehen; ich habe auch keinen Kontakt mit ihnen gesucht. Man kann nicht alles machen, und seit 45 Jahren hat mich der durchschnittliche Russe (oder Chinese) stets in erster Linie interessiert, wobei für mich schon von Berufs wegen ein durchschnittlicher Russe meist ein durchschnittlicher Intellektueller, nicht ein durchschnittlicher Arbeiter oder Bauer ist.

Wer vom Appetit spricht, wird den sexuellen nicht übersehen können. Dieser ist bei den Sowjetbürgern sicher nicht geringer als anderwärts, aber er wird nicht ununterbrochen in Schrift, Bild und Wort stimuliert. Daß junge Mädchen in der U-Bahn ungeniert ein Buch über den weiblichen Orgasmus lesen, wie man es etwa in New York beobachten kann, wird man in der Moskauer Metro nicht erleben.

Aber das Interesse an Information über das Geschlechtliche hat deutlich zugenommen. Zum erstenmal bin ich auch auf Zweifel daran gestoßen, ob man wirklich wie bisher auf Geschlechtsaufklärung in Familie und Schule – wie bisher fast völlig – verzichten soll. Vor einigen Jahren erschien erstmalig als Übersetzung und in kleiner Auflage ein Buch über intime Ehefragen. Eine Moskauer Journalistin berichtete, daß sie es ein Jahr später in einer Bibliothek ausleihen wollte. Dort lachte man sie aus. Wie sie sich denn das vorstelle? »Bei uns stehen sogar die Bibliothekare Schlange nach diesem Buch! Ich habe es selbst noch nicht gelesen!«

Ohne Zweifel ist die Geschlechtsmoral weniger streng als früher; man hört das aus Gesprächen, sieht es auf der Bühne, im Film. In einem Erfolgsstück, das seit zwei Jahren läuft, rät die ältere Schwester der jüngeren, nachdem diese mit ihrem Freund eine Nacht in der Wohnung einer Freundin zugebracht hat, sie soll in der Liebe auf keine Tabus achten, sondern tun, was sie für richtig hält und wozu ihr Herz sie drängt. Die Mutter fällt schier in Ohnmacht, aber der Applaus auf offener Bühne zeigt, wo die Sympathie des großenteils jugendlichen Publikums liegt. Worte wie »seks« und »seksapil« sind in den Sprachgebrauch eingedrungen.

Sex and Crime – so heißt es im Westen oft in einem Atemzug. Während jedoch über die Wandlungen in der Geschlechtsmoral die Statistik einige Aufschlüsse gibt (etwa den Anstieg der Scheidungs- oder das Absinken der Geburtenkurve), hat die UdSSR bisher keine ähnlichen statistischen Angaben über die Kriminalität gemacht. Als ich den Innenminister bei einem Empfang fragte, wann denn mit solchen Veröffentlichungen zu rechnen sei, meinte er, mit Zahlen würde ich ohnehin nicht viel anfangen können, da die Rechtsverhältnisse wie auch die Verbrechenskategorien bei uns und in der UdSSR allzu verschieden seien. In Wirklichkeit will man in Moskau wohl keine Zahlen veröffentlichen, aus denen hervorgeht, daß es in der Sowjetunion bald sechzig Jahre nach der Revolution, die doch dem Verbrechen den Boden entziehen sollte, noch immer Straftaten gibt.

Populäre Gerichtsreporter

Dabei werden diese in der Presse ständig angeprangert. In einer der großen Moskauer Zeitungen erfuhr ich, daß bei einer Leserumfrage nach der Popularität der Mitarbeiter derjenige den ersten Platz erhielt, der die Gerichtsreportagen schreibt, was wohl nicht nur an seiner Feder liegt, sondern eben auch am Interesse des Publikums für sein Thema.

Wie bei den Bemühungen um größere Verkehrssicherheit so auch beim Kampf gegen das Verbrechen arbeiten die zuständigen Ministerien mit der Film- und Fernsehindustrie eng zusammen. Vor zwei Jahren sah ich einen Krimi, in dessen Mittelpunkt eine Schlägerbande stand, und diesmal einen neuen, der die Untaten einiger Gangster behandelte. In beiden Fällen, sagte mir der Innenminister, habe seine Behörde den Filmleuten vielfach Hilfestellung gegeben. Natürlich werden die Verbrecher zum Schluß gefaßt und ihrer Strafe übergeben. Das ist auch beim amerikanischen Gangsterfilm manchmal der Fall. Aber während dies dort oft nur geschieht, um den breit und saftig ausgemalten Gewalttaten und Verbrechen ein moralisches Feigenblatt umzuhängen, ist der entsprechende Sowjetfilm von Anfang bis Ende eine Anklage gegen das Verbrechen. Angesichts des Fehlens von Zahlen läßt sich freilich nicht sagen, wie erfolgreich diese filmischen Maßnahmen der Verbrechensbekämpfung in der UdSSR sind. Ich selbst habe keine Straftaten beobachtet; nur von einem Bekannten weiß ich, daß er vor einigen Jahren von Straßenräubern in Moskau so zusammengeschlagen wurde, daß er einen Schädelbruch erlitt und seinen Beruf nur noch halbtags ausübt.

Anzeichen dafür, daß auch in der UdSSR die Erreichung eines gewissen Wohlstandes in einigen Schichten der Bevölkerung zu unerwünschten Erscheinungen führt, finden sich in der von der Sowjetpresse wiederholt angeprangerten »jeunesse dorée«, der Tu-nicht-gut-Jugend aus arrivierten Familien. Noch freut sich der Russe über jedes bescheidene Anzeichen steigenden Konsums, noch lohnt es sich für ihn zu arbeiten, sich anzustrengen, um »aus dem Gröbsten herauszukommen«, vor allem: zu lernen.

Moskau 1976: Beobachtungen und Gespräche

Zum Teil waren die fast vier Wochen – im Mai 1976 – als Hausgast des deutschen Botschafters Dr. Ulrich Sahm und seiner Gattin ein Ausflug in die eigene Vergangenheit; siebzig Jahre verbinden mich mit Moskau, wo ich 1906 geboren wurde, bis 1914 lebte und seit 1929 auf zahlreichen Reisen mehr als fünf Jahre verbrachte; ich suchte auf, was in meinem Leben dort eine Rolle gespielt hatte: Menschen, Gräber, auch Gebäude, in denen ich als Kind und später gelebt oder häufig zu tun gehabt hatte, das Künstlertheater etwa, wo ich im Winter 1913/14 zum ersten Mal ein Theaterstück sah, Maeterlincks »Blauen Vogel«, oder die alte Deutsche Botschaft, die ich in den Tagen der Botschafter von Dirksen, Nadolny, Graf von der Schulenburg oft betrat. Von diesem sehr persönlichen Teil meines Aufenthalts in Moskau ist im folgenden nicht die Rede. **1976**

Leben in »Kreisen«

Moskau, dessen Bevölkerung auf sieben Millionen beschränkt werden sollte, beherbergt heute vermutlich über acht Millionen, darunter viele ohne Zuzugsgenehmigung. Für Russen – weniger für Angehörige anderer Nationalitäten – ist Moskau ein Magnet, gleichermaßen ein materieller und kultureller. Der Drang nach Moskau ist so stark, daß alle Mittel angewandt werden, um dort ein Wohnrecht zu erlangen (oder zu bewahren), bis hin zu fiktiven Ehen mit Moskauern. Das gilt vor allem für die Angehörigen der wachsenden Intelligenzia. Freilich gibt es Moskauer, die die Stadt – und das Land – verlassen wollen und auch ständig verlassen. Zahlenmäßig fallen sie nicht ins Gewicht, doch muß auf sie aus anderen Gründen noch eingegangen werden.

Kulturell ist Moskau sehr rege. Die Menschen lesen viel. Trotz hohen Auflagen sind Bücher belletristischer Art rasch vergriffen; literarische Zeitschriften in großer Zahl, von erstaunlichem Umfang und in hohen Auflagen (»Nowyj mir« erscheint monatlich mit fast 300 Seiten in 185 000 Exemplaren) sind praktisch nur im Abonnement zu bekommen, sogar die »Literaturnaja gaseta«

habe ich trotz einer Auflage von rund zwei Millionen kaum je am Kiosk gesehen. Auch für die Literatur des Auslands besteht reges Interesse; »Inostrannaja literatura«, die Monatsschrift, die über sie referiert und auch Übersetzungen bringt, wird in 600000 Exemplaren gedruckt. Mit Schullehrern, die keineswegs Deutsch oder Englisch unterrichten, und mit Angestellten kann man sich über Böll und Hemingway unterhalten. Mehrere Dutzend Theater und über hundert Kinos sind Abend für Abend ausverkauft.

Als Angehöriger eines geschichtslos gewordenen Volkes fällt mir bei jedem Besuch das starke und eher noch wachsende Interesse der Russen an ihrer Geschichte und Kultur auf. Hier treffen sich der imperiale Repräsentationswille der Führung und das Bedürfnis der Bevölkerung nach Schönheit und Romantik. Eine Kirche nach der anderen wird restauriert, natürlich nicht als Kirche, sondern als Baudenkmal der Vergangenheit, manche ist heute schon schöner, als sie in meiner Erinnerung zur Zarenzeit war, sogar der zerfallene Patriarchensitz von Krutizkij oberhalb der Moskwa wird wiederhergestellt. Kulturelle Größen, die einst in Moskau lebten, haben ihre eigenen Museen in den Häusern, die sie einmal bewohnten: die Schriftsteller Puschkin, Dostojewskij, Ostrowskij, Tschechow, Majakowskij, Tolstoi und Gorkij (die beiden letzteren sogar je zwei), ferner die Musiker Glinka und Skrjabin, die Theatermänner Stanislawskij und Nemirowitsch-Dantschenko. Das neueste unter ihnen habe ich kürzlich besucht, ein Museum zu Ehren von Alexander Herzen, in dem Haus, in dem er in der Mitte des vorigen Jahrhunderts einige Jahre lebte, ehe er in den Westen auswanderte, um die anti-zaristische Zeitschrift »Kolokol« (Glocke) herauszugeben. Wie in den anderen Museen ist hier mit großer Liebe alles zusammengetragen, was es an Bildern, Büchern, Dokumenten über Herzen gibt, auch die Zeugnisse, die auf seine uneheliche Geburt als Sohn eines russischen Adligen und dessen schwäbischer Lebensgefährtin hinweisen. An Denkmälern für bedeutende Vertreter des Geisteslebens gibt es fast zwei Dutzend, groß ist auch die Zahl der Gedenkplaketten; unter denen der Komponisten Rachmaninow und Prokofjew fand ich, von Verehrern aufgestellt, Körbe mit lebenden Blumen. Theaterstücke und Filme in Kostümen vergangener Zeiten erfreuen sich großer Beliebtheit.

Freilich ist dies eine kulturelle Regsamkeit besonderer Art; sie erinnert mich an die unsere in Deutschland zwischen Kriegsende und »Währung«, als wir in die Amerika-Häuser liefen, weil unsere eigenen Bibliotheken in der Hitler-Zeit provinziell geworden und zudem großenteils zerbombt waren, als die wenigen deutschen Neuerscheinungen ihren glücklichen Besitzern aus der Hand gerissen wurden, als die Ensembles vor vollen Häusern in zufällig heil gebliebenen, ungeheizten Schulsälen spielten. Wie damals bei uns müssen in der UdSSR heute (und seit Jahrzehnten) Literatur und Theater für viele Entbehrungen entschädigen und manche Sorgen für Stunden vergessen lassen.

Eine unheilvolle Kluft besteht zwischen den jüngsten Beiträgen der Russen zur Weltkultur, die der Kreml verurteilt (so das Werk der Nobelpreisträger Pasternak und Solshenizyn), und der Literatur, die von der Führung gepriesen wird (ich erinnere an Scholochow, der seit Jahrzehnten nichts mehr hervorbrachte und dessen Autorschaft sogar am »Stillen Don« in Zweifel gezogen wird). Die großen Zeitungen wie »Prawda« und »Iswestija« führen keinen Kulturteil; wenn sie gelegentlich Bücher oder Theaterstücke besprechen, tun sie dies vorwiegend unter politischen Gesichtspunkten.

Bis ins zwanzigste Jahrhundert hinein war Rußland eines der Zentren der Weltliteratur, zwischen ihm und dem Westen gab es ein ständiges Geben und Nehmen. Jetzt aber ist für Russen der freie Bezug von Büchern aus dem Ausland unmöglich und in der Sowjetunion nur erhältlich, was dem Zensor paßt. (Mehrere meiner Bücher sind in der UdSSR in Russisch erschienen, doch nur für einen streng begrenzten Leserkreis; eine offizielle Benachrichtigung erhielt ich nie, erst recht kein Honorar, erfahren habe ich es jeweils nur »po snakomstwu« [also hintenrum, durch Bekannte].)

Diese »Abgrenzung« – um Honeckers Angstwort zu gebrauchen – gibt einem großen Teil der zeitgenössischen Sowjetliteratur einen provinziellen Charakter, was wiederum das mangelnde Interesse des Auslands an ihr erklärt. Am meisten leidet der russische Schriftsteller und Künstler unter der Abgrenzung. Kaum ein russischer Maler, der mich nicht fragte: »Wie finden Sie, was wir malen, im internationalen Vergleich?« Bildbände über moderne westliche Kunst, illustrierte Kalender, Ausstellungskataloge werden wie Schätze gehütet. Ein Staat, der sich so ängstlich von äußeren Einflüssen abkapselt, ist selbst schuld, wenn sich ein großer Teil seiner Intelligenzia nun seinerseits »abgrenzt«, ein Eigenleben in zahllosen kleinen Kreisen (krushki, Plural von krushok) führt, wo sich das eigentliche und intensive geistige Leben vollzieht. Krushki sind Freundeskreise, in denen sich das Freizeitleben abspielt; wer dazugehört, ist »swoj« (unübersetzbar, am ehesten: »unser«), auf den kann man sich verlassen, vor ihm braucht man auch nicht jedes Wort auf die Goldwaage zu legen. Die meisten meiner Bekannten sind also Mitglieder der Moskauer Intelligenzia im allgemeinen und eines Freundeskreises im besonderen.

Die Kommunikation innerhalb dieser Welt der Kreise funktioniert ausgezeichnet. Ein Beispiel: An einem meiner ersten Tage in Moskau ging wie ein Lauffeuer die Nachricht von einer halblegalen Kunstausstellung durch die avantgardistische Intelligenzia. Mit Dr. Hermann Pörzgen, dem Moskauer Korrespondenten der »Frankfurter Allgemeinen Zeitung«, und seiner Frau fuhr ich hin; in solchen Fällen empfiehlt sich Eile, da niemand weiß, wie lange eine solche Veranstaltung am Leben bleiben darf. Das Haus, in dessen Keller die Bilder gezeigt wurden, brauchten wir nicht lange zu suchen, denn schon war am Eingang die Polizei, Miliz genannt, postiert; sie hatte grün gestrichene Gitter mitgebracht, so daß sie den Zu- und Abgang der Besucher kontrollieren konnte. Die drei Räume waren überfüllt, obgleich in keiner Zeitung ein Wort gestanden hatte. Zwei Tage später hatte sich das Ereignis so weit herumgesprochen, daß die Schlange der Besucher auf der Straße – trotz schlechtem Wetter – fünfzig Meter lang war.

»Wie bringt ihr so viele Leute in so kurzer Zeit auf die Beine?« frage ich einen jungen Mann, der zum Freundeskreis der ausstellenden Maler gehörte. Er lachte und zeigte auf einen kleinen grauen Kasten an der Wand, ein Telefon. »Jeder von uns hat ein paar Leute angerufen, die wieder haben die Leute in ihrem Krushok informiert, die ihre Freunde in anderen Krushki, und so weiter.« Kleine Nebenbemerkung: Ich kenne keine Hauptstadt mit so vielen öffentlichen Telefonapparaten wie Moskau – fast an jeder Straßenecke steht eine Zelle, manchmal gleich drei oder vier nebeneinander –, und auch keine, wo das Telefonieren so billig ist (zwei Kopeken muß man für ein Stadtgespräch einwerfen, das sind knapp sechs Pfennige), und wer daheim kein Telefon hat, ist über seinen Arbeitsplatz zu erreichen; kaum irgendwo sonst werden in den Dienststunden so viele und lange Privatgespräche geführt, wie jeder weiß, der einmal in einem sowjetischen Bürozimmer zu warten hatte.

Ein anderes, ein sehr trauriges Beispiel für die Schnelligkeit der inoffiziellen Nachrichtendurchsage: Eines Nachts im Juni kam in Leningrad ein junger Maler, Jewgenij Rjuchin, ums Leben. In den Zeitungen stand nichts, da er nicht im gewünschten Stil malte (man bezeichnete ihn als Pop-Maler). Aber bereits am Morgen machte die Nachricht die Runde durch Moskau; zu mir gelangte sie noch vor dem Mittag von vier verschiedenen Seiten. Sofort – schon in den Frühstunden – waren einige Moskauer Intellektuelle nach Leningrad gefahren, um Neueres zu erkunden. Er sei in seinem Atelier verbrannt, hieß es erst, später, er sei durch die Dämpfe brennender Lacke vergiftet worden, schließlich: das Feuer sei aus dem unteren Stock ins Atelier gedrungen. Was wirklich vorgefallen war, war nicht zu erfahren; das Atelier war von der Polizei versiegelt worden.

Vorgänge, über die es keine offizielle Information gibt (oder bei denen man dieser keinen Glauben schenkt), kommen in totalitären Staaten oft vor, daher besteht in ihnen neben den staatlich verbreiteten Nachrichten eine zweite, inoffizielle Informationswelt; an sie ist ein beträchtlicher Teil der Intelligenzia angeschlossen.

Bei Kopelew, Jewtuschenko und anderen

Daß der westliche Intellektuelle in der UdSSR am meisten mit Mitgliedern der Intelligenzia zusammenkommt, ergibt sich von selbst – mit Journalisten, Schriftstellern, Professoren, Künstlern; sie sind geistig am beweglichsten, an Gesprächen mit Ausländern am meisten interessiert. Sie politisch zu klassifizieren (wozu der westliche Besucher immer neigt), ist nicht leicht, denn das Bild ist differenziert, der Übergang zwischen den einzelnen Farbtönen fließend; diese reichen vom Konformisten über den konstruktiven

Kritiker, den loyalen Oppositionellen bis zum heimlichen und schließlich offenen Dissidenten. Mit den bekannten Dissidenten, einem Sacharow etwa, habe ich nicht gesprochen, mit ihren Ansichten ist der Westen ohnehin vertraut. Meine intellektuellen Gesprächspartner suchte ich nicht unter denen, die als Dissidenten bereits eine bestimmte Rolle spielen, eine bestimmte Sprache sprechen. Gewiß, es ergab sich, daß ich auch Personen sah, die auf gepackten Koffern saßen, kurz ehe sie ihr Land als Emigranten verließen. Aber mein Interesse galt in erster Linie denen, die gar nicht auf die Idee einer Auswanderung kamen oder, wenn doch, diese von sich wiesen.

Ich habe einen Schriftsteller im Auge, von dem schon lange kein Roman mehr veröffentlicht wurde, weil man ihm einen früheren übelnahm, der sich mit allen möglichen Arbeiten sein Brot verdient, in der Hoffnung, eines Tages doch wieder gedruckt zu werden, der kritische Bemerkungen nicht unterdrückt und der doch eisern entschlossen ist, das Land nicht zu verlassen, es sei denn zu kurzen Auslandsreisen, und dann nur mit dem Rückreisevisum in der Tasche.

Oder ich denke an Lew Kopelew, der bei uns durch sein Buch »Aufbewahren für alle Zeit« plötzlich bekannt wurde und dem Marion Gräfin Dönhoff in ihrem neuen Buch »Menschen, die wissen, worum es geht« ein bewegendes Kapitel gewidmet hat. Kopelew hat, weil er 1945 als Frontoffizier in Ostpreußen gegen die Untaten sowjetischer Soldaten und Offiziere an deutschen Zivilisten protestierte, insgesamt zehn Jahre in Gefangenenlagern zugebracht (u. a. mit Solshenizyn, der ihm in der Gestalt des Rubin im »Ersten Kreis der Hölle« ein bleibendes Denkmal setzte). Kopelew hatte den großen Mut, ein Manuskript über diese Ereignisse zu schreiben, und den noch größeren, es im Ausland – in Deutschland – zu veröffentlichen. Manche sowjetischen Mythen waren vorher zerstört worden – Chruschtschow hatte Stalin in seiner berühmten »Geheimrede« 1956 entlarvt, das Grauen der Straflager war von Russen beschrieben worden, vor allem von Solshenizyn selbst, beginnend mit »Ein Tag im Leben des Iwan Denissowitsch«, und nun hat Kopelew das letzte Tabu beseitigt, die Legende von der allzeit humanen Sowjetarmee, wie sie bislang das Denkmal im Ostberliner Treptower Park verkörperte (Sowjetsoldat, ein deutsches Kind beschützend). Damit hat Kopelew der Wahrheit einen Dienst erwiesen, im Grunde auch der Sowjetunion. Als ich ihn sah, waren schon drei Monate seit Beginn der Veröffentlichung seines Berichts im »Zeit«-Magazin vergangen, ohne daß er in der Sowjetpresse attackiert worden wäre, nur einen Stein hatte ihm jemand einmal durchs Küchenfenster geworfen. Von Auswanderungswünschen sprach Kopelew nicht: gewiß, er möchte Auslandsreisen machen (er könnte sie sich leisten; sein Buch stand wochenlang auf den deutschen Bestseller-Listen), aber um wieder zurückzukehren.

Auch Jewgenij Jewtuschenko will nicht Emigrant werden. Ich besuchte ihn in seinem Haus im Schriftsteller-Dorf Peredelkino. Trotz seinen mittlerweile 43 Jahren ist er noch immer der jugendliche, baumlange Sibirier mit dem gewinnenden, offenen Lächeln, als den ich ihn vor einem Dutzend Jahren kennenlernte; ich hatte ihn einen Tag lang durch München und später zu Maria Schell geführt. Er saß in seinem Arbeitszimmer, das den größten Teil des oberen Stockwerks einnimmt, und – dichtete. Tatsächlich. Es war das erste Mal, daß ich einen Dichter beim Dichten antraf. Ein Blatt Papier lag auf dem Schreibtisch, mit vier Zeilen beschrieben. Das fertige Gedicht sollte »Deshurnaja« heißen. So nennt man die jedem in Rußland Reisenden schon seit der Zarenzeit und bis heute vertrauten weiblichen Wesen, die auf jedem Stockwerk eines Hotels zu allen Tages- und Nachtzeiten die Zimmerschlüssel verwalten und die überdies kontrollieren, was auf ihrem Stockwerk vor sich geht; denn sie sind so postiert, daß sie ohne einen Fuß zu bewegen alle Korridore und Türen im Blickfeld haben.

Auf meine Bitte las mir Jewtuschenko die schon geschriebenen Zeilen vor, den Rest erzählte er. Er war eben von einer Vortragsreise zurückgekehrt; dabei hatte er in einem Provinz-Hotel gewohnt, wo er vor Jahren schon einmal übernachtet hatte. Inzwischen sei das Hotel modernisiert worden, der ausgestopfte Bär (beliebter Schmuck mancher russischen Hotelhalle seit alten Zeiten) verschwunden, an Stelle der Kopie eines der bekannten Waldbilder von Schischkin († 1898) hing ein sich fortschrittlich gebendes Gemälde, auch sonst war dieses und jenes modernisiert, aber – die Deshurnaja war immer noch zur Stelle. Ich fragte ihn nicht, ob diese Aussage einfach als Impression zu verstehen sei oder vielleicht politisch (manches moderner, aber immer noch die alten Wächter der Ordnung?), und er hätte mir wohl geantwortet, daß er hier eine Beobachtung schlicht wiedergegeben habe, jetzt sei es jedem überlassen, das Gedicht auf eigene Art auszulegen.

Im Grunde ist »Deshurnaja« charakteristisch für Jewtuschenkos Dichten: Er gibt mit wenigen Zeilen eine Impression wieder, einen Vorfall, einen Gedanken. Ob der Leser (oder Hörer, Jewtuschenko trägt viel vor, oft in überfüllten Sälen) einen Hintersinn in dem Gedicht findet, hängt von diesem selbst ab ...

Von den einen, nicht zuletzt von manchen Landsleuten im westlichen Ausland, aber auch von Dissidenten daheim, wird Jewtuschenko abgelehnt, weil er das Regime nicht offen angreift, den anderen, den Kulturpäpsten in Moskau, gilt er als unsicherer Kantonist, weswegen man ihm dort schon lange keinen größeren Saal für eine Lesung bewilligte – Schicksal eines loyalen, freiheitlich gesinnten Mannes, der in einem totalitären Staat so viel wie eben möglich öffentlich sagen will. Seine Resonanz im eigenen Lande ist nach wie vor groß, zu seinen Lesungen außerhalb der Hauptstadt kommen Tausende, noch immer versetzen seine Worte die Saiten in der Brust der Sowjetmenschen in Schwingungen. Sein neuester Gedichtband »Otzowskij sluch« (etwa: »Vaters Gespür«), in einer Auflage von 100 000 Exemplaren erschienen, war im Nu vergriffen, für eine höhere Auflage wurde das Papier nicht bewilligt – ob aus Papiermangel oder als Beweis der Mißbilligung gegenüber dem Poeten, auch das mag jeder für sich auslegen.

Die dritte Welle

Wer ein Land mit einer gewissen Regelmäßigkeit besucht, fragt sich jedesmal bei der Heimreise: Was hat sich seit dem letzten Mal verändert? Im Bereich der Intelligenzia ist mir eine Veränderung aufgefallen: Sie wurde durch die Abwanderung zahlreicher bekannter Intellektueller in den letzten Jahren hervorgerufen und hat, so scheint mir, eine Spannung in die Intelligenzia getragen, die ich vorher in dieser Weise nicht gespürt habe. Dreierlei ist hier festzuhalten:

Erstens ist die Verbindung zwischen den neuen Emigranten und den Zurückgebliebenen weit stärker als in früheren Jahrzehnten. (Die neue Emigration wird oft »dritte Welle« genannt; die erste Welle – das waren die Russen, die ihr Land in den Jahren der Revolution und des Bürgerkrieges verließen und heute großenteils tot sind, die zweite gelangte im Zusammenhang mit dem Zweiten Weltkrieg in den Westen). Diese Verbindung ist zum Teil direkt, unter anderem über das Telefon ... Aber sie ist auch indirekt recht intensiv: Über die westlichen Sender gelangen zahlreiche Informationen über die dritte Welle in die UdSSR. Radio Liberty wird in Moskau zwar gestört, ist aber in der Provinz ordentlich zu hören; die anderen Sender, besonders BBC und Deutsche Welle, lassen sich gut empfangen. Ein oft gehörter Spruch lautet:

Kashdyj wetscher moskwitschi
sluschajut stanziju BBC.

Jeden Abend hören sie
in ganz Moskau BBC.

Die Ansichten der führenden Männer der dritten Welle werden also in Moskau alsbald bekannt, etwa die Reden Solshenizyns in Amerika und England oder die Erklärungen Maximows.
Zweitens: Diese draußen gesprochenen Worte rufen in Moskau oft mehr Irritation hervor als Solidarisierung. Mancher Emigrant gibt über die in der Heimat Gebliebenen Urteile ab, die – richtig oder entstellt – bald in der von Berufs wegen indiskreten westlichen Presse auftauchen und für die Genannten unangenehm sind. Manche sind sogar unvorsichtig oder gedankenlos genug, der westlichen Presse Erklärungen zu geben, in denen gewisse Namen von Zurückgebliebenen erwähnt werden. So hat in Moskau insbesondere der in Amerika veröffentlichte Leserbrief eines emigrierten Professors Empörung hervorgerufen, in dem dieser sagte, das Mißvergnügen am System reiche bis in den oberen Parteiapparat, und zur Erhärtung seiner Behauptung einige Namen lobend erwähnte. Die Genannten seien, heißt es, inzwischen sämtlich aus ihren Ämtern geflogen. Ich war nicht in der Lage, diesen Vorfall nachzuprüfen, aber so, wie ich ihn schildere, stellt er sich in den Köpfen Moskauer Intellektueller dar.

Andere Beispiele wurden angeführt: Man habe den X oder die Y gegen alle Verfolgungen in Moskau in Schutz genommen, ihnen noch bis zum Augenblick der Ausreise beigestanden, nur um hinterher zu erfahren, daß sie draußen über die Verbliebenen abfällige Bemerkungen machten. Ein Emigrant habe im Ausland erklärt, alle Schriftsteller von Rang seien mittlerweile ausgewandert, in Rußland gebe es keine mehr. Denjenigen, die geblieben sind und die unter den in totalitären Staaten üblichen, überaus schwierigen, nervenwetzenden Bedingungen ihrer literarischen Arbeit so gut nachgehen, wie es eben geht, tun solche Worte weh. Manchem Emigranten wird vorgeworfen, er spiele sich auf, als sei er Widerständler von Kindesbeinen an gewesen, obgleich er doch erst relativ spät den harten Weg des Dissidenten betreten habe. Warum, so kann man hören, habe Solshenizyn auf dem Höhepunkt seines Ansehens in der Sowjetunion, als Chruschtschow ihn einer Schriftstellerversammlung als »neuen Tolstoi« vorstellte, keine flammende Rede zugunsten der Freiheit des Schriftstellers gehalten? Wo sei er gewesen, als andere Kopf und Kragen riskierten, um gegen die Invasion der Tschechoslowakei zu protestieren?

Zum *dritten* führen diese Auseinandersetzungen bei den Nichtemigrierten zu inneren Spannungen. Solshenizyns Freunde und Gegner vertragen und bekämpfen sich mit Sacharows Freunden und Gegnern. Samisdat-Veröffentlichungen, die in der UdSSR erscheinen, dann ins Ausland gelangen und zum Teil von ausländischen Sendern wieder in die Sowjetunion ausgestrahlt werden, tragen zu solchen Konflikten ungewollt bei. Dieser oder jener Intellektuelle habe diesem oder jenem in der Stunde der Not nicht geholfen, während er doch, so beteuert der Beschuldigte, dieses oder jenes – unter Gefahr für sich selbst – für jenen getan habe. Und so fort.

Noch nie bin ich von Moskauer Intellektuellen so intensiv nach einzelnen Leuten unter den neuen Emigranten befragt worden, nach ihren dortigen Publikationen, nach ihrem Wirken und ihrer Wirkung in der westlichen Welt, nach der Zeitschrift »Kontinent«. Über den Emigranten X kann man dann hören, er sei schon vorher mit seinen Nerven am Ende gewesen und draußen vollends übergeschnappt, von Y, er habe jede dichterische Kraft

in der Emigration eingebüßt, von Z, er habe seine daheim gebliebenen Freunde aus Sensationshascherei in Schwierigkeiten gestürzt.
Natürlich hat sich inzwischen herumgesprochen, daß für viele Emigranten, und insbesondere für die intellektuellen, das Brot der Emigration oft sehr bitter schmeckt, daß in der Fremde jeder weitgehend auf sich selbst angewiesen und des Zusammenhalts in kleinen Kreisen beraubt ist. In Moskau lebte man im selben Schriftsteller-Wohnhaus, im selben Dorf Peredelkino, oder jedenfalls nicht mehr als ein paar U-Bahn-Stationen voneinander entfernt; draußen ist man durch Länder – wenn nicht durch Weltmeere – getrennt.
Der Konkurrenzkampf im Westen ist unvergleichlich härter als daheim, und wer gewöhnt ist, die Sprache als Instrument zu benützen, muß die fremde erst lernen. Die Zeit, in der Emigranten aus der UdSSR im Westen als Sensationen angesehen wurden, ist vorbei; es waren ihrer in den letzten Jahren zu viele, eine gewisse Müdigkeit ist unverkennbar. Der Westen ist auch viel schnellebiger, als man es von daheim gewöhnt ist. Heute in den Schlagzeilen der Presse, morgen vergessen, so ist es vielen gegangen. (Eine Ausnahme ist Solshenizyn, der sich im Westen als der große Schriftsteller aus dem Osten durchgesetzt hat.) Wenn trotz alledem in den letzten Jahren Zehntausende der Sowjetbürger ihrem Vaterland den Rücken gekehrt haben (keineswegs nur Juden, auch Russen, die zur nationalen Tradition gehören wie Puschkins Ururenkelin Natascha, die im Mai 1976 ausreiste), so zeigt dies, daß der Sowjetstaat fast sechzig Jahre nach seiner Gründung die elementaren Erwartungen vieler seiner besten Bürger bitter enttäuscht hat.
Ich bin in den letzten Jahren häufig länger in New York gewesen und dazwischen auch mehrfach in Moskau. Das geistige Leben New Yorks ist überwältigend – Buchverlage, Bühnen, Universitäten, Zeitungen, wissenschaftliche und ähnliche Institute und Gesellschaften, Ausstellungen mit immer neuen Vernissagen, alle enorm aktiv, miteinander im Wettstreit liegend, ein Wirbel von Ereignissen und Ideen, ein wahrer Niagara. Und Moskau, unter den Weltstädten die konservativste, mit einem kulturellen Leben wie einem langsam fließenden, breiten Strom. Von den Universi-

täten ist im Leben der Stadt kaum etwas zu merken, und am vollsten sind Theater, die die ältesten Stücke spielen; der Komponist Peter Tschaikowskij († 1893) und der Dramatiker Alexander Ostrowskij († 1886), aber auch Shakespeare und Schiller locken immer noch die meisten Zuschauer. In der Belletristik führen nach wie vor die Romane und Erzählungen, die fast so geschrieben werden wie im neunzehnten Jahrhundert. Eine Ausnahme – eine winzige – bietet die moderne Malerei.

Welt der Maler

Als Beispiel für die rasche Übermittlung von Nachrichten in den kulturell lebendigen Kreisen der Intelligenzia erwähnte ich eingangs die Geschwindigkeit, mit der sich Interessenten in einer nicht publik gemachten Ausstellung von nicht anerkannten Malern einfanden. Die Ausstellung wurde im Keller des Hauses der Graphiker-Gewerkschaft gezeigt, in einer stillen Straße in der Nähe des Weißrussischen Bahnhofs (und der Deutschen Botschaft). In den drei Räumen hingen die Arbeiten, die meisten in Öl, aber auch Graphiken, von sieben jüngeren Männern, die dem Verband der bildenden Künstler nicht angehören und daher Schwierigkeiten haben, ihre Werke auszustellen. Einige von ihnen waren schon auf der Moskauer »Bulldozer-Ausstellung« vom 15. September 1974 vertreten gewesen, die so heißt, weil damals die – mangels anderer Räumlichkeiten – im Freien aufgestellten Bilder von Bulldozern niedergewalzt wurden (angeblich sollten diese das Feld für einen Neubau planieren); an den dann folgenden nicht mehr gestörten Ausstellungen – im Ismailowo-Park Ende September 1974 und auf dem Gelände der volkswirtschaftlichen Ausstellung in Sokolniki im Februar und September 1975 – waren alle beteiligt.

Die Kremlführung hatte erkannt, daß der Triumph über die Vernichtung der unerwünschten Bilder den Ärger nicht aufwog, den man sich mit der anschließenden schlechten Publizität in aller Welt eingehandelt hatte, und ging nun flexibler vor. Über die Ausstellung im Haus der Graphiker-Gewerkschaft hatten die Sieben ein Jahr lang verhandelt; außer der Gewerkschaft selbst hatte auch die Kulturabteilung der Stadtverwaltung von Moskau ihre

Zustimmung zu geben. Einer der Maler erzählte mir, wie schwierig diese Verhandlungen gewesen waren, da die zuständigen Beamten der Stadt von Malerei wenig verstanden. »Aber es war immer noch leichter, es mit Bürokraten zu tun zu haben; denn regimekonforme Maler hätten uns nie die Genehmigung gegeben, sie sind auf den offiziellen Malstil, den ›sozialistischen Realismus‹ eingeschworen, und also gegen jeden, der anders malt.«
Die Sieben malen in der Tat anders, als es die Führung will. Im ersten Saal hingen abstrakte Bilder, darunter einige, die aus verschiedenen roten Tönen bestanden. Im zweiten Saal drängelten sich die Menschen vor allem vor den Gemälden W. Kalinins. Sie zeigten jene von Hieronymus Bosch und Dali geübte Verbindung von Phantastik und naturtreuen Details. Auf einem Bild sah man einige Männer in einem Nachen; sie fuhren durch eine Phantasielandschaft, aber ihre Gesichter waren fast photographisch getreue Porträts der beteiligten Maler. Plawinskij hatte ein Bild ausgestellt, das mich an Caspar David Friedrich erinnerte (da er nicht anwesend war, konnte ich ihn nicht fragen, ob hier ein Zusammenhang besteht): Eine Kirchenruine und ein mächtiger Baum, beides ineinander verschlungen, wohl symbolisch gedacht, dem Betrachter die Entschlüsselung überlassend. A. Charitonow malt religiöse Motive – ein Heiliger hielt einen Stoß Papier in der Hand, von dem beschriebene Blätter auf den Boden flattern; eine russische Landschaft mit Kirche und einigen Menschen. Kandaurow stellte einige eindrucksvolle Porträts aus, die auch in einer offiziellen Galerie hätten hängen können, daneben aber eine Taufe Christi, ein hohes, schmales Bild, auf dessen oberem Teil Johannes der Täufer, auf dessen unterem Christus zu sehen war, beide verbunden durch einen von oben kommenden Schwall Wasser. Um dieses Bild, erfuhr ich vom Maler, sei lange gerungen worden – ausstellen oder nicht? Schließlich sei es zugelassen worden. Während ich mich mit Kandaurow unterhielt, bildete sich um uns gleich ein Kreis Neugieriger. Aber schon erschien ein Milizionär; die Gruppe löste sich auf.
In den folgenden Wochen besuchte ich noch drei inoffizielle Ausstellungen, Wohnungsausstellungen genannt, weil sie in Wohnungen gezeigt werden. In den zwei Zimmern der ersten Wohnung hingen so viele Bilder, wie es die Wandfläche zuließ, kun-

terbunt durcheinander; andere standen an Wände oder Möbelstücke gelehnt auf dem Boden; auf den Tischen stapelten sich Aquarelle und Drucke. Auch in der Küche sah es ähnlich aus. Die Räume dienten zudem als Wohnung, die Kinder liefen zwischen den Beinen der zahlreichen Besucher, denn es war ein ständiges Kommen und Gehen; meist waren es Jugendliche, die sich die Ausstellung ansahen, manche brachten in Zeitungspapier gewickelte eigene Bilder mit, um sie auszustellen. Als ein Bild verkauft wurde, kam gleich ein anderes an seine Stelle. Alle nur denkbaren Stilarten waren vertreten, keineswegs nur die ganz modernen.

Auffallend viele Bilder zeigten religiöse Motive – Kirchenkuppeln, Christusköpfe, Kreuze. Einer der Maler, den ich bei diesen Wanderungen durch das Moskauer Kunstleben kennenlernte, sagte sogar, er habe sich vorgenommen, nichts zu malen, was sich nur entfernt als religiös bezeichnen ließe; zwar sei er ein gläubiger Mensch, aber er wolle nicht eine Mode mitmachen. Doch schon die bloße Bemerkung, religiöse Motive seien in Mode, ist interessant in einem Staat, der seit bald sechzig Jahren die Religion bekämpft.

In einer anderen Wohnung fand ich eine Auswahl neuer sowjetischer Pop-Kunst, darunter bewegliche Stücke, auch Spiele, für Erwachsene gedacht und doch wieder kindlich, so etwa ein Dutzend kleiner Schachteln mit Aufschriften. Auf einer stand: »Öffne diese Schachtel nicht, sonst fliegt die Seele weg.« Öffnete man sie doch, so fand man in ihrem Innern einen Zettel: »Weg ist sie!«

In einer dritten Wohnung hingen Bilder mit politischer Symbolik: eine graphische Kurve zum Beispiel mit scharfen Ausschlägen; neben den nach unten weisenden Zacken waren römische Ziffern eingezeichnet. Ich gestehe, daß ich mir deren Sinn erst sagen lassen mußte: es waren die Nummern der Parteitage der KPdSU. Ein anderes Bild – aus Schnüren – zeigte einen Galgen mit Schlinge, dazu die unschuldig-ironische Unterschrift: Mai-Tage. Eindeutig politisch war eine Montage der beiden Avantgardisten Romar und Melamid: ein Globus in roter Badehose.

Beispiele erotischer Kunst bekam ich auch zu sehen, allerdings nur unter der Hand; für unsere porno-gewohnten Augen waren sie recht harmlos. Das Bild der wohlbekannten Leda zum Beispiel war nur spannend, weil es die schöne Griechin dort zugleich mit zwei Schwänen trieb. Als Initiator erotischer Kunst wurde mir Mamlejew genannt, der sich durch erotische Erzählungen einen Namen machte. Einer meiner Bekannten hörte, wie er in kleinem Kreise eine Kurzgeschichte über einen Mann vortrug, der sich in sein rechtes Bein verliebt hat; er ist zärtlich zu ihm wie zu einer Frau, streichelt es usw., ist eifersüchtig, hackt es schließlich ab, hängt es an die Wand und betet es an.

Soll man nun diese inoffizielle Kunst unter der Überschrift Widerstand zusammenfassen? Die Gespräche mit den Künstlern und den Besuchern der Ausstellungen riefen bei mir einen anderen Eindruck hervor: Den – großenteils jungen – Künstlern geht es darum, das zu gestalten, was sie innerlich bewegt, und das sind selten politische Themen. Oft sind es einfach Farben und Formen, manchmal auch mehr oder weniger erkennbare Gegenstände, übrigens auch relativ viele Köpfe. Vom Malstil her könnten viele dieser Bilder in staatlich genehmigten Ausstellungen hängen; daß sie dort nicht gezeigt werden, daß ihre Schöpfer großenteils nicht dem Verband der bildenden Künstler beitreten dürfen (was ihr Leben sehr erschwert), hängt oft nicht so sehr mit ihrer Art des Malens zusammen als mit dem Sujet. Der »Sozrealismus« soll den Betrachter zur Verwirklichung der Ideen der Sowjetführung direkt oder indirekt anfeuern – indem er die Schrecken der alten Zarenzeit, das Grauen des Faschismus und – vor allem – das glückliche Leben in der Sowjetunion zeigt und prominente Vertreter des Sowjetstaates in Porträts und Büsten verherrlicht. Bilder oder Skulpturen, die keines dieser Motive enthalten, sind verdächtig.

Zweisprachigkeit

Die offiziell erwünschte Kunst unterscheidet sich also von der abgelehnten nicht dadurch, daß die eine für und die andere gegen den Sowjetstaat auftritt, sondern darin, daß die eine die Ziele der Sowjetführung propagiert, die andere aber nicht; ihr Vergehen besteht darin, daß sie nicht für den Sowjetstaat wirbt, daß sie apolitisch ist. »Apolititschnost« heißt entsprechend die Hauptsünde bei einem Künstler. Ob man apolitische Kunst als Widerstand bezeichnet oder nicht, ist eine Definitionsfrage. Ich würde es nicht tun, dafür lieber die Unterscheidung verwenden, die uns aus den dreißiger und frühen vierziger Jahren vertraut ist, und nur dann von Widerstand sprechen, wenn dieser aktiv ist (also etwa bei den für die Öffentlichkeit bestimmten Erklärungen der Dissidenten), von innerer Emigration aber im Falle der »Apolitischnost«, der Abkehr von der Politik ins Private, in den eigenen kleinen Kreis, ins *l'art pour l'art.*

»Apolititschnost« ist die am weitesten verbreitete Einstellung in der Bevölkerung der UdSSR, ihr wachsender Drang nach einem von der Politik nicht besetzten Freiraum ein auffallendes Merkmal der heutigen Situation. Daß innere Emigration politisch – wenn auch nicht sehr wirksam – sein kann, wissen wir aus unserer Geschichte. Politisch am Verhalten der Sowjetbürger ist also, daß sie unpolitisch sind, denn sie mißachten damit eine Grundforderung ihres Staates, sich ständig für ihn einzusetzen.

Im Grunde bewegen sich die Sowjetmenschen (also nicht nur die Russen, sondern auch die Angehörigen anderer Nationalitäten) in zwei Welten, die wenig miteinander zu tun haben: Die eine ist die Welt der Leitartikel, der Plakate, der politischen Versammlungen, der »Losungen« zum 1. Mai und zum Revolutionstag, die zweite ist die private Welt. Derselbe Mensch benimmt sich je nach Welt völlig verschieden, ja er hat die Fähigkeit, sich in Sekundenschnelle aus der einen in die andere zu begeben. Die Russen selbst haben für diese Erscheinung den Ausdruck Zweisprachigkeit erfunden. So wie ein Zweisprachiger sich im Handumdrehen etwa aus der deutschen Sprache in die englische versetzen kann (und umgekehrt), so springt der Russe aus der offiziellen in die private Sprache und wieder zurück. Es kann vorkommen, daß man sich mit Russen mehrere Stunden in der privaten Sprache unterhält, ohne daß auch nur ein einziges Wort aus der offiziellen eindringt. Selbst über die Staatsmacht und deren Ideologie spricht man auf privat-russisch.

Die propagandistische Beeinflussung hat eben doch ihre Grenzen. Einmal bestellte ich mir in einer Speisehalle etwas zu essen. Sie war recht voll. Zwei Mädchen – Studentinnen, wie sich herausstellte – setzten sich an meinen Tisch. Es war am Vorabend des Jahrestages des Sieges über Deutschland, den Presse, Rundfunk, Fernsehen stark herausstellten. »Feiert ihr morgen mit?«

fragte ich. »Ne«, sagten sie, »interessiert uns nicht, damals waren wir ja noch nicht einmal geboren.«
Ich kenne nur zwei Themen, bei denen sich die beiden Sprachen einander nähern – Patriotismus (einschließlich vaterländischer Geschichte) und Sehnsucht nach der Erhaltung des Friedens. Hier wiederum ist es vor allem China, bei dessen Erwähnung die Sorge vor der Kriegsgefahr und die Bereitschaft zur Verteidigung des sowjetischen Vaterlandes spürbar werden, wenn nicht sogar hervorbrechen. Wenn man die Besorgnisse, die viele Deutsche gegenüber einer sowjetischen Gefahr empfinden, mit drei multipliziert, gelangt man zu der emotionalen Temperatur der Russen gegenüber einer »chinesischen Gefahr«. Man kann dann Sätze wie diesen hören: »Mao ist unser schlimmster und gefährlichster Feind.« Ich sage »Russen«, weil ich nicht weiß, was die fünfzig Prozent Nichtrussen in der Sowjetunion, besonders in deren asiatischen Gebieten, über China denken. Doch wäre es merkwürdig, wenn es unter ihnen keine Leute gäbe, die in ihrer Ablehnung des Sowjetregimes dessen Zerstörung durch China wünschten; sogar der Russe Amalrik hat in seinem Buch »Wird die Sowjetunion das Jahr 1984 erleben?« in den Chinesen Bundesgenossen gegen das Sowjetregime gesehen. Er dürfte freilich eine Ausnahme unter den Russen sein. Ich selbst habe bei meinen Gesprächspartnern, wenn China erwähnt wurde, nichts als Sorge, Feindseligkeit, Abscheu zu hören bekommen.
Auf die Sorge, der Westen könne die Sowjetunion angreifen, bin ich kein einziges Mal gestoßen; das sagt auch die sowjetische Publizistik nicht. Wenn sie von Aufrüstung des Westens spricht, dann erwähnt sie im gleichen Atemzug die gewaltige Macht der UdSSR, die ja auch uns im Westen wohlbekannt ist. Der Sieg im Zweiten Weltkrieg hat das Selbstbewußtsein des Volkes merklich gehoben. Die Sowjetarmee habe die beste Kriegsmaschine der Weltgeschichte, nämlich die deutsche Wehrmacht, der die Menschen- und Industriekraft ganz Europas zur Verfügung stand, allein geschlagen und bis ins Herz Deutschlands zurückgeworfen, ehe sich die halbherzigen Maßnahmen der westlichen Alliierten auszuwirken begannen – so werden Verlauf und Ausgang des Krieges dargestellt, und diese Version hat sich im Volk weitgehend durchgesetzt.

Ein Symptom für die Zweisprachigkeit des Landes und zugleich ein bemerkenswerter Hinweis auf die Grenzen der Propagandawirkung ist das hohe Ansehen, dessen sich Amerika bei den Russen erfreut. Wenn ich mit Bekannten über das westliche Ausland sprach, lag Amerika als Gegenstand der Sympathie immer an der Spitze. Darin drückt sich neben dem Respekt vor einer Weltmacht vor allem die Sympathie mit Amerika schlechthin aus. Daß wir im Zeitalter Amerikas leben, spürt man eben nicht nur im westlichen Europa oder Japan, sondern auch in der UdSSR. Für viele Jugendliche sind Blue Jeans das höchste der Gefühle. Als ich einem Moskauer Jungen, der noch keine sein eigen nannte, von einem Bericht in der westlichen Presse erzählte, auch im Ostblock sollten künftig Jeans-Fabriken errichtet werden, war er skeptisch, so angenehm ihn auch die Nachricht berührte. »Das machen die doch nicht«, meinte er. Schwer zu beschaffende Platten mit westlicher Rockmusik sind auf dem Schwarzmarkt fast so viel wert, wie wenn sie aus Gold wären. Ich hörte von Preisen bis zu 50 Rubel für eine Platte, also annähernd ein Drittel eines Monatsgehalts; nur guten Freunden erlaubt man, sich von ihnen ein Tonband zu machen.

Daß es außer den zwei Sprachen auch zwei Märkte gibt, den offiziellen und den schwarzen, ist oft beschrieben worden ... Vielleicht sollte man noch den »po snakomstwu«-Markt als dritten nennen. Ich staune immer, wieviel man »durch Bekanntschaft« (wir würden wohl sagen »durch Beziehungen«) beschaffen kann. Neben der privilegierten Oberschicht, die, wie bekannt, zahlreiche Vorteile genießt, gibt es eine weit breitere Schicht von Selbsthilfe-Privilegierten, die »durch Beziehungen« untereinander (und manchmal auch zur Oberschicht) ihre – bescheidenen – Wünsche befriedigt. Hier geht es nicht um illegale Geschäfte, sondern um Aushilfen unter Bekannten. Fast immer kommt es darauf an, jemanden zu kennen, der ohne Schlangestehen bestimmte Mangelwaren kaufen kann. Wer eine »Biletjorscha« an der Theaterkasse, einen Verkäufer in einem Fisch- oder Kleidergeschäft duzt, dazu einen Bekannten hat in einem Bücherladen oder in einem Büro, das Urlaubsreisen vermittelt, und an ein oder zwei Dutzend weiteren strategischen Stellen, dem kann wenig passieren, sofern er selbst etwas zu bieten hat, und seien es Tomaten und

Gurken, die er im Gärtchen seiner Datscha zieht. Wirklich schlimm dran sind die, die an keine solche Gefälligkeits-Kette angeschlossen sind, die Leute, die man bei Wind und Wetter Schlange stehen sieht.
Ob durch Anstehen oder durch Bekanntschaft – es ist alles sehr mühsam. Wie jemand mit einem Herzfehler sich bei jedem Schritt mehr anstrengen muß als der Gesunde, so muß der Sowjetbürger in allen großen und kleinen Existenzfragen ungleich mehr Kraft aufwenden als der Mensch bei uns. Dort wie hier muß natürlich jeder erst einmal sein Geld verdienen. Hat er es, so ist es bei uns – von seltenen Fällen abgesehen – kein Problem, das gewünschte Gut zu erwerben. In der Sowjetunion aber ist das Einkaufen fast so strapaziös – und fast so zeitraubend – wie das Verdienen. Vor allem gilt das für Frauen, die die vierfache Last von Beruf, Kindererziehung, Einkaufen und Kochen tragen. Glücklich, wer eine Babuschka, eine Mutter oder Schwiegermutter fürs Anstehen, Einkaufen und Schleppen hat. Zum Glück haben sich die Menschen in den Jahrzehnten ihres Lebens im Sowjetstaat so an diesen Zustand gewöhnt, daß die meisten ihn hinnehmen wie das tägliche Zähneputzen. Manchmal freilich platzt auch ihnen der Kragen.

Das große Haus am Ufer

Bei Reisen ins Ausland frage ich meine Bekannten, deren Urteil mich interessiert: Welche neuen Prosawerke und Dramen werden bei euch gegenwärtig diskutiert? So auch diesmal wieder in Moskau ... Was die Prosa betrifft, so habe ich noch nie eine so eindeutige Antwort bekommen wie in diesem Jahr. Ohne Ausnahme nannten die Befragten – nicht nur Literaten – Jurij Trifonows Roman »Dom na nabereshnoj« an erster Stelle. Das »Haus am Ufer« ist das jedem Moskau-Besucher seit Jahrzehnten bekannte ungefüge graue Hochhaus an der Moskwa, schräg gegenüber vom Kreml, oberhalb der Steinernen Brücke, Apartmenthaus für die jeweilige politische Prominenz (ich habe in ihm Anfang der dreißiger Jahre Karl Radek in seiner Wohnung besucht, Stalins Tochter Swetlana lebte dort bis zu ihrer Ausreise).
Der Roman erschien im Januar 1976 auf den Seiten 83 bis 167 der

Zeitschrift »Drushba narodow« (Völkerfreundschaft). Diese Zeitschrift, obgleich schon 1939 als Jahrbuch gegründet, erscheint seit 1955 monatlich, ist bisher im Ausland wenig beachtet worden, und ich muß gestehen, daß ich vor der Reise nach Moskau den neuen Trifonow noch nicht gelesen hatte. Auch in Moskau bekam ich ihn nicht zu Gesicht, weil meine Bekannten das Januarheft, soweit sie es besaßen, längst verliehen hatten, und in Lesesaal-Exemplaren die entsprechenden Seiten herausgerissen waren. Einer, der in die Redaktion ging, um für mich ein Heft zu besorgen, wurde ausgelacht: Bis auf das Archivexemplar sei die Nummer seit Februar vergriffen. Erst in Deutschland konnte ich mir den russischen Text aus einer Bibliothek beschaffen.
Einige Worte über Jurij Walentinowitsch Trifonow vorweg. Er ist am 28. August 1925 in Moskau geboren. Sein Vater, dessen Beruf in der Biobibliographie sowjetischer Schriftsteller als Angestellter bezeichnet wird, erhielt das Wohnrecht in eben jenem großen Haus an der Moskwa als alter Kommunist, Teilnehmer der Revolutionen von 1905 und 1917 und Organisator der Roten Garde in Petrograd. (1938 fiel er dem Stalin-Terror zum Opfer.) Während des Krieges arbeitete Jurij Trifonow in einem Moskauer Flugzeugwerk, 1944–1949 studierte er am Gorkij-Institut für Literatur, aus dem viele der heutigen Schriftsteller hervorgingen ... Auch heute lebt er in der Hauptstadt. Die Liste seiner Aufsätze, Erzählungen, Romane, Theaterstücke und Übersetzungen (u.a. aus dem Deutschen) füllt fast sechs Druckseiten der genannten Biobibliographie. Unter seinen letzten Prosawerken: »Obmen« (Der Tausch), »Drugaja shisn« (Das andere Leben) und jenes schon genannte »Haus am Ufer« ... Im folgenden soll nur vom jüngsten Roman die Rede sein.
Hier die Fabel: Der Autor schildert aus der Perspektive von heute Kindheit und Studentenjahre von Wadim (Dimka) Glebow. Im August 1972 – so beginnt der Roman – begibt sich Glebow in ein Möbellager am Rande Moskaus, weil er für seine neue Wohnung einen bestimmten Tisch sucht. Dort trifft er – in recht heruntergekommenem Zustand – Lew (Ljowa) Schulepnikow, mit dem er einst dieselbe Schule besuchte und später gleichzeitig studierte. Die unerwartete Begegnung weckt in Glebow Erinnerungen an frühere Zeiten, als er noch keine Glatze hatte und keinen dicken

Bauch, und so erstehen vor dem Auge des Lesers zwei Perioden aus Glebows (und Moskaus) Leben, die dreißiger und die ersten Nachkriegsjahre.
Glebow entstammt einer gewöhnlichen Moskauer Familie, die mit einem halben Dutzend anderer Familien in einer Wohnung (kommunalnaja kwartira) lebt, in einer Gasse auf der Insel zwischen der Moskwa und dem Kanal, wohl etwa an der Stelle, wo heute das Kino »Udarnik« steht. Das alte Haus stand – in jeder Beziehung – im Schatten jenes wuchtigen Häuserblocks, der im ersten Fünfjahrplan, also um 1930, als ein Wunderwerk neuer Technik und modernen Lebensstils ins Leben der Moskauer trat. Glebow wuchs auf im Gefühl der staunenden Bewunderung und des – zunächst unbewußten – Neides auf das Haus und dessen privilegierte Bewohner, zu denen auch der Schulkamerad Ljowa gehörte. Ljowa war allmächtig, denn sein Vater war es. (Es bleibt offen, worauf sich die Allmacht des Vaters gründete.) Als Ljowa das erste Mal in der Schule auftauchte, fiel er vor allem durch seine ledernen Hosen auf, ein unerhörter, neiderweckender Anblick. Alsbald bildete sich eine Schülerverschwörung (die Glebow zunächst mitmachte, dann aber verließ), Ljowa in der Pause die Hose vom Leibe zu reißen. Mit Hilfe einer Schreckschußpistole, die dieser abfeuerte, vertrieb er die Angreifer, was ihm großen Respekt und Ruhm in der Schule eintrug. (Die Verschwörer, deren Namen erst später herauskamen, verschwanden samt Eltern einer nach dem anderen aus dem Schulbezirk.)
Dagegen bestand Glebows einzige Macht darin, daß seine Mutter als Kassiererin an einem benachbarten Kino ihm jederzeit für seine Freunde Eintrittskarten besorgen konnte; eine Schulkameradin belohnte ihn sogar mit einem – seinem ersten – Kuß, als er ihr eine Karte zum »Blauen Expreß« verschaffte. Aber auch dieses Monopol ging verloren, als Ljowa einen Teil der Klasse in die geräumige Wohnung seines Vaters einlud und den Gästen mit einem Heimprojektor einen Film zeigte – den »Blauen Expreß«.
Trifonow zeichnet eine Fülle einzelner Porträts der Schüler- wie auch der Eltern-Generation aus den beiden Sphären, der gewöhnlichen und der privilegierten, samt zahllosen Details ihres Lebens wie auch der Auswirkungen des Standesunterschiedes auf

ihre sonstige Einstellung. So macht es auf Glebow einen unauslöschlichen Eindruck, daß Ljowas Mutter eine Torte, die ihm das Wasser im Munde zusammenlaufen ließ, in die Küche zurückschickte, weil sie »nicht frisch« sei.

Zu den Klassenkameraden gehörte auch Sonja, Tochter eines Professors der Literatur, der sich sein Wohnrecht im großen Haus durch seine – harte – Haltung im Bürgerkrieg erworben hatte und nun auf seine alten Tage ein freundlicher alter Herr geworden war. Sonja, ein stilles, blasses Mädchen, schwärmte für Glebow, wovon dieser freilich nichts wußte.

Die Kriegsjahre werden kaum berührt. Erst im Herbst 1947 setzt die Erzählung wieder ein: Auf der Universität stößt Glebow wieder auf Ljowa, der immer noch das Leben der Privilegierten führt und diesmal durch eine tolle amerikanische Lederjacke Neid hervorruft. Glebow gerät wieder in den Bannkreis des großen Hauses: Er studiert Literaturgeschichte, Sonjas Vater wird sein Professor und Sonja – ohne Wissen ihrer Eltern – bald seine hingebungsvolle Geliebte. Ihr anderer Verehrer, Kuno, genannt Kunik, hat das Nachsehen.

Dann aber braut sich das Unwetter zusammen. Neue, ehrgeizige Leute kommen ans Literatur-Institut, sie spinnen Intrigen gegen den alten Professor und legen Glebow nahe, sich einen anderen Professor zu suchen, da dieser ja bald sein Schwiegervater würde. Glebow willigt ein. In einem gegen den Professor gerichteten Aufsatz heißt es dann, es sei kein Zufall, daß diesem schon die Studenten fortlaufen. Eine Institutssitzung wird anberaumt, in der Glebow gegen den Professor aussagen soll, u. a. soll er berichten, welche Philosophen-Büsten auf dessen Schrank zu Hause stehen (Platon, Schopenhauer usw. – Marx etwa nicht?). Erledigt er diesen Auftrag, so ist sein weiterer Aufstieg im Institut gesichert, überdies noch ein Sonderstipendium von 30 Rubel im Monat. Wenn nicht, ist es aus mit der wissenschaftlichen Karriere.

Glebow quält sich, weil er nicht weiß, wie er sich verhalten soll. Aber er hat »Glück« – in der Nacht vor der Sitzung stirbt seine Großmutter, ein gutes Alibi, nicht zu erscheinen. Andere, mutigere, setzen sich für den Professor ein. Glebows Verhältnis zu ihm, zu Sonja ist zerstört. In einer letzten Szene aus dem Frühjahr 1974 (Glebow auf der Fahrt nach Paris zu einer internationalen Konferenz von Literaturwissenschaftlern) und im kurzen Bericht eines nicht genannten Erzählers (der schon einige Male unerklärt auftrat) erfahren wir, daß Sonja inzwischen gestorben ist, ihr Vater rehabilitiert, wenn auch uralt, und daß Glebows Aufstieg sich Schritt für Schritt fortsetzt.

Macht und Güte

Der Roman ist ein bemerkenswertes Kunstwerk. Zwar hat Trifonow der Rückblende-Mode nicht widerstehen können, auch einige andere Neuerungen eingeführt (wie jenen unbekannten Zwischendurch-Erzähler), aber insgesamt ist »Das Haus am Ufer« ein würdiges Glied in der langen Kette der russischen Literatur. Ein sowjetischer Kritiker hat ihn in die Nachfolge Gorkijs gestellt, ich wurde eher an Dostojewskij erinnert: Wie wenige Sowjetschriftsteller unserer Tage dringt Trifonow in die Seelenregungen seiner Personen ein, die von ihm beschriebenen Ereignisse vollziehen sich weniger im äußeren Erleben als in den Gedanken, vor allem in den Herzen und ganz besonders in den Gewissen seiner Personen.

Als altem Moskauer liegt es mir nahe, eine Wesensart des Schriftstellers hervorzuheben: seine besondere Fähigkeit, diese Stadt zu schildern. Sicher spielt bei mir mit, daß ich die Insel in der Moskwa, auf der ein großer Teil des Romans stattfindet, genau kenne; mein großväterliches Haus, ebenfalls ein »Haus am Ufer«, steht (noch) dort, keine zwei Minuten vom großen Haus entfernt, und die Schokoladenfabrik, in der Glebows Vater als Meister arbeitete, kann kaum eine andere sein als der »Rote Oktober«, die einst als Firma »Einem« meinem schwäbischen Großvater Heuß gehörte. Die Straßen und Gassen, durch die Trifonows Helden gingen, waren auch die meiner Kindheit. Jeder Schriftsteller kann jede Stadt beschreiben, aber in diesem Roman wird Moskau von einem Mann geschildert, der die Stadt aufs intimste kennt, seit Kindesbeinen liebt.

Keine Frage, daß die literarische Meisterschaft Trifonows und das hervorragend eingefangene Lokalkolorit der Hauptstadt zum großen Teil die ungewöhnliche Popularität des Romans erklären, von der ich zu Beginn dieses Abschnitts sprach. Aber doch nicht allein. Auf Grund von Gesprächen mit Verehrern des Romans (Trifonows überhaupt) und von Rezensionen, die inzwischen erschienen sind, möchte ich eine Vermutung aussprechen: Was die Leser berührt und was die Rezensenten kritisieren, ist – abgesehen von der unverblümten Schilderung der »Neuen Klasse« – die fast totale Hinwendung des Autors zum Privaten. Der Roman ist ein Meisterwerk der »Apolititschnost«. Das mörderische Wüten Stalins, die Fünfjahrpläne, Krieg und Sieg 1941–1945 – das alles ist ein ferner, kaum erwähnter Hintergrund und für den Verlauf der Erzählung ohne Belang. Worauf es ankommt, ist etwa, was Glebow über einen im großen Haus *lebenden* Hund denkt (nämlich, daß dieser voll Verachtung auf den nur *zu Besuch kommenden* armen Jungen herunterschaut) oder welche Gefühle Sonjas Mutter Glebow gegenüber hegt. Seit Stalins Tod entdecken die Schriftsteller, Schicht um Schicht, die Seele und nicht zuletzt das Gewissen der Menschen, und Trifonows enormer Erfolg zeigt, daß sie damit einem starken Bedürfnis des Lesers entgegenkommen. Die Apolititschnost Trifonows entspricht der des lesenden Publikums.

Trotzdem ist der Roman ein Stück Zeitgeschichte. Er schildert, wenn auch nur indirekt, die Stalinjahre vor und nach dem Kriege, das Entstehen neuer Stände mit ihren Privilegien, die innerhalb eines totalitär-bürokratischen Systems möglichen Formen der Intrige. Nichts von alledem ist das Thema des Romans, aber in den Gedanken und Reaktionen seiner Personen tauchen alle diese Zeiterscheinungen auf. Und da die Russen noch ganz mit der Bewältigung ihrer Vergangenheit, das heißt vor allem der Stalinzeit, beschäftigt sind, lesen sie Romane von der Art des »Hauses am Ufer« mit den Augen derer, die diese Zeit selbst oder doch durch die Erzählungen der älteren Generationen kennengelernt haben, sie lesen sie mit gemischten Gefühlen, aber voller Neugier und mit starker innerer Anteilnahme.

Die Moskauer Kulturpäpste haben sich bislang Trifonow gegenüber vorsichtig verhalten. Man kritisiert ihn, aber nicht bösartig, mehr nach der Methode »einerseits – andererseits«, man legt der Übersetzung seiner Werke in fremde Sprachen keine Hindernisse in den Weg. Vielleicht will man an seinem Beispiel der russischen Intelligenzia und nicht zuletzt dem Ausland zeigen, daß der Sowjetstaat liberaler, großzügiger geworden ist, daß ein Schriftsteller, auch ohne den Kommunismus ständig zu loben, in der UdSSR durchaus leben und zu Ruhm und Einkommen gelangen kann.

Die sowjetischen Rezensenten ziehen sich aus der Affäre, indem sie Trifonow als einen vorwiegend moralischen Fragen zugewandten Schriftsteller bezeichnen, der in seinen Werken den Sowjetspießer vom Typ eines Glebow bloßstellt, wofür er gelobt wird. Andererseits wird von ihnen das Fehlen positiver Helden vermerkt. In der Tat bemüht sich Trifonow in keiner Weise, das vom Sowjetschriftsteller seit Jahrzehnten geforderte Soll an – im kommunistischen Sinne – positiven Helden zu erfüllen. Er ist ein genauer Beobachter der Menschen, und wer sie nicht nach ihren heroischen Worten und Taten beurteilt, sondern nach ihren Gedanken, ja nach ihren intimen und spontanen Seelenregungen, der wird sie oft so klein, egoistisch und spießig finden wie Trifonow.

Im übrigen stimmt es nicht, daß er keine positiven Helden hat, nur daß diese nicht dem kommunistischen Ideal entsprechen. Im »Haus am Ufer« ist ohne Zweifel Sonja des Autors positiver Held, ein demütiger, liebender, ganz und gar unegoistischer, aber eben auch ein schwacher, ja ein als kränklich geschilderter Mensch. Eine ähnliche Gestalt ist Kunik. Auch er in vieler Hinsicht das Gegenteil des strahlenden Sowjethelden, demütig, gedemütigt und körperlich behindert, im Grunde nur eine Randfigur und doch derjenige, der sich zu einer flammenden Anklage gegen Glebows Feigheit in der Sache des Professors erhebt (obgleich es ihm selbst ja nur recht sein konnte, wenn sich Glebow durch sein Verhalten Sonjas Liebe verscherzt). Sonja und Kunik sind Helden in der Nachfolge des Dostojewskijschen »Idioten«, sie sind »ne ot mira sego«, »nicht von dieser Welt«, zu gut – und zu schwach – für diese Welt.

In einer eindringlichen Analyse des Romans macht vor allem W. Dudinzew (Autor des unvergessenen »Nicht von Brot allein«) auf diesen Umstand aufmerksam (Literaturnoje obosrenije 5/1976, S. 48–52). Ich möchte ihn ausführlich zitieren:

»Schon im ›Tausch‹ und im ›Anderen Leben‹ können wir die im Bewußtsein des Autors entstehende Ansicht über das Gute und

die Güte als ein Synonym für Hilflosigkeit und Kurzsichtigkeit erkennen, für Dem-Untergang-geweiht-Sein und sogar, ich scheue mich nicht, es zu sagen, für Minderwertigkeit. [...]
So ist es also [bei Trifonow]: Das Gute kann sich nur dort einnisten, wo der Mensch physisch schwach und in solchem Maße wunderlich ist, daß er nicht auf Erfolg in dieser Welt rechnen kann: so bleibt ihm auch nur, nutzlose Altäre in seiner kranken Seele zu errichten. [...]
Wozu mußte man denn auch noch [...] mitteilen, daß Sonja ›in ein Krankenhaus außerhalb der Stadt‹ verbracht worden ist? Und dabei noch, gleichsam aus der Krankheitsgeschichte, hinzufügen, daß Sonja erblich belastet sei, daß ihre Großmutter ›ihr Leben in einem Haus für Geisteskranke abgeschlossen‹ habe und ihre Mutter ›gewiß nicht sehr gesund‹ gewesen ist ... Zu behaupten, daß das Gute eine schöne Mißgeburt ist, daß es eine Anomalie darstellt, ein weißes Meerschweinchen [...]
Klar, es ist eine schöne Sache, gut und mutig und ehrlich zu sein, doch ist dies [laut Trifonow] für einen normalen Menschen nicht möglich.«
Diese behutsame, aber klare Formulierung bedarf für den aufmerksamen Leser keiner weiteren Interpretation.
Trifonows dichterisches Können, seine Konzentration auf das Menschliche, seine psychologischen Einsichten, seine atmosphärisch hervorragende Schilderung Moskaus, die schmerzhafte Anziehungskraft der unbewältigten Stalinjahre – das alles reicht als Erklärung für den Großerfolg dieses Romans noch nicht ganz aus. Vielleicht ist es eben das Hohe Lied auf die Güte und Demut in einer über alle Maßen harten, ja versteinerten Umwelt, das den russischen Leser in Bann zieht, die Sehnsucht nach dem Humanen, nach dem Guten an sich, auch wenn es wehrlos ist gegenüber den Glebows (wie ja auch Glebow letzten Endes wehrlos ist gegenüber der Welt der Intrigen, weil er – wie die überwältigende Mehrheit der Menschen – nicht zum Märtyrer geboren ist).
Es gibt eine Romanfigur, die dem offiziellen kommunistischen Ideal nahekommt, die Studentin Krasnikowa, die bereit ist, sich für den angegriffenen Professor einzusetzen (die auch vergeblich versucht, Glebow dafür zu gewinnen). Der Autor schildert sie als

mutig und draufgängerisch, aber auch als geschwätzig, stets marktschreierisch, aufgeregt, gleichsam leicht berauscht, als ein dickliches Mädchen, deren Augen »leuchteten mit edelmütigem Mitgefühl allen edelmütigen Leuten gegenüber und wegen der Freude darüber, daß auch sie zur edelmütigen Gesellschaft gehört«. Dieser Druck, dieses Augenblitzen, dieses »gestrenge Mit-dem-Finger-Weisen« erinnerte Glebow, schreibt der Autor, an jene Intriganten im Institut, die ihn zur Aussage gegen den Professor zwingen wollten. »Im Grunde war beides (das Verhalten der Studentin und das der Intriganten) ein und dasselbe, derselbe Terror.« Ein Schlüsselsatz des Romans und ein vernichtendes Urteil.

Ein wichtiges Buch, das eine Übersetzung ins Deutsche verdient und jene Lügen straft, die da meinen, es gebe innerhalb der UdSSR keine Schriftsteller mehr. [Trifonows Roman erschien auf deutsch 1979 unter dem Titel »Das Haus an der Moskwa«; auch die anderen erwähnten Werke liegen auf deutsch vor.] Daß die Zensoren den Druck des Romans in einer Zeitschrift gestatteten, ist ein gutes Zeichen, ein noch besseres wird es hoffentlich sein, wenn er bald in einer hohen Auflage als Buch erschiene, da ja die Zeitschrift praktisch nur von Abonnenten erhalten werden kann. Der Abdruck des Romans ist schließlich ein positiv zu bewertender Hinweis darauf, daß die Sowjetführung aus ihren Fehlern einiges gelernt haben könnte, daß sie es nach den Affären der letzten Jahre, von Pasternak bis Solshenizyn, leid ist, überall als Hort der Reaktion, der Zensur, der geistigen Unfreiheit zu gelten, und in begrenztem Maße willens ist, auf die öffentliche Meinung der Welt Rücksicht zu nehmen. [Der zweite Teil dieses Aufsatzes, der Theater und Film behandelt und hier nicht abgedruckt wird, enthält abschließende Bemerkungen, die sich auf beide Teile beziehen und nun folgen.]

Abschließende Bemerkungen

Noch einige abschließende Bemerkungen, um die in Moskau während dieser Wochen gesammelten Eindrücke zusammenzufassen. Der »neue Mensch«, gar der kommunistische Mensch, der aufgrund der politischen, wirtschaftlichen, sozialen Veränderungen seit 1917, also in fast sechzig Jahren, zustande kommen sollte, ist nicht entstanden. Natürlich sind die Russen, erst recht die Sowjetmenschen (einschließlich der Nichtrussen) heute anders, als sie es 1917 waren: Industrialisierung, Modernisierung, Urbanisierung, eine riesige, qualitativ hochstehende Schule und Hochschule – sie alle haben die Menschen verändert; aber diese Entwicklung unterscheidet sich nicht grundsätzlich von entsprechenden Prozessen in anderen Nationen, die sich industrialisierten, modernisierten usw.

Auch das mächtige Ansteigen der Industrieproduktion konnte nicht einen vom Westen unterschiedlichen Menschen hervorbringen, da es ja in allen modernen Staaten stattgefunden hat. Das Streben nach mehr Konsumgütern und Lebensannehmlichkeiten – auf einem, etwa mit der Bundesrepublik verglichen, bedeutend niedrigeren Niveau – ist ebenso unverkennbar wie bei uns.

Eine Entwicklung hat sich in der UdSSR noch ausgeprägter vollzogen als im Westen – die Bürokratisierung, und das in einer ohnehin zum Bürokratismus neigenden Bevölkerung. Die Hoffnungen der russischen Sozialisten früherer Jahre (und nicht nur der russischen) haben sich nicht erfüllt; die Überführung der Produktionsmittel in die Hand des Staates, diese fast totale Verbeamtung einer Bevölkerung von einer Viertelmilliarde Menschen (nur ganz wenige Berufe, vor allem die Schriftsteller, sind ihr entgangen) hat keinen edleren, freundlicheren und gütigeren Menschentyp hervorgebracht. Woran soll man das messen?

Eine Tätigkeit, die jeder Sowjetbürger täglich – vielleicht mehrfach – ausübt, das Einkaufen, ist nicht nur wegen der Bescheidenheit des Warenangebots und der unrationellen Umständlichkeit des Kaufvorgangs alles andere als eine Freude, sie wird erst recht zur Last infolge der – in meiner Erfahrung – überwiegend unfreundlichen Bedienung. Selbst wenn ich in dieser Beziehung für die letzten Jahre eine Verbesserung festzustellen glaube (an öffentlichen Ermahnungen zu größerem Entgegenkommen fehlt es nicht) – das Niveau der Freundlichkeit im Verkehr mit Kunden im Westen oder in Japan (oder in China) ist noch lange nicht erreicht. Man gehe in ein Aeroflot-Büro in Moskau, ein Lufthansa-Büro in Frankfurt, ein PANAM-Büro in New York, oder man vergleiche das Verhalten der Verkäuferinnen und Verkäufer in diesen drei Städten, und zwar nicht gegenüber ausländischen Kunden (die werden auch in Moskau freundlicher behandelt), sondern gegenüber den eigenen Landsleuten, und man wird verstehen, was ich meine.

Ein kleines Beispiel unter vielen. Einmal wollte ich in Moskau einen bestimmten Film sehen. Gemäß dem alle paar Tage neu an die Mauer geklebten Gesamtprogramm für alle Kinos Moskaus sollte er in einem Kino im Zentrum laufen. Als ich dort – im Regen und zu Fuß – eintraf, hieß es, er liefe nicht mehr, obgleich er auf dem neben der Kasse klebenden Programm noch verzeichnet war. Wo er denn noch zu sehen sei, fragte ich. Mehr als ein brüskes »Weiß ich nicht« bekam ich nicht zu hören. Auf dem neuen Programm zwei Tage später fand ich den Film für ein Vorstadt-Kino angezeigt. Durch Schaden gewitzt, rief ich für alle Fälle dort an. »Ja, der Film läuft heute bei uns.« Mit der – vor allem bei Regenwetter – üblichen Mühe fand ich ein Taxi, fuhr eine weite Strecke zum Kino (in der »Straße der Enthusiasten« gelegen), entließ das Taxi und ging zur Kasse. Der Film lief nicht mehr. Ja, wieso denn? »Abgesetzt«, brummte die Kassiererin. Aber ich hätte doch eben erst telefoniert! »Ab-ge-setzt!« sagte sie mit abgehackter Stimme. »Verstehen Sie kein Russisch?« Damit wandte sie sich wieder ihrem unterbrochenen Telefongespräch mit irgendeiner Olga zu; es ging um die Frage, wo es eine bestimmte Wurst gab.

Manchmal macht sich diese Einstellung auch dem Ausländer gegenüber bemerkbar, selbst wenn damit die ihm gegen harte Devisen zugesagten Leistungen vertragswidrig vorenthalten werden. Zuverlässig ist mir aus dem Sommer 1976 berichtet worden, daß westdeutschen Touristen die fest gebuchten und bezahlten Plätze für den Rückflug nach Frankfurt mit Aeroflot einfach vorenthalten wurden. Mehr noch: Man brachte die Touristen zwar ins Stadtzentrum zurück, dort aber kümmerte sich niemand um sie, für die Übernachtung bis zum Flug des nächsten Tages mußten sie noch einmal bezahlen, ebenso für das Essen, für das man ihnen einen horrenden Preis abnahm – natürlich in Westmark. Als Alternative bot man lediglich an, sie wieder zum Flugplatz zu bringen, dort könnten sie in der Wartehalle die 24 Stunden bis zum nächsten Flug verbringen.

Gleichgültigkeit statt Dienst am Kunden ist leider ein Merkmal der Moskauer Büros, Ämter, Läden. Der Kunde (im weitesten Sinne des Wortes) wird sofort in die Situation eines Bittstellers gebracht, der etwas haben will, was ihm eigentlich gar nicht zusteht und was er nur bekommen kann dank eines Gnadenaktes des Beamten oder der Verkäuferin (die ja auch beim Staat oder einer staatsähnlichen Institution angestellt ist). Wenn der Sozialismus überhaupt etwas am Menschen hätte verbessern müssen, so wäre das die Verminderung des Egoismus gewesen. Das ist nicht gelungen. Der prozentuale Anteil des Egoismus am Gesamtvolumen der Russen ist, meine ich, heute größer als vor der Revolution.

Mein Urteil, daß die Russen als Volk in den letzten sechzig Jahren nicht edler, freundlicher und gütiger geworden sind, gründe ich außer auf den eigenen Eindruck auch auf literarische, dramatische, filmische Werke. Besonders berührt hat es mich, daß Trifonows positive Helden – die Mutter im »Tausch«, Sonja und Kunik im »Haus am Ufer« – weit entfernt sind von denen des Sozrealismus und am ehesten in der Nachfolge des Dostojewskijschen Idioten stehen, wenn nicht sogar des altrussischen Jurodiwyj, des heiligen Narren oder närrischen Heiligen.

Am liebenswertesten, am humansten ist der Russe in seinem privaten Bereich, auch in seinem »Krushok«. So war es freilich auch schon vor der Revolution – die Alten, wie ich, wissen das aus eigener Erfahrung, die Jungen können es in den Werken der großen russischen Schriftsteller nachlesen.

Moskauer Theaterabende in der Saison 1980/81

1981 Das Ansehen der Bühnen schwankt in den Augen der Theaterliebhaber Moskaus. Jahrelang hieß der Geheimtip: Theater auf der Taganka. Wer dorthin eine Karte bekam, war so glücklich wie ein Engländer, den die Queen in den Buckingham Palace einlädt. In dieser Saison fand ich zwei Theater besonders hoch in der Gunst des Publikums: den »Sowremennik« an den Tschistyje

Prudy und das »Künstlertheater« mit seinen beiden neuen Bühnen, der »Filiale« in der Moskwin-Straße, keine fünf Gehminuten vom Zentrum, und dem neuen Prachtbau am Twerskoj Boulevard.
In den etwas mehr als zwei Wochen, die ich auf meiner jüngsten Reise (sie führte mich bis Ost-Sibirien) in Moskau verbrachte, war ich zehn Abende im Theater, ausschließlich in Stücken zeitgenössischer Autoren [von denen hier acht dargestellt werden].
Wer sich nur vorübergehend in Moskau aufhält, ist bei Theaterbesuchen bis zu einem gewissen Grade auf den Zufall angewiesen; er muß Stücke sehen, die gerade in die Tage seines Besuches fallen, und er kann von den zwei oder drei Aufführungen, die ihn an einem Abend besonders interessieren, nur eine besuchen.
Die Aufführungen gehörten vornehmlich zwei Gruppen an: die einen behandeln Sozial- und Gesellschaftsfragen der jüngsten Gegenwart, die anderen ähnliche Probleme in der Perspektive der letzten Jahrzehnte. Zur ersten Gruppe gehören: »Die Entenjagd« – die höchststehende; »Wir, die Unterzeichneten« – die originellste; »Energische Leute« – die boshafteste; »Der dreizehnte Vorsitzende« – die bewegendste; »Meine Hoffnungen« – die am wenigsten überzeugende. In der zweiten Gruppe stehen »Das Haus« und vor allem »Lebe und erinnere Dich« auf hohem Niveau ...

Ein Mann ist am Ende

Alexander Wampilow ist 1972, nur 34 Jahre alt, im Baikalsee, in dessen Nähe er ein Haus hatte, bei einem Bootsunglück ums Leben gekommen. (Der Freund, mit dem er unterwegs war, konnte sich retten.) Dieser Tod ist für das sowjetische Theater ein schwerer Verlust. Wampilows gedankenreiche Dramen gehören zum festen Repertoire der Sowjetbühnen. Drei von ihnen habe ich im Laufe der Jahre gesehen, diesmal die – 1970 zum ersten Mal aufgeführte – »Entenjagd« (Utinaja ochota). Im Winter 1980/81 lief die »Entenjagd« auf zwei Bühnen; ich sah sie im Jermolow-Theater auf der unteren Gorkij-Straße.
Silow, der Held (wie sich herausstellt: ein negativer Held), arbeitet zusammen mit drei weiteren (männlichen) Personen des

Stücks in einem »Zentralbüro für technische Information«. Er ist ein vergnügtes Haus, hat eine sympathische, ihn liebende Gattin (von Beruf Lehrerin), ist ein Liebling der Frauen und in seinem Beruf so erfolgreich, daß seine Dienststelle ihm eine Wohnung besorgt, also einen für Millionen Sowjetbürger besonders dringenden Wunsch erfüllt; zu alledem steht ihm ein besonderes Vergnügen bevor: mit seinem Freund Dima ein Urlaub mit Entenjagd.

Silow aber – und das gibt dem Stück seine Spannung – ist nicht glücklich. Er betrügt seine Frau nach Strich und Faden, was ihn – gelegentlich – bekümmert; läuft einer anderen nach, als ihm seine Frau nach Jahren der Ehe ihre Schwangerschaft mitteilt (worauf sie das Kind abtreiben läßt); haßt seinen Vorgesetzten und seine Kollegen; beleidigt diese und sogar seine Liebhaberinnen auf üble Weise; wird von Tag zu Tag unausgeglichener und nervöser und trinkt immer mehr. Vor den Augen der Zuschauer, die ihn aus dem Parkett besser durchschauen können als seine neben ihm lebende Frau, sinkt er von Stufe zu Stufe.

Das Ende ist ein wenig vage ... Aber ob sich Silow tatsächlich mit seinem Jagdgewehr erschießt oder nicht – er ist am Ende. Einer der Kollegen, der ihm seinen Selbstmordplan auszureden sucht, sagt beschwörend: »Womit bist du unzufrieden? Woran mangelt es dir? Du bist jung, gesund, hast eine Arbeit, eine Wohnung, die Frauen lieben dich. Leb' und freue dich. Was brauchst du noch?« »Ich brauche, daß ihr verschwindet«, antwortet Silow; etwas anderes weiß er nicht zu sagen.

Das Problem ist uns nicht unbekannt: Ein Wohlstandsbürger (und ein solcher ist Silow im Rahmen der Sowjetgesellschaft) hat alles und wünscht sich den Tod. Und Silow ist in diesem Kreis nicht als einziger leer und konsumorientiert. Seine elegante Freundin Wera macht sich gleich an Silows Vorgesetzten heran, der Wera, kaum daß er sie bei Silow kennengelernt hat, auch schon nach Hause mitnehmen will (seine eigene Frau ist verreist); das neue Auto ist sein »liebstes Kind«; ständig läuft er ans Fenster, um nachzusehen, ob es noch dasteht. Einer der Angestellten unterschreibt mit Silow ein Dokument, das über das Schicksal einer Fabrik entscheidet, ohne zu wissen, was darin steht; nach der Methode »Kopf oder Adler« werfen sie eine

Münze so lange, bis »Unterschreiben ohne zu lesen« herauskommt.

Von den Männern schneidet Dima am besten ab, er ist von Beruf Kellner und hat das Herz auf dem rechten Fleck. Wie so oft in sowjetischen Stücken sind unter den Frauen die sympathischeren Gestalten; so Silows Ehefrau und seine letzte, noch kindliche Geliebte. Diese wird in ihrer vertrauensseligen ersten Liebe von T. N. Argunowa sehr rührend verkörpert, Silow recht überzeugend von dem preisgekrönten W. A. Andrejew. (Man erleichtert sich das Verständnis des Stückes, wenn man schon zu Beginn weiß, daß am Anfang und am Ende Silows Zusammenbruch in zwei Phasen gezeigt wird, während der Hauptteil des Stückes aus seinen Erinnerungen in den letzten Wochen besteht.)

Mit einigen Moskauer Intellektuellen, die das Stück auch gesehen hatten, diskutierte ich, wie man die an Silow gestellte Frage nach dem Grund seiner Katastrophe beantworten solle. Einer sagte, und die anderen neigten ihm zu:

»Silow ist am Ende, eben weil er das alles hat – die Stellung, die Frau, die Wohnung, die Liebhaberinnen. Er findet keine Verwendung für seine Begabungen und Kräfte, denn er lebt, wie die überwältigende Mehrheit seiner Zeitgenossen, in einem festen, ihn beengenden Rahmen. Es ist ihm nicht möglich, in eine private Karriere auszubrechen. So bleibt ihm nur die Entenjagd als etwas Außergewöhnliches. Aber das ist nicht genug. Und als ihn seine Frau, angeekelt von seinen ewigen Lügen, verläßt, als ihm die Liebhaberinnen den Rücken kehren, als ihm die Kollegen, nachdem er sie bei einem Gelage sämtlich beleidigt hatte, einen Trauerkranz mit seinem Namen in seine Wohnung schicken, sieht er sich in einer Sackgasse, aus der er aus eigener Kraft nicht mehr herausfindet.«

Intrigen im Sibirien-Expreß

A. Gelman, Autor von »Wir, die Unterzeichneten« (My nishe podpisawschijesja), ist ein bekannter Stückeschreiber und, wie so viele seiner Kollegen, ein ausgesprochener Sozialkritiker, so auch hier. Das Szenenbild im großen Haus des Künstlertheaters war recht originell. Über die ganze Breite der Bühne, parallel zum

Publikum, stand ein Waggon der sowjetischen Eisenbahn, grün und wuchtig wie alle. Die Akteure sah man an den Fenstern des Zuges oder im Gang (dann schob sich die Außenwand des Waggons auseinander) oder in den einzelnen Coupés, denn auch deren Wände waren beweglich und öffneten den Blick in das eine oder andere Abteil. Der ganze Bühnen-Mechanismus funktionierte tadellos.

Die Hauptfigur ist Schindin, ein mittlerer Angestellter in einer sibirischen Baufirma, die gerade eine Großbäckerei errichtet hat. Und das Hauptproblem: Die aus der Provinzhauptstadt eingetroffene dreiköpfige Abnahmekommission hat sich geweigert, der neuen Fabrik ihr Okay auszustellen (dieses Wort gibt es heute längst auch in der Sowjetunion); sie hat nämlich, obgleich die Produktion von Brot in ihr bereits angelaufen ist, eine Anzahl von Unvollkommenheiten festgestellt. Für Jegorow, den Direktor der Baufirma, wäre die Ablehnung, bliebe es bei ihr, eine berufliche Katastrophe. Sein ihn ungestüm verehrender Angestellter Schindin versucht also, die Kommission doch noch zur Abnahme der Fabrik zu bewegen. Und so nimmt er sich einen Platz in demselben Zug, in dem – im Nachbarabteil – die drei Kommissionsmitglieder nach Hause fahren. Mit Schindin reisen noch zwei Angestellte der Baufirma – seine eigene Frau und ein Abteilungsleiter.

In seinem verzweifelten Bemühen unternimmt Schindin alles, was er sich nur ausdenken kann. Er verliert zum Schein seine Fahrkarte, um in der darüber entstandenen allgemeinen Aufregung die Bekanntschaft der Kommissionsmitglieder zu machen, erfindet den Geburtstag seiner Frau (die er für seine Kollegin ausgibt), um die Kommission zu dieser »Feier« aus dem Nachbarcoupé in das eigene zu locken und unter Alkohol zu setzen, und redet mit Engelszungen über seinen geliebten Jegorow.

Der Leiter der Kommission, vormals Militärjurist, ist der sittenstrengste unter den dreien. Bei den beiden anderen stößt Schindin auf ein gewisses Verständnis – einer Frau mittleren Alters mit dem schönen Namen Violetta, die sich als Dame gibt, und einem Ingenieur, der gern trinkt und gleich mit Schindins Frau anbandeln will. Doch erklären die beiden, daß Schindin von ihrer prinzipiellen Zustimmung nichts hätte; der ehemalige Militärjurist, und der ist ja der Chef der Kommission, werde an seinem einmal gefaßten Beschluß, die Abnahme zu verweigern, eisern festhalten.

Doch dabei bleibt es nicht. Wir erfahren, daß Schindins Idol, der Baufirma-Chef Jegorow, einen Feind hat, der ihn vernichten will. Dieser – mit dem Namen Grishiljuk – hat die Kommission eingesetzt. Da er keinen Einfluß auf den prinzipientreuen Militärjuristen besitzt, beauftragte er Frau Violetta und ihren trinkfreudigen Kollegen, den Kommissionsleiter zur Verweigerung der Abnahme zu bringen; das tun die beiden, indem sie einige Mängel in der Brotfabrik groß herausstellen.

Im letzten Augenblick gelingt es Schindin, Violetta den Geheimauftrag Grishiljuks zu entreißen; er informiert den Militärjuristen. Dieser ist über das Verhalten seines Vorgesetzten Grishiljuk so empört, daß er voller Wut und aus Opposition das Abnahmedokument doch unterschreibt. Auch Violetta unterschreibt es, unter des Militärjuristen Druck, nicht aber der Dritte im Bunde; ihm ist das Wohlwollen des mächtigen Grishiljuk wichtiger als das seines Kommissionschefs. Zum Schluß sehen wir Schindin mit seiner Frau ziemlich verloren auf dem Bahnsteig stehen, während der Zug mit den prominenten Passagieren weiterfährt. Der Militärjurist will zwar die Angelegenheit nicht auf sich beruhen lassen, aber zunächst einmal hat der anständige Schindin verloren und mit ihm sein Chef Jegorow.

Der Zuschauer kann, wenn er will, annehmen, Jegorow werde wegen der Nichtabnahme des von seiner Firma gebauten Werks gefeuert; er kann aber auch hoffen, daß der prinzipientreue Kommissionschef den Bösewicht Grishiljuk stürzt, indem er dessen Intrige entlarvt und so Jegorow rettet. Auch Autor Gelman läßt sein Stück ohne eindeutiges Ergebnis ausgehen, vielleicht weil ihm ein amerikanisches Happy-End als allzu billig, ein düsteres Ende aber – angesichts des sowjetamtlich gewünschten Optimismus – als allzu riskant erschien, vielleicht aber auch aus einem pädagogischen Grund: Ein offenes Ende zwingt das Publikum zu eigenem Nachdenken.

Die hier geschilderten Ereignisse im Transsibirien-Expreß mögen dem Leser recht konfus vorkommen, und so schienen sie zu Zeiten wohl auch dem Zuschauer; sie werden erst gegen Ende ganz

verständlich, wenn die Intrige des schlimmen Grishiljuk gegen den braven Jegorow zutage liegt.
Eine Einsicht in das soziale und zwischenmenschliche Funktionieren der Sowjetgesellschaft vermittelt der mitreisende Kollege Schindins, der Abteilungsleiter, als er dem jüngeren Schindin das richtige Verhalten beizubringen versucht. Er sagt (dem Inhalt nach):
»Jegorow ist natürlich viel bedeutender als Grishiljuk; in fünf Minuten hat er so viele Ideen wie Grishiljuk nicht einmal in einem ganzen Jahr. Aber dein Jegorow hat einen großen Fehler: Er hat ein Grundgesetz nicht kapiert. Das Gesetz heißt: Willst du Erfolg haben, so mußt du dir eine Clique schaffen, die für dich durch dick und dünn geht. Und eine solche Clique bekommt man nicht durch persönlichen Charme (darauf pfeifen die meisten), sondern durch Gewährung handfester Vorteile. Nimm mein Beispiel: Als ich vor einigen Jahren bei Grishiljuk arbeitete, hat meine Frau einen alten Mann zusammengefahren; das hätte für sie schlecht ausgehen können. Aber Grishiljuk hat sie herausgehauen. Dann wurde mein Sohn krank. Mitten in der Nacht rief ich Grishiljuk an. Er setzte gleich alles in Bewegung; binnen zwei Stunden war mein Sohn im besten Krankenhaus weit und breit und wurde geheilt. Viele Mitarbeiter, die zunächst aus Begeisterung zu Jegorow kamen, sind längst über alle Berge. Du bist die einzige Ausnahme, du hältst zu ihm, obgleich er nichts für dich tut. Nicht einmal eine Wohnung hat er dir besorgt. Wenn Jegorow dieses Gesetz unserer Gesellschaft nicht lernt, ist ihm nicht zu helfen; dann werden alle seine guten Ideen in seinem Kopf verfaulen.«
Dazu mein Kommentar: Was der Abteilungsleiter über betriebliche Abhängigkeitsverhältnisse sagt, stimmt sicher, ist aber keine Spezialität der Sowjetunion, sondern auch anderwärts anzutreffen, wenngleich sicher am meisten in Ländern mit wirtschaftlichem Staatsmonopol, wo sich der Bürger einem Monopolvermieter gegenübersieht, der über »Wohnfläche« verfügt, nämlich dem Staat oder seiner den Staat vertretenden eigenen Firma. Sicher gibt es in westlichen Firmen auch Intrigen, aber kaum wegen Wohnungsfragen. Wenn freilich bei uns alle Angestellten einer Firma die Mangelware Wohnung nur über ihre Direktion

erhielten, könnte man sich vorstellen, daß der eine oder andere Firmenchef über die Zuteilung von Wohnungen Abhängigkeitsverhältnisse schafft und ausnützt. Da in der UdSSR heute fast alles Mangelware ist, ergeben sich dort unzählige Möglichkeiten, über deren Zuteilung Cliquen abhängiger und anhänglicher Untergebener zu bilden. Daran dachten wohl auch viele Zuschauer. Denn als das Wort auf der Bühne fiel: »Wenn einer anständig ist, fliegt er bestimmt 'raus«, applaudierte das Publikum bei offener Bühne.

Sechs Gauner und eine Hehlerin

Wassilij Schukschin, bekannt durch seine treffenden Kurzgeschichten und einen Roman über den Bauernführer Stenka Rasin (1981 unter dem Titel »Rebell gegen den Zaren« in Deutsch erschienen), bezeichnet sein Theaterstück »Energische Leute« (Energitschnyje ljudi) als »Erzählung für das Theater«; ich würde es eine Spitzbubensatire nennen, einen Nachkommen des »Biberpelz«, freilich einen sehr kleinen und unbedeutenden.

Die energischen Leute sind nämlich allesamt Gauner, Angestellte eines – natürlich staatlichen – Geschäftes, das allerlei Mangelwaren verkauft. Zusammen mit ihrem Chef, dem Direktor des Geschäftes, nützen sie die ihnen gebotenen Möglichkeiten reichlich zu Schiebereien aus. Sie heißen »der Dicke«, »der Glatzköpfige« usw., was wohl zum Ausdruck bringen soll, daß sie nicht Individuen, sondern Typen verkörpern. Sie klauen mit gutem Gewissen, denn sie haben für ihre Tätigkeit eine plausible Theorie entwickelt: Ohne Leute wie sie würde in der Sowjetwirtschaft nichts mehr funktionieren; der Staat sei ihnen daher aus Dankbarkeit eine dicke Prämie für ihre Verdienste um die Volkswirtschaft schuldig; da er nicht dazu komme, sie ihnen auszuzahlen, sei es völlig in Ordnung, wenn sie sich selbst bedienen.

Das Stück beginnt mit einem Saufgelage der sechs Kumpane im Hause des Direktors, in dessen Verlauf sie betrunkene Spiele aufführen: als »Störche« laufen sie mit flatternden Armen durch die Zimmer, oder sie imitieren stolpernd einen »Eisenbahnzug nach Wladiwostok«. Im Nebenzimmer räkelt sich Frau Wera, die Gattin des Chefs, gut angezogen und schön aufgemacht, aber gelangweilt und des trunkenen Lärms der Männer überdrüssig.

Sie wird zur Furie, als sie in der Jackentasche ihres Mannes einen Liebesbrief findet, von irgendeiner Sonja an ihn gerichtet. Aus Wut und Rache schreibt sie eiligst einen Brief an die Staatsanwaltschaft, der die Übeltaten ihres Mannes und seiner Bande enthüllt.
Als die Sechs davon erfahren, versucht jeder von ihnen Frau Wera die Absendung des Briefes auszureden. Der eine tut es, indem er ihr zur Rache an dem ungetreuen Gemahl einen Liebhaber in Aussicht stellt, einen schönen Filmschauspieler, dessen Foto er ihr zur Ansicht bringen will; ein anderer, indem er eheliche Untreue als das gegenwärtig in der UdSSR Übliche bezeichnet und ihr den Rat gibt, sich dem allgemeinen Brauch anzuschließen und ihrem Mann Hörner aufzusetzen; ein dritter weist sie darauf hin, daß sie bei einer Verhaftung ihres Mannes als Hehlerin gleichfalls in Schwierigkeiten geriete, da ja alle ihre schönen Sachen, zum Beispiel ihr Persianermantel, mit dem ergaunerten Geld des Gemahls gekauft worden seien, und daß sie natürlich auch ihre schöne Wohnung aufgeben müßte.
Als dies alles nichts nützt, ziehen sich die sechs energischen Leute zu einem Kriegsrat zurück, für dessen Dauer sich der Hausherr – wegen der sommerlichen Hitze – in den offenen Eisschrank setzt. Nach dem Beschluß, Frau Wera einen solchen Schrecken einzujagen, daß sie von ihrem gefährlichen Plan abläßt, begeben sie sich ins Nachbarzimmer und erklären ihr, sie müßten sie als Verräterin leider umbringen. Sie hält das für einen Scherz, bis sie die gewetzten Messer sieht und den Gesprächen der »Mörder« entnimmt, sie solle zum leichteren Abtransport in einzelne Teile zerlegt werden. Hoch und heilig verspricht sie jetzt, den Staatsanwalt nicht zu befassen.
Vielleicht ist Frau Wera auch ganz zufrieden, daß sie einen guten Grund hat, ihren Plan fallenzulassen, da sie nun weiß, daß sie im Falle der Verhaftung ihres Mannes auch nicht ungeschoren davonkäme. Es folgt eine allgemeine Versöhnung. Doch mitten in die Freude platzt ein Polizist, der schon im Vorplatz fünf geklaute Autoreifen entdeckt. Doch dieser Hüter des Gesetzes erscheint erst unmittelbar, ehe der Vorhang fällt. Bis dahin bewegen sich (abgesehen von zwei Moderatoren, die nicht viel beitragen) nur sechs Gauner und eine Hehlerin auf der Bühne, und immer haben sie die Lacher auf ihrer Seite.

Gesetz contra Vernunft

»Der dreizehnte Vorsitzende« (Trinadzatyj predsedatel) von Asat Abdullin wird zwar in einem Theater mit großem Namen, dem Wachtangow-Theater, gespielt, aber es ist ein schwaches Stück, in mäßiger Besetzung, zudem in vereinfachender Schwarz-Weiß-Manier. Doch behandelt es ein höchst interessantes Problem, Gesetz contra Vernunft, und wird in einem Zug, ohne Pause und Bühnenwechsel, in rund zwei Stunden durchgespielt.
Die Fabel: Ein Berufungsgericht verhandelt über den Fall des ehemaligen Kolchosvorsitzenden Sagadejew, der von seiner fünfjährigen Gefängnisstrafe bereits einige Monate abgesessen hat. Es kann ihn entweder freisprechen oder zur Verbüßung des Restes seiner Strafe wieder ins Gefängnis zurückverweisen. Seine Vergehen: Er hat in dem damals von ihm geleiteten Kolchos ohne Genehmigung von oben aus Kolchosmitteln 130000 Rubel für sanitäre Einrichtungen des Dorfes (Wasserleitungen, Toiletten usw.) ausgegeben; er hat auf eigene Faust eine Reise für vierzig Kolchosmitglieder ans Schwarze Meer organisiert und diesen während des Urlaubs auch noch das Gehalt weitergezahlt; er hat – auch das aus eigener Initiative – für den Kolchos Nebeneinnahmen aus nichtbäuerlichen, handwerklichen Arbeiten organisiert, die in den langen Wintern ausgeführt wurden, und er hat einer Melkerin eine Kuh geschenkt. Sagadejew bestreitet das alles nicht, und der Staatsanwalt beruft sich auf dieses Geständnis, als er das Gericht auffordert, das ursprüngliche Urteil zu bestätigen.
Die Zeugen, die alle im Saal anwesend sind, werden einzeln aufgerufen – zwei Melkerinnen, eine Traktoristin, ein technischer Angestellter, der Leiter des Nebenbetriebes, die Sekretärin. Alle geben dem Angeklagten ein hervorragendes, zum Teil überschwengliches, von den Frauen unter Tränen vorgebrachtes Leumundszeugnis. Gegen ihn spricht – von dem noch jungen Staatsanwalt abgesehen – ein höherer Bonze aus der Kreisverwaltung. Aus den Berichten der am Verfahren Beteiligten ergibt sich dieses Bild:
Sagadejew, ein Sohn des Dorfs, aus dem später der Kolchos »Roter (Sonnen-)Strahl« entstand, hatte schon eine Reihe von Posten

inne, auch im Kriege, bis er schließlich von seinen alten Mitdörflern zum Vorsitzenden des Kolchos gewählt wurde – zum dreizehnten, nachdem zwölf andere im Laufe der Jahre versagt und den Kolchos an den Rand des Ruins gebracht hatten; die Menschen waren davongelaufen, das Vieh draufgegangen, die Felder verkommen. Sagadejew aber riß den Kolchos hoch, indem er den Bauern bewies, daß man bei besserer Arbeit besser leben kann.

Um die Leute für ihre Mühen zu entlohnen, gab er ihnen sanitäre Einrichtungen, nahm er die Besten, die von der Kolchos-Versammlung gewählt wurden, zur Exkursion ans Schwarze Meer, erfand er die handwerklichen Nebenarbeiten, ließ er auf einem sonst zu nichts brauchbaren Boden Blumen pflanzen, die mit großem Gewinn verkauft wurden, schenkte er der seit Jahrzehnten im Kolchos tätigen Melkerin eine Kuh zur Anerkennung ihrer Leistung – kurz, Sagadejew verstand sich nicht nur auf die Führung eines landwirtschaftlichen Betriebes, sondern auch auf die von Menschen. Eine Kolchosfrau, die unter dem Druck von oben für seine Absetzung als Kolchosvorsitzender gestimmt hatte, fällt nun sogar vor ihm auf die Knie, um ihn für eine Handlung um Vergebung zu bitten, die ihr seither das Leben verdüstert hat.

Als besonders schlimm wird dem Angeklagten angekreidet, er habe den umliegenden Kolchosen, denen es viel schlechter ging als dem seinen, nicht geholfen. Darauf er: »Mit unserem Rat, unserer Erfahrung waren wir bereit, ihnen zu helfen; sie aber wollten Geld und Kühe von uns. Die habe ich ihnen nicht gegeben. Uns ging es besser, weil wir besser arbeiteten, und wer mehr arbeitet, der soll auch mehr haben.«

Sagadejew wird ferner zur Last gelegt, daß er die landwirtschaftlichen Resolutionen von Partei und Staat mißachtete (zu denen auch einige besonders törichte Bestimmungen aus der Zeit Chruschtschows gehören – da dieser tot ist, kann man ihn gefahrlos kritisieren!). Aber in jedem Fall, wo Sagadejew eine Resolution unberücksichtigt ließ, wurde er durch eine neue entlastet, die die vorherige als falsch verwarf. »Ich habe mich nicht an die falschen Gesetze von heute gehalten, sondern die von morgen vorweggenommen«, erklärt der Angeklagte.

Nach den Reden der Zeugen und dem Schlußwort des Angeklagten zieht sich das Gericht zur Beratung zurück. Die Lichter im Saal gehen an, das Stück ist aus.
Der Autor sagt nicht, wie das Urteil ausfällt. Doch ist jedem Zuschauer klar: Sagadejews Berufung wird verworfen, er muß zurück ins Gefängnis, denn er hat alle ihm vorgeworfenen Handlungen zugegeben. Und nur darauf kommt es an. Seine Motive, seine Erfolge, die Begeisterung seiner Leute, die inzwischen unter seinem Nachfolger wieder in ihren alten Schlendrian zurückgefallen sind – das alles ist irrelevant gegenüber dem Buchstaben des Gesetzes, auch wenn dieses töricht und Sagadejew vernünftig ist.
Eines war die ganze Zeit über deutlich: Der Autor, der Regisseur, die Schauspieler und ganz eindeutig das Publikum – sie waren alle auf seiten Sagadejews. Mehrmals, wenn der Unsinn des Gesetzes und die bösartige Torheit der Ankläger besonders offenkundig wurden, brach das Publikum bei offener Bühne in spontanen Beifall aus. Das ändert nichts an der zähflüssigen und mühsamen Sowjetwirklichkeit, jedenfalls nicht rasch. Aber auf die Dauer mag es nicht ganz ohne Wirkung bleiben, wenn ein Angeklagter unter dem Beifall des Publikums ungefähr so spricht wie ein vernünftiger Manager in Deutschland oder Amerika. Der Unterschied, daß der Kolchosvorsitzende vom Kollektiv redet und ein westlicher Manager vom Unternehmen, ist nicht mehr überwältigend. Und wenn Sagadejew die These vertritt, daß Reichtum gut ist, sofern er durch Arbeit verdient wird, so werden ihm bei uns viele zustimmen.

Dreimal Hoffnung

Glaube, Liebe, Hoffnung – diese drei Wörter des Neuen Testaments gelten in Rußland schon lange als Mädchennamen: Wera, Ljubow, Nadeshda. Den Doppelsinn des Wortes Nadeshda – als Hoffnung und als Mädchenname – hat Michail Schatrow seinem Stück zugrunde gelegt. »Moi Nadeshdy« heißt sowohl meine Nadeshdas wie auch meine Hoffnungen. Die drei Generationen von Nadeshdas sind also die drei Hoffnungen des Autors. Dieser nicht übermäßig geistreiche Einfall gibt dem Stück seine erzwungenkonstruierte Form. Um den Zuschauer nicht allzusehr zu verwirren, nennt er die drei Frauen mit den verschiedenen Formen ihres Namens: Die Älteste (sie ist schon Rentnerin) heißt Tante Njura, die Mittlere (schon halb pensioniert und mit ihrem Enkel beschäftigt) Nadeshda und die Jüngste, die eigentliche Heldin, Nadja. Alle drei und noch fünf weitere Frauen sind – aktive oder gewesene – Arbeiterinnen einer großen Weberei, in deren Milieu das Stück spielt. Vier Männer treten auch auf, doch stehen die Frauen im Vordergrund der Bühne.

Das Stück Schatrows erinnerte mich an ein anderes, das ich vor vielen Jahren in Moskau sah und das heute noch gespielt wird: »Das Fabrikmädel« von Alexander Wolodin. Schatrow behandelt ein ähnliches Thema, die Entwicklung der russischen Industriearbeiterin (auch das »Fabrikmädel« spielt in einer Textilfabrik), doch tut er es weniger frisch, weniger unmittelbar, komplizierter und fast etwas gequält. Immerhin hat die Emanzipation der Frau inzwischen Fortschritte gemacht: Nadja hat ein Kind, aber keinen Mann, und so wollte sie es auch. Das hat in der Belegschaft zunächst ziemliche Aufregung verursacht; man hat sie »die Allerschlimmste« genannt, sich dann aber beruhigt.

Nadjas weiterer Aufstieg wurde durch diese Affäre nicht verhindert. Als erster Weberin ist es ihr gelungen, gleichzeitig acht Maschinen zu bedienen, bis dahin waren es nur vier. Als Held der Arbeit wurde sie groß herausgestellt. In der ganzen Sowjetunion ist sie berühmt; im Rundfunk tritt sie auf; sie darf Auslandsreisen machen, erst ins halbe Ausland, nach Bulgarien und Ungarn, dann auch nach Italien, wo sie so viel herumflirtet, daß sie nach eigener Aussage nichts vom Land wahrgenommen hat, nicht einmal das Kolosseum in Rom. Und nun erhält sie von ihrer Fabrik eine Wohnung und wird als Kandidatin für den Rayon-Sowjet aufgestellt.

Aber natürlich gibt es Probleme. Während die junge Nadja in Italien ihren Spaß hatte, wurde die mittlere Nadeshda aus ihrer halben Pension zurückgeholt, und siehe da, es gelingt nun auch ihr, gleichzeitig an acht Maschinen zu arbeiten. Natürlich ist Nadja gekränkt, als sie dies bei ihrer Rückkehr erfährt, erst recht, als man ihr klarmacht, daß Nadeshda ohne Ausschuß arbeitet, während Nadja zum Teil mangelhafte Ware produziert.

Vielleicht stecken ihr noch die leichtlebigen italienischen Tage in den Knochen – sie explodiert: »Hört auf, mich herumzukommandieren! Auf mir herumzutanzen! Mir zu sagen, wie ich denken, wen ich lieben soll! Bald werdet ihr auch noch für mich atmen wollen! Einen Rekruten habt ihr aus mir gemacht! Dorthin – hierhin – dorthin – hierhin! Aufstehen! Sitzen! Unterschreiben! In mein Haus, in meine Seele wollt ihr eindringen!« Resultat: Sie will nicht Kandidatin für den Rayon-Sowjet sein; da sie mit Ausschuß arbeite, sei sie dieser Ehre ohnehin nicht würdig.
Der Direktor und seine engsten Mitarbeiter sind entsetzt. Das hätte sie nur ausgedacht, um sich wichtig zu machen, meint eine Weberin. Das sei ein Skandal, der der Fabrik schade, erklärt der Direktor. Man habe der Weberei »oben« eine vielfache Verbesserung der Arbeitsbedingungen und auch sonstige Vorteile in Aussicht gestellt, weil Nadja ihr zu solchem Ruhm verholfen hat. »Du bist egoistisch und machst uns unglücklich!« wirft man Nadja vor. Darauf Nadja: »Und warum soll ich euch zuliebe unglücklich werden?« Man spricht sogar von der Möglichkeit, sie wegen ihres Verhaltens aus der Partei auszuschließen.
Aber im letzten Augenblick läßt Nadja sich umstimmen, sie nimmt die Kandidatur an und wird gewählt.
Der Autor benützt das Stück, um Kritik an der Produktivität der sowjetischen Arbeiter zu üben, und nimmt sich den alten Fabrikwächter zum Sprachrohr. Der sagt zu Nadja:
»Schau dir mal die Wassilij-(Basilius-)Kathedrale auf dem Roten Platz an! Wie schön die ist. Und wie kümmerlich waren damals die technischen Hilfsmittel! Und bei uns heute? In unserer Fabrik stehen automatisierte Maschinen, mit Gold im Ausland gekauft, mit berühmten Firmennamen. Aber unsere Arbeiterinnen, diese Madonnen, jagen drittklassige Ware aus ihnen heraus. Und wer ist schuld? Den Ausschuß machen nicht die Maschinen, sondern die Leute. Und warum? Weil wir der Quantität nachrennen. Wer den Plan mengenmäßig erfüllt, bekommt als Prämie 60 Rubel im Monat, aber wer gute Qualität liefert, erhält nur 25 Rubel – im Quartal! Auch unsere Schuhfabriken prahlen immer mit ihrer Produktion – eine Million Paare, fünf Millionen Paare! Was nützt das, wenn bei uns alle nur importierte Schuhe kaufen wollen?«

Trotz der großen Zahl an Frauen ist von Liebe wenig die Rede. Der junge Rundfunk-Reporter verliebt sich in Nadja (wie das endet, erfährt man nicht); im übrigen schwärmt er davon, ein großer Moderator in den Sowjetmedien zu werden, wie Walter Cronkite in Amerika. Der Don Juan der Fabrik, ein Meister, fühlt sich in der Weberei als Hahn im Korb und sucht die Frauen nach einem ihnen bald wohlvertrauten Ritual zu verführen (auf einem Plaid auf dem Boden, mit Hintergrundmusik). Aber das alles taucht nur am Rande auf.

Eine herausragende schauspielerische Leistung sah ich nicht. Die Bühne dreht sich munter und öffnet den Blick in verschiedene Zimmer, ohne daß sich eines besonders einprägte …

Bauerntragödie

Fjodor Abramow, einer der führenden »Bauernschriftsteller« des Landes, verdankt seinen Ruhm vor allem der 1958 begonnenen Romanfolge, die er 1974 als Trilogie »Prjasliny« (so der Name der im Mittelpunkt stehenden Familie) abschloß und der er 1980 mit »Das Haus« (Dom) noch einen vierten Band hinzufügte. Daraus hat nun das Gogol-Theater ein Stück gemacht, dessen Premiere ich in Moskau sah.

Freunde sagten mir: Geh' nicht zu einer Premiere, warte die Besprechungen in der Presse ab, vielleicht taugt das Stück nichts, und außerdem gehört das Gogol-Theater (etwas abseits, in der Nähe des Kursker Bahnhofs gelegen) nicht zu den besten der Hauptstadt. Ich bin trotzdem gegangen und habe es nicht bereut. Als ich meinen Mantel abgab, fragte ich die Garderobiere, was uns denn erwarte – eine Komödie, ein Kriegsdrama, eine Tragödie? Es sei ein schweres Stück, sagte sie, »man muß sich erst hineindenken«. Sie hatte durchaus recht.

An Stelle eines Prologs sprechen die Hauptpersonen, die man da noch nicht kennt, jeweils einige Sätze, aus denen hervorgeht, daß der Zweite Weltkrieg rund dreißig Jahre zurückliegt, daß man sich also etwa im Jahre 1975 befindet. Und gleich einer der ersten Sprecher sagt (dem Sinne nach; ich konnte den Bühnentext nicht einsehen): »Als der Krieg zu Ende war, was haben wir da für große Erwartungen für die Zukunft gehegt! Wir werden die Häuser wieder aufbauen und den Frieden genießen; wir werden wieder genug zu essen haben und zur Arbeit gehen wie zu einem Fest.« Und ein anderer, an die Rampe tretend und streng und eindringlich ins Publikum sprechend: »Und ihr, habt ihr die großen Möglichkeiten wahrgenommen, die sich damals vor euch auftaten?« Die Art, wie er dies sagt, deutet an, daß er die von ihm gestellte Frage zu verneinen neigt. Und damit hat er, wie das Drama (und der Roman) zeigt, leider recht.

Die Geschwister Prjaslin – vier Brüder und zwei Schwestern samt Anverwandten – sind die eigentlichen Träger der Handlung, wenn auch nicht alle in gleichem Maß. Eine Schwester, Tatjana, lebt in Moskau unter materiell sehr günstigen Verhältnissen und kümmert sich nicht mehr um die Familie, die beiden jüngeren Brüder haben sich aus dem heimischen Dorf in die Stadt begeben, um dort zu studieren. Der eine schafft es – tags arbeitete er, in Abendkursen studierte er, so wurde er Ingenieur. Der andere, kränklich, ist den Anforderungen nicht gewachsen; nach einem Nervenzusammenbruch wird er von Anfällen geplagt (einen erleben die Zuschauer); diese beiden Brüder kommen zu Besuch ins Dorf. Zentralfiguren sind der Älteste, Michail (mit Frau und Töchtern), und die jüngere Schwester Lisa. Michail leitet eine der »Brigaden« des Sowchos; auf Grund seiner alten Bauernerfahrung ist er ein erbitterter Gegner des von oben eingesetzten Vorsitzenden des Betriebes. Dieser erweist sich als Nichtskönner und Despot, der sich an die jeweils letzte Partei-Resolution über die Entwicklung der Sowjetlandwirtschaft klammert und daher Fehler begeht, die von Michail scharf kommentiert werden.

Lisa, die herausragende schauspielerische Leistung des Abends (S. M. Bragarnik), war mit einem Tunichtgut verheiratet, der sie zwanzig Jahre zuvor sitzen ließ, um die Welt (d. h. die Sowjetunion) von vorn bis hinten kennenzulernen. Der Sohn der beiden kommt als junger Mann bei einem Unglücksfall um. In ihrer Verzweiflung wird Lisa mit einem bei ihr einquartierten Offizier intim, der auch verschwindet (er hat eine eigene Familie) und sie mit unehelichen Zwillingen zurückläßt. Bruder Michail will nun mit der »verworfenen« Schwester Lisa nichts mehr zu tun haben. Sie schlägt sich allein durch und wohnt in dem Haus ihres verschwundenen Ehemannes, das dessen Vater vor seinem Tode ihr,

der Schwiegertochter, vermachte, freilich, wie sich herausstellt, nur mündlich, was zwar im Dorf bekannt ist, ihr aber vor Gericht nichts nützt.
Unerwartet kommt der Hallodri von Ehemann ins Dorf zurück, prahlt mit seinen Heldentaten (»Ich habe meine Pflicht dem Vaterland gegenüber erfüllt, in jedem Völkerstamm Sibiriens habe ich Kinder gezeugt, eine Kompanie ergäben sie zusammen«), will sich auch seiner verlassenen Frau Lisa nähern, die ihn trotz allem freundlich empfangen hatte, und schwört Rache, als sie ihn zurückweist. Seine Rache besteht darin, daß er – juristisch der Erbe des Hauses – dieses verkauft, worauf der Käufer es auseinandernehmen läßt, um mit dem Baumaterial an anderer Stelle ein Haus zu errichten. Lisa zieht mit den Kindern in das verfallene Elternhaus, das von ihr und den beiden jüngeren Brüdern wieder instand gesetzt wird, wobei sie von einem herunterstürzenden Dachfirst erschlagen wird. Erst jetzt erweicht sich des ältesten Bruders hartes Herz, er holt Lisas uneheliche Kinder ins eigene Haus. Der Schmerz um die tote Schwester bringt ihn auch wieder mit den jüngeren Brüdern zusammen.
Ein Nebenstrang der Fabel erzählt die Geschichte des alten Ehepaares Dunajew. Dunajew war als junger Mann ein Held des Bürgerkrieges, aber als er sich in Stalins Blutjahren für einige verhaftete Mitstreiter einsetzte und, wie er sagt, einmal »falsch abstimmte«, geriet er ins Netz der »Säuberungen« und nach Sibirien. Der Sohn fiel im »Vaterländischen Krieg« (auch andere Erinnerungen an den Krieg tauchen ständig auf). Dunajews Frau machte sich auf, ihn zu suchen, zog von Lager zu Lager; nach Jahren fand sie ihn tatsächlich, und er kam frei (wohl in der Zeit Chruschtschows, dessen Name aber auch hier nicht genannt wird). Die Worte der alten Frau über ihr verlorenes Leben und der Anblick ihres ausgemergelten Mannes ist – ohne daß ein Wort der Anklage fällt – eine schlimme Verurteilung dieses grimmigen Aspekts der Stalinzeit. Der Alte stirbt. Erst jetzt erinnert man sich seiner, er wird mit großen Ehren begraben. »Wenigstens nach dem Tode gibt man ihm Ruhm und Ehre – aber was bleibt mir?« klagt die Witwe.
Überschattet werden diese privaten Schicksale durch den Konflikt um die richtige Führung des Sowchos, in dem Bruder Mi-

chail und der Sowchos-Leiter die Protagonisten sind. Wie in vielen Romanen und Dramen der bäuerlichen Szene geht es hier um Details von Anbau- und Erntemethoden. Nach Ansicht Michails macht sein Vorgesetzter alles so falsch, daß er ihn einen Schädling nennt (dies war in der Stalinzeit die gefährlichste Vokabel und ist auch heute noch ein sehr schwerer Vorwurf). Schließlich wird man auch an höherer Stelle auf die Fehler des Leiters aufmerksam und setzt ihn ab. Aber Michails und seiner Freunde Befriedigung über diesen Erfolg währt nicht lange. Der Abgesetzte fällt die Treppe hinauf und wird von seiner neuen Stellung aus Rache an seinen Gegnern im Dorf nehmen. Unter den Nebenfiguren ist ein junger Agrarspezialist, den sie den »Deutschen« nennen, weil er pünktlich ist und stets in Eile.

Die Bilanz des Dramas ist düster. Sie wird durch die Vermenschlichung Michails und die Aussöhnung der drei Brüder nur ein wenig erhellt. Zum Schluß hören wir die beschwörenden Worte des Prologs noch einmal (wobei auch die beiden Toten, Lisa und der alte Dunajew, zu Worte kommen). Bitter klingen nun die anfangs geäußerten Hoffnungen; sie haben sich nicht verwirklicht: Die Menschen sind nicht besser geworden und auch nicht glücklicher.

Die Nostalgie der Geschwister Prjaslin gilt nicht dem vorrevolutionären Dorf, das sie nicht erlebt haben, sondern – das ist nicht uninteressant – dem Kolchos, in dem ihnen Leben und Arbeit sinnvoller erschien (weil dort noch die Dorfgemeinschaft unter sich war) als im staatlichen Sowchos, wo eine persönliche Bindung zum Betrieb nicht mehr besteht. Wer im Dorf geblieben ist (das Drama zeigt im Vergleich zur Landflucht-Wirklichkeit zu viele Jugendliche), ist weder Fisch noch Fleisch; er lebt nicht mehr im Bauerndorf, auch noch nicht in der Industriestadt. Die meisten wissen nicht recht, wo sie hingehören; auch der hohe Alkoholkonsum weist auf innere Unruhe und Unsicherheit.

Episodenhaft, aber nicht unwichtig sind die Auftritte eines ehemaligen Geistlichen, dem aus alter Gewohnheit (und wohl auch aus Überzeugung) die biblische Sprache leicht von den Lippen kommt. Ein Satz, im Prolog und auch in der Schlußszene von ihm gesprochen, hat wahrscheinlich dem ganzen Stück den Namen gegeben. Man müsse, sagt er, das Haus in der eigenen Seele bauen; dort sei dieses Haus unzerstörbar und »hart wie ein Diamant«.

Gespielt wurde auf offener Szene, links sah man das Haus Michails, rechts das Haus Lisas, in der Mitte – auf der Drehbühne – eine Brücke, die sich von verschiedenen Seiten zeigen ließ und auf und vor der ein Teil der Handlung spielt. Das Publikum verhielt sich sehr ruhig, offenbar wollte es sich, wie die Garderobiere gesagt hatte, in die Probleme hineindenken. Der Applaus war erst zögernd, schwoll an, wurde aber nicht überschwenglich, dazu regte die Schwere des Themas nicht an. Auch als ich beim langen Schlangestehen vor der Garderobe die Menschen beobachtete, waren sie weniger gesprächig als bei solcher Gelegenheit üblich, waren sie ernst und nachdenklich.

Schuld und Tod

Der Sibirier Valentin Rasputin, mit seinen 43 Jahren um 17 Jahre jünger als Abramow, gehört wie jener zu den bedeutendsten »Dorfschriftstellern« des Landes. Sein Ansehen hat er sich durch mehrere, im letzten Jahrzehnt erschienene Romane erworben, die rasch auch in der Bundesrepublik auf deutsch veröffentlicht wurden, was der Instinktsicherheit des deutschen Verlagswesens ein gutes Zeugnis ausstellt. Alsbald wurden die Romane auch für die Bühne zubereitet, im letzten Winter liefen gleichzeitig drei in Moskaus Theatern. Ich sah »Lebe und erinnere dich« (Shiwi i pomni; der Titel der deutschen Fassung: »In den Wäldern die Zuflucht«) auf der kleinen Bühne des Künstlertheaters; für mich war es der Höhepunkt meiner Theater-Erlebnisse in diesem Jahr.

Regie und Drama waren einander ebenbürtig. Vom ersten Augenblick, da man in dem fast völligen Dunkel einer sibirischen Badestube die Silhouette einer sich waschenden Frau wahrnimmt, spürt man, daß unheilvoll Drohendes geschehen wird, eine Mischung von Tragik und Erotik. Nastjona, die mit ihren Schwiegereltern in einem Dorf an der Angara lebt, hat aus allerlei Zeichen erspürt, daß ihr Mann, ein junger Soldat, in der Nähe ist, also desertiert sein muß; sie heizt für ihn und sich das vom Dorf ein wenig abgelegene Badehaus. Und er kommt, abgerissen und hungrig, hungrig auch nach seiner Frau. Alles Weitere spielt sich – von einigen Gruppenszenen abgesehen – fast ausschließlich zwischen den beiden ab, eine Tragödie, die, da sie ohne Ausweg ist, nur in einer Katastrophe enden kann.

1941 waren die jungen Burschen des Dorfes in den Krieg gezogen. Einige sind gefallen, Andrej, zum zweiten Mal schwer verwundet, wird in einem Lazarett in Sibirien notdürftig zusammengeflickt. Sein Arzt möchte ihn nach Hause schicken, doch der als brutal gespielte übergeordnete Stabsarzt will davon nichts hören. Andrej soll sofort wieder an die Front.

In dem allgemeinen Durcheinander der letzten Kriegsmonate gelingt es Andrej, sich abzusetzen. Er kehrt zurück in die Wälder bei seinem Dorf. Jenseits der Angara überlebt er mit Hilfe seines Weibes den Winter in einer Hütte, wo er – buchstäblich – mit den Wölfen heult. Immer wieder versteht es Nastjona, ihn unbemerkt zu besuchen. Aber beide wissen: Ob er sich stellt oder nicht – er ist verloren, und sie, die ihn verbarg, mit ihm, erst recht, als sie, die in vierjähriger Ehe vor dem Kriege kinderlos geblieben war, schwanger wird.

Andrej aber wird von einem dumpfen Jubel erfaßt: Jetzt ist es gleichgültig, was mit ihm geschieht – in seinem Kind wird er weiterleben. Für Nastjona wird die Lage noch schlimmer, als ihr Zustand von den Dorffrauen und Schwiegereltern erkannt wird.

Der Krieg endet, die überlebenden Männer des Dorfes beginnen heimzukehren. Die Suche nach Andrej wird intensiviert. Vieles, auch Nastjonas Schwangerschaft, deutet darauf hin, daß er sich in der Nähe verbirgt. Die Jagd auf ihn setzt ein. Nastjona will mit dem Boot zu ihm, wird von den Leuten auf dem Fluß eingeholt und geht ins Wasser.

Das Publikum saß mit angehaltenem Atem, während sich die Tragödie vollendete. Vermutlich hatten die meisten den Roman gelesen und kannten das Ende, jetzt sahen sie es leibhaftig vor sich. Nicht nur die beiden Hauptdarsteller spielten hervorragend, auch die übrigen eiferten ihnen nach, vor allem die Bauernweiber, die schon Witwen oder noch Hoffende waren, lauter Opfer einer doppelten Tragödie, der persönlichen und der des Volkes.

Der Deutsche ist aus den letzten Jahrzehnten von Bühne und Film des In- und Auslandes gewöhnt, als Schurke, Mörder und Peiniger dargestellt zu werden. Aber in dem ganzen Drama (wie auch in dem Roman) fehlen solche Töne. Der Krieg ist eine Katastrophe, die nicht personifiziert wird, im Grunde hätte es auch eine andere Katastrophe sein können, ein Erdbeben oder ein verheerender Waldbrand ...

Ein Vergleich der beiden zuletzt erwähnten Aufführungen (»Das Haus« und »Lebe und erinnere dich«) mit den gleichnamigen Romanen zeigt, daß in beiden Fällen die Dramatisierung hervorragend gelungen ist. Die Bearbeiter – vielleicht waren es die beiden Autoren selbst? – haben eigenständige Dramen hingestellt, nicht herausgepickte Romanfragmente. Manche Szenen, etwa die Klage der alten Dunajewa in »Das Haus«, wirken auf der Bühne noch stärker als im Roman ...

Die hier erwähnten Aufführungen bieten keinen »repräsentativen Durchschnitt«, wie die Demoskopen so schön sagen; immerhin vermitteln sie einen gewissen Eindruck von den aktuellen politischen und sozialen Themen der zu Ende gegangenen Theatersaison [1980/81]. Einige Bemerkungen mögen also gestattet sein.

Das russische Theater, das gilt vor allem für Moskau, ist seit Zarenzeiten ein Ort der Kritik. In ihm konnte stets mehr gesagt werden als an anderer Stelle; es diente und dient als Ventil, insbesondere für die Intellektuellen, aber auch als ein – nach innen und außen gedachter – Beweis der Mächtigen: »Wir können uns diese Kritik leisten; wir haben vor ihr keine Angst.« Natürlich hat es Schwankungen in Richtung von mehr oder weniger Kritik gegeben, aber diese waren – seit Stalins Tod – geringer, als man vermuten könnte. Ich habe in den fünfziger, sechziger und siebziger Jahren Aufführungen in Moskau gesehen (und beschrieben), die nicht weniger kritisch waren als die des letzten Winters. (»Das Fabrikmädel« läuft seit 1957!) Verändert hat sich jeweils nicht so sehr das Ausmaß der Kritik als vielmehr ihr Gegenstand.

Eine ihrer Zielscheiben im letzten Winter: die Konsumgesellschaft. Indem der vormals tüchtige Entenjäger vor die Hunde geht, wird gezeigt, daß moralischer und seelischer Niedergang von Wohlstandsbürgern auch im Sowjetsystem möglich ist. Weitere Ziele der Kritik sind: die Korruption (siehe die Gauner in »Energische Leute«), das Fehlverhalten der Justiz (»Der dreizehnte Vorsitzende«), die Vetternwirtschaft (»Wir, die Unterzeichneten«), der Mangel an Herzenswärme und menschlichem Verständnis (»Das Haus«). Ein uns wohlvertrautes Merkmal der Konsumgesellschaft ist die konsumentenhafte Wegwerf-Einstellung anderen Menschen gegenüber, besonders zwischen den Geschlechtern, so im »Entenjäger« das Verhältnis des Chefs gegenüber Wera – und umgekehrt auch; »Treue Ehemänner – das ist meine Schwäche«, sagt sie. Ehebruch aus Langeweile und als Ersatz-Erfolgserlebnis.

Eine parteipolitische Botschaft findet sich – auch da eher am Rande und in wenig kräftigen Farben – in »Meine Hoffnungen«, sonst nicht; der Drei-Minuten-Auftritt des Milizionärs ganz am Ende des Spitzbubenstücks mit den »Energischen Leuten« fällt als positive Propaganda kaum ins Gewicht.

Denke ich zurück an die enthusiastischen Dramen, die ich in den frühen dreißiger Jahren auf Moskaus Bühnen sah, mit himmelstürmendem Pathos und mit Titeln wie »Die optimistische Tragödie«, so finde ich, daß das Sowjettheater, einer weltweiten Tendenz folgend, wenngleich viel vorsichtiger und zurückhaltender als im Westen, zunehmend in die Gebiete der Skepsis und der Sinnsuche vorgedrungen ist.

Moskau, Juli 1983
(Eindrücke anläßlich einer Reise von Bundeskanzler Helmut Kohl in die UdSSR)

Kontinuität oder Wende?

Ob es in der deutschen Ostpolitik unter der Regierung Kohl eine Wende gibt oder sich die Kontinuität durchsetzt – das werde sich während der Kanzlerreise in die UdSSR [im Juli 1983] zeigen, hatte es geheißen. Was also ist festzustellen? **1983**

Die Antwort der Politiker und Kommentatoren ist nicht einhellig; die meine lautet: Die Kontinuität hat sich durchgesetzt, und persönlich begrüße ich das. Natürlich hat Kohl sich in Moskau anders verhalten als Schmidt, aber das liegt in seinem Wesen, auch Schmidt hatte sich anders verhalten als Adenauer oder Brandt. Es standen auch jeweils andere Fragen im Vordergrund. Aber in den Grundzügen waren Veränderungen nicht zu erkennen; der Spielraum der deutschen Ostpolitik ist eng, wer über ihn hinaus will, muß neu anfangen, muß eine wirkliche, nicht nur eine kosmetische Wende herbeiführen. Das hat Helmut Kohl nicht getan. Vielmehr hat er, wenn auch mit anderem Gesichtsausdruck und mit anderem Vokabular, die Ostpolitik seiner Vorgänger fortgeführt. Er hat keinen Zweifel daran gelassen, daß er die von seinen Vorgängern geschlossenen Verträge einhalten und den wesentlich von Helmut Schmidt mitgestalteten Doppelbeschluß über die neuen US-Atomwaffen durchführen wird; wenn er den deutschen Willen zur Wiedervereinigung betonte, so haben auch seine Vorgänger in den Jahren ihrer Kanzlerschaft an diesem Willen nie einen Zweifel aufkommen lassen. Manche der dem neuen Kanzler in der abschließenden Pressekonferenz von östlichen Journalisten gestellten Fragen hätte Schmidt ähnlich beantworten können, mit zwei oder drei Ausnahmen, bei denen es sich weniger um unterschiedliche Ansichten als um unterschiedliche Temperamente und Interpretationen der aufgeworfenen Fragen handelte. Gewiß ist es für Journalisten und Kommentatoren interessanter und reizvoller, über eine Wende zu berichten als über Kontinuität, und manche haben dies auch getan, zu Unrecht, wie ich meine, denn das eigentlich Wichtige an dieser Reise war eben die Kontinuität, in der sie stand.

Dieses Stichwort paßt übrigens auch auf das Verhalten der sowjetischen Seite. Es war keineswegs feindselig, wohl aber etwas distanzierter als bei den vorausgegangenen Besuchen, und sicher war es richtig, daß Kohl diesen Unterschied unbeachtet ließ und durch seine Jovialität überspielte.

Im Vergleich zu früher hatte sich die weltpolitische Situation stark verändert, wie ein kurzer Rückblick auf die bisher insgesamt fünf Staatsbesuche deutscher Kanzler in Moskau zeigt. (Ich habe sie sämtlich miterlebt und darüber in »Osteuropa« berichtet.)

Die Adenauer-Reise war sicher die dramatischste – 1955, nur ein

Jahrzehnt nach jenen vier furchtbaren Jahren des Krieges, bei uns noch im frischen Schmerz der Teilungswunde. Es kam trotzdem zu einem Geben und Nehmen: Wir erhielten rund 10000 zu langen Haftstrafen verurteilte deutsche Kriegsgefangene und die Russen den von ihnen so dringend gewünschten Botschafteraustausch; in Ost-Berlin hatten sie schon einen Botschafter, und der ihnen nun in Bonn zugestandene zweite betonte die deutsche Spaltung.

Brandts Besuch 1970 war weniger sensationell, weil er eben der zweite war, aber er war nicht weniger historisch: Wir verzichteten (bis zur endgültigen Regelung in einem Friedensschluß) auf die Gebiete östlich der Oder und Neiße, dafür erhielten wir nichts Materielles, wohl aber die immaterielle Eintrittskarte in die Weltpolitik, die sich aus der Addierung von alter West- und neuer Ostpolitik ergab. Die erste Reise Schmidts war vor allem wichtig, weil sie den Grund legte für eine persönliche Beziehung zwischen ihm und Breshnew, die dem Verhältnis Bonn-Moskau einen Sondercharakter geben und bis zum Herbst 1982 dauern sollte, als kurz hintereinander Schmidt aus seinem Amt schied und Breshnew aus dem Leben. Auf seiner zweiten Moskau-Reise (1980) gewann Schmidt Breshnew dafür, seine Weigerung aufzugeben, mit den Amerikanern über Mittelstreckenraketen zu verhandeln, solange der »Doppelbeschluß« der NATO vom Dezember 1979 bestand. (Die Verhandlungen begannen im November 1981.) Diesen Preis zahlte Breshnew wohl auch, weil er Schmidts Besuch, den ersten eines wichtigen westlichen Staatsmanns seit dem Einmarsch der Sowjetdivisionen in Afghanistan, würdigte und als Verpflichtung zu einer Gegenleistung ansah.

Kohls Reise war schon dadurch bedeutsam, daß sich zwei neue Männer gegenübersaßen (Kohl war auch der erste NATO-Regierungschef beim neuen Partei- und Staatschef Andropow), und sie war schwierig, weil sie nur wenige Monate vor der Entscheidung über die Aufstellung oder Nichtaufstellung der Pershing II auf dem Boden der Bundesrepublik erfolgte. Die Gespräche waren daher auch völlig von diesem düsteren Problem überschattet.

Von vornherein war klar, daß Kohl kein russisches Gastgeschenk in Form eines gewichtigen Kompromißvorschlags in der Raketenfrage nach Bonn zurückbringen würde; die Verhandlungen

darüber werden zwischen der UdSSR und den USA in Genf geführt. Realistischerweise war nicht einmal die Andeutung eines Kompromißchens zu erwarten, ich jedenfalls erwartete sie nicht. Der Kreml hatte vermutlich am 4. und 5. Juli, also wenige Tage vor dem Ende der laufenden Verhandlungsrunde in Genf, seine Überlegungen noch nicht abgeschlossen, wie er sich dort in der Raketenfrage schließlich verhalten soll.
Laut Kohl hat Andropow eine Gegeneinladung nach Bonn angenommen. In den Sowjetmedien konnte ich eine entsprechende Erklärung nicht finden. Im übrigen traf die Hoffnungen wekkende Mitteilung Boenischs nicht zu, die Sowjetunion habe sich bereit erklärt, diese Runde der laufenden Genfer Verhandlungen um eine Woche zu verlängern. Sie endeten, wie schon seit einiger Zeit vorgesehen, am 14. Juli.

Ansichten der Bevölkerung

Am späten Abend des ersten Besuchstages hörte ich, wie der Chef des Restaurants im Pressezentrum darüber klagte, von den 170 für die Journalisten aus Bonn bereitgehaltenen Abendessen seien nur elf verzehrt worden. »Die Deutschen arbeiten und arbeiten«, sagte er mißbilligend. »Für ein richtiges Essen nehmen sie sich keine Zeit. Allenfalls für ein belegtes Brot.«
Der geplagte Mann hatte durchaus recht. Bei dem einzigen Mittagsmahl, das ich dort mit einem von mir eingeladenen alten russischen Bekannten einnahm, waren wir beide fast die einzigen Gäste in dem (übrigens guten und zudem höchst preiswerten) Lokal. Auch ich war nicht faul, besuchte die »Briefings« (so gleichermaßen auf neudeutsch und neurussisch) des Pressechefs Boenisch und begab mich zu den mir zugänglichen Gelegenheiten, die hohen Herren zu sehen. Aber noch mehr Zeit verbrachte ich während der Tage von Sonntag bis Donnerstag in Gesprächen mit Russen, deren ich habhaft werden konnte, alten wie neuen Bekannten, auch solchen, die nicht primär außenpolitisch interessiert sind, immer um ihre Meinungen über den Besuch zu erfahren.
Moskauer sind so abgebrüht, was den Besuch ausländischer Staatsgäste betrifft, daß sie diesen oft kaum wahrnehmen. Ihre

politischen Vorstellungen sind nach meiner Erfahrung bei außenpolitischen Fragen stärker von den Sowjetmedien geprägt als bei innenpolitischen; bei diesen kann sich jeder Sowjetbürger seine eigene Meinung bilden, während er bei außenpolitischen Fragen zuwenig eigene Erfahrungen und Kenntnisse mitbringt, daher also der amtlichen Propaganda stärker ausgesetzt ist. In der Raketenfrage sind die Meinungen der Menschen, mit denen ich sprach, besonders medienkonform, weil nämlich die offizielle Argumentation nicht nur geschickt ist, sondern auch logisch und überzeugend klingt. Vier Thesen sind es vor allem, die von den Menschen – durchweg, wie ich fand – übernommen worden sind:

Erstens: *»Die neuen Raketen, die die Amerikaner in Europa wollen, sind keine Nach-, sondern eine Vorrüstung.«* So sagen die Russen. Sie bekommen wenig über ihre eigene Rüstung zu lesen, sehr viel über die westliche. Von den sowjetischen SS-20 hörten sie erst, lange nachdem ihnen die Absicht der NATO, neue Raketen aufzustellen, mitgeteilt worden war. Während wir davon überzeugt sind, daß während der ersten Hälfte der siebziger Jahre ungefähr ein Gleichgewicht zwischen der amerikanischen und sowjetischen Nuklearrüstung bestand, das dann durch die forcierte Aufstellung der auf Westeuropa gerichteten SS-20 gestört wurde, meinen die Russen, das Gleichgewicht habe bestanden, bis die NATO plötzlich neue Raketen zu bauen begann.
Zweitens: *»Die durch die Schuld der NATO hervorgerufene Störung des Gleichgewichts erfordert eine sowjetische Nachrüstung.«* Alle Russen, die ich traf, hielten das für selbstverständlich, weil sonst der Westen allzu überlegen werden und damit zum Überfall auf die Sowjetunion animiert werden könnte. Diese nun möglicherweise bevorstehende sowjetische »Nachrüstung« sei zwar höchst lästig, weil sie zur Senkung des Lebensstandards, vielleicht sogar zur Einführung von Lebensmittelmarken führen werde, aber sie sei unumgänglich: nur durch Wiederherstellung des wegen Pershing II usw. verlorengehenden Gleichgewichts könne der Frieden gesichert werden. Für die Erhaltung des Friedens schienen meine Gesprächspartner zu allen Opfern bereit; das Grauen des Zweiten Weltkrieges sitzt ihnen noch immer in den Knochen. Zudem sind sie so patriotisch wie kein anderes Volk.

Drittens: *»Selbstverständlich müssen die französischen und britischen Nuklearwaffen in Genf mitberücksichtigt werden, da sie zwei NATO-Staaten gehören.«* Daß Frankreich der NATO politisch angehört, ihr aber militärisch nicht untersteht, weiß kaum ein Russe; weithin unbekannt ist auch, daß der Einsatz der britischen Atomwaffen im Rahmen der NATO einer Zustimmung der Regierung in London bedarf. Erst mein ständiger Hinweis machte nachdenklich, daß die französischen und britischen Raketen zur Befriedigung meines Sicherheitsbedürfnisses nichts beitragen und keinerlei Gleichgewicht gegen die SS-20 bilden, ich sie also alle 162 am liebsten auf der tiefsten Stelle des Ozeans wüßte, weil dann ja auch die Sowjetunion, gemäß der Dezember-Erklärung Andropows, ihre SS-20 auf Null reduzieren müßte.
Viertens: *»Kohl hat sich mit Haut und Haaren den Amerikanern ausgeliefert, und die wollen nun einmal unbedingt die neuen Raketen auf europäischem Boden; eigentlich hat es also wenig Sinn, mit ihm Separatgespräche zu führen. Zum Glück gibt es einen Lichtblick: die deutsche Friedensbewegung wird vielleicht die Aufstellung verhindern.«* Mein Einwand: Was immer die geheimsten Gedanken Reagans sind, in der Bundesrepublik wünscht kaum ein Mensch die Aufstellung der neuen Systeme, ich kenne keinen, sie wird aber unvermeidlich, wenn die Sowjetunion die Zahl ihrer uns bedrohenden SS-20 nicht drastisch reduziert, möglichst auf Null. Im übrigen liege es auch nicht in Reagans Interesse, durch Aufstellung der neuen Systeme den Ausbruch offenen Aufruhrs in einigen europäischen NATO-Staaten zu riskieren. Man könne also keineswegs von vornherein sagen, daß Reagan keinen Kompromiß in Genf wolle; alle Deutschen, auch Kohl, hofften, daß er zu einem Kompromiß bereit sei.

Ich will keine Vermutungen darüber anstellen, ob meine Argumente meinen Gesprächspartnern plausibel erschienen; in Anbetracht ihrer geringen Zahl hätte dies auch im günstigsten Fall keinerlei Breitenwirkung. Für die Masse der Russen gelten die vier Thesen. Daran hat sich durch das, was sie über den Besuch Kohls in ihren Medien erfuhren, nichts geändert.
Natürlich gibt es auch Moskauer, die den außenpolitischen Teil der »Prawda« weniger genau verfolgen und daher die Parteilinie nicht ganz treffend im Kopf haben. Als einer von ihnen gefragt

wurde, welcher der bisher in Moskau zu Besuch erschienenen deutschen Kanzler ihm denn am besten gefalle, hörte ich, wie er »Kohl« sagte. Irgend etwas wollte er sagen, und die Namen der anderen fielen ihm wohl nicht ein. Als ich nachhakte und »Warum gerade Kohl?« fragte, kam die verblüffende Antwort: »Weil er so friedfertig ist« (miroljubiwyj). Nun ist Kohl gewiß ein friedliebender Mann, insofern lag der Mann gar nicht so falsch, aber in den Sowjetmedien war er in den vorausgegangenen Monaten eher als raketenschwingender Handlanger des bösen Reagan gezeichnet worden. Die Propaganda hat also ihre Grenzen. Das Interesse an Außenpolitik auch.
Dazu noch ein Beispiel: Als wir am Montag mittag auf dem Gästeflugplatz Wnukowo II in dem für die Presse durch Stricke abgeteilten Karree auf die Ankunft der Kanzlermaschine warteten, zogen die in zwei Autobussen aus Moskau herangebrachten und mit deutschen und sowjetischen Fähnchen versehenen Russen im Nachbar-Karree ein. Ich fragte einen von ihnen auf russisch, aus welcher Fabrik sie denn kämen. Das konsternierte ihn so, daß er mich wortlos anschaute. Eine Frau aber, die neben ihm stand, griff meine Frage auf: »Wir sind von der sowjetisch-finnischen Freundschaftsgesellschaft.« Ich sagte: »Mit der waren Sie vor einigen Wochen hier, als der finnische Staatspräsident Koivisto eintraf.« Sie wurde rot und konfus. Ich wollte sie nicht weiter quälen und zog mich in die Tiefe meines Karrees zurück ...

Spiridonowka

Ein Höhepunkt der Kanzlerreisen war für mich stets die Einladung des sowjetischen Journalistenverbandes an die deutschen Kollegen, auch diesmal, wie bei der letzten Schmidt-Reise 1980, im Palais des einstigen Zuckerkönigs Morosow, das bei den alten Moskauern noch immer nach dem damaligen Namen der Straße, in der es liegt, Spiridonowka heißt. (Jetzt ist es die Alexej-Tolstoj-Straße.) Nach der Revolution wurde es das Repräsentationshaus des sowjetischen Außenkommissariats (des späteren Außenministeriums). Hier hatte ich in den dreißiger Jahren mit meiner verstorbenen Frau Staatsempfänge erlebt, zu denen die damals noch wenigen ständigen Korrespondenten eingeladen wurden, und einmal mit Ivy Litwinow, der Gattin des Außenministers, getanzt; sie war die einzige Ausländerin unter den Ehefrauen in Stalins Regierungsmannschaft und hatte sich als geborene Engländerin ein erstaunliches Maß an Unabhängigkeit im Verkehr mit Ausländern erhalten. Unser damaliger Botschafter Graf von der Schulenburg schritt aristokratisch aufrecht durch die Räume, sein von einem russischen Terroristen angeschossener Botschaftsrat von Twardowski trug seine seither verkrüppelte Hand in der Schlinge, der von Roosevelt entsandte erste US-Botschafter im Sowjetstaat, William Bullit (der sich vor unseren Augen in knapp zwei Jahren von einem Verehrer zu einem erbitterten Gegner des Sowjetkommunismus wandelte), charmierte die Botschaftsdamen, während seine jungen Attachés in ausgezeichnetem Russisch mit ihren sowjetischen Kollegen parlierten. (Zwei von ihnen wurden später selbst Botschafter in Moskau, George Kennan, Friedenspreisträger des Deutschen Buchhandels 1982, und Charles Bohlen.) Ein halbes Jahrhundert ist das alles her.

Zwanzig Jahre später, während der ersten Nachkriegs-Kanzlerreise, sah ich die Spiridonowka wieder, denn dort verhandelte Adenauer 1955 mit Chruschtschow und Bulganin, nicht in einem der protzigen Räume im Stil der Jahrhundertwende mit massivem, barockartig geschnitztem, dunklem Holz, sondern in einem Saal, dessen helle Freundlichkeit in eigenartigem Gegensatz zum Ernst der Situation stand – nur zehn Jahre nach dem Ende eines Krieges, der Millionen Russen und Deutsche verschlungen hatte.

Für die Dauer einiger Tage war für uns wenige deutsche Journalisten die Spiridonowka damals der Nabel der Welt. Danach hatte ich das Palais mehrfach bei deutschen Staatsbesuchen erlebt, und jetzt wieder, am Abend des 4. Juli 1983. Außer der riesigen Diele waren zwei Räume in Betrieb, beide mit langen Tischen, auf denen kalte Speisen (»Sakuski«) und Wodka, Wein, Mineralwasser standen.

Einen Höhepunkt nannte ich diesen Empfang, weil sich hier stets die beste Gelegenheit zu mehrstündigen Gesprächen mit Sowjetjournalisten ergibt; die sonst ja auch immer eiligen russischen Kollegen verweilen gern an der reichgedeckten Tafel, und nirgends sonst sind sie während eines Staatsbesuchs so bereit zu

Gesprächen. Sie fühlen sich hier wohl, die Räume sind ihnen von vielen Veranstaltungen vertraut, die Speisen gut, die Getränke ebenfalls. Ich hätte der offiziellen deutschen Delegation eine so entspannte Atmosphäre für ihre Gespräche gewünscht, wie wir sie an jenem Abend in der Spiridonowka hatten. Man läßt bei dieser Gelegenheit keine Deklarationen vom Stapel, man kann es sich leisten, auf Gegenargumente spontan einzugehen, auch einmal ins unreine zu sprechen; keiner braucht zu befürchten, sich am folgenden Tag in der »Prawda« oder im »Stern« und danach in der Weltpresse zitiert zu finden. Man befindet sich gleichsam auf einem Waldspaziergang – wie Nitze und Kwizinskij vor einem Jahr in der Umgebung von Genf, auf dem sie unprotokollarisch, von Mann zu Mann, miteinander sprachen. Es war an jenem Montag abend in der Spiridonowka, wo mir ein russischer Journalist mit guten Beziehungen nach oben im Zwiegespräch, während wir Brötchen kauten und Kirschkerne spuckten, einen Kompromißplan für Genf entwickelte, der in Etappen bei null SS-20 endete.

Insgesamt ...

Auf die Frage, die wir uns in Moskau und in den Tagen danach alle stellten, ob nämlich die Sowjetführung in Genf zu einem Kompromiß bereit sei, hat keiner von uns eine Antwort erhalten, auch der Kanzler nicht. Aber Vermutungen lassen sich anstellen. Die meine lautet so: Andropow und seine engsten Mitarbeiter sehen sich einem Dilemma gegenüber.

Für einen Kompromiß spricht ihr Wunsch, den sie beunruhigenden Streit mit den USA nicht noch schärfer werden zu lassen, sogar möglichst zu mildern. In Moskau scheint man die Pershing II (wenn sie erst einmal einsatzfähig ist) wegen ihrer großen Schnelligkeit und Zielsicherheit wirklich zu fürchten, man möchte also ihre Aufstellung, wenn irgend möglich, verhindern. Der Respekt vor der Waffentechnologie der Amerikaner ist fast unbegrenzt, man traut ihnen auf diesem Gebiet alles zu und muß mit der Möglichkeit rechnen, ein wütendes und wild entschlossenes Amerika werde im Falle einer Verschärfung des Konfliktes so gewaltig rüsten, daß zum Schluß die Sowjetunion nicht mithalten kann (was sie bisher durchaus tat). Eine Verbesserung des Verhältnisses zu Amerika kann der Kreml um den Preis eines Kompromisses in Genf haben. Dies würde der Sowjetführung freilich nicht leichtfallen, da es einen Abbau der SS-20 voraussetzt, in deren Entwicklung und Fertigung sie gewaltige Summen investiert hat.

Gegen einen Kompromiß wirkt sich die Hoffnung auf die westliche Antiraketen-Bewegung aus. Denn wenn diese die Aufstellung der Pershing II verhindert, ist Moskaus Ziel erreicht, ohne daß es dafür einen Preis zahlt.

Es ist durchaus möglich, daß man sich im Kreml noch für keine dieser beiden Varianten entschieden hat. Daher halte ich es für falsch, wenn man, wie es vielerorts geschieht, heute schon einen Genfer Kompromiß im Spätherbst 1983 als ausgeschlossen bezeichnet.

Wie soll man die Reise Kohls rückblickend bewerten? Sein Empfang in Moskau fiel dürftiger aus als der seiner Vorgänger. Daß Andropow nicht auf den Flugplatz kommen würde, war schon längere Zeit bekannt, da in Moskau verkündet worden war, er werde bei Staatsbesuchen künftig nicht mehr in Wnukowo erscheinen. Offensichtlich bereiten ihm – als Folge seiner, im Unterschied zu Breshnew eher zurückhaltenden Natur und auch mit Rücksicht auf seine Gesundheit – diese Auftritte kein Vergnügen. Aber daß Kohl beim Eintreffen und Abflug von nur zwei Spitzenmännern am Flugplatz erwartet wurde, nahm der Zeremonie einiges von ihrem Glanz. Auch die Zahl der Politbüro-Mitglieder, die Kohl während seines Aufenthaltes in Moskau traf, war geringer als bei früheren Kanzler-Besuchen.

Aber: Es war der Kreml, der den Bundeskanzler kurz nach seinem Wahlsieg vom 6. März eingeladen hatte; in der Ankündigung seines Besuches durch die Sowjetpresse hieß es gleich im ersten Satz, Kohl und Genscher kämen »auf Einladung der sowjetischen Führung«. Die Gründe, die sie zu dem Schritt veranlaßten, können wir nicht wissen, aber doch vermuten: Der neue Mann in Moskau wollte den neuen Mann in Bonn, mit dem es der Kreml wohl nun eine Weile zu tun haben wird, unmittelbar kennenlernen, wollte ihn, um ein neuerdings so beliebtes deutsches Wort zu benützen, »ausloten«, einmal ganz allgemein und zum zweiten hinsichtlich seiner Standfestigkeit in der Raketen-

frage. Daß Kohl den Russen ein politisches Geschenk mitbringen würde, hatten sie sicher nicht erwartet, und auch sie hatten nicht die Absicht, ihm eines auf den Heimflug mitzugeben.
In der Raketenfrage prallten daher die Meinungen hart aufeinander, auch das war vorauszusehen. Wenn Kohl den Eindruck wiedergab, er sei keinem Druck von seiten der Sowjetführer ausgesetzt gewesen, so widerspricht das einigermaßen der in den Sowjetmedien veröffentlichten Version. Demnach hat Andropow vor der »Wiederbelebung der Gefahr eines Krieges gegen die UdSSR von deutschem Boden aus« gewarnt und für den Fall der Stationierung der neuen US-Raketen »rechtzeitige und wirksame Gegenmaßnahmen« angekündigt. Die Mittelstreckenraketen der UdSSR, fuhr er fort, seien »nicht auf die Streitkräfte der Bundesrepublik gerichtet« (auf wen denn dann, möchte man fragen), doch wenn auf deutschem Boden amerikanische Mittelstreckenraketen stationiert werden sollten, »wird sich die Situation ändern«. Die militärische Gefahr für uns werde sich dann um »ein Vielfaches vergrößern«. Andropow stellte »bestimmte Komplikationen« in den Beziehungen zwischen der UdSSR und der Bundesrepublik in Aussicht, auch zwischen dieser und der DDR. Allerdings meinte er auch: Solange mit der Stationierung noch nicht begonnen wurde, sei »ein Abkommen (in Genf) noch möglich«.

Aus Mehnerts Abschiedsbrief

1983 »Der indische Wahrsager, der mir 1952 ein Leben bis 1990 prophezeite, hat also doch nicht recht gehabt. Wenn Ihr diesen Brief lest, bin ich nicht mehr unter den Lebenden ...

Natürlich wäre mir die Erfüllung der indischen Prophezeiung lieber gewesen. Ich habe sehr gern gelebt, alles Schöne dankbar genossen und das Schwere ohne viel Klagen ertragen, und sterbe als zufriedener Mensch. Allen, die im Laufe der Jahrzehnte zu dieser Zufriedenheit beigetragen haben, danke ich von Herzen, meinen Freunden, Verwandten und Mitarbeitern und nicht zuletzt all denen, die – zum Teil seit Jahrzehnten – meine Kommentare hörten, meine Aufsätze und Bücher lasen und ihre Verbundenheit mit mir bewiesen, indem sie zu meinen Vorträgen kamen; auch sie gehören zu meiner ›Familie‹, die ich nun mit Bedauern verlasse.

Selbst in dieser Stunde muß ich an die Angelegenheiten der Welt denken. Dem deutschen Volk, dem ich mich bis zuletzt tief verbunden fühle, wünsche ich, was mir stets mehr als ein Schlagwort war: Einheit in Frieden und Freiheit und eine allmähliche Aussöhnung mit dem *zweiten Volk meines Lebens, den Russen.* Ich wünsche mir die Vereinigten Staaten von Europa und deren Freundschaft mit Amerika, das mir meine Enid und viele goldene Jahre an seinen Universitäten schenkte. Ich wünsche mir, daß die Welt frei wird von Angst und Atomwaffen und daß mein Schwarzwald, wie auch alles Leben auf Erden, seine schwere Existenzkrise überwindet und noch in Generationen nach mir Gemüt und Auge ebenso beglücken wird wie heute.«

Schömberg bei Freudenstadt, 8. November 1983

Nachweis der Erstveröffentlichung

Tatjana
Veröffentlicht in »Romanfiguren«, herausgegeben von Walter Helmut Fritz, Akademie der Wissenschaften und Literatur, Mainz 1971.

Die Fahrt hinten 'rum: Sibirien-Reise 1929
Archiv-Band I, S. 2–19.

Rußlandfahrt, Herbst 1930
Archiv-Band I, S. 23–34.

Rußlandfahrt, Herbst 1931 (Persönlicher Bericht)
Archiv-Band I, S. 46–83; gekürzt.

Rußlandfahrt, Herbst 1931 (Eindrücke und Beobachtungen)
»Osteuropa« 1931/32, S. 72–85.

Der Jugendroman
»Osteuropa« 1931/32, S. 166–177.

Die Leiden des jungen Werther in Rußland
»Die Tat«, Januar 1935, S. 775–780.

Eine vielsagende Parole: Wohlhabenheit
»Münchner Neueste Nachrichten«, 29. 7. 1934.

Empfang der Tscheljuskin-Leute in Moskau: Die Sowjetunion entdeckt die russische Heimat
»Münchner Neueste Nachrichten«, Ende Juni 1934.

»Karmen vom Twerskoj Boulevard«
Archiv-Band I, S. 349–350.

Die GPU baut Kanäle
»Hamburger Fremdenblatt«, 10. 11. 1935.

Ein Baum wird amnestiert
Archiv-Band I, S. 354–356.

Das Wort in der Welt. Vom ersten Sowjet-Schriftsteller-Kongreß
»Die literarische Welt«, Neue Folge, 28. 9. 1934.

Vierzig Tage nach dem Kirow-Mord
»Münchner Neueste Nachrichten«, 11. 1. 1935.

Der rote Zar
»Hamburger Fremdenblatt«, 5. 7. 1935.

»Shdi menja«. Ein Lied der wunden Herzen
»Christ und Welt«, 24. 11. 1949.

Eine neuer Gott
»Christ und Welt«, 5. 1. 1950.

Der Sowjetautor und sein Held
»Osteuropa« 1/1951, S. 26–30.

Scharonow oder der neue Mensch
»Osteuropa« 2/1951, S. 102–106.

Der Fall Tschakowskij
»Osteuropa« 1/1952, S. 23–28.

Die Russen sind nette Leute, aber ...
»Christ und Welt«, 8. 12. 1955.

Die neue Oberschicht
»Christ und Welt«, 29. 12. 1955.

Stalins posthumer Sturz: Der XX. Kongreß der KPdSU
»Osteuropa« 3/1956, S. 161–170.

Die Sowjetjugend macht sich Gedanken
»Christ und Welt«, 30. 4. 1959.

Licht und Schatten über Moskau
»Christ und Welt«, 7. 5. 1959.

Die Deutschen und die Sowjetmenschen
»Osteuropa« 10–11/1967, S. 850–860.

Der Moskauer Vertrag
»Osteuropa« 12/1970, S. 809–830.

Der begehrte Wohnungsschlüssel
»Deutsche Zeitung/Christ und Welt«, 1. 2. 1974.

Die Erziehung des Russen zur Disziplin
»Deutsche Zeitung/Christ und Welt«, 8. 2. 1974.

Der Appetit auf den Wohlstand
»Deutsche Zeitung/Christ und Welt«, 22. 2. 1974.

Moskau 1976: Beobachtungen und Gespräche
»Osteuropa« 10/1976, S. 873–889; 11/1976, S. 975–976.

Moskauer Theaterabende in der Saison 1980/81
»Osteuropa« 7/1981, S. 548–562.

Moskau, Juli 1983 (Eindrücke anläßlich einer Reise von Bundeskanzler Helmut Kohl in die UdSSR)
»Osteuropa« 10/1983, S. 751–763.

Aus Mehnerts Abschiedsbrief
Brief an die Familie, Freunde und Mitarbeiter, 8. 11. 1983.

Literatur

SCHILLER, Otto — Die Kollektivbewegung

MARKERT, Werner — Deutsch(-) Russische Beziehungen von Bismarck bis zur Gegenwart Stuttgart 1964

HILGER, Gustav — Wir und der Kreml 1955

Journalisten: Deutsche
Scheffer
Pörzgen
Just

TRIFONOW — Das Haus am Ufer der Moskwa

DUDINZEW — Nicht vom Brot allein

SCHOSCHKIN, Wassilij — Rebell gegen den Zaren 1981